Manual do
JUIZ FEDERAL

Teoria e Prática

Respeite o direito autoral!

ALEXANDRE HENRY ALVES
VIVIANE IGNES DE OLIVEIRA

Coleção **MANUAIS DAS CARREIRAS**
Teoria e Prática
Coordenação: **Paulo Lépore**

Manual do
JUIZ FEDERAL

Teoria e Prática

CONFORME novo CPC

2ª Edição
Revista, atualizada e ampliada

2017

EDITORA jusPODIVM
www.editorajuspodivm.com.br

www.editorajuspodivm.com.br

Rua Mato Grosso, 164, Ed. Marfina, 1º Andar – Pituba, CEP: 41830-151 – Salvador – Bahia
Tel: (71) 3045.9051
• Contato: https://www.editorajuspodivm.com.br/sac

Copyright: Edições JusPODIVM

Conselho Editorial: Eduardo Viana Portela Neves, Dirley da Cunha Jr., Leonardo de Medeiros Garcia, Fredie Didier Jr., José Henrique Mouta, José Marcelo Vigliar, Marcos Ehrhardt Júnior, Nestor Távora, Robério Nunes Filho, Roberval Rocha Ferreira Filho, Rodolfo Pamplona Filho, Rodrigo Reis Mazzei e Rogério Sanches Cunha.

Diagramação: Maurício Amaral *(mauricioamaral@live.com)*

Capa: Ana Caquetti

ISBN: 978-85-442-1143-4

Todos os direitos desta edição reservados à Edições JusPODIVM.
É terminantemente proibida a reprodução total ou parcial desta obra, por qualquer meio ou processo, sem a expressa autorização do autor e da Edições JusPODIVM. A violação dos direitos autorais caracteriza crime descrito na legislação em vigor, sem prejuízo das sanções civis cabíveis.

APRESENTAÇÃO DA COLEÇÃO

Caro amigo leitor,

É com grande satisfação que apresentamos a **Coleção Manuais das Carreiras: teoria e prática**.

Em conversas com nossos alunos "concurseiros" e "oabeiros" que estão na batalha pela aprovação, e também com os que já lograram êxito nos concursos ou no exame de ordem e estão iniciando a atividade profissional, percebemos a necessidade de obras que aproximassem a teoria da prática profissional.

Quem está no começo da trajetória de estudos ou já está próximo à aprovação muitas vezes tem dificuldades para direcionar os estudos e alcançar sucesso no concurso almejado ou no exame de ordem. O motivo é claro: falta uma compreensão sobre a carreira desejada que permita um estudo preciso e eficiente.

Em nome do aprendizado teórico, na maioria dos casos as faculdades e os cursos preparatórios acabam por não conferirem a devida atenção para a prática profissional.

Não por acaso muitos candidatos passam pela primeira fase, normalmente uma prova objetiva, formulado com testes, mas não conseguem a aprovação nas fases subsequentes, que envolvem questões subjetivas, peças profissionais e até mesmo prova oral.

Com exceção das provas objetivas, todas as outras exigem conhecimento sobre a prática profissional. A segunda fase do exame de ordem coloca o candidato na condição de advogado, e as provas de concursos também questionam o candidato como se ele já pertencesse à carreira. Por exemplo, nas provas orais dos concursos para delegado de polícia civil é comum os examinadores perguntarem: "Fulano, se o Sr. já fosse Delegado de Policia Civil, o que faria na situação tal?". Para trazer respostas a perguntas como essa é que idealizamos esta coleção.

Ademais, a dificuldade na atuação profissional se torna mais evidente logo após a aprovação. Ainda que a maioria das carreiras públicas conte com escolas de formação, o tempo de dedicação a esse tipo de estudo acaba não sendo o ideal. Pior é a situação do aprovado no exame de ordem, que é lançado ao mercado de trabalho sem qualquer experiência prática.

Entretanto, vale destacar que os livros desta coleção não são meros manuais práticos. Eles são mais do que isso.

Nossos autores trabalham com a teoria imprescindível para a atuação na carreira estabelecendo, a cada tema, ligação com a prática profissional. Por isso a coleção se chama **Manual da Carreira: teoria e prática.** O leitor não encontrará um rol de peças profissionais colacionadas a esmo. Todas as petições e manifestações podem ser compreendidas à luz da teoria desenvolvida em cada capítulo.

Além disso, trabalhamos com outros elementos que potencializam o melhor aproveitamento da leitura. Temos as seguintes ferramentas: **a)** Fluxograma (normalmente aplicável para a visualização dos procedimentos); **b)** Passo-a-passo (com indicação das providências ou fases da atuação profissional em determinada matéria ou situação prática); **c)** Peça/Manifestação profissional (que engloba os documentos técnicos de atuação da carreira) e; **d)** Questões de concursos ou do exame de ordem (que auxiliam na aprovação para ingresso na carreira ou para aferição do conteúdo apreendido em cada capítulo).

Assim, a coleção se dirige a dois públicos: os leitores que almejam a carreira, e os que já estão na carreira, mas buscam conhecimento sobre a teoria aplicada na prática.

Para realizarmos os ousados objetivos desta coleção, selecionamos membros de destaque em cada uma das carreiras, e que não mediram esforços para transferirem aos livros toda a bagagem profissional que possuem.

Esperamos que apreciem nossos livros. Todos foram pensados e realizados com a dedicação, o profissionalismo e o zelo que nossos amigos leitores merecem.

Boa leitura. Prazerosos e eficientes estudos. Sucesso.

Cordialmente,

Paulo Lépore

(Coordenador da Coleção Manuais das Carreiras: teoria e prática)

"Coleção Manuais das Carreiras: teoria e prática. Imprescindível para quem almeja a carreira. Indispensável para quem busca aprimoramento".

SUMÁRIO

SIGLAS E ABREVIAÇÕES UTILIZADAS NESTA OBRA 15

PARTE I
A JUSTIÇA FEDERAL E SEUS JUÍZES

CAPÍTULO I - BREVE RECONSTRUÇÃO HISTÓRICA DA JUSTIÇA FEDERAL NO BRASIL 19

1. A Justiça Federal republicana 19
2. A extinção por Getúlio Vargas e o renascimento na década de 1960 20
3. A regionalização promovida pela Constituição de 1988 21
4. A interiorização e a criação dos juizados especiais federais 25
5. A ampliação dos tribunais e a criação de novas cortes 26
6. A identidade visual da Justiça Federal 28

CAPÍTULO II - A ESTRUTURA ATUAL DA JUSTIÇA FEDERAL 29

1. Conselho da Justiça Federal 29
2. Tribunais Regionais Federais 31
   2.1. Composição 31
   2.2. Competência 31
   2.3. Administração do tribunal 32
   2.4. Corregedoria 33
   2.5. Estrutura jurisdicional 35
   2.6. Atuação de juízes da 1ª instância nos tribunais 36
   2.7. Escolas da magistratura 37
3. A 1ª instância da Justiça Federal 37
   3.1. Seções e subseções judiciárias 37
   3.2. Varas federais 39

3.2.1.	Organização e administração	39
3.2.2.	A secretaria e seu diretor	41
3.2.3.	O papel do juiz substituto e sua relação com o titular	44

Anexo: Resolução CJF n. 79/2009 (Direção do Foro) 46

CAPÍTULO III - INGRESSO NA CARREIRA DE JUIZ FEDERAL 53

1. As normas dos concursos para a magistratura federal 53
2. A preparação do estudante para o concurso...54
   2.1. Passo-a-passo da preparação para o concurso de Juiz Federal............58
3. A estruturação do concurso 58
4. A inscrição preliminar 60
5. A prova objetiva seletiva...61
   5.1. Etapas do concurso para Juiz Federal..63
6. A segunda etapa: provas discursivas..64
   6.1. A segunda etapa: notas...66
7. A inscrição definitiva..67
   7.1. A prática jurídica: quadro sinóptico das atividades computadas....................69
8. Exames de sanidade física e mental e psicotécnico 70
9. Investigação da vida pregressa 70
10. A prova oral..72
    10.1. Prova oral: dicas 74
11. Os títulos..74

Anexo: Resolução CJF n. 67/2009..75

CAPÍTULO IV - JUIZ FEDERAL: VITALICIAMENTO, PROMOÇÃO E REMOÇÃO 101

1. O vitaliciamento 101
2. Promoção 105
   2.1. Fique atento!.. 106
   2.2. Quadro sinóptico: critérios para promoção 108
3. Acesso ao tribunal 108
4. Remoção 109
   4.1. Regras gerais... 109
   4.2. Remoção entre regiões... 110
   4.3. Remoção ou permuta entre regiões para manutenção de unidade familiar 111
   4.4. Remoção e período de trânsito.. 112

SUMÁRIO

CAPÍTULO V - SISTEMA REMUNERATÓRIO DA MAGISTRATURA FEDERAL..........**113**

1. O subsídio e a gratificação de cumulação...113
2. Remuneração dos períodos de férias..116
3. Verbas indenizatórias e ajudas de custo...117
   3.1. Introdução...117
   3.2. Auxílio-alimentação...117
   3.3. Auxílio-saúde..119
   3.4. Auxílio pré-escolar...119
   3.5. Diárias e custeio de deslocamento temporário.............................120
   3.6. Ajuda de custo para mudança de localidade.................................121
   3.7. Indenização de férias não gozadas..123
   3.8. Auxílio-moradia...123
   3.9. Fique atento às peculiaridades do sistema remuneratório..............124

CAPÍTULO VI - FÉRIAS, LICENÇAS, AFASTAMENTOS E COMPENSAÇÕES..............**125**

1. Férias...125
   1.1. As férias e a prioridade na escolha...125
   1.2. Acumulação, alteração e interrupção de períodos de férias............126
   1.3. O juiz federal recém-empossado e seu direito às férias.................127
2. Licenças..127
   2.1. Licença para tratar de assuntos particulares...............................127
   2.2. Licença para representação de classe...128
   2.3. Licença gestante, adotante e paternidade...................................128
   2.4. Licença para tratamento de saúde...129
   2.5. Licença por motivo de doença em pessoa da família.....................130
   2.6. Afastamento para aperfeiçoamento profissional...........................131
   2.7. Afastamento para casamento ou por falecimento de parente..........134
   2.8. Quadro sinóptico: licenças e afastamentos.................................135
3. Compensação de trabalho no plantão e no recesso forense.................136

CAPÍTULO VII - REGIME DISCIPLINAR DOS MAGISTRADOS...................**139**

1. As prováveis mudanças no regime disciplinar....................................139
2. As penas administrativas aplicáveis aos juízes..................................140
3. Apuração de infrações disciplinares e aplicação da pena.....................143
   3.1. Introdução..143
   3.2. Investigação preliminar..143

9

3.2.1. Roteiro simplificado da investigação preliminar 145

3.3. Sindicância 146

3.4. Processo disciplinar administrativo 147

3.4.1. Roteiro simplificado do processo administrativo disciplinar 150

CAPÍTULO VIII - QUESTÕES DE CONCURSOS **153**

PARTE II
ADMINISTRAÇÃO, ROTINAS CARTORÁRIAS E
RELACIONAMENTO PROFISSIONAL

CAPÍTULO I - AGENDA DE ATIVIDADES DA JUSTIÇA FEDERAL................**171**

1. Introdução 171

2. Agenda dos juízes federais... 172

3. Agenda dos diretores de secretaria 174

CAPÍTULO II - A SECRETARIA DO JUÍZO **177**

1. Introdução 177

2. A distribuição do acervo e do trabalho no espaço físico da secretaria.......... 179

2.1. Setores 179

2.2. Subsetores... 181

2.3. Distribuição de armários/escaninhos: secretarias e gabinetes..................... 182

2.3.1. Organograma: alocações dos autos por matéria 183

2.4. Identificação dos escaninhos nos setores estabelecidos............................ 184

3. Gerenciamento e armazenamento de documentos oficiais.......... 185

3.1. Organograma: guarda virtual de documentos oficiais..................... 186

4. Livros e pastas obrigatórios 187

5. A execução dos atos meramente ordinatórios 187

CAPÍTULO III - ROTINAS CARTORÁRIAS **199**

1. Objetivos deste capítulo.. 199

2. Juntada e desentranhamento de petições e documentos..................... 199

3. Registro dos eventos do processo: termos e certidões........................ 201

4. Registro eletrônico das fases do processo 202

5. Apensamento e "desapensamento" (separação) de processos............... 205

6. Depósito judicial civil e criminal 206

6.1. Ações cíveis.. 206

10

SUMÁRIO

6.1.1.	Depósito de dinheiro	206
6.1.2.	Depósito de coisas	210
6.2.	Ações criminais	211
6.2.1.	Restituição de bens apreendidos	211
6.2.2.	Guarda e Destinação de bens cuja perda for decretada	212
6.3.	Fique atento: notas sobre a destinação de bens custodiados	216
7.	Arquivamento e desarquivamento de processos	217
7.1.	Passo-a-passo do desarquivamento	219

CAPÍTULO IV - SISTEMAS ELETRÔNICOS **221**

1. Introdução 221
2. Sistema BACEN JUD 223
   - 2.1. Apresentação do sistema 223
   - 2.2. Considerações sobre o BACEN JUD 224
     - 2.2.1. Pesquisa de endereços 224
     - 2.2.2. Sistemática de utilização do BACEN JUD 224
       - 2.2.2.1. Passo a Passo: bloqueio de valores 230
       - 2.2.2.2. Passo a passo: pesquisa de endereços 231
3. CCS – Cadastro de Clientes do Sistema Financeiro Nacional 231
   - 3.1. Apresentação do sistema 231
   - 3.2. Utilização do CCS 232
     - 3.2.1. CCS: Principais passos 233
4. Sistema INFOJUD – Informações ao Judiciário 234
   - 4.1. INFOJUD: principais tarefas 236
5. Sistema RENAJUD: informações veiculares 236
   - 5.1. Principais medidas para inserir restrição veicular no sistema Renajud 237
6. SINESP (INFOSEG): informações de segurança pública................... 238
   - 6.1. SINESP : funcionalidades principais: 239
7. SIEL – Sistema de Informações Eleitorais 240
   - 7.1. Siel: passo a passo (layout variável) 240
8. Sistemas CNJ 243
   - 8.1. Introdução 243
   - 8.2. SNBA – Sistema Nacional de bens apreendidos 244
     - 8.2.1. O SNBA em minúcias: passo a passo.......................... 244
   - 8.3. Condenações por improbidade administrativa 249
   - 8.4. Controle de interceptações telefônicas 252

11

CAPÍTULO V - AUXILIARES DA JUSTIÇA ...255

1. Introdução ...255
2. Oficial de justiça ...255
3. Perito ...257
4. Contadoria Judicial ...259
   4.1. Questões gerais ...259
   4.2. Manual de Orientação de Procedimentos para os Cálculos na Justiça Federal ...261
5. Depositário e administrador de bens ...261
6. Intérprete ou tradutor ...262
7. Mediador e Conciliador Judicial ...263
8. Distribuidor ...264
9. Partidor e regulador de avarias ...265
10. Auxiliares da Justiça: notas sobre suas atribuições ...265

CAPÍTULO VI - RELACIONAMENTO DO JUIZ COM PARTES E PROFISSIONAIS ...267

1. Advogados ...267
2. Ministério Público ...269
3. Defensoria Pública da União ...271
4. Autoridades policiais ...272
5. Autoridades judiciárias ...273
6. Atendimento às partes ...273
   6.1. Relacionamento com os meios de comunicação ...274

CAPÍTULO VII - CONTROLE E FISCALIZAÇÃO ADMINISTRATIVA ...277

1. Fiscalização e controle interno da vara ...277
   1.1. Disposições gerais ...277
   1.2. As inspeções ...279
      1.2.1. Fluxograma básico: inspeções ...283
2. Fiscalização e controle da seção e da subseção ...284
   2.1. Questões gerais ...284
   2.2. Código de Conduta da Justiça Federal para os servidores ...284
   2.3. Procedimentos administrativos em caso de greve ou paralisação ...286
3. O trabalho de fiscalização da corregedoria-geral ...287
   3.1. Introdução ...287
   3.2. As correições ordinárias ...288

SUMÁRIO

3.3.	As correições extraordinárias	291
3.4.	As corregedorias e a fiscalização disciplinar	291
4.	Sistema de Controle Interno da Justiça Federal	293

CAPÍTULO VIII - QUESTÕES DE CONCURSO **295**

PARTE III
A ATIVIDADE JURISDICIONAL DO MAGISTRADO

CAPÍTULO I - OS DESPACHOS E A CONDUÇÃO DO PROCESSO **301**

CAPÍTULO II - AS DECISÕES **305**

1.	Introdução	305
2.	Decisão em tutelas provisórias	306
3.	Pedidos de reconsideração	311

CAPÍTULO III - PRODUÇÃO DE PROVAS E CONCILIAÇÃO **313**

1.	Introdução	313
2.	A realização da audiência de instrução e julgamento	313
3.	As perícias e os quesitos do juiz	318
4.	Inspeção judicial	320
5.	A conciliação	320

CAPÍTULO IV - A SENTENÇA **323**

1.	Introdução	323
2.	A redação da sentença	323
3.	Proferir sentença em audiência?	328

CAPÍTULO V - QUESTÕES DE CONCURSOS **331**

REFERÊNCIAS BIBLIOGRÁFICAS **336**

SIGLAS E ABREVIAÇÕES UTILIZADAS NESTA OBRA

AgR – Agravo Retido

ASRET – Assessoria de Recursos Especiais e Extraordinários

CCS – Cadastro de Clientes do Sistema Financeiro Nacional

CESPE – Centro de Seleção e de Promoção de Eventos (vinculado à Universidade de Brasília)

CJF – Conselho da Justiça Federal

CNJ – Conselho Nacional de Justiça

CNPJ – Cadastro Nacional da Pessoa Jurídica

COGER – Corregedoria Geral

CPF – Cadastro da Pessoa Física

DIREF – Diretoria do Foro

EF – Execução Fiscal

ESAF – Escola de Administração Fazendária do Ministério da Fazenda

ESMAF – Escola de Magistratura Federal

GAJUS – Gabinete do Juiz Substituto

GAJUT – Gabinete do Juiz Titular

INFOJUD – Sistema de Informações ao Judiciário

INFOSEG – Rede de Integração Nacional de Informações de Segurança Pública, Justiça e Fiscalização

INTERPOL – International Criminal Police Organization (Organização Internacional de Polícia Criminal)

JEF – Juizado Especial Federal

LOMAN – Lei Orgânica da Magistratura Nacional (Lei Complementar n. 35/1979)

MS – Mandado de Segurança

ON – Orientação Normativa

PAD – Processo Administrativo Disciplinar

PSSS – Plano de Seguridade Social do Servidor Público Civil

Rcl – Reclamação

RE – Recurso Extraordinário

RENAJUD – Restrições Judiciais de Veículos Automotores

RMS – Recurso em Mandado de Segurança

RPV – Requisição de Pequeno Valor

SECVA – Secretaria da Vara

SIEL – Sistema de Informações Eleitorais

SINIC – Sistema Nacional de Informações Criminais

SISBACEN – Sistema de Informações do Banco Central

SNBA – Sistema Nacional de Bens Apreendidos

STF – Supremo Tribunal Federal

STJ – Superior Tribunal de Justiça

TFR – Tribunal Federal de Recursos

TRF – Tribunal Regional Federal

TRT – Tribunal Regional do Trabalho

PARTE I

A JUSTIÇA FEDERAL E SEUS JUÍZES

CAPÍTULO I

BREVE RECONSTRUÇÃO HISTÓRICA DA JUSTIÇA FEDERAL NO BRASIL

1. A JUSTIÇA FEDERAL REPUBLICANA

A existência de uma Justiça Federal e de juízes federais de 1ª instância foi prevista inicialmente no Decreto n. 510, de 22 de junho de 1890, que recebeu o título de Constituição dos Estados Unidos do Brazil. Mas, foi em outubro daquele ano que a estrutura desse ramo do Poder Judiciário foi efetivamente definida, com a edição do Decreto n. 848. Assim, pode-se dizer que a data de nascimento da Justiça Federal do Brasil foi o dia 11 de outubro de 1890, quando o referido Decreto a organizou.

Era uma estrutura simples, com os juízes de "Secção" e o STF – Supremo Tribunal Federal. Os juízes da 1ª instância tinham competência, tal como hoje, para julgar as causas relacionadas a atos administrativos do governo federal, além de outras competências bastante similares às atuais. Porém, iam mais além: a eles cabia julgar as causas em que alguma das partes fundamentasse a ação ou a defesa em disposições da Constituição Federal. Fosse hoje e constando tal dispositivo, praticamente tudo seria de competência da Justiça Federal. Eram outros tempos, contudo, e a fundamentação de causas em questões constitucionais não era tão corriqueira.

Previsão/surgimento	Estruturação
Decreto n. 510: junho de 1890	Decreto n. 848: outubro de 1890

A Constituição de 1891 reiterou a existência da Justiça Federal, prevendo inclusive a criação de tribunais federais, além do STF já instituído anteriormente. Muitos anos se passaram até que o Decreto 4.381/1921 autorizasse efetivamente a criação de três tribunais, com sedes no Recife, Rio de Janeiro e São Paulo. Porém, não se tem notícia da implantação dessas cortes. Já em 1934, com a nova Constituição, o Supremo Tribunal Federal deixou de ser um órgão pertencente à estrutura da Justiça Federal, embora continuasse a ser uma instituição federal.

Constituição de 1890	Constituição de 1891	Constituição de 1834
STF + Juízes de Secção (nos Estados)	Juízes + Tribunais+ STF	STF: Corte Suprema
(1) Atos administrativos federais	(1) Mesma competência	
(2) Defesa da Constituição	(2) Ampliou competência STF	

2. A EXTINÇÃO POR GETÚLIO VARGAS E O RENASCIMENTO NA DÉCADA DE 1960

A Constituição de 1937, outorgada por Getúlio Vargas, extinguiu a Justiça Federal, conforme consta em seus artigos 182 e 185. O texto previa que as causas propostas pela União ou contra ela seriam aforadas em um dos **juízos da capital** do estado em que fosse domiciliado o réu ou o autor, no âmbito da Justiça Estadual (art. 108), mas com recurso diretamente para o Supremo Tribunal Federal.

Constituição de 1937:
Extinção da Justiça Federal, com atribuição aos juízes das capitais dos Estados da competência para julgamento das causas em que houvesse interesse da União
Recursos: diretamente ao STF.

Diz-se que apenas com o regime militar que se implantou **a partir de 1964** é que a Justiça Federal foi **reconstruída**, mas o fato é que já em 1946, com a nova Constituição, foi prevista a criação do **Tribunal Federal de Recursos**, com algumas competências que se assemelham às atuais do Superior Tribunal de Justiça, como o julgamento de mandados de segurança contra atos de Ministros de Estado, e outras similares às dos atuais tribunais regionais federais, como o julgamento de recursos em ações de interesse ou participação da União. A Constituição Federal de 1946 previu ainda a possibilidade de criação por lei de outros tribunais federais de recurso, em diversas regiões do país, o que não chegou a acontecer nos exatos moldes daquele texto constitucional. De toda sorte, pode-se dizer que o Tribunal Federal de Recursos, com sede em Brasília, marcava o início do renascimento da Justiça Federal.

Constituição de 1946:
Implanta-se o Tribunal Federal de Recursos, cujas competências se assemelham às hoje conferidas ao STJ.

A existência de **juízes federais de 1ª instância**, todavia, somente foi prevista outra vez pelo **Ato Institucional n. 02**, de 1965, com disciplinamento específico pela Lei n. 5.010/1966, que organizou novamente a Justiça Federal. É interessante notar que o art. 2º dessa lei previa a divisão do território jurisdicional em cinco regiões, mas não havia a previsão de tribunais regionais, cabendo o julgamento dos recursos ao já existente Tribunal Federal de Recursos.

Juízes Federais:
Previsão: Ato Institucional n. 02/65
Regramento: Lei 5010/66
Recursos: TFR

No início, houve a nomeação de juízes federais pelo Presidente da República, mas logo o ingresso na carreira se tornaria exclusivo para os aprovados em concurso específico, de caráter nacional e organizado pelo Tribunal Federal de Recursos.

3. A REGIONALIZAÇÃO PROMOVIDA PELA CONSTITUIÇÃO DE 1988

A Constituição de 1988 promoveu uma alteração importante na estrutura da Justiça Federal no Brasil. O Tribunal Federal de Recursos deixou de existir depois de mais de quarenta anos julgando os recursos de causas envolvendo a União. Foi criado então o Superior Tribunal de Justiça, para julgar principalmente recursos especiais com o objetivo de pacificar a jurisprudência infraconstitucional das cortes de apelação, bem como finalmente determinou-se a implantação dos tribunais regionais federais, previstos desde 1921.

A própria Constituição determinou a quantidade de tribunais regionais a serem criados: cinco. A abrangência de cada um deles, bem como a sede, seria determinada por ato administrativo do Tribunal Federal de Recursos, antes de sua extinção. Assim, promulgada a Lei n. 7.727/1989, a Justiça Federal passou a ter uma nova estrutura, com **cinco tribunais regionais federais** responsáveis por julgar, principalmente, os recursos de decisões de juízes federais da 1ª instância.

A divisão por regiões foi feita da seguinte forma:

Tribunais:	Sede	Estados integrantes
1ª Região	Brasília/DF	Acre, Amapá, Amazonas, Bahia, Distrito Federal, Goiás, Maranhão, Mato Grosso, Minas Gerais, Pará, Piauí, Rondônia, Roraima e Tocantins.
2ª Região	Rio de Janeiro/RJ	Espírito Santo e Rio de Janeiro.
3ª Região	São Paulo/SP	Mato Grosso do Sul e São Paulo.
4ª Região	Porto Alegre/RS	Paraná, Rio Grande do Sul e Santa Catarina.
5ª Região	Recife/PB	Alagoas, Ceará, Paraíba, Pernambuco, Rio Grande do Norte e Sergipe.

Quanto à **competência** dos juízes federais, seus limites foram definidos pelo **art. 109** da Constituição Federal, que assim dispõe[1]:

Art. 109. Aos juízes federais compete processar e julgar:

I - as causas em que a União, entidade autárquica ou empresa pública federal forem interessadas na condição de autoras, rés, assistentes ou oponentes, exceto as de falência, as de acidentes de trabalho e as sujeitas à Justiça Eleitoral e à Justiça do Trabalho;

II - as causas entre Estado estrangeiro ou organismo internacional e Município ou pessoa domiciliada ou residente no País;

III - as causas fundadas em tratado ou contrato da União com Estado estrangeiro ou organismo internacional;

---

1 Quando da finalização desta edição, estava em trâmite a PEC 287/2016, conhecida como PEC da Reforma da Previdência, cujo texto prevê a exclusão da expressão "as de acidente de trabalho" do inciso I do art. 109, permitindo, assim, que tais causas sejam julgadas na Justiça Federal.

CAPÍTULO I - BREVE RECONSTRUÇÃO HISTÓRICA DA JUSTIÇA FEDERAL NO BRASIL

IV - os crimes políticos e as infrações penais praticadas em detrimento de bens, serviços ou interesse da União ou de suas entidades autárquicas ou empresas públicas, excluídas as contravenções e ressalvada a competência da Justiça Militar e da Justiça Eleitoral;

V - os crimes previstos em tratado ou convenção internacional, quando, iniciada a execução no País, o resultado tenha ou devesse ter ocorrido no estrangeiro, ou reciprocamente;

V - A as causas relativas a direitos humanos a que se refere o § 5º deste artigo[2]; (Incluído pela Emenda Constitucional n. 45, de 2004)

VI - os crimes contra a organização do trabalho e, nos casos determinados por lei, contra o sistema financeiro e a ordem econômico-financeira;

VII - os "habeas-corpus", em matéria criminal de sua competência ou quando o constrangimento provier de autoridade cujos atos não estejam diretamente sujeitos a outra jurisdição;

VIII - os mandados de segurança e os "habeas-data" contra ato de autoridade federal, excetuados os casos de competência dos tribunais federais;

IX - os crimes cometidos a bordo de navios ou aeronaves, ressalvada a competência da Justiça Militar;

X - os crimes de ingresso ou permanência irregular de estrangeiro, a execução de carta rogatória, após o "exequatur", e de sentença estrangeira, após a homologação, as causas referentes à nacionalidade, inclusive a respectiva opção, e à naturalização;

XI - a disputa sobre direitos indígenas.

Atenção	Competência dos Juízes Federais: (art. 109 da CF/88):	
CÍVEL		**CRIMINAL**
Geral: interesse da União		**Crimes contra:**
Exceções: Falência		**(a) organização do trabalho;**
Acidentes de trabalho		**(b) sistema financeiro;**
Afetas à Justiça Eleitoral		**(c) ordem econômico-financeira.**
Afetas à Justiça doTrabalho		

---

2   §5º Nas hipóteses de grave violação de direitos humanos, o Procurador-Geral da República, com a finalidade de assegurar o cumprimento de obrigações decorrentes de tratados internacionais de direitos humanos dos quais o Brasil seja parte, poderá suscitar, perante o Superior Tribunal de Justiça, em qualquer fase do inquérito ou processo, incidente de deslocamento de competência para a Justiça Federal. (Incluído pela Emenda Constitucional n. 45, de 2004)

Atenção Competência dos Juízes Federais: (art. 109 da CF/88):	
CÍVEL	**CRIMINAL**
Estado estrangeiro ou organismo internacional X: (b) Município (c) pessoa domiciliada/residente no País	Crimes políticos e infrações penais em detrimento da União
Tratados ou contratos da União com Estado estrangeiro/organismo internacional	Crimes em Tratado Internacional: execução no País ↔ resultado exterior
Direitos humanos	Habeas Corpus (circunscritos à matéria de sua competência)
Mandado de segurança e habeas data Impetrado contra autoridade federal	Crimes a bordo de navios e aeronaves, salvo militar
Execução carta rogatória (após *exequatur*)	Crimes ingresso/permanência estrangeiro
Execução sentença estrangeira (após homologação)	
Nacionalidade/naturalização	
Disputa de direitos indígenas	

Note-se que a competência dos juízes federais permanece praticamente inalterada desde a Constituição de 1988, a qual, por sua vez, conservou quase em sua totalidade o rol de competências que tinha sido previsto pelo Ato Institucional n. 02/1965, que recriou a Justiça Federal de 1ª Instância. Essa estabilidade contribuiu, de certa forma, para fortalecer e consolidar o papel desse ramo do Poder Judiciário.

4. A INTERIORIZAÇÃO E A CRIAÇÃO DOS JUIZADOS ESPECIAIS FEDERAIS

Apesar de ter sido recriada em meados da década de 1960, a 1ª instância da Justiça Federal no Brasil somente começou a se expandir para o interior dos estados no final da década de 1980. Constava na Lei n. 7.583/1987 que, das varas por ela criadas, dezenove seriam instaladas em municípios do interior dos estados, observado o princípio da **descentralização**, nas seguintes cidades: Niterói, Santos, Campinas, Ribeirão Preto, Juiz de Fora, Uberaba (a 1ª efetivamente instalada), Rio Grande, Santa Maria, Petrolina, Ilhéus e Londrina. Era o primeiro passo para aproximar a Justiça Federal da grande parcela da população brasileira que vivia no interior.

Esse movimento se acentuou nas décadas de 1990 e 2000, consolidando-se finalmente com a aprovação da Lei n. 12.011/2009, que criou 230 novas varas federais destinadas, precipuamente, à interiorização da Justiça Federal de primeiro grau, conforme determinação da própria norma.

Ao mesmo tempo em que a interiorização se expandia, percebeu-se a necessidade de se criar varas específicas para atender a demandas de menor complexidade e valor da causa reduzido, seguindo determinação do art. 98 da Constituição Federal. Aliás, a Emenda Constitucional n. 22/1999 determinou expressamente que a lei federal disporia sobre a criação dos juizados especiais no âmbito da Justiça Federal. Esse comando foi obedecido com a edição da **Lei n. 10.259/2001**, que, com um atraso de mais de meia década em relação à Justiça Estadual, enfim criou os *juizados especiais federais*. A demanda esperada acabou sendo muito maior, verificando-se na verdade a existência de uma demanda reprimida, especialmente no âmbito previdenciário.

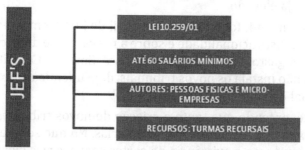

Em pouco tempo, as varas de juizado ficaram abarrotadas de processos e foi necessário criar, por meio de lei, novas varas para atender à crescente demanda. Outro problema, porém, acabou surgindo: o congestionamento de processos em fase de recurso, provenientes dos juizados especiais. Conforme determinação da Lei n. 10.259/2001, em atenção ao art. 98, I, da Constituição, tais **recursos** seriam julgados por órgãos colegiados chamados **turmas recursais**, compostas de juízes federais da 1ª instância em atuação nas varas. Ocorre que, se aos poucos foi sendo implantada uma estrutura permanente para os juizados especiais para viabilizar a volumosa quantidade de processos, por outro as turmas recursais, sem estrutura ou juízes próprios, passaram a não conseguir julgar os recursos em tempo razoável, prejudicando a celeridade que sempre foi um dos principais objetivos da Justiça Federal ao julgar causas de pequena complexidade.

A solução desse problema foi a aprovação da Lei n. 12.665/2012, com a criação de 225 cargos de juiz federal para atuação exclusiva em 75 turmas recursais espalhadas pelo país. O processo de implantação dessas turmas permanentes já foi concluído, inclusive com a instalação de turmas recursais em cidades do interior, como Uberlândia e Juiz de Fora, ambas em Minas Gerais.

Causas de pequeno valor (cível) ou reduzido potencial ofensivo (penal): regramento		
Lei 9.099/90	Lei 10.259/01	Lei 12.665/12
Juizados Especiais	Juizados Especiais Federais	Turmas Recursais

5. A AMPLIAÇÃO DOS TRIBUNAIS E A CRIAÇÃO DE NOVAS CORTES

Estão em curso no Congresso Nacional várias propostas de emendas à Constituição que preveem a criação de novos tribunais e a **redivisão territorial** da Justiça Federal. Além disso, há anteprojetos de lei para que o número de membros dos tribunais seja elevado.

Uma delas, a PEC n. 544, foi aprovada em abril de 2013, em meio a grande polêmica sobre sua constitucionalidade e sobre a necessidade de se criar novos tribunais, diante dos gastos que isso representa. A Emenda Constitucional n. 73/2013, por si só, não instala os novos tribunais, dependendo de projeto de lei do Superior Tribunal de Justiça.

Particularmente, entendo que tanto a criação de novos tribunais quanto a ampliação dos já existentes são medidas necessárias. No que se refere à quantidade de desembargadores, a existência de cortes com acervos gigantescos de processos, como é o caso do TRF da 1ª Região e do TRF da 5ª Região (na verdade, todos estão assoberbados), não é compatível com a existência de poucos julgadores. Na 1ª Região, por exemplo, são apenas 27 desembargadores e, na 3ª Região, o total é de 43. Comparando-se esse quadro com a realidade da Justiça Estadual, percebe-se que há razão para que os recursos demorem tanto tempo para serem julgados na Justiça Federal.

CAPÍTULO I - BREVE RECONSTRUÇÃO HISTÓRICA DA JUSTIÇA FEDERAL NO BRASIL

Outra questão é a existência de tribunais com jurisdição sobre um território muito vasto, com destaque para o TRF da 1ª Região, que administra mais de uma dezena de estados, de Minas Gerais a Roraima, Amapá e Acre. Diferentemente dos tribunais superiores, o TRF da 1ª Região possui atribuições rotineiras de administração da 1ª instância, cuja corregedoria deve fazer correições ordinárias em todas as seções e subseções judiciárias pelo menos a cada dois anos. Aos poucos, ainda que com a adoção do processo eletrônico, torna-se inviável administrar tantas unidades, especialmente com a interiorização da Justiça Federal.

Assim, a perspectiva é que, em um futuro não muito distante, ocorra a ampliação dos tribunais e a criação de novas cortes, especialmente no caso da 1ª Região. Essa previsão ganha força com a **PEC 73/2013**[3], que acaba por dar a seguinte **distribuição** à **Justiça Federal**:

- TRF 1ª Região – Amapá, Distrito Federal, Goiás, Maranhão, Mato Grosso, Pará, Piauí e Tocantins.
- TRF 2ª Região – Rio de Janeiro e Espírito Santo.
- TRF 3ª Região – São Paulo.
- TRF 4ª Região – Rio Grande do Sul.
- TRF 5ª Região – Alagoas, Ceará, Paraíba, Pernambuco e Rio Grande do Norte.
- TRF 6ª Região – Paraná, Santa Catarina e Mato Grosso do Sul.
- TRF 7ª Região – Minas Gerais.
- TRF 8ª Região – Bahia e Sergipe.
- TRF 9ª Região – Amazonas, Acre, Rondônia e Roraima.

De se destacar, por fim, uma solução alternativa à ampliação dos tribunais: a criação de câmaras regionais, conforme previsão feita pela Emenda Constitucional nº 45/2004, que incluiu o § 3º no art. 107 da Constituição Federal. No âmbito do Tribunal Regional Federal da 1ª Região, por exemplo, essa solução já foi implantada, tendo sido a questão tratada pela Resolução PRESI 23, de 1º de dezembro de 2014. O art. 3º dessa Resolução determinou que as Câmaras Regionais Previdenciárias funcionariam "em caráter experimental pelo período de um ano, podendo ser prorrogado o seu funcionamento por período não inferior a seis meses; ou, conforme os resultados apresentados e de acordo com a comprovada necessidade, em caráter definitivo", o que efetivamente ocorreu.

---

3   Os efeitos da Emenda Constitucional nº 73 foram suspensos por decisão liminar do então Ministro Presidente do Supremo Tribunal Federal, na ADI 5017, ainda não submetida a julgamento colegiado quando do término desta edição.

27

6. A IDENTIDADE VISUAL DA JUSTIÇA FEDERAL

Desde 2012, a Justiça Federal tem uma nova identidade visual, conforme determinado pelo CJF em sua Resolução n. CF-RES-2012/00193. Foi criada a seguinte logomarca:

Esse é o **símbolo visual** da Justiça Federal e todas as outras logomarcas devem ser substituídas.

A Resolução citada determina ainda que é obrigatório o uso das armas nacionais em papéis utilizados para os atos oficiais, ofícios, convites, relatórios e outras publicações de caráter oficial nas quais a instituição se faça representar nos termos do art. 26, X, da Lei n. 5.700/1971.

Nota-se que não há determinação nessa Resolução para que o juiz federal utilize a logomarca ou as armas nacionais em seus despachos, decisões e sentenças. Porém, é de praxe o uso das armas nacionais em tais documentos[4].

---

[4] Consultar Res. 193/CJF, de 1º de junho de 2012: Manual da identidade visual da Justiça Federal. Disponível em <http://www2.cjf.jus.br/jspui/handle/1234/45879>. Acesso em 27 abr. 2017.

CAPÍTULO II

A ESTRUTURA ATUAL DA JUSTIÇA FEDERAL

1. CONSELHO DA JUSTIÇA FEDERAL

A Justiça Federal tem uma estrutura administrativa e outra jurisdicional. No plano administrativo, o órgão máximo de controle é o CJF – Conselho da Justiça Federal, que funciona junto ao Superior Tribunal de Justiça e tem a função de exercer, na forma da lei, a **supervisão administrativa e orçamentária da Justiça Federal** de primeiro e segundo graus, como órgão central do sistema e com poderes correicionais, cujas decisões terão caráter vinculante (Constituição Federal, art. 105, parágrafo único, II).

Essa lei a que se refere a Constituição é, atualmente, a Lei n 11.798/2008. Ela dispõe que o CJF será integrado pelo presidente e vice-presidente do STJ, por três ministros do STJ e pelos presidentes dos tribunais regionais federais. Além disso, terão direito a assento no Conselho da Justiça Federal, sem direito a voto, os presidentes do Conselho Federal da Ordem dos Advogados do Brasil e da Associação dos Juízes Federais do Brasil – AJUFE. Os mandatos são de dois anos.

O CJF é um órgão com poderes disciplinares, ou seja, pode julgar e condenar magistrados por infrações administrativas. Em regra, julga diretamente os desembargadores e, em grau de recurso, os juízes federais. Deve-se destacar que o CJF possui uma Corregedoria-Geral dirigida pelo mais antigo dos ministros do STJ que integrar o Conselho. Essa Corregedoria é um órgão de fiscalização, controle e orientação normativa da Justiça Federal de 1ª e 2ª instâncias. Entre outras coisas, ela realiza inspeções e correições permanentes e periódicas, promove sindicâncias, além de apurar reclamações e denúncias relativas aos desembargadores federais, cabendo o julgamento disciplinar ao plenário do CJF.

No âmbito administrativo, a competência do Conselho é bastante ampla. A maioria das mudanças na estrutura da Justiça Federal, feitas por meio da legislação infraconstitucional, passa obrigatoriamente pelo crivo do CJF, como a criação ou extinção de tribunais regionais, a aprovação de propostas orçamentárias, homologar decisões dos tribunais regionais que impliquem aumento de despesas, entre outras.

Cabe destacar que o papel do Conselho da Justiça Federal, embora seja predominantemente na esfera administrativa, **sem interferência nas decisões judiciais** dos juízes federais de 1ª e 2ª instâncias, também atinge a esfera jurisdicional especificamente no que diz respeito aos juizados especiais federais. É que funciona junto ao CJF a Turma Nacional de Uniformização dos Juizados Especiais Federais, composta pelo Corregedor-Geral da Justiça Federal e dois juízes federais por região, escolhidos por cada tribunal dentre os titulares em exercício nos juizados especiais. Essa Turma Nacional, conhecida pela sigla TNU, tem competência para apreciar os incidentes de uniformização de interpretação de lei federal, no âmbito dos juizados.

Finalmente, é importante ressaltar que também funciona junto ao Conselho da Justiça Federal o **Centro de Estudos Judiciários**, que tem, entre outras funções, a realização de estudos e pesquisas com vistas à modernização da Justiça Federal, além de planejar, coordenar e executar atividades de formação e aperfeiçoamento de magistrados e servidores. A organização, funcionamento e competência do Centro de Estudos Judiciários do Conselho da Justiça Federal são disciplinados pela Resolução CJF n. 83/2009.

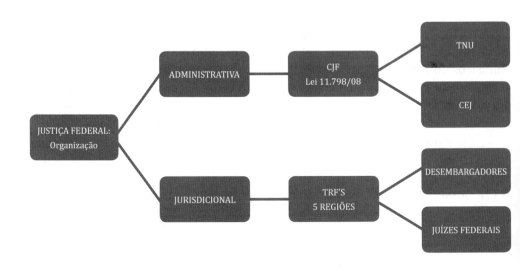

CAPÍTULO II - A ESTRUTURA ATUAL DA JUSTIÇA FEDERAL

2. TRIBUNAIS REGIONAIS FEDERAIS

2.1. Composição

Os tribunais regionais federais, atualmente em número de cinco, conforme já visto, são compostos por juízes federais de 2º grau. A utilização do termo "desembargador federal" não é prevista na Constituição ou nas leis que tratam da Justiça Federal, mas acaba sendo corriqueira por simetria com os tribunais estaduais. Nesta obra, por exemplo, prefere-se o termo desembargador, que é de mais fácil compreensão e evita confusões com os juízes atuantes na 1ª instância.

A **Constituição Federal** trata da composição dos tribunais regionais federais no **art. 107**, estabelecendo número mínimo de sete desembargadores (ou juízes, conforme o texto constitucional), recrutados, quando possível, na respectiva região e nomeados pelo Presidente da República dentre brasileiros com mais de trinta e menos de sessenta e cinco anos. Assim como na Justiça Estadual, é respeitada a regra do *quinto constitucional*: do total de vagas, um quinto é preenchido dentre advogados com mais de dez anos de efetiva atividade profissional e membros do Ministério Público Federal com mais de dez anos de carreira, de forma paritária. As vagas destinadas aos juízes de carreira são preenchidas por meio de promoção, também chamada de *acesso*, pelos critérios alternados de antiguidade e merecimento. Para se tornar um membro do tribunal, o juiz federal precisa contar com pelo menos cinco anos de exercício do cargo.

2.2. Competência

Como regra, os tribunais regionais federais julgam os **recursos de decisões e sentenças proferidas pelos juízes federais do 1º grau**, exceto no caso dos juizados especiais, cujos recursos em geral são julgados pelas turmas recursais, conforme veremos à frente. Além disso, os tribunais julgam também os recursos de decisões dos juízes estaduais, quando estes atuam em jurisdição delegada. É o que ocorre, por exemplo, com as ações de benefícios previdenciários que são propostas no domicílio do autor quando lá não existe sede da Justiça Federal. Nessa hipótese, embora o julgamento de 1ª instância seja feito por um juiz de direito da Justiça Estadual, o recurso é analisado pelo tribunal federal.

31

Mas há também **causas de competência originária** dos tribunais regionais federais, dentre elas: a) as ações contra os juízes federais da área de sua jurisdição, incluídos os da Justiça Militar e da Justiça do Trabalho, nos crimes comuns e de responsabilidade, e os membros do Ministério Público da União, ressalvada a competência da Justiça Eleitoral; b) as revisões criminais e as ações rescisórias de julgados seus ou dos juízes federais da região; c) os mandados de segurança e os "habeas-data" contra ato do próprio tribunal ou de juiz federal; d) os "habeas-corpus", quando a autoridade coatora for juiz federal; e) os conflitos de competência entre juízes federais vinculados ao tribunal. Essas competências são disciplinadas pelo art. 108 da Constituição Federal.

2.3. Administração do tribunal

O órgão máximo na estrutura administrativa dos tribunais regionais federais é o **plenário,** composto de todos os membros efetivos da corte. Geralmente, é o plenário que aprova o regimento interno do tribunal, ou seja, as normas gerais de organização, administração e funcionamento. Também elege os dirigentes do tribunal, julga disciplinarmente juízes e os próprios desembargadores, decide sobre promoções e remoções, enfim, o plenário é o órgão máximo de decisão administrativa.

Ocorre que alguns tribunais possuem muitos membros, o que dificulta e, às vezes, até impede uma célere e rápida decisão de questões importantes. Por conta disso, a Constituição Federal previu a existência de um colegiado chamado órgão especial. Assim consta no art. 93, inciso XI, do texto constitucional: nos tribunais com número superior a vinte e cinco julgadores, poderá ser constituído órgão especial, com o mínimo de onze e o máximo de vinte e cinco membros, para o exercício das atribuições administrativas e jurisdicionais delegadas da competência do tribunal pleno, provendo-se metade das vagas por antiguidade e a outra metade por eleição pelo tribunal pleno. Esse órgão existe em alguns tribunais regionais federais, como no da 1ª Região. Não tem competência para exercer todas as atribuições do plenário, mas acaba exercendo a maioria delas,

CAPÍTULO II - A ESTRUTURA ATUAL DA JUSTIÇA FEDERAL

o que permite maior agilidade na condução dos assuntos da corte. Em alguns casos, pode receber denominação variada, como *corte especial*.

A gestão administrativa cotidiana do tribunal é feita pelo seu presidente e pelo vice-presidente, conforme distribuição de atribuições feita pelo regimento interno. Também faz parte da direção do tribunal o corregedor, responsável pela orientação e fiscalização dos trabalhos dos juízes, promovendo inspeções e correições. Os dirigentes são eleitos na forma do art. 102 da LOMAN – Lei Orgânica da Magistratura Nacional: pela maioria dos membros efetivos do tribunal, por votação secreta, sendo os dirigentes eleitos dentre seus juízes mais antigos, em número correspondente ao dos cargos de direção, com mandato por dois anos, proibida a reeleição. Além disso, dispõe a LOMAN que quem tiver exercido quaisquer cargos de direção por quatro anos, ou o de presidente, não figurará mais entre os elegíveis, até que se esgotem todos os nomes, na ordem de antiguidade. Por fim, determina a LOMAN que é obrigatória a aceitação do cargo, salvo recusa expressa, aceita antes da eleição.

A estrutura administrativa dos tribunais pode ser bastante complexa. No âmbito do TRF da 1ª Região, por exemplo, o organograma[5] do Tribunal mostra, no topo, o Plenário, vindo logo abaixo a Corte Especial. Em seguida, encontram-se: Presidência (com Secretaria-Geral da Presidência, Diretoria-Geral da Presidência e Secretaria de Controle Interno), Vice-Presidência, Corregedoria-Geral, Coordenação dos Juizados Especiais Federais, Sistema de Conciliação da 1ª Região, Direção da Revista do TRF da 1ª Região, Escola de Magistratura Federal da 1ª Região, Comissões Permanentes (Regimento, Jurisprudência, Promoção e Acervo Jurídico) e Conselho de Administração. Cada um desses órgãos/setores possui inúmeras subdivisões, que geralmente contam com um servidor na chefia e vários outros para exercer as atividades do setor ou seção. Uma boa forma de conhecer a estrutura de cada tribunal é buscando nos respectivos sítios oficiais o organograma, que possibilita uma visão geral do funcionamento da corte.

2.4. Corregedoria

A corregedoria é órgão de existência obrigatória nos tribunais e, conforme já dito, é dirigida pelo corregedor. Em regra, tem como competência primária fiscalizar e **orientar**, em caráter geral e permanente, a atividade dos órgãos judiciários e administrativos da Justiça Federal de primeira instância, adotando as providências que se revelarem necessárias para aprimorar a prestação ju-

---

5 Tribunal Regional Federal da 1ª Região. Organograma do Tribunal. Disponível em < http://portal.trf1.jus. br/data/files/DE/63/12/E8/5E51B5101FB822A5052809C2/organograma%202017.pdf >. Acesso em 17 abr. 2017.

risdicional – conforme consta, por exemplo, no regimento interno do TRF da 4ª Região.

O corregedor e sua equipe são responsáveis por realizar as chamadas **correições**, que constituem uma verificação direta – presencial ou remota, no caso de processos eletrônicos – do funcionamento de cada uma das varas, tanto sob o aspecto administrativo quanto jurisdicional. É importante dizer que o corregedor não tem poderes para alterar uma decisão judicial ou para determinar que o juiz julgue desta ou daquela maneira, mas pode fiscalizar os processos para ver se os seus aspectos formais estão sendo respeitados, se os prazos estão sendo cumpridos, se não há morosidade, privilégio a alguma das partes etc.

CORREGEDORIAS REGIONAIS	
FISCALIZAÇÃO	ORGÃOS JUDICIÁRIOS E ADMINISTRATIVOS DA JUSTIÇA FEDERAL
ORIENTAÇÃO	

As correições são classificadas, de forma mais comum, em **ordinárias** e **extraordinárias**. Ordinária é aquela que ocorre necessariamente a cada período de tempo (ex.: de dois em dois anos), fazendo parte do trabalho rotineiro da corregedoria de verificação da regularidade das unidades jurisdicionais. Extraordinária, por sua vez, é a correição realizada quando há algum fato importante a ser verificado, que não pode aguardar a realização da correição ordinária. Ocorre, por exemplo, quando são feitas inúmeras representações junto à corregedoria, por parte de advogados, com a alegação de que o juiz está deixando de cumprir algum de seus deveres, por exemplo.

O corregedor também tem atribuições relativas à fiscalização e controle do trabalho cotidiano do magistrado, autorizando afastamentos, controlando as escalas de férias, expedindo orientações de procedimento na administração da vara etc. É com o corregedor, pois, o contato mais constante e direto do juiz da 1ª instância com o tribunal ao qual está vinculado.

Uma informação muito importante é quanto às sindicâncias e processos disciplinares que tenham **juízes como investigados**. A Constituição Federal determina que as decisões administrativas dos tribunais sejam motivadas e em sessão pública, sendo as disciplinares tomadas pelo voto da maioria absoluta de seus membros (art. 93, X). Além disso, o art. 27 da LOMAN determina que a decisão sobre a instauração de **processo disciplinar** contra magistrado deve ser tomada pelo **plenário ou pelo órgão especial do tribunal**. Isso significa que, embora o corregedor tenha uma função fundamental na fiscalização disciplinar dos juízes, cuidando para que todos os deveres e obrigações sejam respeitados, ele não tem o poder de punição, que somente é dado ao tribunal como colegiado.

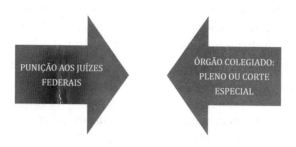

2.5. Estrutura jurisdicional

O julgamento nos tribunais se dá, em regra, de forma **colegiada**.

Os desembargadores são divididos em órgãos de três ou cinco membros, conforme dispuser o regimento interno, chamados *turmas* ou *câmaras*. Tomando como exemplo o TRF da 1ª Região, temos turmas formadas por três desembargadores. Essas turmas se reúnem, normalmente em pares, para formar uma *seção*, responsável por julgar originariamente alguns tipos de processos e também para pacificar a jurisprudência divergente entre as turmas que a compõem. Cada turma tem seu presidente, com mandato temporário, assim como acontece em cada seção. Recorde-se também a possibilidade de criação de câmaras regionais descentralizadas, conforme previsão do art. 107, § 3º, da Constituição Federal.

Por fim, cabe destacar que alguns processos são de competência originária do plenário ou do órgão especial, quando este existir, tendo competência ainda para sanar as divergências jurisprudenciais entre seções distintas, que geralmente são relativas a direito processual, vez que o direito material já é dividido entre as seções.

Essa estrutura pode ser diferente em tribunais com um número reduzido de desembargadores federais, como ocorre na 5ª Região, que tem quinze membros e funciona apenas com o plenário e quatro turmas de três desembargadores cada.

Os julgamentos colegiados ocorrem durante as sessões previamente designadas. Há um relator e, conforme o tipo de processo, um revisor. Estando a causa pronta para julgamento, ela é incluída na pauta de uma sessão, quando então os membros se reunirão para julgar a partir do voto do relator, que poderá prevalecer ou ser vencido, caso em que é então escolhido um relator substituto para o acórdão.

Quanto ao presidente e ao seu vice, eles atuam primordialmente em funções administrativas, mas geralmente possuem competências jurisdicionais específicas, como a análise dos recursos especiais e extraordinários, bem como os pedidos de suspensão de segurança. Caberá ao **regimento interno** dizer qual é a **competência de cada um dos órgãos internos do tribunal**, bem como qual será a atribuição dos dirigentes no âmbito jurisdicional.

É importante destacar que cada membro do tribunal conta com um corpo de assessores que o auxilia em suas tarefas. Assim, um desembargador atuando em uma determinada turma terá seu próprio gabinete, com um número específico de servidores. As turmas e seções, por sua vez, possuem suas secretarias, que são responsáveis pela parte burocrática da instrução processual. A mesma situação é vista em relação ao plenário e ao órgão especial, quando existente: cada um possui estrutura administrativa própria, capaz de dar suporte ao desenvolvimento de suas atividades jurisdicionais.

2.6. Atuação de juízes da 1ª instância nos tribunais

A Resolução n. 51/2009, do Conselho da Justiça Federal, estabelece que os tribunais regionais federais poderão, em caráter excepcional e quando a necessidade de serviço e o interesse social o exigirem, observado o disposto no respectivo regimento interno, **convocar** juízes federais ou juízes federais substitutos em número equivalente, no máximo, ao dos membros que compõem o tribunal, para exercício da jurisdição ou para auxílio em seus serviços, podendo atuar nas seguintes hipóteses: I – substituição de férias, licenças e impedimentos, por período igual ou superior a trinta dias; II – substituições durante afastamentos decorrentes de processo penal em curso ou de processo administrativo disciplinar; III – vacância do cargo; IV - auxílio ao tribunal, no julgamento de processos de competência das turmas, pelo período de um ano, excepcionalmente renovável por uma vez, mediante decisão fundamentada do presidente do tribunal; V – auxílio à presidência, à vice-presidência e à corregedoria-regional, por um período de até dois anos, não podendo a convocação ultrapassar o mandato do membro do tribunal investido na função; VI – convocações de membro do tribunal para auxílio junto ao Superior Tribunal de Justiça ou ao Supremo Tribunal Federal; VII– realização de mutirões; VIII - obtenção de quórum.

Ainda segundo o CJF, a convocação deverá recair sobre juízes federais que estejam no efetivo exercício da magistratura há mais de cinco anos e que não tenham sido punidos administrativamente com as penas previstas no art. 42 da Lei Complementar n. 35/1979, nem estejam sendo submetidos a procedimento administrativo disciplinar, desde que já decidida sua instauração pelo plenário.

CAPÍTULO II - A ESTRUTURA ATUAL DA JUSTIÇA FEDERAL

A forma de convocação dos juízes já foi bastante debatida no âmbito do Conselho Nacional de Justiça, em busca da compatibilização do interesse dos tribunais com a isonomia na escolha dos magistrados. Na Justiça Federal, a Resolução CJF 51/2009 mantém a regra de **indicação do substituto pelo desembargador a ser substituído,** exceto nos casos de vacância ou afastamento do cargo.

Os juízes convocados para trabalhar no tribunal, durante o período da convocação, têm direito a: I – remuneração do cargo em substituição em todas as convocações previstas nesta resolução, cabendo ao tribunal o pagamento da diferença de remuneração; II – se for o caso, pagamento de diária correspondente ao cargo de membro do tribunal, limitado ao valor de duas diárias e meia por semana, destinadas a indenizar despesas com pousada, alimentação e locomoção urbana; III – passagem aérea ou indenização para transporte à seção judiciária de origem, segundo regramento próprio de cada tribunal.

2.7. Escolas da magistratura

Os juízes, ao serem aprovados no concurso, devem passar obrigatoriamente por um **curso de formação**, cuja duração atual é de 480 horas-aula, distribuídas em até 4 meses[6]. Além disso, precisam passar por uma constante reciclagem e formação durante a vida profissional, para que se mantenham sempre atualizados.

Para suprir essas necessidades, existem as chamadas *escolas da magistratura*. Em nível nacional, foi criada **junto ao Superior Tribunal de Justiça** a Escolha Nacional de Formação e Aperfeiçoamento de Magistrados, com atribuição, entre outras coisas, para regulamentar os cursos oficiais para o ingresso e promoção na carreira (Constituição Federal, art. 105, parágrafo único, inciso I). No âmbito de cada um dos tribunais regionais federais, por sua vez, funciona uma escola da magistratura específica do tribunal, que dá efetividade aos cursos, palestras, treinamentos e outras formas de preparação dos juízes. Essas escolas são geridas por um desembargador federal escolhido pelo colegiado da corte, para mandato temporário.

3. A 1ª INSTÂNCIA DA JUSTIÇA FEDERAL

3.1. Seções e subseções judiciárias

De acordo com o art. 110 da Constituição, cada um dos estados, bem como o Distrito Federal, constituem uma seção judiciária, tendo por sede a respectiva

---

6   Conforme art. 19 da Resolução n. 02/2016, da Escola Nacional de Formação e Aperfeiçoamento de Magistrados.

capital. As seções judiciárias, por sua vez, são vinculadas a um tribunal regional federal específico. Essa é a divisão territorial primária da Justiça Federal de 1ª instância no Brasil.

A seção judiciária é administrada por um juiz federal designado como *diretor do foro*, com mandato temporário. A escolha é feita nos termos da Resolução CJF n. 79/2009, segundo a qual "a indicação dos juízes diretores e vice-diretores das seções judiciárias, bem como a dos juízes diretores das subseções judiciárias, será livremente feita pelo presidente do tribunal, devendo ser homologada pelo respectivo conselho" (art. 3º). A mesma Resolução diz que o mandato de juiz diretor do foro e de juiz diretor de subseção judiciária será de dois anos, sendo permitida somente uma recondução por igual período.

O diretor do foro administra o dia a dia da Justiça Federal na sua seção judiciária, que se encarrega de algumas atribuições repassadas pelo tribunal e também das minúcias locais (ex.: manutenção e conservação dos prédios que abrigam unidades da Justiça Federal, controle da frota de veículos, escala de plantão, licitações e contratos locais, administração de patrimônio etc.).

Em Minas Gerais, por exemplo, a seção judiciária conta com diversos setores: Seção de Suporte Administrativo, Seção de Assuntos da Magistratura, Centro Judiciário de Conciliação, Seção de Comunicação Social, Núcleo Jurídico e Secretaria Administrativa[7]. Em cada tribunal, bem como em cada seção judiciária, essa estrutura pode variar, mas as tarefas executadas serão quase sempre similares.

Em todos os estados (com exceção de Roraima), atendendo ao processo de interiorização, há as chamadas subseções judiciárias, formadas por um ou mais municípios do interior do estado e contando com uma unidade da Justiça Federal. Seria a divisão similar à comarca da Justiça Estadual. Em cada subseção, também há um juiz federal responsável pela sua administração, chamado de **diretor da subseção**. Reproduzindo em menor escala a estrutura presente na seção judiciária, a subseção pode contar com divisões administrativas, abrangendo, por exemplo, setor de protocolo e distribuição, contadoria, setor financeiro, entre outros. A seguir, o exemplo de um organograma de subseção judiciária de Padrão 2, o mais comum no âmbito do Tribunal Regional Federal da 1ª Região[8]:

---

7   Seção Judiciária de Minas Gerais. Organograma. Disponível em < http://portal.trf1.jus.br/data/files/ A6/72/F7/9B/4A51B510A18822A5F42809C2/Organograma%20Minas%20Gerais%20atualizado2017.pdf > Consultado em 27 abr. 2017.

8   Tribunal Regional Federal da 1ª Região. Estrutura das Subseções Judiciárias – Padrão 2. Disponível em < http://portal.trf1.jus.br/data/files/38/24/80/94/FAFDA4108C6DE2A4F42809C2/padrao2.pdf> Consultado em 27 abr. 2017.

CAPÍTULO II - A ESTRUTURA ATUAL DA JUSTIÇA FEDERAL

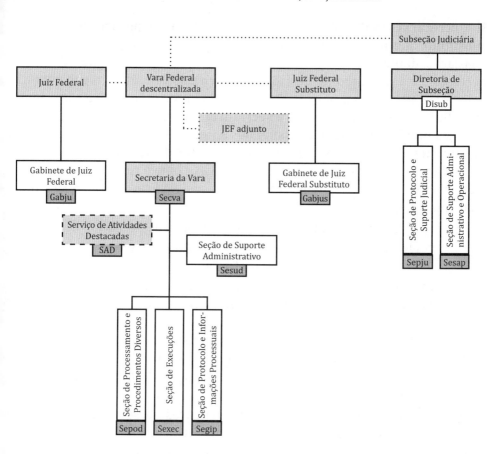

No âmbito jurisdicional, a **divisão** em seções e subseções apresenta importância basilar, pois firmará a **competência** de cada um dos juízos. Se um ato arbitrário é cometido por uma autoridade federal, por exemplo, o mandado de segurança deverá ser impetrado na unidade da Justiça Federal – seção ou subseção – que tiver dentre os municípios que integram sua competência jurisdicional aquele em que domiciliada a autoridade impetrada, pessoa física ou jurídica. Todas as regras processuais de competência territorial condicionam-se, portanto, a essa partição territorial.

3.2. Varas federais

3.2.1. Organização e administração

Em **cada seção ou subseção judiciária**, há pelo menos uma vara. Conforme bem definem as normas do TRF da 3ª Região, a vara é uma unidade organizacional cuja estrutura é composta pelos seguintes setores: **I - gabinete**;

II - secretaria. O **gabinete** presta **assessoria direta** ao juiz federal, titular ou substituto, que atua na vara, tendo por atribuição a realização de pesquisa de legislação, doutrina e jurisprudência, a fim de reunir todo o material jurídico necessário à elaboração de decisões e sentenças. Na prática, o gabinete não apenas faz as pesquisas, mas também elabora minutas com base nas orientações diretas dos magistrados. Já à **secretaria** incumbe realizar as tarefas atinentes à **movimentação processual** dos feitos existentes na vara, bem como prestar atendimento ao público e outros serviços de **apoio**. Algumas tarefas de movimentação processual muito específicas, como o registro de sentenças e decisões em livros ou sistemas eletrônicos, podem ficar a cargo do gabinete ou do próprio juiz.

Pode acontecer, especialmente no caso dos juizados especiais federais de grandes cidades, de se instituir uma secretaria unificada para atender a todas as varas de juizado. Essa, porém, não é a regra.

Em um passado não muito remoto, era bastante comum a secretaria ser independente, ganhando o nome de cartório e sendo chefiada por um escrivão, mais ou menos como ainda ocorre com as serventias extrajudiciais (cartórios de notas, protesto, imóveis, registro civil etc.). O juiz cuidava apenas de seu gabinete. Atualmente, porém, o usual é a existência de estrutura uma, como ocorre no âmbito da Justiça Federal, com subdivisão meramente interna, direcionada a divisão de tarefas, entre secretaria e gabinete.

Em cada vara, atuam um juiz federal e um juiz federal substituto[9]. A diferença entre os dois cargos é basicamente administrativa e remuneratória.

Conforme será visto, ingressa-se na carreira da magistratura federal no cargo de juiz federal substituto, atendendo à determinação do art. 93, I, da Constituição Federal. Diferentemente da maioria dos ramos do Poder Judiciário, na Justiça Federal o juiz substituto tem lotação própria e fixa, respondendo de forma permanente por acervo processual isonômica e impessoalmente selecionado. Como regra, o juiz substituto responde por metade do acervo da vara (processos cujos autos tenham numeração final ímpar, desconsiderando-se o dígito verificador, conforme art. 7º da Resolução nº 001/2008, do Conselho da Justiça Federal), não tendo submissão hierárquica em relação ao juiz federal. A diferença é que ele não é responsável pela administração da vara e recebe apenas 95%

---

9   Ressalta-se que foi apresentada proposta de nova Lei Orgânica da Justiça Federal junto ao Conselho da Justiça Federal, em fevereiro de 2013. Nessa proposta, a estrutura das varas é alterada de forma radical, passando a contar cada uma, em regra, com dois juízes federais, sem substitutos, cabendo a administração da vara ao juiz lotado há mais tempo nela. Os juízes substitutos, pelo projeto, exerceriam efetivamente a jurisdição em substituição e o número de cargos dessa natureza seria limitado a 20% do total. Era o que constava no projeto, que certamente ainda sofreria alterações no âmbito do próprio CJF e do Superior Tribunal de Justiça, antes de ser encaminhado para o Congresso Nacional, onde também poderia sofrer mudanças.

CAPÍTULO II - A ESTRUTURA ATUAL DA JUSTIÇA FEDERAL

da remuneração devida ao titular. Seu papel de direção se restringe apenas aos assessores diretos de seu gabinete – geralmente dois. Com o tempo e havendo vagas, o juiz substituto pode então ser promovido ao cargo de juiz federal, promoção essa que ocorre alternadamente pelos critérios de antiguidade e merecimento. E, claro, para ser promovido ao cargo de desembargador federal, é necessário que o magistrado ocupe o cargo de juiz federal, não se falando em promoção *per saltum*.

Feitas essas considerações, cabe dizer que a vara é composta por um número pré-determinado de servidores, de acordo com as normas do tribunal respectivo. É possível, por exemplo, que as varas com determinada competência ou localização específica, como varas de execução fiscal ou do interior, tenham uma quantidade diferente de servidores em relação às demais.

Foi dito que cada vara dispõe de uma quantidade de funções comissionadas, uma realidade presente em toda a Justiça Federal brasileira. Essa quantidade varia de tribunal para tribunal e de vara para vara. As funções comissionadas apresentam diferentes níveis e remunerações, permitindo ao magistrado organizar a secretaria e sua assessoria de maneira a retribuir financeiramente os servidores mais destacados e competentes. Parte dessas funções, por sua vez, acaba sendo utilizada para aumentar o quadro de servidores, pois é possível, conforme o caso, requisitar um servidor de outro órgão diverso (ou não) da Justiça Federal para, havendo a cessão pelo órgão de origem, lotá-lo na vara para que passe a lá desenvolver suas funções, mediante remuneração pela função comissionada. É uma prática comum, embora o ideal fosse que a Justiça Federal funcionasse perfeitamente apenas com seu quadro de servidores.

A distribuição das **funções comissionadas é tarefa exclusiva do juiz federal titular** da vara, exceto em relação aos assessores do gabinete do juiz federal substituto. Quanto a esses, são escolhidos e têm as comissões definidas exclusivamente pelo juiz substituto.

Aos juízes federais, ficam vinculados diretamente os gabinetes. Seus servidores, previamente estabelecidas as orientações cabíveis, são responsáveis pelas minutas de decisões e sentenças que serão aprovadas pelos juízes. Às vezes, diante da similitude das questões postas, a digitação de decisões mais simples pode ser repassada também à secretaria, mas em geral os atos com caráter decisório são atribuídos aos gabinetes.

3.2.2. A SECRETARIA E SEU DIRETOR

No âmbito interno da vara, como exposto, a administração cabe ao juiz federal titular. Este, por sua vez, conta com um servidor ocupante de cargo de

41

confiança para exercer a **direção da secretaria**, função de enorme responsabilidade e que demanda um conhecimento profundo tanto de processos e ritos quanto de questões funcionais e burocráticas. O diretor de secretaria é o braço direito do juiz e, exceto quanto à assessoria de gabinete, que normalmente fica vinculada diretamente aos magistrados, **coordena e chefia os servidores lotados na vara**. Muitos atos de expediente são de competência do diretor, que, inclusive, pode delegar alguns deles aos servidores.

É importante destacar que em alguns estados a secretaria da vara é independente, ou seja, o juiz não tem nenhuma ou tem pouca ingerência sobre ela. Essa, porém, não é a realidade da Justiça Federal, cuja secretaria está sob o completo comando do magistrado que titulariza a vara.

O Código de Processo Civil trata do assunto em seu **art. 152**, dizendo que incumbe ao escrivão ou ao chefe de secretaria: I - redigir, na forma legal, os ofícios, os mandados, as cartas precatórias e os demais atos que pertençam ao seu ofício; II - efetivar as ordens judiciais, realizar citações e intimações, bem como praticar todos os demais atos que lhe forem atribuídos pelas normas de organização judiciária; III - comparecer às audiências ou, não podendo fazê-lo, designar servidor para substituí-lo; IV - manter sob sua guarda e responsabilidade os autos, não permitindo que saiam do cartório, exceto: a) quando tenham de seguir à conclusão do juiz; b) com vista a procurador, à Defensoria Pública, ao Ministério Público ou à Fazenda Pública; c) quando devam ser remetidos ao contabilista ou ao partidor; d) quando forem remetidos a outro juízo em razão da modificação da competência; V - fornecer certidão de qualquer ato ou termo do processo, independentemente de despacho, observadas as disposições referentes ao segredo de justiça; VI - praticar, de ofício, os atos meramente ordinatórios. Em relação aos atos meramente ordinatórios, prevê o art. 152, § 1º, do CPC, que eles serão objeto de regulamentação por parte do juiz titular.

Cabe esclarecer que as **competências do diretor** geralmente são exercidas por **servidores** sob seu comando, em regime de **delegação de competência**, mesmo porque não seria possível desempenhar, pessoal e centralizadamente, todas as obrigações cartorárias descritas no art. 152.

As atribuições da secretaria em geral são pormenorizadas pela Lei n. 5.010/1966, que dispõe expressamente sobre o tema, dizendo em seu art. 41 que a ela compete: I - receber e autuar petições, movimentar feitos, guardar e conservar processos e demais papéis que transitarem pelas varas; II - protocolar e registrar os feitos, e fazer anotações sobre seu andamento; III - registrar as sentenças em livro próprio; IV - remeter à Instância superior os processos em grau de recurso; V - preparar o expediente para despachos e

CAPÍTULO II - A ESTRUTURA ATUAL DA JUSTIÇA FEDERAL

audiências; VI - exibir os processos para consulta pelos advogados e prestar informações sobre os feitos e seu andamento; VII - expedir certidões extraídas de autos, livros, fichas e demais papéis sob sua guarda; VIII - enviar despachos e demais atos judiciais para publicação oficial; IX - realizar diligências determinadas pelos juízes e corregedores; X - fazer a conta e a selagem correspondentes às custas dos processos, bem assim quaisquer cálculos previstos em lei; XI - efetuar a liquidação dos julgados, na execução de sentença, quando for o caso; XII - receber em depósito, guardar e avaliar bens penhorados ou apreendidos por determinação judicial; XIII - expedir guias para o recolhimento à repartição competente de quantias devidas à Fazenda Pública; XIV - realizar praças ou leilões judiciais; XV - fornecer dados para estatísticas; XVI - cadastrar o material permanente da cara respectiva; XVII - executar quaisquer atos determinados pelo Conselho da Justiça Federal, Corregedor-Geral, Diretor do Foro ou Juiz da Vara.

Essas inúmeras atividades não devem constituir uma preocupação ou atribuição dos magistrados e de sua assessoria de gabinete, pois a eles cabe primordialmente tomar as decisões dos processos. Por isso é que, conforme já dito, existe a figura do diretor de secretaria, que, sob a orientação e fiscalização do juiz federal titular, irá chefiar uma equipe de servidores responsável por cumprir todas as determinações do art. 41 da Lei n. 5.010/66.

A organização interna varia muito de vara para vara. Se a chefia por um diretor de secretaria é padrão, a divisão dos setores e a distribuição das funções comissionadas depende das escolhas de cada juiz, que decide às vezes com o auxílio e sugestões do diretor. Há varas nas quais o magistrado prefere criar setores para analisar espécies pré-determinadas de ações, respondendo assim um grupo de servidores pelos mandados de segurança, outros pelas ações cíveis, execuções de títulos judiciais e cumprimentos de sentença etc. Já em outros casos a divisão ocorre por fases do processo: setor de atendimento, setor de expedições, de requisições de pagamentos e precatórios etc. Não há como dizer qual é a sistemática perfeita, pois tudo depende da realidade da vara, de sua competência, da quantidade de servidores disponíveis, da predominância ou não de processos eletrônicos, enfim, há uma série de fatores variáveis a influenciar a formatação da vara. A organização interna da vara, porém, não deve ser uma preocupação do juiz que acabou de ingressar na carreira, pois, em regra, ele ainda terá muitos anos pela frente como substituto, tempo suficiente para aprender e refletir sobre a melhor forma de organização da secretaria.

Para que não nos furtemos, contudo, ao propósito de sugestão deste trabalho, trataremos, oportunamente, desse tópico.

43

3.2.3. O PAPEL DO JUIZ SUBSTITUTO E SUA RELAÇÃO COM O TITULAR

Já foi dito que a estrutura atual da Justiça Federal reserva um papel de tratamento e atribuições quase igualitários entre juízes federais e juízes federais substitutos. Sendo a distribuição processual feita de forma equânime e impessoal, não podendo o juiz titular escolher as ações que quer julgar e muito menos interferir na atividade jurisdicional do substituto, as diferenças se restringem ao campo administrativo. Exceto, há de se ressalvar, a titularização de vagas nas turmas recursais dos juizados especiais, que são reservadas aos juízes federais, cabendo aos substitutos atuar exclusivamente nessa condição, conforme consta na Lei n. 12.665/2012.

Conforme já explicitado, o juiz federal que titulariza a vara é responsável por sua administração. Em regra, outros papéis importantes na área administrativa também ficam reservados aos titulares, como a administração do foro, exceto quando em exercício na localidade se encontram tão somente juízes substitutos.

No tocante às férias, a prioridade de escolha do primeiro período também será do titular, conforme art. 3º, § 6º, da Resolução CJF n. 130/2010. Pode haver outras pequenas diferenças, como a utilização prioritária pelo juiz titular do único veículo oficial que estiver à disposição da vara, a escolha dos gabinetes, enfim, questões que não atingem a esfera jurisdicional.

No âmbito da própria vara, os juízes titular e substituto substituem-se mutuamente. Quando o juiz federal usufrui férias, por exemplo, o substituto responde pelo seu acervo, especialmente no tocante aos casos urgentes; quando o juiz substituto se ausenta, é substituído pelo titular. Regras de substituição automática aplicam-se a todos os casos de ausência dos magistrados.

Porém, quando a necessidade é de substituição em outra vara, o que ocorre caso nenhum de seus dois magistrados esteja presente ou – ainda – quando é necessário deslocar um magistrado para auxiliar em outra vara, em decorrência do excesso de processos, por exemplo, a regra é que esse papel seja exercido exclusivamente por juízes federais substitutos. Se uma seção judiciária conta com uma vara de execução fiscal que está em uma situação confortável, mas conta com um juizado especial que está em situação caótica, não é raro que o tribunal determine ao juiz substituto da vara de execuções fiscais que preste auxílio à vara JEF por algum tempo.

O relacionamento entre o juiz federal e o juiz substituto, no âmbito da vara, não tem razão para não ser bom e cordial. Para tanto, basta que cada um deles exerça as suas atribuições sem interferir nas do colega, de forma respeitosa e colaborativa. Ao juiz federal substituto cabe apenas julgar seus processos e ge-

CAPÍTULO II - A ESTRUTURA ATUAL DA JUSTIÇA FEDERAL

renciar sua assessoria direta, não existindo razão para que interfira, a não ser que seja convidado a tanto, na administração da vara. Pode, sim, orientar os servidores da secretaria sobre a marcha de seus próprios processos, repassando modelos de despachos e minutas de decisões simples. Quanto ao juiz federal, não cabe a ele interferir na condução dos processos ou na assessoria do juiz substituto, muito menos determinar à secretaria que dê tratamento privilegiado aos seus processos. Respeitadas as **regras básicas de convivência**, dificilmente haverá qualquer problema entre magistrados que prezam pelo **bom senso** e pela **boa convivência**.

Pode-se afirmar com segurança que, quando a vara conta com um juiz titular e um substituto que buscam a colaboração mútua, que **dialogam**, que tentam encontrar entendimentos em comum para dinamizar o trabalho da secretaria, tudo se torna mais fácil e a atividade jurisdicional fica bem mais produtiva e célere.

ANEXO: RESOLUÇÃO CJF N. 79/2009 (DIREÇÃO DO FORO)

> Dispõe sobre a competência e atribuições dos juízes federais quando no exercício das funções de diretor do foro das seções judiciárias e de diretor das subseções judiciárias.

Art. 1º Cada estado constitui uma seção judiciária, que terá por sede a respectiva capital; as varas localizadas fora da capital constituem subseções judiciárias.

Parágrafo único. O Distrito Federal constitui uma seção judiciária, nele sediada.

Art. 2º A seção judiciária terá um diretor do foro e ao menos um vicediretor, que serão auxiliados pelos diretores das subseções judiciárias ou por um juiz com atribuição correlata, conforme as atribuições definidas nesta resolução.

§ 1º O juiz diretor do foro poderá delegar competência às demais autoridades mencionadas no caput.

§ 2º O juiz diretor do foro, conforme a sua conveniência, poderá atribuir ao diretor da secretaria administrativa a prática dos atos mencionados no art. 4º desta resolução.

Art. 3º A indicação dos juízes diretores e vice-diretores das seções judiciárias, bem como a dos juízes diretores das subseções judiciárias, será livremente feita pelo presidente do tribunal, devendo ser homologada pelo respectivo conselho.

§ 1º O mandato de juiz diretor do foro e de juiz diretor de subseção judiciária será de dois anos, sendo permitida somente uma recondução por igual período.§ 2º O juiz diretor do foro será automaticamente substituído, nas férias, faltas, licenças, impedimentos e ausências eventuais, por um dos juízes vice-diretores do foro ou, na ausência ou impossibilidade desses de assumirem as funções, por juiz federal designado pela presidência do tribunal.

§ 3º A regra prevista no parágrafo anterior aplica-se, no que couber, ao juiz diretor da subseção judiciária.

Art. 4º Incumbe ao diretor do foro:

I – na área de recursos humanos:

a) dar posse aos servidores da seção judiciária;

b) lotar os servidores, respeitado o que determina o tribunal;

c) proceder a alterações de lotação de servidores no âmbito da seção judiciária, observada a lotação ideal;

d) assinar as carteiras de identidade funcional dos servidores;

e) designar os titulares e substitutos das funções comissionadas e cargos em comissão;

f) determinar a elaboração das folhas de pagamento e autorizar o devido crédito;

CAPÍTULO II - A ESTRUTURA ATUAL DA JUSTIÇA FEDERAL

g) decidir sobre as solicitações de consignação facultativa, nos termos do parágrafo único do art. 45 da Lei n. 8.112/1990;

h) conceder as indenizações referentes a ajuda de custo, diárias e indenização de transporte, observada a legislação em vigor;

i) conceder aos servidores as gratificações referentes ao exercício de função de direção, chefia e assessoramento, a gratificação natalina e os adicionais pela prestação de serviço extraordinário e serviço noturno, férias e outros relativos ao local e à natureza do trabalho;

j) conceder os benefícios de auxílio-natalidade, salário-família, licença para tratamento de saúde, licença à gestante, licença à adotante, licença-paternidade, auxílio-funeral, auxílio-reclusão, e assistência à saúde, ressalvadas as hipóteses de inclusão de dependentes que necessitem de análise de provas, bem como os benefícios de assistência pré-escolar, auxílio-alimentação e auxílio-transporte;

k) conceder férias e autorizar a sua alteração e interrupção;

l) conceder aos servidores as licenças à gestante; por motivo de doença em pessoa da família; por motivo de afastamento do cônjuge ou companheiro; para o serviço militar; para atividade política; para capacitação; para desempenho de mandato classista; para participação em curso de formação para provimento de cargo no âmbito da administração pública federal e para tratar de interesses particulares, esta por prazo igual ou inferior a noventa dias;

m) autorizar aos servidores a ausência ao serviço em razão de doação de sangue, alistamento como eleitor, casamento e falecimento do cônjuge, companheiro, pais, madrasta ou padrasto, filhos, enteados, menor sob guarda ou tutela e irmãos;

n) conceder horário especial ao servidor estudante, ao servidor portador de deficiência e ao que tenha cônjuge, filho ou dependente portador de deficiência física;

o) autorizar viagens de servidores da seção judiciária em objeto de serviço;

p) autorizar o afastamento de servidores da seção judiciária para curso realizado no País, inclusive o de formação previsto no art. 20, § 4º, da Lei n. 8.112/1990;

q) autorizar a averbação de tempo de serviço dos servidores para todos os fins legais;

r) homologar os resultados finais da avaliação de desempenho em estágio probatório dos servidores da seção judiciária;

s) elogiar e determinar o registro de elogios, férias, licenças, averbação de tempo de serviço, penalidades e demais atos relativos à vida funcional dos servidores lotados na seção judiciária;

t) instaurar sindicância ou processo administrativo disciplinar para apurar irregularidades ou infrações funcionais de servidores da seção ou subseção judiciária, bem como irregularidades representadas pelos diretores

47

das subseções judiciárias no caso de infração funcional que possa ser apenada com suspensão superior a trinta dias ou pena mais grave;

u) julgar sindicâncias e processos administrativos disciplinares, observado o disposto no art. 167 e parágrafos da Lei n. 8.112/1990; Conselho da Justiça Federal;

v) aplicar as penalidades previstas no art. 141, incisos II e III, da Lei n. 8.112/1990 a servidores lotados na seção judiciária;

w) encaminhar ao presidente do tribunal os processos administrativos disciplinares referentes a servidores ou cassação da aposentadoria ou da disponibilidade nos termos disciplinados no inciso I do art. 141 da Lei n. 8112/1990;

x) comunicar ao presidente do tribunal a aplicação de penas disciplinares a servidores;

y) conhecer e decidir pedidos de reconsideração dos seus atos e decisões nos termos do parágrafo único do art. 106 da Lei n. 8.112/1990;

II – na área de recursos humanos, nos processos de competência do tribunal:

a) instruir e submeter ao tribunal regional federal da respectiva região os casos de readaptação, reversão, pensão, inclusão de dependentes para assistência à saúde nos casos que necessitem de análise de provas, reintegração, recondução, bem como disponibilidade e aproveitamento de servidores;

b) instruir e submeter ao tribunal regional federal da respectiva região dos pedidos de deslocamento de servidores, de que tratam os arts. 36, 37, 93, 94 e 95, todos da Lei n. 8.112/1990, tais como remoção com mudança de sede, redistribuição, afastamento para servir a outro órgão ou entidade, afastamento para mandato eletivo e para estudo ou missão no exterior e licença para tratar de interesses particulares por prazo superior a noventa dias;

c) instruir e encaminhar os processos de designação de diretor de secretaria de vara após indicação pelos juízes federais, assim como do diretor da secretaria administrativa;

d) instruir e encaminhar ao tribunal os processos que tratem de vacância do cargo, decorrentes de exoneração, demissão, aposentadoria, readaptação, posse em cargo inacumulável e falecimento;

e) instruir e submeter ao tribunal os casos em que constatada a acumulação proibida de cargos públicos;

III – na administração de obras, compras de bens e serviços:

a) autorizar a abertura de procedimento para padronizar licitação;

b) ratificar a inexigibilidade ou a dispensa de licitação;

c) decidir, em grau de recurso, as questões suscitadas nos processos licitatórios;

d) aplicar sanções administrativas aos contratados e licitantes;

CAPÍTULO II - A ESTRUTURA ATUAL DA JUSTIÇA FEDERAL

e) homologar procedimento de licitação;

f) assinar termos, contratos e convênios em nome da Seção Judiciária;

IV – na administração orçamentária e financeira:

a) reportar-se, na condição de órgão integrante do Sistema de Orçamento e Finanças da Justiça Federal, diretamente ao tribunal no que concerne à obediência de normas e diretrizes básicas à administração orçamentária e financeira;

b) autorizar a execução da despesa da seção judiciária – unidade seccional relativa aos créditos orçamentários descentralizados pelo tribunal – unidade setorial;

c) acompanhar e coordenar a elaboração do Plano Plurianual e da Proposta Orçamentária Anual;

d) coordenar a execução orçamentária e financeira da despesa e, quando necessário, submeter à apreciação do tribunal medidas para promover ajustes na programação orçamentária;

e) encaminhar as propostas de programação financeira nos prazos e em conformidade com as normas estabelecidas pela unidade setorial do sistema, assim como manter registros e controle dos recursos financeiros recebidos;

f) atuar solidariamente com relação ao recolhimento dos diversos tributos devidos, quando assim previsto nas legislações específicas;

V – na administração geral:

a) despachar o expediente da secretaria administrativa;

b) expedir atos decorrentes das decisões da sua própria competência;

c) requisitar passagens e transporte, observando a existência de autorização do presidente do tribunal regional federal ou do corregedor;Conselho da Justiça Federal

d) constituir comissões de natureza temporária ou permanente, designando os seus membros;

e) autorizar a prestação de serviços extraordinários aos servidores da seção judiciária, observada a legislação vigente e as resoluções do tribunal respectivo e do Conselho da Justiça Federal;

f) atuar como ordenador de despesas;

g) gerenciar os serviços de apoio administrativo e judiciário;

h) prestar contas ao órgão de controle interno quando solicitado;

i) dispor sobre o local destinado à guarda dos veículos da sede da seção judiciária e sobre os serviços de portaria, conservação e segurança do foro;

j) designar locais onde devam ser realizadas as arrematações e leilões judiciais;

k) firmar termos, contratos e convênios no âmbito da sua competência;

VI – na central de mandados:

49

a) proceder à regulamentação do funcionamento interno da central de mandados, da definição das competências e das atribuições das funções comissionadas que a compõem;

b) exercer a supervisão técnica da central de mandados, podendo delegar tal atividade a outro magistrado, cabendo-lhe, ainda, solucionar as dúvidas relativas aos seus serviços;

VII – na interação com o tribunal:

a) encaminhar, anualmente, no mês de agosto, as necessidades de servidores e propor alterações no quadro ideal por vara ou unidades administrativas, ouvidos os demais juízes;

b) elaborar, anualmente, o relatório consolidado das atividades da seção judiciária, encaminhando-o ao presidente do tribunal;

c) submeter ao tribunal proposta de alteração na organização e estruturação dos serviços administrativos da seção judiciária;

d) submeter ao tribunal a proposta orçamentária e solicitações de abertura de créditos adicionais nas épocas e condições determinadas, fornecendo todos os elementos necessários para a análise;

e) sugerir ao tribunal regional federal da respectiva região a criação, instalação ou especialização de varas em determinadas matérias, ouvidos os demais juízes.

Art. 5º Compete ao diretor da subseção judiciária, mediante delegação do diretor do foro:

I – dar posse aos servidores da subseção;

II – instaurar sindicâncias para apurar irregularidades ou infrações funcionais sujeitas à pena de advertência ou à de suspensão de até trinta dias, de acordo com o disposto no art. 141, inciso III, da Lei n. 8.112/1990;

III – aplicar pena disciplinar de advertência ou de suspensão de até trinta dias, comunicando o fato ao diretor do foro para fins de registro nos assentamentos funcionais dos servidores;

IV – comunicar ao diretor do foro a ocorrência de faltas funcionais passíveis de pena de suspensão por mais de trinta dias, demissão ou cassação de aposentadoria ou disponibilidade;

V – conhecer de pedidos de reconsideração dos seus atos e decisões e julgá-los, na forma prevista no art. 106, parágrafo único, da Lei n. 8.112/1990;

VI – encaminhar à direção do foro os elogios feitos aos servidores lotados na subseção judiciária para fins de anotação nos registros funcionais;

VII – deliberar sobre os serviços de natureza administrativa da subseção judiciária, observadas as disposições sobre a matéria e os procedimentos adotados pela direção do foro;

VIII – indicar ao diretor do foro os servidores que ocuparão as funções comissionadas e cargos em comissão da área administrativa, observada, quando for o caso, a necessidade de indicação e ressalvada a competência do tribunal;

CAPÍTULO II - A ESTRUTURA ATUAL DA JUSTIÇA FEDERAL

IX – dispor sobre o local destinado à guarda dos veículos da subseção judiciária e sobre os serviços de portaria, conservação e segurança do foro;

X – designar locais onde devam ser realizadas as arrematações e leilões judiciais;

XI – exercer a fiscalização dos serviços administrativos da subseção judiciária;

XII – proceder a alterações de lotação de servidores no âmbito da subseção judiciária.

Art. 6º Compete aos diretores de foro da seção e aos diretores da subseção judiciária, no respectivo âmbito de ação:

I – representar a seção judiciária ou a subseção perante os órgãos federais, estaduais e municipais e autoridades ou em solenidades;

II – designar, mensalmente, em sistema de rodízio, os juízes que exercerão as atividades do plantão e da distribuição, indicando um substituto para hipóteses de impedimento ocasional;

III – conceder aos servidores compensação por serviços prestados à Justiça Eleitoral.

Art. 7º A presente resolução entra em vigor na data da sua publicação.

Art. 8º Revogam-se as Resoluções n. 444, de 9 de junho de 2005, 476, de 26 de outubro de 2005, e 065 de 2 de julho de 2009.

CAPÍTULO III

INGRESSO NA CARREIRA DE JUIZ FEDERAL

1. AS NORMAS DOS CONCURSOS PARA A MAGISTRATURA FEDERAL

Quando a Justiça Federal voltou a ter a sua 1ª instância, após a edição da Lei n. 5.010/1966, nem todos os cargos de magistrado eram preenchidos por concurso. Os juízes federais substitutos ingressavam na carreira por esse sistema de provas, mas os juízes federais eram escolhidos de outra forma. O Supremo Tribunal Federal formava listas com cinco nomes, sendo três juízes federais substitutos indicados pelo Tribunal Federal de Recursos e dois nomes de bacharéis em direito, com mais de trinta e menos de sessenta anos de idade, de notório merecimento e reputação ilibada, e oito anos, no mínimo, de efetivo exercício na advocacia, no Ministério Público, na magistratura ou no magistério superior. Assim, era possível o ingresso já no cargo de juiz federal sem aprovação prévia em concurso.

Esse sistema não durou muito tempo, pois logo a legislação passou a exigir concurso em qualquer caso, exceto para os tribunais e seu quinto constitucional. A Constituição Federal consolidou de vez a exigência, ao estabelecer que o ingresso na carreira, cujo cargo inicial será o de juiz substituto, dá-se sempre mediante concurso público de provas e títulos, com a participação da Ordem dos Advogados do Brasil em todas as fases, exigindo-se do bacharel em direito, no mínimo, três anos de atividade jurídica e obedecendo-se, nas nomeações, à ordem de classificação.

53

Até a Constituição Federal de 1988, a responsabilidade pela organização e realização dos certames cabia ao Tribunal Federal de Recursos, até porque ainda não havia os tribunais regionais. Quando esses foram criados, cada um deles passou a organizar seus próprios concursos, a partir de regras estabelecidas pela corte, desde que obedecidos os parâmetros mínimos da lei e também as resoluções do Conselho da Justiça Federal.

Com a criação do Conselho Nacional de Justiça, este novo órgão entendeu que seria preciso estabelecer normas mais uniformes para o ingresso na magistratura em geral. Foi com essa intenção que o CNJ editou a Resolução n. 11/2006, posteriormente substituída pela **Resolução n. 75/2009,** em vigor quando da confecção desta edição.

A norma do CNJ traz parâmetros básicos para todos os concursos, o que não impede que conselhos e tribunais detalhem regras e preencham lacunas. Foi o que fez o Conselho da Justiça Federal, que editou a Resolução n. 67/2009, disciplinando especificamente os concursos para juiz federal substituto, a forma obrigatória de ingresso na carreira. Assim, a análise que segue toma por referência a norma do Conselho da Justiça Federal, a qual, por sua vez, foi editada com respeito ao que estabeleceu o Conselho Nacional de Justiça. De toda forma, como nenhuma das duas resoluções esgotou o assunto, alguns pontos restaram para os tribunais regularem, razão pela qual cabe ao candidato ao cargo a análise pormenorizada dos editais e regulamentos dos concursos, estabelecidos pelos próprios tribunais regionais federais.

Resolução CJF n. 67/2009: Disciplina o concurso para investidura no cargo de juiz federal substituto no âmbito da Justiça Federal.
Obrigue-se, contudo, à análise pormenorizada do edital.

2. A PREPARAÇÃO DO ESTUDANTE PARA O CONCURSO

Para quem ainda não ingressou na carreira, sobram dúvidas sobre a melhor forma de preparação para os dificílimos concursos. Sobre o tema, conferir o livro "Juiz Federal: lições de preparação para um dos concursos mais difíceis do Brasil" (Alexandre Henry Alves, Editora Verbo Jurídico). O livro conta com um capítulo que expõe os resultados de uma pesquisa feita com centenas de magistrados federais a respeito da forma como se prepararam para as provas de ingresso na carreira, o que possibilitou uma visão mais abrangente do tema.

Pergunta recorrente é sobre o momento em que o estudante deve começar a se preparar para o concurso de juiz federal. A sugestão é não se precipitar muito e **aproveitar o tempo de faculdade** para formar boa **base jurídica**, conhecendo a **legislação** e se debruçando sobre os doutrinadores mais renomados. Apenas na faculdade há tempo e disposição para leitura, por exemplo, de obra completa de Direito Civil, com inúmeros volumes.

Ainda na faculdade, é muito importante que o estudante faça o maior número de **estágios** que puder, preferencialmente em todos os principais ramos de trabalho do profissional do Direito: escritórios de advocacia, Defensoria Pública, Ministério Público, Justiça Estadual, Justiça Federal e Justiça do Trabalho. Sim, é quase impossível estagiar em todos esses órgãos, mas ficar seis meses em pelo menos três deles é viável, nem que seja como trabalho voluntário. É preciso conhecer as áreas do Direito para saber se realmente você será feliz no que imagina. Conheço o caso de uma estudante que sonhou a vida inteira em trabalhar na ONU - Organização das Nações Unidas. Cursou a faculdade de Direito e, quando pode, mudou-se para a Escandinávia a fim de cursar mestrado em Direitos Humanos. Finalmente, depois de anos de estudo, conseguiu um período de experiência na ONU em Genebra e descobriu que não era nada do que imaginava, desmoronando todos os seus sonhos e planos. Sei que o exemplo não é dos melhores, mas ilustra a necessidade de se ter ao menos o mínimo de contato com os possíveis ramos de trabalho que o estudante terá à sua disposição no futuro. Pode ser que ele sonhe em ser juiz federal, mas descubra em um simples estágio que sente mais prazer e afinidade com o trabalho de promotor de justiça ou de advogado privado.

Quem realmente está decidido pelos concursos pode começar a se preparar para eles nos dois últimos anos de faculdade, se o tempo e os trabalhos de conclusão de curso permitirem. Mas ainda não é hora de se preocupar especificamente com a magistratura federal, pois ela exige pelo menos três anos de atividade jurídica após a conclusão da graduação em Direito. Melhor se preparar para concursos que não exijam tempo mínimo de experiência e que não tenham uma carga de trabalho que impossibilite um futuro estudo para o novo concurso.

É comum despender-se de um a três anos para conseguir a aprovação, razão pela qual é recomendável que se comece o **estudo específico** quando se estiver **a dois anos de completar o período exigido de atividade jurídica**.

Conheça em detalhes as atribuições próprias da carreira escolhida.

Evite surpresas!!!

Por onde começar? Essa é outra dúvida frequente. Inicialmente, é preciso ressaltar que não há fórmula mágica para a aprovação e nem receita de bolo. Tem gente que consegue acumular mais conhecimento lendo doutrinas, outros fazendo resumos, resolvendo questões etc. É preciso que o estudante conheça a si mesmo e reflita sobre as formas de estudo que já se mostraram produtivas em sua vida. De qualquer maneira, é recomendável uma **releitura da Constituição, das principais leis e códigos, bem como de resumos das principais matérias**. Auxilia bastante a relembrar o que se aprendeu na faculdade, para que o cérebro volte a trabalhar no ritmo forte dos estudos. Acompanhando essa revisão, é interessante que o estudante já resolva uma boa quantidade de questões objetivas, que ajudam a fixar a legislação seca e as principais teorias do Direito, além de preparar a mente para o exercício de responder às questões.

A leitura de grandes obras doutrinárias é um ponto delicado, pois depende de vários fatores. Em primeiro lugar, do passado do aluno. Se ele fez uma excelente graduação e leu os principais autores, não terá tanta necessidade de novamente se debruçar sobre a doutrina. Porém, se teve uma preparação fraca nesse ponto, é importante que leia ao menos algumas obras de disciplinas em que é mais deficiente. Geralmente, uma doutrina por disciplina é suficiente, de preferência aquela que tenha uma linguagem mais agradável ao estudante e que passe uma visão mais geral da matéria, apresentando as diversas correntes e teorias ao invés de se debruçar em dezenas de páginas apenas na defesa de uma ideia ortodoxa. Já a **confecção de resumos** é uma atividade muito produtiva, pois a fixação da matéria costuma ser relevante. Porém, é um trabalho demorado e cansativo, que só deve ser feito por quem tem muito tempo livre e já é acostumado a estudar por meio de resumos.

Quanto à **leitura da legislação pura**, trata-se de um exercício bastante importante. No final das contas, o que um profissional do Direito faz é interpretar e aplicar as leis. Se ele não as conhece diretamente, mas apenas por meio da opinião de doutrinadores e da jurisprudência, sua capacidade de interpretação e de formação de ideias próprias acaba ficando limitada. Além disso, não há livro ou tribunal no mundo que consiga abordar todas as facetas de um conjunto de leis. Por isso, é preciso que o estudante tenha contato direto com o objeto do Direito, que são as normas jurídicas, assim como o estudante de medicina deve ter contato com o corpo humano e com os pacientes para que possa aprender de forma completa o seu ofício.

Mas, como estudar a **legislação pura**? Não há outra forma: **lendo e relendo**. Há quem goste de sublinhar e fazer anotações nos códigos, algo que é muito bom, mas acaba inviabilizando o uso deles para o momento das provas, já que não se pode levar para o concurso um código com anotações. Como dito, resolver questões objetivas, que quase sempre são baseadas na lei pura ou na jurisprudência consolidada, é um exercício muito importante de fixação da legislação.

Quanto à jurisprudência, a cada dia ela se torna mais vital nos concursos e no próprio trabalho do juiz, especialmente com a consolidação dos julgamentos de recursos repetitivos, temas com repercussão geral e a edição de súmulas pelo STJ e o STF, algumas, neste último caso, com caráter vinculante. Um bom caminho para estudar a jurisprudência é por meio de obras disponíveis nas livrarias que realizam uma organização por disciplinas e temas dos julgamentos dos principais tribunais. Facilita muito e coloca para o estudante o que realmente importa. Por outro lado, a leitura dos **informativos de jurisprudência do STJ e o do STF** costuma ser de grande valia também. Para não perder o foco e não acumular muitas atividades, é recomendável que o estudante inicie seus estudos lendo os informativos publicados pelos dois tribunais **nos últimos seis ou doze meses**. Quando acabar essa leitura retrospectiva, o caminho seguinte é ir acompanhando os novos informativos publicados geralmente a cada semana.

Um cuidado importante é quanto aos **julgamentos do próprio tribunal** que realiza o concurso. Eles trazem os assuntos mais específicos da Justiça Federal, questões que às vezes não são abordadas com frequência pelo STJ e pelo STF, mas que podem aparecer nas questões discursivas e, principalmente, nas provas de sentenças. Muito importante também é conhecer a composição da banca examinadora, para se ler o que seus membros já publicaram, bem como para conhecer o pensamento jurídico deles no tocante às decisões judiciais. Essa parte pode ser fundamental para facilitar a aprovação no concurso e para dirigir os estudos.

Assistir a aulas de cursinhos, sejam presenciais ou à distância, costuma ser importante principalmente no início, quando é necessário fazer uma revisão do conteúdo jurídico e também uma atualização dos temas que estão em destaque. Os professores dos cursinhos geralmente andam à frente dos livros, divulgando teorias recentes e apontando casos de repercussão que podem ser cobrados nas provas. Por outro lado, se o estudante tiver escassez de tempo, é importante reconhecer o valor do estudo solitário, autodidata, deixando assim de concentrar a maior parte de seu tempo nos cursinhos. Às vezes, é interessante fazer seis meses ou um ano de aulas, parar para que se possa estudar sozinho e, nas fases específicas do concurso, como na preparação para as sentenças, voltar a fazer módulos a elas direcionados.

Já foi dito aqui que **resolver questões objetivas** é muito importante para fixar a matéria e para treinar o cérebro para as provas. Vamos mais além: é preciso também resolver muitas questões discursivas e elaborar algumas sentenças como preparação. Isso fará o estudante aprimorar a escrita, além de aprender a lidar com o tempo e o espaço de prova, que são dois grandes vilões na hora do concurso. Partir para um estudo mais prático, em que a resolução de provas e sentenças é rotineira, traz um resultado incrível que logo é percebido pela maioria dos estudantes.

Por fim, há a preparação para a **prova oral**. Embora essa fase realmente seja complicada, é a que menos reprova, pois quem a ela chegou já demonstrou boa preparação jurídica. É o momento de rever o que os membros da banca já publicaram, suas decisões, bem como de fazer uma revisão do conteúdo mais geral do Direito, pois muitas questões na prova oral são básicas. **Ler resumos e fazer simulados orais** com colegas pode ser uma boa opção.

Enfim, essas são algumas sugestões de estudo. Todas elas, porém, devem ser complementadas com os ingredientes fundamentais para o sucesso: paciência, persistência, disciplina e confiança. Para quem acredita em Deus, ter fé também costuma ajudar.

2.1. Passo-a-passo da preparação para o concurso de Juiz Federal

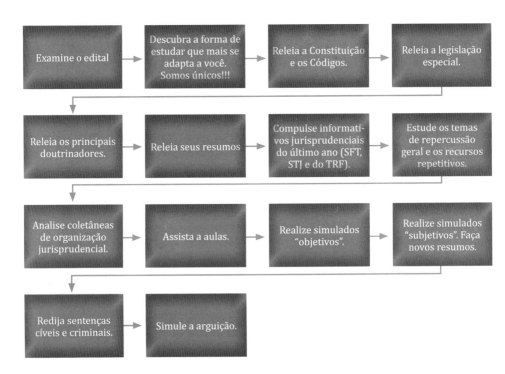

3. A ESTRUTURAÇÃO DO CONCURSO

Conforme estabelece o CJF, a realização do concurso público, observada a dotação orçamentária e a existência de **vagas**, bem como o **interesse** de cada **tribunal** regional federal, inicia-se com a constituição da respectiva comissão do concurso, que se incumbirá de todas as providências necessárias à sua realização, sem prejuízo das atribuições cometidas ao Conselho da Justiça Federal,

CAPÍTULO III - INGRESSO NA CARREIRA DE JUIZ FEDERAL

por intermédio do Centro de Estudos Judiciários, à comissão especial de concurso, à instituição especializada contratada ou conveniada para realização da prova objetiva seletiva e às escolas da magistratura federal.

Fala-se em comissão do concurso e em banca examinadora, mas ambas podem constituir apenas uma comissão, cabendo o estabelecimento das regras gerais do certame ao pleno do tribunal ou ao seu órgão especial. É o que normalmente acontece. O tribunal aprova o regulamento e elege a comissão do concurso, que elaborará edital com base nas normas aprovadas pelo tribunal.

A comissão do concurso será composta de cinco titulares, sendo dois membros do tribunal, um juiz federal de 1º grau, um professor de faculdade de Direito oficial ou reconhecida e um advogado indicado pelo Conselho Federal da Ordem dos Advogados do Brasil, bem como pelos respectivos suplentes, nessa qualidade. A participação obrigatória de um magistrado da 1ª instância é algo recente, instituído pela Resolução CJF 21/2010. A norma do CJF não especifica se o juiz federal substituto pode ou não concorrer à participação na comissão do concurso, mas é possível ter esse entendimento a partir do texto da Resolução, que fala em "juiz federal" apenas.

Até a década de 1990, quando a maioria dos juízes substitutos passava pouco tempo nessa condição e logo se promovia ao cargo de titular, fazia sentido restringir a participação de juízes substitutos nas bancas. Porém, o engessamento da carreira fez com que muitos magistrados preferissem deixar a promoção de lado, optando por permanecer no cargo de juiz federal substituto. Assim, hoje temos juízes substitutos com muita experiência, alguns com quase duas décadas de magistratura, não havendo razão para excluí-los de qualquer atribuição pelo simples fato de serem substitutos.

Segundo o CJF, caberá à **comissão** do concurso elaborar o **edital** de abertura, o cronograma com as datas de cada etapa, receber e homologar as inscrições preliminares e definitivas, formular as questões, acompanhar ou realizar a primeira etapa, coordenar e aplicar as provas escritas e orais, arguir os candidatos de acordo com o programa da respectiva disciplina, mediante atribuição de notas, aferir os títulos, julgar os recursos e homologar o resultado do curso de formação.

Nota-se que a primeira etapa poderá ser executada por uma instituição especializada, como o CESPE ou a ESAF. Cabe ao CJF contratar ou celebrar convênio com essa instituição, o que não obriga o tribunal a deixar a cargo dessas instituições a etapa inicial do concurso, podendo realizá-la sozinho.

Para o candidato, a importância da presença ou não de uma instituição terceirizada se restringe a direcionar seus estudos, pois sabendo que a prova será realizada pelo CESPE, por exemplo, ele pode se preparar resolvendo muitas questões por ele aplicadas em outros certames. Já se for elaborada pela própria

59

comissão do concurso, poderá desde já direcionar seus estudos para as publicações e julgamentos dos membros da comissão, a fim de melhor conhecer seus pensamentos jurídicos.

Enfim, essa é a sequência de estruturação do concurso: 1) formulação do **regulamento**; 2) escolha da **comissão**; 3) redação e publicação do **edital**; 4) abertura das **inscrições**. Há inúmeras tarefas a cargo do tribunal nesse período, especialmente se não utilizar uma instituição terceirizada, como a escolha dos locais de prova, das pessoas que irão fiscalizar a aplicação dos testes, a elaboração das questões, a cuidadosa e sigilosa impressão das provas, a logística de envio dos cadernos de exames para os locais de aplicação etc. Mas são questões internas que dispensam abordagem mais aprofundada nesta obra.

4. A INSCRIÇÃO PRELIMINAR

Segundo o CJF, a inscrição preliminar será requerida ao presidente da comissão do concurso mediante o preenchimento de formulário próprio, acompanhado de: I – cópia autenticada de documento que comprove a nacionalidade brasileira; II – duas fotos coloridas tamanho 3 x 4 e datadas recentemente; III – instrumento de mandato com poderes especiais e firma reconhecida para requerimento de inscrição, no caso de inscrição por procurador.

Além disso, o candidato, ao preencher o formulário de inscrição, firmará **declaração, sob as penas da lei,** de: a) que é bacharel em Direito e de que deverá atender, até a data da inscrição definitiva, a exigência de três anos de atividade jurídica exercida após a obtenção do grau de bacharel em Direito (CF, art. 129, § 3º); b) estar ciente de que a não apresentação do respectivo diploma, devidamente registrado pelo Ministério da Educação, e da comprovação da atividade jurídica, no ato da inscrição definitiva, acarretará a sua exclusão do processo seletivo; c) que aceita as demais regras pertinentes ao concurso consignadas no edital.

É preciso muito cuidado com essas declarações obrigatórias. Uma coisa é declarar que está ciente da necessidade de contar com três anos de atividade jurídica na data da inscrição definitiva, ainda que se saiba que isso não será possível. Outra é dizer que já é bacharel em Direito, sem que isso seja verdade. Fazer tal afirmação constitui **falsidade ideológica**, ou seja, é crime. Por isso, quem ainda é apenas estudante de Direito deve evitar se inscrever no concurso, pois certamente terá que fazer uma declaração que não corresponde à verdade.

A regra é a inscrição ser pessoal ou por meio de procurador, diretamente nos locais indicados pelo edital do concurso, que são geralmente as sedes de seções e subseções judiciárias. Porém, é cabível dizer que a realização da inscrição preliminar apenas pela internet, com preenchimento de formulário eletrônico e pagamento de taxa de inscrição, é a melhor solução e, se adotada, não invalidará o concurso, ainda que não respeite expressamente as regras do

60

CAPÍTULO III - INGRESSO NA CARREIRA DE JUIZ FEDERAL

Conselho da Justiça Federal. Isso porque o intuito do concurso é que ele conte com a participação do maior número possível de candidatos, o que permite uma melhor seleção e atende mais aos interesses da Administração Pública. Ora, não há atualmente método mais democrático, barato e acessível do que utilizar a internet para essa inscrição preliminar, sem necessidade de apresentação prévia de documentos ou de deslocamento até pontos específicos para inscrição física. Não há qualquer risco à lisura do concurso, pois o fiscal de prova conferirá na hora do exame se o candidato que se apresenta é aquele cujas informações constam na ficha de inscrição preenchida na internet.

Um cuidado que o candidato deve ter, especialmente nos casos de inscrição pela internet, é de **pagar a taxa de inscrição.** Há quem preencha a ficha e depois se esqueça de recolher a taxa, o que leva ao indeferimento da inscrição. É bom lembrar que o CJF determina: correrão por conta exclusiva do candidato quaisquer despesas decorrentes da participação em todas as etapas e procedimentos do concurso de que trata esta resolução, inclusive do curso de formação, tais como gastos com documentação, material, exames, viagem, alimentação, alojamento, transporte ou ressarcimento de outras despesas. Geralmente, os tribunais preveem isenção de taxa para pessoas carentes, conforme regramento estabelecido no próprio edital. Isso é importante para garantir o maior acesso possível ao certame. De toda forma, o candidato deve estar preparado para as despesas que certamente virão, como viagens, hospedagens, alimentação etc.

Conforme visto, a inscrição preliminar não exige muitos documentos, caso seja presencial. Se for eletrônica, não exigirá nenhum. Porém, é importante que o candidato vá preparando sua documentação desde o início, pois ao chegar às etapas avançadas e estiver mergulhado em estudos intensivos, perder tempo providenciando documentos que já poderiam ter sido obtidos é certeza de prejuízo aos estudos.

Não se estresse na hora da prova:

•Esteja rigorosamente preparado para eventuais contratempos
•Prepare-se para as despesas
•Chegue um dia antes na cidade e com antecedência no local da prova
•Cumpra todas as determinações do edital

---

5. A PROVA OBJETIVA SELETIVA

O CJF definiu que a prova objetiva seletiva será composta de **três blocos,** vedada qualquer consulta, conforme discriminados a seguir: Bloco I – Direito

Constitucional; Direito Previdenciário; Direito Penal; Direito Processual Penal; e Direito Econômico e de Proteção ao Consumidor. Bloco II - Direito Civil; Direito Processual Civil; Direito Empresarial; e Direito Financeiro e Tributário. Bloco III - Direito Administrativo; Direito Ambiental; e Direito Internacional Público e Privado.

É preciso atenção a um ponto: não pode haver consulta de qualquer natureza. Leva-se para a prova, portanto, apenas uma caneta.

Ainda segundo o CJF, a **prova objetiva seletiva**, com duração de cinco horas, será composta de **cem questões**, considerando **trinta e cinco** questões para os **blocos I e II**, e **trinta questões para o bloco III**. Será considerado **habilitado**, na prova objetiva seletiva, o candidato que obtiver o mínimo de **30% de acerto das questões em cada bloco**, e com **média final de 60% de acertos do total** referente à soma algébrica das notas dos três blocos. Porém, esses mínimos não são, por si só, suficientes para avançar no concurso. Isso porque o CNJ estabeleceu em sua Resolução n. 75/2009 que serão classificados para a segunda etapa: I - nos concursos de até 1.500 inscritos, os 200 candidatos que obtiverem as maiores notas após o julgamento dos recursos; II - nos concursos que contarem com mais de 1.500 inscritos, os 300 candidatos que obtiverem as maiores notas após o julgamento dos recursos. Isso exige regularidade em todos os conteúdos, já que não basta excelente nota em um grupo de provas, mas nota fraquíssima em outro grupo; ou seja, obriga à obtenção de boa pontuação geral, a fim de se garantir a aprovação dentre o conjunto limitado de candidatos aptos a realizar a etapa seguinte.

É sempre interessante recorrer das questões cujo gabarito preliminar se considera incorreto. Um ponto no final pode fazer toda a diferença e representar o avanço no certame. Além disso, não se deve temer retaliações da comissão examinadora pelo fato de se ter interposto um recurso. Primeiro, porque os seus membros são juristas e sabem do direito do candidato de recorrer. Segundo, porque essa prática já é comum e esperada pelas bancas. Assim, a preocupação não deve ser com represálias, mas com a forma e o prazo para se recorrer, além de uma boa argumentação.

Embora este livro seja um manual para o juiz federal, não para os candidatos ao concurso, cabe-nos ao menos apresentar breves sugestões quanto à realização da prova. Em primeiro lugar, é preciso **tranquilidade**. O candidato deve lembrar que sua vida não vai acabar se ele sair mal na prova, pois sempre haverá outros concursos e novas oportunidades. Uma boa noite de **sono** na véspera também é muito recomendada, pois o estudo madrugada adentro não trará efeitos positivos e ainda deixará a pessoa cansada e sem disposição para as longas horas do exame. Cuidar das **refeições** nos dois ou três dias anteriores é fundamental, evitando-se alimentos que possam causar problemas digestivos. Ir para o local de prova bem alimentado, mas sem exageros, também ajuda, pois a fome não será um elemento para distrair o candidato. Outra dica importante é não viajar para o local de prova, se esse for o caso, no dia do exame, pois isso também é um fator de cansaço prejudicial. O ideal é ir com dois dias de antecedência, para que se possa, na véspera, conhecer o local onde o exame será realizado, a fim de calcular melhor o tempo e a distância. No dia da prova, deve-se cuidar para chegar lá com uma **antecedência** razoável, levando em conta a possibilidade de imprevistos que causem atrasos, como excesso de trânsito (sempre há nos locais de prova), um pneu furado e coisas do gênero. Além disso, gasta-se tempo até se achar a sala específica onde se fará o exame. Ultrapassada essa etapa, iniciado efetivamente o exame, sempre se recomenda que o candidato abra o caderno de provas e **leia todas as questões**. Nessa primeira leitura, já deve ir **assinalando** as respostas das perguntas **mais fáceis**, em relação às quais está bem seguro. Além disso, deve ir **excluindo as alternativas absurdas** (sempre há) das demais questões para as quais ainda não tem segurança da resposta exata. Esse roteiro ajuda a ter uma produtividade maior e a aproveitar melhor o tempo da prova.

5.1. Etapas do concurso para Juiz Federal:

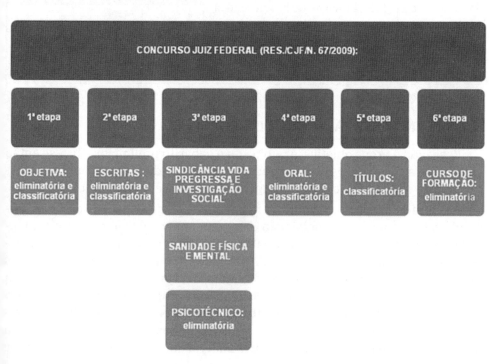

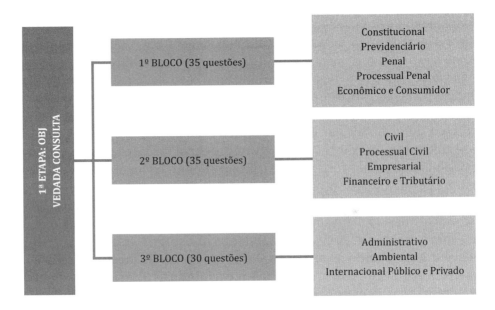

Habilitação para a etapa seguinte:			
		Número de inscritos	
Mínimo de 30% em cada bloco	Média final de 60%, referente à soma algébrica das notas dos 3 blocos	1500	200 maiores notas
		+1500	300 maiores notas

6. A SEGUNDA ETAPA: PROVAS DISCURSIVAS

Realizada a prova objetiva, é publicado o gabarito preliminar. Abre-se então o prazo para recursos, os quais julgados e o gabarito definitivo é publicado, assim como a relação dos candidatos aprovados para a etapa seguinte.

A **segunda etapa** do concurso será composta de **duas provas escritas, podendo haver consulta à legislação** desacompanhada de anotação ou comentário, vedada a consulta a obras doutrinárias, súmulas e orientação jurisprudencial. Há candidatos que chegam ao local de provas com uma mala de códigos e livros de leis esparsas. Não levar nada é uma falha gravíssima, mas levar muita coisa também não faz tanta diferença. **O ideal é que o candidato tenha um bom *vademecum* e alguns livros que tragam leis mais específicas de temas da competência federal**, como a que trata dos crimes contra o sistema financeiro nacional, das custas na Justiça Federal etc. E, claro, é preciso lembrar

CAPÍTULO III - INGRESSO NA CARREIRA DE JUIZ FEDERAL

sempre de conferir tudo o que vai ser levado, para que o material não contenha qualquer tipo de anotação ou comentário, pois uma falha tola dessas pode significar a exclusão do certame. Quanto à parte das súmulas, presente em quase todos os códigos, o ideal é vedá-las com um papel branco, grampeando-as. Cuidado também com os livros que trazem transcrições de súmulas em meio aos artigos de leis e códigos, pois isso pode inviabilizar o uso do material na hora da prova e provocar grave prejuízo.

As **provas dissertativas serão manuscritas**, com utilização de caneta de tinta azul ou preta indelével, de qualquer espécie, não sendo permitido o uso de líquido corretor de texto ou caneta hidrográfica fluorescente, e serão corrigidas **sem identificação** do nome do candidato. Essas disposições contidas na Resolução CJF n. 67/2009 são importantes. **Leve mais de uma caneta** azul ou preta, para o caso de precisar. Além disso, tome cuidado para não fazer qualquer anotação no caderno de respostas que possa levar a sua identificação, pois isso também significará a exclusão do concurso.

Como dito, a etapa discursiva é constituída de **duas provas**. A primeira delas consiste em questões relativas a **noções gerais de Direito e formação humanística**, além de questões sobre quaisquer pontos do programa específico da Justiça Federal. Podem ser solicitadas respostas diretas ou em forma de dissertação, algo que não interfere na dificuldade da prova. É importante dizer que a correção das respostas levará em conta o conhecimento sobre o tema, a utilização correta do idioma oficial e a capacidade de exposição. Em síntese, não basta saber o conteúdo: é preciso ter a capacidade de expor a resposta de forma lúcida, coerente, clara e, principalmente, em português correto. Quando se fala sobre este último ponto, não se está dizendo que é necessário utilizar um linguajar erudito, complexo, rebuscado. O ideal é uma linguagem formal, mas clara e de fácil entendimento, como são os textos jornalísticos, por exemplo.

A **segunda prova escrita** será **prática de sentença**, envolvendo temas jurídicos constantes do programa, e consistirá na elaboração, em dias sucessivos, de duas sentenças, de natureza civil e criminal. Em síntese, embora o candidato se submeta a dois dias de elaboração de sentenças, elas constituirão apenas uma prova. Isso é bom para o caso de uma nota muito baixa em uma das sentenças, por exemplo.

A redação de sentenças pelos juízes federais é trabalhada em um tópico específico deste livro. Para o candidato no concurso, o importante é ter em mente que o examinador costuma exigir o conhecimento de muitas questões preliminares e prejudiciais do mérito, mesclando casos que são vistos na prática da Justiça Federal. Uma boa maneira de se preparar é praticando bastante, resolvendo propostas de sentenças de concursos anteriores, aplicando a jurisprudência do tribunal que se tem em meta nesse exercício preparatório. Na hora da prova, é importante

65

anotar em um **rascunho** quais são todos os **pedidos**, as questões **preliminares e prejudiciais** do mérito, os **incidentes processuais** etc. Enfim, anotar o que deverá constar na sentença, **para que não ocorra nenhuma omissão**.

Segundo o CJF, apurados os resultados das provas escritas, o presidente da comissão do concurso publicará edital com a relação dos candidatos que tiverem obtido, em cada uma, nota igual ou superior a seis. A nota final atribuída a cada prova será entre zero e dez. Nos dois dias seguintes à publicação do resultado no Diário Oficial da União ou em meio eletrônico, o candidato poderá requerer vista da prova e, em igual prazo, a contar do término de vista, apresentar recurso. É muito importante que o candidato, verificando a insuficiência de sua nota, interponha o respectivo concurso, pois nesta fase as impugnações dos demais concorrentes não levam à atribuição de eventual nota a todos, exceto se a questão for anulada. Não se deve temer qualquer tipo de represália por parte da comissão examinadora por conta do questionamento da nota, especialmente quando o **recurso** é feito de forma **técnica, fundamentada** e **respeitosa**.

Julgados eventuais recursos, o presidente da comissão de concurso publicará edital de convocação dos candidatos habilitados a requererem a **inscrição definitiva**, que deverá ser feita no prazo de quinze dias úteis, nos locais indicados. Esse edital deverá conter também os pontos da prova oral, o que permitirá ao candidato preparar-se para tal etapa.

6.1. A segunda etapa: notas

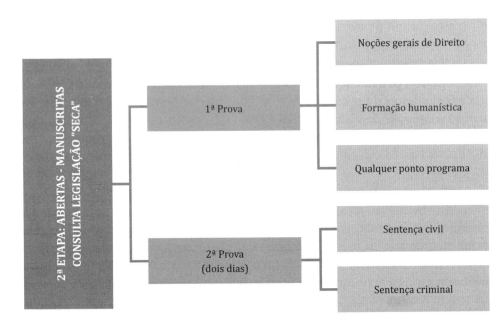

CAPÍTULO III - INGRESSO NA CARREIRA DE JUIZ FEDERAL

Habilitação para a etapa seguinte:	
Nota em cada uma das provas	≥ 6,0

7. A INSCRIÇÃO DEFINITIVA

A **inscrição definitiva** é o momento em que o candidato entrega a sua **documentação completa** para a comissão de concurso, a fim de que esta verifique se ele realmente preenche todos os **requisitos para assumir o cargo.**

A quantidade de documentos exigida é muito extensa: a) cópia autenticada de diploma de bacharel em Direito, devidamente registrado pelo Ministério da Educação (art. 17, § 1º); b) certidão revestida de fé pública, que comprove ter completado, à data da inscrição definitiva, três anos de atividade jurídica, efetivo exercício da advocacia ou de cargo, emprego ou função, exercida após a obtenção do grau de bacharel em Direito; c) cópia autenticada de documento que comprove a quitação de obrigações concernentes ao serviço militar, se do sexo masculino; d) cópia autenticada de título de eleitor e de documento que comprove estar o candidato em dia com as obrigações eleitorais ou da certidão negativa da Justiça Eleitoral; e) certidão dos distribuidores criminais das Justiças Federal, Estadual ou do Distrito Federal e Militar dos lugares em que haja residido nos últimos cinco anos; f) folha de antecedentes da Polícia Federal e da Polícia Civil Estadual ou do Distrito Federal, onde haja residido nos últimos cinco anos; g) os títulos definidos no art. 67 da Resolução 75 do Conselho Nacional de Justiça; h) declaração assinada pelo candidato com firma reconhecida da qual conste nunca ter sido indiciado em inquérito policial ou processado criminalmente ou, em caso contrário, notícia específica da ocorrência, acompanhada dos esclarecimentos pertinentes; i) formulário fornecido pela comissão de concurso, em que ele especificará as atividades desempenhadas – com exata indicação dos períodos e locais de atuação – como juiz, membro do Ministério Público, advogado ou titular de função técnico-jurídica, pública ou privada, bem como as principais autoridades com quem tenha trabalhado em cada um dos períodos de prática profissional, que serão discriminados em ordem cronológica; j) certidão da Ordem dos Advogados do Brasil com informação sobre a situação do candidato advogado na instituição.

Sobre o tema, são feitos comentários na obra "Juiz Federal: lições de preparação para um dos concursos mais difíceis do Brasil". Transcreve-se parte deles:

> Quanto aos seus documentos pessoais, já providencie com antecedência uma cópia autenticada de todos eles. No meu caso, como estava em mais de um concurso, fiz a festa do cartório e autentiquei umas três cópias de cada um, com bastante antecedência. A gente sempre precisa disso algum dia, nem que seja para outra coisa. Além do mais, documento não é alimento

perecível que perde de um dia para o outro: pode deixar na gaveta um bom tempo que será útil quando você menos esperar. Sem contar com o imprevisível, é claro. Já imaginou se a sua mãe se confundiu ao arrumar a bagunça do seu quarto e jogou no lixo, dentre outras coisas, o seu certificado de reservista? Quanto tempo você acha que leva para se conseguir outro? Será que é rápido? Enfim, deixe para você se preocupar, durante o concurso, apenas com o conteúdo que será exigido. Perder preciosas horas de estudo correndo atrás de documentos que se extraviaram é uma experiência pela qual ninguém precisa passar.

Em relação às certidões negativas dos diversos órgãos, como polícia e Judiciário, a maioria delas tem prazo de validade, então não dá para agir com muita antecedência. Por isso, a sugestão é correr atrás de todas tão logo você termine as provas escritas. Quando eu digo tão logo, refiro-me não à semana seguinte, mas no dia seguinte! Você nunca sabe quando um órgão estará em greve, nem se sua cidade possui todos os órgãos nos quais terá que tirar a certidão. Se você se mudou nos últimos cinco anos, talvez seja melhor correr atrás da documentação ainda antes das provas, especialmente se trocou de Estado[10].

No tocante à atividade jurídica, tema que sempre preocupa os candidatos, o CNJ considera que preenchem o requisito as seguintes atividades: I – aquela exercida com exclusividade por bacharel em Direito; II – o efetivo exercício de advocacia, inclusive voluntária, mediante a participação anual mínima em cinco atos privativos de advogado (Lei n. 8.906, 4 de julho de 1994, art. 1º) em causas ou questões distintas; III – o exercício de cargos, empregos ou funções, inclusive de magistério superior, que exija a utilização preponderante de conhecimento jurídico; IV – o exercício da função de conciliador junto a tribunais judiciais, juizados especiais, varas especiais, anexos de juizados especiais ou de varas judiciais, no mínimo por dezesseis horas mensais e durante um ano; V – o exercício da atividade de mediação ou de arbitragem na composição de litígios.

Segundo o CNJ, é vedada, para efeito de comprovação de atividade jurídica, a contagem do estágio acadêmico ou qualquer outra atividade anterior à obtenção do grau de bacharel em Direito. Porém, o STF já entendeu que o marco inicial da contagem do tempo, desde que a pessoa realmente tenha exercido/exerça atividade de natureza jurídica, é a data da conclusão do curso, ainda que seja anterior à colação de grau[11].

Alguns pontos e casos também já tratados pelos tribunais: 1) o momento para a **comprovação do exercício de três anos de atividade jurídica se dá no ato da inscrição definitiva no concurso público**[12], não na inscrição preliminar ou no momento da posse; 2) os cargos de oficial de justiça e de escrivão de polícia preenchem o requisito, tendo em vista as atividades por elas desem-

---

10 ALVES, Alexandre Henry. *Juiz Federal: lições de preparação para um dos concursos mais difíceis do Brasil.* 3. ed. – Porto Alegre: Verbo Jurídico, 2011. pp. 260/261.

11 STF, MS 26682. Rel. Ministro Cezar Peluso.

12 STF, RE-AgR 630515. Rel. Ministro Dias Toffoli.

penhadas, destacando-se ainda que é impossível ao bacharel em direito o exercício da advocacia, dada sua incompatibilidade com tais cargos públicos[13]; 3) é de se computar, para fins de comprovação de atividade jurídica, o tempo de exercício de cargo não privativo de bacharel em Direito, desde que, inexistindo dúvida acerca da natureza eminentemente jurídica das funções desempenhadas, o cargo seja incompatível com o exercício da advocacia. O mesmo se dá na hipótese de ser privativo de bacharel em Direito, em outras unidades da Federação, cargo com idênticas atribuições[14].

Segundo o CJF, **a comprovação do tempo de atividade jurídica relativamente a cargos, empregos ou funções não privativos de bacharel em Direito** será realizada mediante **certidão circunstanciada**, expedida pelo órgão competente, indicando as respectivas atribuições exercidas e a prática reiterada de atos que exijam a utilização preponderante de conhecimento jurídico. O melhor que o candidato pode fazer é preparar essa certidão com alguma antecedência, buscando fazer com que ela seja o mais detalhada possível, destacando que o conhecimento jurídico era fundamental para o exercício da atividade e que tal conhecimento era utilizado de forma reiterada e rotineira.

7.1. A prática jurídica: quadro sinóptico das atividades computadas

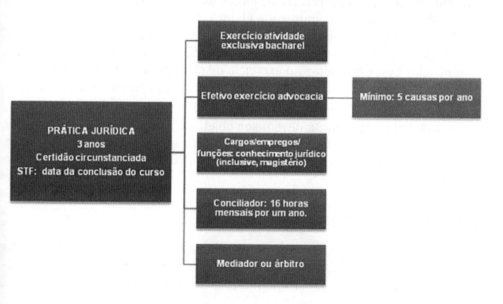

---

[13] STF, Rcl. 4906. Rel. Ministro Joaquim Barbosa. De se destacar que o STF já proferiu decisões contrárias, exigindo que o cargo ocupado seja privativo de bacharel em Direito (STF, MS 27609. Rel. Ministra Cármen Lúcia). Porém, parece prevalecer na corte o entendimento da não exigência da privatividade, o que está em consonância com a Resolução CNJ n. 75/2009.

[14] STF, MS 27604. Rel. Ministro Ayres Britto.

8. EXAMES DE SANIDADE FÍSICA E MENTAL E PSICOTÉCNICO

Conforme previsto pelo CJF, o candidato, no ato de apresentação da inscrição definitiva, receberá da secretaria do concurso instruções para submeter-se aos **exames** de saúde e psicotécnico, **por ele próprio custeados**. A lista de exames é muito grande e o custo é elevado. Assim, caso o candidato não tenha um plano ou seguro de saúde, é importante tentar conseguir a realização deles na rede pública, o que nem sempre é possível e quase sempre é muito demorado. Mais seguro, portanto, é tentar fazer uma **pequena poupança**, desde o início, para a realização desses exames.

Como o exercício da magistratura exige desenvolvimento de funções eminentemente intelectuais, a averiguação da sanidade física do candidato dificilmente levará à sua exclusão do concurso. Aliás, é pouco provável que isso aconteça, a menos que os exames demonstrem total incapacidade física para a judicatura, ainda que com a ajuda de equipamentos. No tocante à saúde mental, geralmente se exige um atestado, emitido por médico psiquiatra, declarando que a pessoa não possui problemas ou doenças dessa natureza.

Situação mais complicada é a do exame psicotécnico, já se tendo visto a exclusão de candidatos em concursos para juiz federal nessa fase, embora depois as exclusões tenham sido revertidas judicialmente[15]. O candidato é submetido a uma série de avaliações junto a uma banca de psicólogos, com a intenção de verificar se ele possui condições psicológicas para assumir um cargo dessa natureza. Quem tem transtorno bipolar severo, por exemplo, pode estar sujeito a influências desse problema no exercício de suas atividades, o que é bastante perigoso, tratando-se do cargo de juiz. Difícil, porém, é chegar a um diagnóstico dessa natureza nas atividades propostas pelos psicólogos.

Os exames psicotécnicos devem ser objetivos, fundamentados e baseados em critérios aceitos pela comunidade científica e pelos conselhos de classe. O candidato tem o direito de conhecer sua avaliação, de compreendê-la e de questioná-la.

9. INVESTIGAÇÃO DA VIDA PREGRESSA

Durante a fase de inscrições preliminares, também é feita uma avaliação da vida pregressa do candidato. Conforme se viu, são vários os documentos exigidos para a inscrição que se relacionam a esse trabalho da comissão de concurso. Sobre o tema, assim já foi dito:

> Em relação à alínea "i", essa lista de autoridades serve para que a comissão do concurso entre em contato com cada uma delas para perguntar sobre sua conduta. Lembra daquele chefe que você destratou? Então torça para

---

15 VIII Concurso para Juiz Federal Substituto do TRF da 5ª Região.

CAPÍTULO III - INGRESSO NA CARREIRA DE JUIZ FEDERAL

ele ter memória fraca! Brincadeira... Quer dizer, mais ou menos brincadeira. Embora o peso das informações dessas autoridades seja relativo, o certo é que sempre é bom contar com antigos chefes que não tecem críticas ao seu comportamento. Infelizmente, isso está fora do seu alcance na hora do concurso, já que não há como mudar o seu passado. Simplesmente forneça o nome e os dados de todas as autoridades, não sonegando nenhuma informação, e fique tranquilo, pois certamente não haverá nada de tão grave que te desabone a ponto da comissão do concurso entender que você não tem idoneidade para assumir o cargo. O mais importante, volto a repetir, é não sonegar qualquer informação e ser totalmente honesto e leal com os examinadores, até porque uma declaração inverídica sobre a inexistência de processos criminais, por exemplo, pode resultar em um crime de falsidade ideológica. Não tente começar sua carreira de forma errada. Ainda que você tenha respondido a um processo anteriormente, ou a um inquérito policial, esclareça essa informação, detalhe o que ocorreu, explique o que for explicável e confie no bom senso que sempre acompanha os membros da comissão do concurso. Sendo todos profissionais do Direito, três deles magistrados, os examinadores saberão diferenciar os fatos que realmente são prejudiciais em seu comportamento daqueles que não passam de meros dissabores da vida de todo mundo. Quem nunca correu o risco de ser indiciado por ter atropelado um louco que atravessou a rua sem olhar para os lados? Será que os examinadores não saberão que isso é um problema que pode acontecer com qualquer um? Enfim, seja sincero com a banca e confie na sua própria idoneidade, que nada lhe será prejudicial[16].

Há grande e não pacificada discussão sobre o que deve ser considerado impedimento ao ingresso no cargo, no tocante à vida pregressa. O STJ, tratando de concurso para a carreira policial, decidiu:

> Entende a jurisprudência desta Corte que a investigação social não se resume a analisar a vida pregressa do candidato quanto às infrações penais que eventualmente tenha praticado. Deve ser analisada a conduta moral e social no decorrer de sua vida, visando aferir o padrão de comportamento diante das normas exigidas ao candidato da carreira policial, em razão das peculiaridades do cargo que exigem a retidão, lisura e probidade do agente público. Não há qualquer resquício de discricionariedade administrativa na motivação do desligamento do candidato que não ostenta conduta moral e social compatível com o decoro exigido para cargo de policial. Trata-se de ato vinculado, como consequência da aplicação da lei, do respeito à ordem jurídica e do interesse público.[17]

Embora outras decisões judiciais indiquem a necessidade de condenação criminal transitada em julgado para que o candidato seja considerado inidôneo moralmente para assumir o cargo, é razoável entender que as carreiras mais sensíveis e próximas à área de segurança pública, como as da polícia, magistratura e Ministério Público, exigem não apenas a inexistência de condenação cri-

---

16 Juiz Federal: lições..., p. 261

17 STJ, RMS 24.287/RO. Rel. Ministra Convocada Alderita Ramos de Oliveira.

minal transitada em julgado, mas a **inexistência** de **qualquer dúvida quanto ao caráter e à moral do candidato.**

No mínimo, deve ser adotado o **parâmetro** estabelecido na chamada **Lei da Ficha Limpa**, ou seja, a Lei Complementar n. 135, que impede a candidatura dos que forem condenados, em decisão transitada em julgado *ou proferida por órgão judicial colegiado*, por crimes de médio ou grave potencial ofensivo, ou ainda contra a Administração Pública. A lista citada na referida lei, que inclui, por exemplo, crimes contra a economia popular, a fé pública, a administração pública e o patrimônio público, bem como contra o patrimônio privado, o sistema financeiro, o mercado de capitais e os previstos na lei que regula a falência, é um bom referencial.

Em todo caso, havendo parecer contrário ao candidato em uma avaliação de sua vida pregressa, cabe ao tribunal dar a ele vista prévia do parecer, para que possa se defender e o caso ser julgado pela comissão examinadora ou, conforme conste no edital, pelo próprio tribunal em sessão administrativa. A decisão que excluir o candidato deve ser fundamentada e apontar detalhadamente os motivos pelos quais o pretendente foi considerado moralmente inapto ao exercício da magistratura.

10. A PROVA ORAL

Após todas essas providências que acompanham a inscrição definitiva e os exames de saúde e da vida pregressa, o presidente da comissão do concurso fará publicar edital com a relação dos candidatos que obtiverem inscrição definitiva deferida, ao tempo em que os convocará para realização do **sorteio dos pontos para prova oral** e da realização das arguições.

Em geral, a sessão de sorteio dos pontos é de comparecimento obrigatório, conforme dispuser o edital. Por isso, o candidato deve ficar atento ao local, dia e horário. O sorteio costuma ocorrer **vinte e quatro horas antes da prova**, no próprio tribunal.

Quanto à preparação para esse exame, é preciso ter consciência de que a fase oral não é a que mais elimina candidatos. Além disso, a maioria que a ela chega é vista pela comissão examinadora como competente e apta ao exercício do cargo. Por isso, o melhor a se fazer é evitar um temor exagerado, o pânico ou qualquer outra atitude negativa que influencie tanto nos estudos preliminares quanto na realização da prova em si. A maior parte das questões é relativa a **assuntos rotineiros em cada área do Direito, cujas respostas estão nos resumos comuns encontrados em livrarias.** Por isso, é muito importante que o candidato revise o **conteúdo básico** do concurso, para que não chegue à situação de saber a resposta para um problema jurídico complexo, mas ignorar a

CAPÍTULO III - INGRESSO NA CARREIRA DE JUIZ FEDERAL

resposta para um tema básico. Deve-se, por outro lado, conhecer bem as publicações dos membros da comissão examinadora, pois as perguntas mais complexas certamente virão do que eles mais dominam. Por fim, **simular a realização** de arguições orais também ajuda a adquirir **confiança** nesse tipo de prova.

Quanto à **véspera** da arguição, alguns conselhos são importantes. Em primeiro lugar, é preciso registrar a recorrente necessidade de chegar à cidade da prova com alguma **antecedência**, nunca no próprio dia do sorteio dos pontos. Se não residir onde será feita a prova, escolha um **hotel tranquilo,** sem barulho, que disponha de uma mesa de estudos. Leve todos os livros que entender necessários, bem como os resumos, deixando-os preparados para o início do estudo. Assim que terminar a sessão de sorteio dos pontos, o melhor a se fazer é ir direto para o quarto e começar uma **revisão do ponto específico**. O tempo é o artigo mais escasso nesse dia, mas nunca se deve adentrar na madrugada estudando, pois o sono fará mais falta no dia seguinte do que algumas horas a mais de preparação.

Ao contrário das fases anteriores, nas quais não há muita preocupação com o vestuário do candidato, na prova oral (e mesmo na sessão de sorteio dos pontos) é importante que se **compareça vestido como se fosse trabalhar no fórum**, ou seja, uma roupa discreta e formal (para os homens, terno e gravata).

Segundo o CJF, a **prova oral**, executada pela comissão do concurso, prestada em sessão pública, versará sobre conhecimento técnico acerca do conteúdo de temas relacionados às áreas de conhecimento constantes do art. 6º da Resolução CJF n. 67/2009[18], e deverão ser avaliados o domínio do **conhecimento jurídico**, o emprego adequado da **linguagem**, a articulação do **raciocínio**, a capacidade de **argumentação** e o **uso correto do vernáculo** por parte do examinado. Cada candidato será arguido na presença de todos os examinadores da comissão do concurso, vedado o exame simultâneo de mais de um candidato.

No momento da prova, o candidato deve procurar manter a tranquilidade, pois é isso que o examinador dele espera. As respostas devem ser coerentes, claras e em um bom português, mas sem formalismos exagerados. **O examinador é sempre "Excelência"**, nunca "você". Divagar ou tentar enrolar na hora da resposta não ajuda. Se a solução para o caso apresentado não surge em alguns segundos e se a sensação for no sentido de que não surgirá, o melhor a fazer é dizer que não se recorda da resposta e esperar a pergunta seguinte. Atitudes de afronta ao examinador não são recomendadas, pois podem demonstrar des-

---

18 Art. 6º As provas da primeira, segunda e quarta etapas versarão sobre as seguintes matérias, conforme discriminadas no anexo I: I – Direito Constitucional; II – Direito Administrativo; III – Direito Penal; IV – Direito Processual Penal; V – Direito Civil; VI – Direito Processual Civil; VII – Direito Previdenciário; VIII – Direito Financeiro e Tributário; IX – Direito Ambiental; X – Direito Internacional Público e Privado; XI – Direito Empresarial; XII – Direito Econômico e de Proteção ao Consumidor.

controle emocional. E se errou uma questão, ainda que o examinador seja duro ao destacar o erro, o melhor é esquecer aquela pergunta e se concentrar nas próximas, pois a perda da concentração pode fazer o candidato errar questões que ele responderia com facilidade. Enfim, são sugestões simples e produtivas para uma boa prova oral.

A nota final de cada prova oral será o resultado da média aritmética simples das notas atribuídas por cada um dos examinadores. Conforme determina o CJF, os resultados serão divulgados e publicados pelo presidente da comissão do concurso no prazo fixado pelo edital. Serão considerados **aprovados e habilitados** para a próxima etapa os **candidatos que obtiverem nota não inferior a seis**, devendo haver registro em gravação de áudio ou por qualquer outro meio que possibilite a posterior reprodução da prova oral.

10.1. Prova oral: dicas

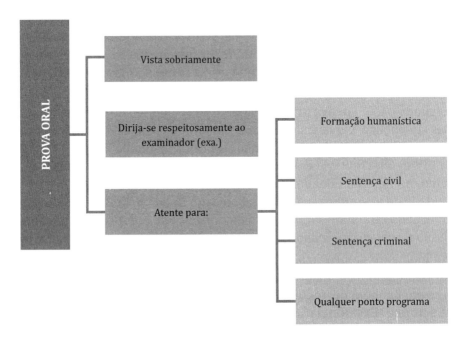

11. OS TÍTULOS

Os títulos têm apenas caráter **classificatório**, ou seja, o candidato não é excluído do concurso por não os ter. Embora eles sejam avaliados após a publicação do resultado da prova oral, devem ser comprovados no momento da inscrição definitiva, considerados para efeito de pontuação apenas os títulos obtidos até a data final para inscrição preliminar.

CAPÍTULO III - INGRESSO NA CARREIRA DE JUIZ FEDERAL

A lista dos títulos aceitos e a respectiva pontuação constam no art. 67 da **Resolução CNJ n. 75/2009**. De toda forma, não são aceitos: I - a simples prova de desempenho de cargo público ou função eletiva; II - trabalhos que não sejam de autoria exclusiva do candidato; III - atestados de capacidade técnico-jurídica ou de boa conduta profissional; IV - certificado de conclusão de cursos de qualquer natureza, quando a aprovação do candidato resultar de mera frequência; V - trabalhos forenses (sentenças, pareceres, razões de recursos etc.).

Como não são computados os obtidos no curso do certame, o melhor que o candidato pode fazer é organizar seus títulos muito antes da inscrição definitiva, de maneira a não ter esse trabalho depois e também como uma forma de não deixar nenhum deles para trás. É importante destacar que os títulos compõem a nota final, razão pela qual devem receber uma atenção especial. Após a aprovação é que o candidato percebe o quanto podem fazer diferença em sua vida futura duas ou três colocações no concurso. Na Justiça Federal, ser aprovado em 8º ou em 12º lugar pode significar uma lotação inicial muito melhor, uma promoção mais rápida, uma volta para casa, após se tornar titular, em tempo menor etc. Por tudo isso, não se deve desprezar os títulos.

> **TÍTULOS**
>
> - Válidos: os obtidos até a data final para a inscrição preliminar
> - Organize-os previamente.

ANEXO: RESOLUÇÃO CJF N. 67/2009

Art. 1º O concurso público para ingresso na carreira de juiz federal é regulamentado por esta resolução.

CAPÍTULO I

DAS DISPOSIÇÕES GERAIS

Seção I

Do provimento e abertura do concurso

Art. 2º O provimento dos cargos de juiz federal substituto far-se-á mediante concurso público de provas e títulos, de acordo com os arts. 93, I, e 96, I, "c", da Constituição Federal.

Parágrafo único. O provimento dos cargos será feito de acordo com a disponibilidade orçamentária e a necessidade do serviço.

Art. 3º A realização do concurso público, observada a dotação orçamentária e a existência de vagas, bem como o interesse de cada Tribunal Regional Federal, inicia-se com a constituição da respectiva comissão do concurso, que se incumbirá de todas as providências necessárias à sua realização, sem prejuízo das atribuições cometidas por esta resolução ao Conselho da Justiça Federal, por intermédio do Centro de Estudos Judiciários, à comissão especial de concurso, à instituição especializada contratada ou conveniada para realização da prova objetiva seletiva e às Escolas da Magistratura Federal.

Parágrafo único. Às vagas existentes e indicadas no edital poderão ser acrescidas outras, que surgirem durante o prazo de validade do concurso.

Art. 4º No edital de abertura do concurso a que se refere o artigo anterior deverá constar o cronograma com as datas de realização de cada etapa, as quais poderão sofrer alterações em caso de necessidade, devidamente comunicadas aos candidatos.

Seção II

Das etapas e do conteúdo do concurso

Art. 5º O concurso desenvolve-se sucessivamente de acordo com as seguintes etapas:

I – primeira etapa – uma prova objetiva seletiva, de caráter eliminatório e classificatório;

II – segunda etapa – duas provas escritas, de caráter eliminatório e classificatório;

III – terceira etapa – de caráter eliminatório, com as seguintes fases:

a) sindicância da vida pregressa e investigação social;

b) exame de sanidade física e mental;

c) exame psicotécnico.

IV – quarta etapa - uma prova oral, de caráter eliminatório e classificatório;

V – quinta etapa - avaliação de títulos, de caráter classificatório; VI – sexta etapa - curso de formação, de caráter eliminatório.

Parágrafo único. A participação do candidato em cada etapa ocorrerá necessariamente após habilitação na etapa anterior.

Art. 6º As provas da primeira, segunda e quarta etapas versarão sobre as seguintes matérias, conforme discriminadas no anexo I:

I – Direito Constitucional;

II – Direito Administrativo;

III – Direito Penal;

IV – Direito Processual Penal;

V – Direito Civil;

VI – Direito Processual Civil;

VII – Direito Previdenciário;

VIII – Direito Financeiro e Tributário;

IX – Direito Ambiental;

X – Direito Internacional Público e Privado;

CAPÍTULO III - INGRESSO NA CARREIRA DE JUIZ FEDERAL

XI – Direito Empresarial;

XII – Direito Econômico e de Proteção ao Consumidor.

§ 1º Na segunda etapa do concurso também fará parte do programa o conteúdo sobre noções gerais de Direito e formação humanística, conforme anexo II.

§ 2º O programa base constante do anexo I não exclui a possibilidade de os tribunais regionais federais, respeitando o conteúdo padronizado, fazerem as adequações necessárias.

§ 3º As questões integrantes das fases seletivas deverão ter, por princípio, a verificação objetiva de habilidades essenciais às funções do cargo, com base em doutrina e jurisprudência dominantes, além dos aspectos legais que envolvem as finalidades específicas da avaliação.

Seção III

Da classificação e habilitação

Art. 7º A classificação dos candidatos habilitados obedecerá à ordem decrescente da média final:

I – da prova objetiva seletiva: peso 1;

II – da primeira e da segunda prova escrita: peso 3 para cada prova;

III – da prova oral: peso 2;

IV – da prova de títulos: peso 1.

Parágrafo único. Em nenhuma hipótese haverá arredondamento de nota ou média final, desprezadas as frações além do centésimo.

Art. 8º Para efeito de desempate, prevalecerá a seguinte ordem de notas:

I – a das duas provas escritas somadas;

II – a da prova oral;

III – a da prova objetiva seletiva;

IV – a da prova de títulos.

Parágrafo único. Persistindo o empate, prevalecerá o candidato de maior idade.

Art. 9º Considerar-se-á aprovado, para provimento do cargo, o candidato que for habilitado em todas as etapas do concurso.

Parágrafo único. Ocorrerá eliminação do candidato que:

I – for contraindicado na terceira etapa;

II – não comparecer à realização de qualquer das provas escrita e oral, no dia, hora e local determinados pela comissão do concurso, munido de documento oficial de identificação;

III – for excluído da realização da prova por comportamento inconveniente, a critério da comissão do concurso;

IV – for considerado reprovado no curso de formação.

Art. 10. Aprovado pela comissão do concurso o quadro classificatório, será o resultado final submetido à homologação pelo tribunal.

Parágrafo único. A ordem de classificação prevalecerá para a nomeação dos candidatos.

Seção IV

Da divulgação

Art. 11. A divulgação do concurso será realizada mediante publicação de edital expedido pelo presidente da comissão, no qual constará local, período e horário de inscrições, conteúdo programático, número de vagas existentes, cronograma de realização das provas e demais informações relevantes sobre o concurso.

Parágrafo único. O edital será publicado no Diário Oficial da União ou em meio eletrônico, ficando a critério da comissão do concurso utilizar qualquer tipo de publicação subsidiário.

Seção V

Da duração e do prazo de validade do concurso

Art. 12. O concurso deverá ser concluído no período de até dezoito meses, contado a partir da inscrição preliminar até a homologação do resultado final.

Art. 13. O prazo de validade do concurso é de dois anos, prorrogável, a critério do tribunal, uma vez, por igual período, contado da data da publicação da homologação do resultado final do concurso.

Seção VI

Do custeio do concurso

Art. 14. O concurso será custeado mediante arrecadação de taxa de inscrição dos candidatos, observada a legislação pertinente. (Redação dada pela Resolução n. 121, de 27.10.2010)

§ 1º A taxa de inscrição será arrecadada em favor do Tribunal Regional Federal, mediante Guia de Recolhimento da União (GRU Cobrança). (Redação dada pela Resolução n. 292, de 28.04.2014)

§ 2º Se a dotação autorizada oriunda das receitas diretamente arrecadadas, produto da taxa de que trata o § 1º, for inferior às despesas para realização de todas as etapas do concurso, o Tribunal arcará com a diferença, utilizando a dotação orçamentária custeada com recursos ordinários. (Redação dada pela Resolução n. 292, de 28.04.2014)

§ 3º Se o valor arrecadado for inferior ao valor do contrato ou convênio para realização da primeira etapa, o Conselho da Justiça Federal arcará com a diferença à instituição executora. (Redação dada pela Resolução n. 121, de 27.10.2010)

§ 4º Se o valor arrecadado pelos tribunais for inferior às despesas para realização de todas as etapas do concurso, o tribunal arcará com a diferença. (Incluído pela Resolução n. 121, de 27.10.2010)

CAPÍTULO II

DA COMISSÃO DO CONCURSO

Seção I

Da composição

Art. 15. A comissão do concurso será composta de cinco titulares, sendo dois membros do tribunal, um juiz federal de 1º grau, um professor de

CAPÍTULO III - INGRESSO NA CARREIRA DE JUIZ FEDERAL

faculdade de Direito oficial ou reconhecida e um advogado indicado pelo Conselho Federal da Ordem dos Advogados do Brasil, bem como pelos respectivos suplentes, nessa qualidade. (Redação dada pela Resolução n. 121, de 27.10.2010)

§ 1º A presidência da comissão do concurso caberá ao membro efetivo mais antigo do tribunal que a integrar originariamente.

§ 2º Substituirá o presidente da comissão do concurso, em suas faltas e impedimentos, o membro efetivo remanescente da composição originária, que se lhe seguir em antiguidade no tribunal.

§ 3º Os suplentes serão convocados automaticamente, ocorrendo vaga, impedimento ou falta eventual de integrante da comissão, que também poderá sê-lo para auxiliar nos seus encargos.

§ 4º A comissão do concurso funcionará com a presença de, pelo menos, três integrantes, deliberando por maioria de votos, salvo nas hipóteses de atribuições de notas e julgamentos de recursos, quando se exigirá a presença de todos os seus componentes.

§ 5º Ficará impedido de integrar a comissão do concurso aquele que exercer a atividade de magistério em cursos formais ou informais de preparação para concursos públicos de ingresso na carreira da magistratura, até três anos após cessar a referida atividade de magistério.

§ 6º A comissão do concurso contará com uma secretaria para apoio administrativo, na forma do regulamento de cada tribunal.

§ 7º A comissão do concurso nas seções judiciárias será representada por um dos seus membros ou pelo juiz federal diretor do foro, assegurada a participação de um procurador da República e de um advogado, indicados pelo procurador-chefe da República e pelo Conselho Seccional da OAB, e secretariada por um servidor designado pelo juiz federal diretor do foro.

Seção II

Das atribuições

Art. 16. Caberá à comissão do concurso elaborar o edital de abertura, o cronograma com as datas de cada etapa, receber e homologar as inscrições preliminares e definitivas, formular as questões, acompanhar ou realizar a primeira etapa, fornecendo, se for o caso, relatório circunstanciado à comissão especial para efeitos do art. 24 e parágrafos, coordenar e aplicar as provas escritas e orais, arguir os candidatos de acordo com o programa da respectiva disciplina, mediante atribuição de notas, aferir os títulos, julgar os recursos e homologar o resultado do curso de formação. (Redação dada pela Resolução n. 94, de 17.12.2009)

§ 1º A inscrição preliminar poderá ser apresentada pelo candidato nas sedes das respectivas seções judiciárias, para que a devida documentação seja encaminhada, mediante protocolo, à comissão do concurso.

§ 2º A comissão do concurso será também responsável pela preservação do sigilo das provas escritas até a identificação da autoria, quando da realização da sessão pública.

79

§ 3º A secretaria do concurso será responsável pela lavratura das atas das reuniões da comissão.

§ 4º O presidente da comissão do concurso homologará o resultado da inscrição preliminar e convocará os candidatos regularmente inscritos para realizarem a prova objetiva seletiva em dia, hora e local determinados, por intermédio de edital devidamente publicado.

CAPÍTULO III

DA INSCRIÇÃO PRELIMINAR

Art. 17. A inscrição preliminar será requerida ao presidente da comissão do concurso mediante o preenchimento de formulário próprio, acompanhado de:

I – cópia autenticada de documento que comprove a nacionalidade brasileira;

II – duas fotos coloridas tamanho 3 x 4 e datadas recentemente;

III – instrumento de mandato com poderes especiais e firma reconhecida para requerimento de inscrição, no caso de inscrição por procurador.

§ 1º O candidato, ao preencher o formulário a que se refere o caput, firmará declaração, sob as penas da lei, de:

a) que é bacharel em Direito e de que deverá atender, até a data da inscrição definitiva, a exigência de três anos de atividade jurídica exercida após a obtenção do grau de bacharel em Direito (CF, art. 129, § 3º);

b) estar ciente de que a não apresentação do respectivo diploma, devidamente registrado pelo Ministério da Educação, e da comprovação da atividade jurídica, no ato da inscrição definitiva, acarretará a sua exclusão do processo seletivo;

c) que aceita as demais regras pertinentes ao concurso consignadas no edital.

§ 2º Para fins deste artigo, o documento oficial de identificação deverá conter fotografia do portador, sua assinatura e o número do registro geral, sendo obrigatória sua apresentação em todas as demais fases do concurso público.

§ 3º Ao candidato ou ao procurador será fornecido comprovante do pedido de inscrição.

§ 4º Somente será recebida a inscrição preliminar do candidato que apresentar, no ato de inscrição, toda a documentação necessária a que se refere este artigo.

Art. 18. A inscrição do candidato implicará o conhecimento e a tácita aceitação das normas e condições estabelecidas, das quais não poderá alegar desconhecimento.

Art. 19. A inscrição preliminar deferida habilita o candidato à prestação da prova objetiva seletiva.

Art. 20. As seções judiciárias encaminharão os pedidos de inscrição, com sua respectiva documentação, ao presidente da comissão do concurso, que apreciará e decidirá sobre os referidos pedidos.

CAPÍTULO III - INGRESSO NA CARREIRA DE JUIZ FEDERAL

Parágrafo único. Após o término das inscrições preliminares, as seções judiciárias terão o prazo de cinco dias úteis para remessa dos pedidos de inscrição dos candidatos, com a respectiva documentação.

CAPÍTULO IV

DA PRIMEIRA ETAPA DO CONCURSO

Seção I

Da instituição executora

Art. 21. A primeira etapa do concurso será executada por instituição especializada, contratada ou conveniada para esse fim, ou pela comissão do concurso. (Redação dada pela Resolução n. 94, 17.12.2009)

§ 1º Caberá à instituição ou à comissão do concurso formular as questões, coordenar e aplicar a prova objetiva seletiva, convocar o candidato para comparecer em dia, hora e local indicado no edital do concurso para a realização da prova, corrigi-la, assegurar vista da prova, do gabarito, do cartão de resposta ao candidato que desejar recorrer, encaminhar parecer sobre os recursos apresentados para julgamento da comissão do concurso e, depois de apurar o resultado, a classificação dos candidatos. (Redação dada pela Resolução n. 94, de 17.12.2009)

§ 2º Serão de responsabilidade da instituição quaisquer danos causados ao Conselho e à Justiça Federal de 1o e 2o graus, bem como aos candidatos, antes, durante e após a realização da prova objetiva seletiva, no que se referir às atribuições constantes no parágrafo anterior.

Art. 22. Caberá aos Tribunais Regionais Federais contratar ou celebrar convênio com a instituição executora para a realização das etapas do concurso quando fizerem tal opção. (Redação dada pela Resolução n. 292, de 28.04.2014) § 2º O contrato ou convênio terá duração de doze meses, admitida a prorrogação, conforme legislação em vigor, e, durante esse período, os tribunais deverão iniciar o concurso para suprir as vagas existentes.

§ 3º O valor do contrato ou convênio resultará da estimativa de despesa com a realização da primeira etapa do concurso.

Art. 23. Os tribunais, ao decidirem pela realização da primeira etapa do concurso pela instituição especializada, deverão encaminhar ao diretor do Centro de Estudos Judiciários do Conselho da Justiça Federal, até o último dia útil de fevereiro do ano anterior ao início do contrato ou convênio, a informação sobre a pretensão de realização do concurso com previsão de época e do quantitativo de vagas existentes para o período, bem como designar dois membros por tribunal, um titular e um suplente, para compor a comissão especial de concurso. (Redação dada pela Resolução n. 121, de 27.10.2010)

§ 1º A comissão especial de concurso será composta pelo diretor do Centro de Estudos Judiciários do Conselho da Justiça Federal e pelos cinco membros dos Tribunais Regionais Federais, sendo um de cada Região.

§ 2º Em caso de não haver previsão de realização de concurso, no período de vigência do contrato ou convênio, por um ou mais tribunais, o Centro de Estudos Judiciários do Conselho da Justiça Federal formalizará à presidência do referido tribunal tão-somente a solicitação de indicação de um membro da Corte para compor a comissão especial de concurso.

Art. 24. A comissão especial de concurso será responsável por coordenar o processo de contratação e formalização de convênio com a instituição especializada e gerenciar o contrato ou o convênio até expirar o prazo de validação.

§ 1º A comissão especial de concurso elaborará um cronograma de atividades e reunir-se-á, preferencialmente, no Conselho da Justiça Federal, em Brasília/DF.

§ 2º As despesas com os trabalhos da comissão especial de concurso correção por conta do Conselho da Justiça Federal.

Art. 25. A instituição executora prestará contas da execução do contrato ou convênio à comissão especial de concurso, por intermédio do Centro de Estudos Judiciários do Conselho da Justiça Federal.

Seção II

Da prova

Art. 26. A prova objetiva seletiva será composta de três blocos, vedada qualquer consulta, conforme discriminados a seguir:

Bloco I – Direito Constitucional; Direito Previdenciário; Direito Penal; Direito Processual Penal; e Direito Econômico e de Proteção ao Consumidor.

Bloco II – Direito Civil; Direito Processual Civil; Direito Empresarial; e Direito Financeiro e Tributário.

Bloco III - Direito Administrativo; Direito Ambiental; e Direito Internacional Público e Privado.

Art. 27. A prova objetiva seletiva, com duração de cinco horas, será composta de cem questões, considerando trinta e cinco questões para os blocos I e II, e trinta questões para o bloco III.

§ 1º Será considerado habilitado, na prova objetiva seletiva, o candidato que obtiver o mínimo de 30% de acerto das questões em cada bloco, e com média final de 60% de acertos do total referente à soma algébrica das notas dos três blocos.

§ 2º Nos dois dias seguintes à publicação do resultado do gabarito da prova objetiva seletiva no Diário Oficial da União ou em meio eletrônico, o candidato poderá requerer vista de prova e, em igual prazo, a contar do término de vista, apresentar recurso.

Art. 28. Apurados os resultados da prova objetiva seletiva e identificados os candidatos que lograram classificar-se, o presidente da comissão do concurso fará publicar a relação dos habilitados a realizarem a segunda etapa.

CAPÍTULO V

DA SEGUNDA ETAPA DO CONCURSO

Seção I

Das provas

Art. 29. A segunda etapa do concurso, executada pela comissão do concurso do tribunal, será composta de duas provas escritas, podendo haver

CAPÍTULO III - INGRESSO NA CARREIRA DE JUIZ FEDERAL

consulta à legislação desacompanhada de anotação ou comentário, vedada a consulta a obras doutrinárias e súmulas.

Parágrafo único. Durante a realização das provas escritas, a comissão do concurso permanecerá reunida em local previamente divulgado, para dirimir dúvidas porventura suscitadas.

Art. 30. A comissão deverá considerar, em cada questão, o conhecimento sobre o tema jurídico, a utilização correta do idioma oficial e a capacidade de exposição.

Seção II
Dos procedimentos

Art. 31. Com antecedência mínima de quinze dias, o presidente da comissão do concurso convocará, por edital, os candidatos aprovados para realizarem as provas escritas em dia, hora e local determinado, nos termos do edital.

Art. 32. O tempo de duração de cada prova escrita será de quatro horas, improrrogável.

Art. 33. As provas escritas serão manuscritas, com utilização de caneta de tinta azul ou preta indelével, de qualquer espécie, não sendo permitido o uso de líquido corretor de texto ou caneta hidrográfica fluorescente, e serão corrigidas sem identificação do nome do candidato.

Parágrafo único. As questões serão entregues aos candidatos já impressas, não sendo permitido pedir esclarecimentos sobre o seu enunciado ou sobre o modo de resolvê-las.

Art. 34. Apurados os resultados das provas escritas, o presidente da comissão do concurso publicará edital com a relação dos candidatos que tiveram obtido, em cada uma, nota igual ou superior a seis.

Parágrafo único. A nota final atribuída a cada prova será entre 0 e 10.

Art. 35. Nos dois dias seguintes à publicação do resultado no Diário Oficial da União ou em meio eletrônico, o candidato poderá requerer vista da prova e, em igual prazo, a contar do término de vista, apresentar recurso.

§ 1º A identificação das provas e a divulgação das notas serão feitas em sessão pública no tribunal, pela comissão do concurso, para a qual serão convocados os candidatos, por edital, publicado no Diário Oficial da União ou em meio eletrônico, com antecedência mínima de 48 horas.

§ 2º Julgados os eventuais recursos, o presidente da comissão de concurso publicará edital de convocação dos candidatos habilitados a requererem a inscrição definitiva, que deverá ser feita no prazo de quinze dias úteis, nos locais indicados. O edital deverá conter os pontos da prova oral.

CAPÍTULO VI
DA TERCEIRA ETAPA
Seção I
Da inscrição definitiva

Art. 36. Requerer-se-á a inscrição definitiva ao presidente da comissão do concurso, mediante preenchimento de formulário próprio, entregue na secretaria do concurso.

83

§ 1º O pedido de inscrição, assinado pelo candidato, será instruído com:

a) cópia autenticada de diploma de bacharel em Direito, devidamente registrado pelo Ministério da Educação (art. 17, § 1º);

b) certidão revestida de fé pública, que comprove ter completado, à data da inscrição definitiva, três anos de atividade jurídica, efetivo exercício da advocacia ou de cargo, emprego ou função, exercida após a obtenção do grau de bacharel em Direito;

c) cópia autenticada de documento que comprove a quitação de obrigações concernentes ao serviço militar, se do sexo masculino;

d) cópia autenticada de título de eleitor e de documento que comprove estar o candidato em dia com as obrigações eleitorais ou da certidão negativa da Justiça Eleitoral;

e) certidão dos distribuidores criminais das Justiças Federal, Estadual ou do Distrito Federal e Militar dos lugares em que haja residido nos últimos cinco anos;

f) folha de antecedentes da Polícia Federal e da Polícia Civil Estadual ou do Distrito Federal, onde haja residido nos últimos cinco anos;

g) os títulos definidos no art. 67 da Resolução 75 do Conselho Nacional de Justiça;

h) declaração assinada pelo candidato com firma reconhecida da qual conste nunca ter sido indiciado em inquérito policial ou processado criminalmente ou, em caso contrário, notícia específica da ocorrência, acompanhada dos esclarecimentos pertinentes;

i) formulário fornecido pela comissão de concurso, em que ele especificará as atividades desempenhadas – com exata indicação dos períodos e locais de atuação – como juiz, membro do Ministério Público, advogado ou titular de função técnico-jurídica, pública ou privada, bem como as principais autoridades com quem tenha trabalhado em cada um dos períodos de prática profissional, que serão discriminados em ordem cronológica;

j) certidão da Ordem dos Advogados do Brasil com informação sobre a situação do candidato advogado na instituição.

§ 2º Os locais designados para o recebimento dos pedidos de inscrição definitiva encaminharão para o presidente da comissão do concurso os pedidos, com a respectiva documentação.

§ 3º Considera-se efetivo exercício da atividade de advocacia a participação anual mínima em cinco atos privativos de advogado (Lei n. 8.906, 4 de julho de 1994, art. 1º) em causas ou questões distintas.

§ 4º Considera-se atividade jurídica aquela exercida com exclusividade por bacharel em Direito, bem como o exercício de cargos, empregos ou funções, inclusive de magistério superior, que exija a utilização preponderante de conhecimento jurídico, vedada a contagem do estágio acadêmico ou qualquer outra atividade anterior à obtenção do grau de bacharel em Direito (art. 2º da Res. n. 11/CNJ).

CAPÍTULO III - INGRESSO NA CARREIRA DE JUIZ FEDERAL

§ 5º Serão admitidos no cômputo do período de atividade jurídica os cursos de pós-graduação na área jurídica reconhecidos pela Escola Nacional de Formação e Aperfeiçoamento de Magistrados ou pelo Ministério da Educação, desde que integralmente concluídos com aprovação (art. 3o da Res. n. 11/CNJ).

§ 6º A comprovação do tempo de atividade jurídica relativamente a cargos, empregos ou funções não-privativos de bacharel em Direito será realizada mediante certidão circunstanciada, expedida pelo órgão competente, indicando as respectivas atribuições exercidas e a prática reiterada de atos que exijam a utilização preponderante de conhecimento jurídico (art. 4o da Res. n. 11/ CNJ).

Seção II
Dos exames de sanidade física e mental e psicotécnico

Art. 37. O candidato, no ato de apresentação da inscrição definitiva, receberá da secretaria do concurso instruções para submeter-se aos exames de saúde e psicotécnico, por ele próprio custeados.

§ 1º Os exames de saúde destinam-se a apurar as condições de higidez física e mental do candidato; e o exame psicotécnico avaliará as condições psicológicas do candidato.

§ 2º O candidato fará os exames de saúde e psicotécnico às suas expensas, com profissional credenciado pelo próprio Tribunal Regional Federal.

§ 3º Os resultados dos exames de saúde serão apreciados pelo serviço médico do tribunal, que, após inspecionar o candidato, encaminhará laudo à comissão do concurso.

Seção III
Da sindicância da vida pregressa e investigação social

Art. 38. O presidente da comissão do concurso encaminhará ao órgão competente do tribunal os documentos mencionados no § 1º do art. 36, com exceção dos títulos, a fim de que se proceda, no prazo de vinte dias, à sindicância da vida pregressa e à investigação social dos candidatos.

Art. 39. O presidente da comissão do concurso poderá ordenar ou repetir diligências sobre a vida pregressa, investigação social, exames de saúde e psicotécnico, bem como convocar o candidato para submeter-se a exames complementares.

Parágrafo único. O tribunal poderá, em situações excepcionais e devidamente justificadas, a critério da comissão de concurso, arcar com as despesas decorrentes do caput.

Seção IV
Do deferimento da inscrição definitiva e convocação para prova oral

Art. 40. O presidente da comissão do concurso fará publicar edital com a relação dos candidatos que obtiverem inscrição definitiva deferida, ao tempo em que os convocará para realização do sorteio dos pontos para prova oral e da realização das arguições.

CAPÍTULO VII

DA QUARTA ETAPA

Art. 41. A prova oral, executada pela comissão do concurso, prestada em sessão pública, versará sobre conhecimento técnico acerca do conteúdo de temas relacionados às áreas de conhecimento constantes do art. 6º, e deverão ser avaliados o domínio do conhecimento jurídico, o emprego adequado da linguagem, a articulação do raciocínio, a capacidade de argumentação e o uso correto do vernáculo por parte do examinado.

§ 1º Na prova oral, cada candidato será arguido sobre as matérias do ponto sorteado.

§ 2º Para cada grupo de candidatos será sorteado 1 ponto, com a antecedência de 24 horas.

§ 3º Cada candidato será arguido em sessão pública, na presença de todos os examinadores da comissão do concurso, vedado o exame simultâneo de mais de um candidato.

§ 4º A nota final de cada prova oral será o resultado da média aritmética simples das notas atribuídas por cada um dos examinadores.

§ 5º As notas serão recolhidas em envelope, que será lacrado e rubricado pelos examinadores.

§ 6º Os resultados das provas orais serão divulgados e publicados pelo presidente da comissão do concurso no prazo fixado pelo edital.

§ 7º Serão considerados aprovados e habilitados para a próxima etapa os candidatos que obtiverem nota não inferior a 6.

§ 8º Haverá registro em gravação de áudio ou por qualquer outro meio que possibilite a sua posterior reprodução.

CAPÍTULO VIII

DA QUINTA ETAPA

Art. 42. Após a publicação do resultado da prova oral, a comissão do concurso avaliará os títulos dos candidatos aprovados.

Parágrafo único. A comprovação dos títulos deverá ser feita no momento da inscrição definitiva, considerados para efeito de pontuação apenas os títulos obtidos até a data final para inscrição preliminar.

CAPÍTULO IX

DA SEXTA ETAPA

Art. 43. A sexta etapa do concurso, de caráter eliminatório, é constituída por um curso de formação realizado por intermédio da Escola da Magistratura Federal do tribunal que está promovendo o concurso, com apoio do Centro de Estudos Judiciários do Conselho da Justiça Federal.

Art. 44. O curso de formação terá duração de quatro meses, com 480 horas/aula, e observará regulamento próprio no qual estejam estabelecidos a finalidade, o currículo, os requisitos para matrícula, os níveis de rendimento mínimo exigidos e as condições de aprovação no final.

CAPÍTULO III - INGRESSO NA CARREIRA DE JUIZ FEDERAL

§ 1º Serão considerados aprovados os candidatos que obtiverem média final não inferior a 6 nesta etapa.

§ 2º A título de auxílio financeiro pela participação no curso de formação, ao candidato, mediante requerimento, será concedida bolsa mensal, sujeita a contribuição previdenciária, equivalente a 50% do subsídio do cargo inicial da carreira, cujos requisitos para concessão serão previstos no regulamento.

CAPÍTULO X

DAS DISPOSIÇÕES FINAIS

Art. 45. As sessões públicas para identificação e divulgação dos resultados das provas serão realizadas na sede do tribunal realizador do concurso.

Art. 46. Não haverá, sob nenhum pretexto:

I – devolução de taxa de inscrição;

II – divulgação de indeferimento de inscrição e de eliminação de candidato.

Art. 47. Correrão por conta exclusiva do candidato quaisquer despesas decorrentes da participação em todas as etapas e procedimentos do concurso de que trata esta resolução, inclusive do curso de formação, tais como gastos com documentação, material, exames, viagem, alimentação, alojamento, transporte ou ressarcimento de outras despesas.

Art. 48. As despesas com todas as etapas correrão por conta dos Tribunais. (Redação dada pela Resolução n. 292, de 28.04.2014)

Parágrafo único. Os Tribunais Regionais Federais deverão incluir na proposta orçamentária ou em créditos adicionais as estimativas de arrecadação e de custeio para a realização do concurso e o auxílio financeiro fornecido ao candidato mediante bolsa de estudo, conforme § 2º do art. 44 e regulamento próprio do curso de formação." (Redação dada pela Resolução n. 292, de 28.04.2014)

Art. 49. Os recursos a que se referem esta resolução poderão ser interpostos no prazo de dois dias úteis, dirigidos ao presidente da comissão do concurso, nos locais determinados no edital.

§ 1º Será admitido o encaminhamento do recurso por via postal, desde que postado no prazo legal.

§ 2º Caso não haja a apresentação de documentos, será admitida a interposição de recurso por via eletrônica, na forma prevista no edital.

Art. 50. Esta resolução entra em vigor na data de sua publicação, não abrangendo os concursos em andamento.

Parágrafo único. As disposições relativas ao curso de formação somente terão vigência depois da publicação de lei específica que discipline a concessão do pagamento do auxílio financeiro.

Art. 51. Fica revogada a Resolução n. 41, de 19 de dezembro de 2008.

Ministro CESAR ASFOR ROCHA

Publicada no Diário Oficial da União Em 24/07/2009 Seção 1 pág. 137

ANEXO I

DO CONTEÚDO PROGRAMÁTICO

DIREITO CONSTITUCIONAL

1. Constituição. Conceito. Classificação. Elementos. Poder constituinte: originário e derivado. Direitos Humanos. Direitos e Garantias Fundamentais. Hermenêutica constitucional. O constitucionalismo brasileiro. A ordem constitucional vigente. Emendas à Constituição. Disposições gerais e transitórias. República e federação no direito Constitucional em geral. Sistema brasileiro. Repartição de competências. União: bens e competência. Competência exclusiva, competência de normas gerais, competência comum e competência concorrente. 2. Os Estados-membros na Constituição. Organização, natureza e conteúdo da autonomia constitucional do Estado-membro. Competências estaduais. Intervenção federal nos Estados-membros, no Distrito Federal e nos Territórios. Os Municípios na Constituição. Competência municipal, organização política e administrativa dos Municípios. Intervenção nos Municípios. 3. Poder Legislativo. Organização e atribuições. O processo legislativo. Cláusulas pétreas. Natureza. Espécies. Iniciativa legislativa. Normas constitucionais e processo legislativo. Orçamento. Princípios constitucionais. Fiscalização financeira e orçamentária. O Tribunal de Contas. Natureza e atribuições. 4. Poder Executivo. Evolução do conceito. Atribuições e responsabilidade do Presidente da República. Poder regulamentar, poder regulador e agências administrativas. Do Conselho da República. Do Conselho de Defesa Nacional. 5. Poder Judiciário. Natureza da função jurisdicional. As garantias do Poder Judiciário. O princípio da reserva legal na apreciação de lesão ou ameaça de lesão a direito individual e a direito coletivo. Poder Judiciário Federal e Poder Judiciário Estadual. O Conselho Nacional de Justiça, o Supremo Tribunal Federal, o Superior Tribunal de Justiça, o Conselho da Justiça Federal e os Tribunais Regionais Federais. A Justiça Federal de 1º Grau. Lei Orgânica da Magistratura Nacional. 6. O controle de constitucionalidade das leis e dos atos normativos. Conceito. Natureza. Espécies. A Ação Declaratória de Constitucionalidade e a Ação Direta de inconstitucionalidade. A ação de Inconstitucionalidade por Omissão. Ação de Descumprimento de Preceito Fundamental. 7. Funções essenciais à justiça. Do Ministério Público. Da Advocacia e da Defensoria Pública. Da Advocacia-Geral da União. Da Administração Pública. Princípios e Disposições Gerais. Dos servidores civis e militares. Acumulação remunerada. Garantias. Responsabilidade jurídica das pessoas públicas. 8. Da defesa do Estado e das instituições democráticas. O Estado de Defesa e o Estado de Sítio. Das Forças Armadas. Da Segurança Pública. Nacionalidade. Direitos políticos e partidos políticos. Alistamento. Elegibilidade e inelegibilidade. Suspensão e perda dos direitos políticos. Sufrágio: natureza e forma. 9. Processo eleitoral. Plebiscito. Referendum. Iniciativa Popular. Direitos e garantias individuais. O rol da constituição brasileira. Direitos explícitos e implícitos. Classificação dos direitos explícitos. Abuso de direito individual ou político. 10. Direito de propriedade. Função social da propriedade. Desapropriação por necessidade ou utilidade pública. Desapropriação por interesse social. Desapropriação judicial. Usucapião. Regime das jazidas. Direito urbanístico. Ordem Econômica. Princípios. Intervenção no domí-

CAPÍTULO III - INGRESSO NA CARREIRA DE JUIZ FEDERAL

nio econômico. Formas e limites de intervenção. Repressão do abuso do poder econômico. Empresa pública e sociedade de economia mista. Da comunicação social. O planejamento na ordem constitucional. Os direitos constitucionais dos trabalhadores. Organização sindical. Família, Educação e Cultura. Da Ciência e da Tecnologia. Da criança, do adolescente e do idoso.

DIREITO ADMINISTRATIVO

1. Administração Pública como função do Estado. Princípios regentes do Direito Administrativo constitucionais e legais, explícitos e implícitos. A reforma do Estado brasileiro. Os quatro setores e suas características. A publicização do terceiro setor (as organizações sociais e as OSCIPS). 2. Administração Direta (órgãos públicos: conceito, espécies, regime); Administração Indireta: Autarquias, Fundações Públicas, Sociedades de Economia Mista e Empresas Públicas. Principais características de cada uma e regime jurídico. O regime das subsidiárias. Direito Administrativo Econômico. As formas de intervenção do Estado. Os princípios constitucionais da ordem econômica e a criação de sociedades de economia mista e empresas públicas. 3. Direito Administrativo Regulador. Agências: Reguladoras e Executivas. O regime jurídico das Agências Reguladoras: natureza jurídica, características, contrato de gestão, pessoal e poder normativo. A concessão de serviços. Conceito, características. Direitos do concedente e do concessionário. Equilíbrio do contrato. Formas de extinção. As permissões e autorizações. As parcerias da Administração Pública. Parcerias público-privadas. 4. Formas de intervenção do Estado na propriedade. Limitações administrativas, tombamento, requisição, servidão e desapropriação. Fundamentos e requisitos constitucionais para as desapropriações. Espécies de desapropriações. Proteção ao patrimônio histórico, artístico e cultural. Desapropriações por utilidade ou necessidade pública ou por interesse social, desapropriações por interesse social para fins de reforma agrária. O art. 243 da CF/88. Retrocessão. Desapropriação indireta. Procedimento expropriatório. 5. Responsabilidade civil do Estado e dos prestadores de serviços públicos. Conceito e teorias. A responsabilidade por ação e por omissão. Evolução histórica no Direito brasileiro. Elementos. A reparação do dano. Ação regressiva e litisconsórcio. Responsabilidade administrativa, civil e penal do servidor. 6. Servidores públicos. Regime constitucional. Regimes jurídicos: O servidor estatutário e o empregado público. Cargos e Funções. Direitos e deveres dos servidores estatutários. Regime previdenciário do servidor estatutário. Normas e princípios constitucionais. As regras de transição. O novo regime previdenciário. O sistema de previdência complementar. Regime e processo disciplinar. 7. Ato administrativo. Conceito. Regime jurídico. Espécies. Elementos e requisitos. Vícios dos atos administrativos. Principais classificações dos atos administrativos. Procedimento administrativo. Fundamentos constitucionais. Controle dos atos da Administração. Controle administrativo e jurisdicional. Limites do controle jurisdicional. O controle da Administração Pública pelos Tribunais de Contas. Formas, características e limites. Mandado de Segurança. Ação Popular. Ação Civil Pública. Improbidade administrativa; aspectos processuais e materiais. Responsabilidade administrativa e civil de pessoas jurídicas pela prática de atos contra a administração pública. 8. Licitações. Fundamento constitucional. Conceito e modalidades. O regime de licitações e

89

alterações. Dispensa e inexigibilidade. Revogação e anulação, hipóteses e efeitos. Pregão e consulta. O Registro de preços. Contratos administrativos. Conceito e características. Invalidação. Principais espécies de contratos administrativos. Inexecução e rescisão dos contratos administrativos. 9. Poder Regulamentar. Regulamentos administrativos de execução e autônomos. O poder normativo não legislativo e o princípio da legalidade. Regulamentação e regulação. Análise do art. 84 da CF/88 quanto aos limites do poder regulamentar. Poder de Polícia. Conceito. Características. Origem e função. Limites, extensão e controle. Poder de polícia e regulação. Distinções. 10. Domínio público. Conceito. Bens públicos. Conceito e características, regime e espécies. Utilização de bens públicos. Regime jurídico dos recursos minerais. Terras devolutas. Terrenos de marinha e seus acrescidos. Os indígenas e as suas terras. 11. Sistema Financeiro de Habitação e outras formas de financiamento do direito à moradia. 12. A saúde na ordem constitucional brasileira. A saúde no contexto da seguridade social. A Saúde e a Teoria dos Direitos Sociais. Princípios constitucionais do direito à saúde. O Sistema Único de Saúde: organização, atribuições e marco normativo. A repartição constitucional de competências no direito à saúde. A judicialização das políticas públicas de saúde. A problemática da prova nas ações judiciais que envolvem o direito à saúde. DIREITO PENAL 1. Introdução ao Direito Penal. Conceito, caracteres e função do Direito Penal. Princípios básicos do Direito Penal. Princípios de normas penais contidas na Constituição Federal de 1988. Relações com outros ramos do Direito. Direito Penal e política criminal. Criminologia: noções gerais. Norma Penal. Conflito aparente de normas. Teoria Geral do Delito. 2. Da aplicação da lei penal: princípio da anterioridade; lei penal no tempo; lei excepcional ou temporária; tempo do crime; territorialidade; lugar do crime; extraterritorialidade; pena cumprida no estrangeiro; eficácia de sentença estrangeira; contagem de prazo; frações não computáveis na pena; aplicação da parte geral do Código Penal aos fatos incriminados por lei especial. 3. Do crime: relação de causalidade; superveniência de causa independente; relevância da omissão; crime consumado; tentativa; desistência voluntária e arrependimento eficaz; arrependimento posterior; crime impossível; crime doloso; crime culposo; agravação pelo resultado; erro sobre elementos do tipo; descriminantes putativas; erro sobre a ilicitude do fato; coação irresistível e obediência hierárquica; exclusão da ilicitude; excesso punível; estado de necessidade; legítima defesa; estrito cumprimento de dever legal e exercício regular de direito. 4. Da imputabilidade penal: agentes inimputáveis; menoridade penal; emoção e paixão; embriaguez. 5. Do concurso de pessoas: regras comuns às penas privativas da liberdade; circunstâncias incomunicáveis; casos de impunibilidade. 6. Das penas: das espécies de penas; das penas privativas da liberdade: reclusão e detenção; regras do regime fechado; regras do regime semiaberto; regras do regime aberto; regime especial; direitos do preso; legislação especial relativa aos direitos e ao trabalho do preso e a outras questões relativas à execução penal; superveniência de doença mental; detração penal; das penas restritivas de direitos: normas gerais sobre as penas restritivas de direitos; conversão das penas restritivas de direitos; prestação de serviços à comunidade ou a entidades públicas; interdição temporária de direitos; da pena de multa: normas ge-

CAPÍTULO III - INGRESSO NA CARREIRA DE JUIZ FEDERAL

rais sobre a pena de multa; pagamento da multa; suspensão da execução da multa; da cominação das penas; penas privativas da liberdade; penas restritivas de direitos; pena de multa; da aplicação da pena: fixação da pena; critérios especiais da pena de multa; multa substitutiva; circunstâncias agravantes; agravantes no concurso de pessoas; reincidência; circunstâncias atenuantes; concurso de circunstâncias agravantes e atenuantes; cálculo da pena; concurso material; concurso formal; crime continuado; multas no concurso de crimes; erro na execução do crime; resultado diverso do pretendido; limite das penas; ordem de execução das penas no concurso de infrações; da suspensão condicional da pena: requisitos da suspensão da pena; revogação obrigatória e facultativa da suspensão da pena; prorrogação do período de prova; efeito do cumprimento das condições da suspensão condicional da pena; do livramento condicional: requisitos do livramento condicional; soma de penas relativas a infrações diversas, para fim do livramento condicional; condições a que fica subordinado o livramento condicional; revogação obrigatória e facultativa do livramento condicional; efeitos da revogação; a declaração de extinção da pena e o crime cometido na vigência do livramento condicional; dos efeitos genéricos e específicos da condenação; da reabilitação. 7. Das medidas de segurança: espécies; da imposição de medida de segurança para o inimputável; prazos de duração das medidas de segurança; da perícia médica; da desinternação ou liberação condicional; da substituição da pena por medida de segurança para o semi-imputável; dos direitos do internado. 8. Da ação penal: ação penal pública e de iniciativa privada; da ação penal no crime complexo; da irretratabilidade da representação; da decadência do direito de queixa ou representação; da renúncia expressa ou tácita ao direito de queixa; do perdão do ofendido; da extinção da punibilidade: hipóteses de extinção da punibilidade; da prescrição antes de transitar em julgado a sentença; da prescrição das penas restritivas de direitos; da prescrição depois de transitar em julgado a sentença final condenatória; do termo inicial de prescrição antes de transitar em julgado a sentença final; do termo final da prescrição após a sentença condenatória irrecorrível; da prescrição no caso de evasão do condenado ou de revogação do livramento condicional; da prescrição da multa; da redução dos prazos de prescrição; das causas impeditivas da prescrição; das causas interruptivas da prescrição; da reabilitação penal; do perdão judicial. 9. Dos crimes previstos na parte especial do Código Penal: dos crimes contra a pessoa; dos crimes contra o patrimônio; dos crimes contra a propriedade imaterial; dos crimes contra a organização do trabalho; dos crimes contra a dignidade sexual; dos crimes contra a incolumidade pública; dos crimes contra a paz pública; dos crimes contra a fé pública; dos crimes contra a administração pública. 10. Crimes previstos em leis especiais. 11. Tratados e Convenções em matéria criminal. A Convenção das Nações Unidas contra o Crime Organizado Transnacional. 12. A responsabilidade penal da pessoa jurídica no direito brasileiro. Crimes de menor potencial ofensivo.

DIREITO PROCESSUAL PENAL

1. Conceito. Finalidade. Caracteres. Princípios gerais. Fontes. Repartição constitucional de competência. Garantias constitucionais do processo. Aplicação da lei processual penal. Normas das convenções e dos tratados

de Direito Internacional relativos ao Processo Penal e aos tratados bilaterais de auxílio direto. Convenção da ONU contra a corrupção. Cooperação Internacional – tratados bilaterais celebrados pelo Brasil em matéria penal. 2. Persecução penal. Inquérito Policial. Procedimento. Garantias do investigado. Atribuições da autoridade policial. Intervenção do Ministério Público no inquérito policial. A investigação criminal promovida pelo próprio Ministério Público. Outros meios de colheita de indícios da infração. Comissão Parlamentar de Inquérito. Arquivamento do inquérito. Denúncia. 3. Sujeitos do processo. Juiz. Ministério Público. Acusado e seu defensor. Assistente. Curador do réu menor. Auxiliares da justiça. Assistentes. Peritos e intérpretes. Serventuários da justiça. Impedimentos e suspeições. 4. Atos processuais. Comunicações. Citações e intimações. Revelia. Despachos. Decisões interlocutórias. Audiência de Instrução. Sentença: tipos, estrutura, efeitos. Fixação da pena. Normas sobre a informatização do processo judicial. 5. Jurisdição. Competência: pelo lugar da infração, pelo domicílio ou residência do réu, pela natureza da infração, por distribuição, por conexão, por continência, por prevenção e por prerrogativa de função. Outras disposições especiais sobre competência, nos crimes cometidos fora do território brasileiro, nos crimes cometidos a bordo de embarcações marítimas, lacustres ou pluviais, ou a bordo de navios ou aeronaves. Competência da Justiça Federal, dos Tribunais Regionais Federais, do STJ e do STF. Perpetuatio jurisdictionis. Conflito de competência. Julgamento por colegiado de juízes de 1º grau de jurisdição em crimes praticados por organização criminosa. 6. Questões e processos incidentes. Questões prejudiciais. Exceções. Incompatibilidades e Impedimentos. Medidas assecuratórias: sequestro, hipoteca legal e arresto. Incidentes de falsidade e de insanidade mental do acusado. Restituição das coisas apreendidas. Perdimento de bens. Alienação antecipada de bens. 7. Provas. Teoria Geral da Prova. Procedimento probatório. Sistemas probatórios. Classificação. Provas em espécie. Exame do corpo de delito e perícias em geral. Prova oral: prova testemunhal, depoimento do ofendido, interrogatório do acusado. Confissão. Reconhecimento de pessoas e coisas. Acareação. Prova documental. Presunções. Indícios. Busca e apreensão. Ônus da prova. Valoração da prova. Interceptação de comunicações telefônicas e do fluxo de comunicações em sistemas de informática e telemática. Quebra de sigilo fiscal, bancário e de dados. Provas ilícitas. Meios de obtenção de prova previstos na Lei que define organização criminosa. A delação ou colaboração premiada. Normas sobre a identificação criminal do civilmente identificado. Coleta de perfil genético como forma de identificação criminal. Normas do Programa Federal de Assistência a Vítimas e Testemunhas Ameaçadas, e de proteção de acusados ou condenados que voluntariamente tenham prestado efetiva colaboração à investigação policial e ao processo criminal. Normas procedimentais para a ação penal de competência originária dos Tribunais. 8. Prisão em flagrante. Prisão temporária. Prisão preventiva. A manutenção ou a imposição da prisão preventiva na sentença de pronúncia e na sentença penal condenatória. Medidas cautelares diversas da prisão. Princípio da necessidade. Princípio da adequação. Prisão especial, prisão albergue, prisão domiciliar e liberdade provisória. Fiança. Audiência de Custódia. 9. Ação Penal. Processo: finalidade, pressupostos e sistemas. Procedimento

CAPÍTULO III - INGRESSO NA CARREIRA DE JUIZ FEDERAL

Comum Ordinário. Procedimento Comum Sumário. Procedimentos Especiais: do Tribunal do Júri, nos crimes de abuso de autoridade, nos crimes de responsabilidade dos funcionários públicos, nos crimes contra a honra e nos crimes contra a propriedade imaterial. A restauração de autos extraviados ou destruídos. Normas especiais previstas na Lei que dispõe sobre o processo e o julgamento colegiado em primeiro grau de crimes praticados por organizações criminosas. Normas especiais previstas na Lei que dispõe sobre a repressão à produção não autorizada e ao tráfico ilícito de drogas. Disposições especiais e medidas assecuratórias previstas na Lei que dispõe sobre os crimes de "lavagem" ou ocultação de bens, direitos e valores. Disposições especiais previstas na Lei que dispõe sobre os crimes ambientais. Disposições especiais previstas na Lei que dispõe sobre as licitações e os contratos administrativos. Disposições especiais previstas na Lei que dispõe sobre os crimes contra o sistema financeiro nacional. Normas especiais previstas na Lei que define a situação jurídica do estrangeiro no Brasil. 10. Relações jurisdicionais com autoridade estrangeira. Cartas rogatórias. Homologação de sentença estrangeira. Extradição. Expulsão. Deportação. 11. Nulidades. Espécies. Princípios. Rol legal. 12. Recursos. Teoria Geral dos Recursos. Embargos de declaração. Apelação. Recurso em sentido estrito. Protesto por novo júri. Embargos infringentes e de nulidade. Carta testemunhável. Correição Parcial. Recursos especial e extraordinário. Agravo em execução penal. Coisa julgada. Revisão criminal. Habeas corpus. Mandado de segurança em matéria penal. Medida cautelar em matéria penal. 13. Juizados Especiais Federais Criminais: normas constitucionais e legais. Procedimento Especial nos Juizados. Termo Circunstanciado. Transação Penal. Suspensão Condicional do Processo. Sistema Recursal. 14. Execução Penal. Competência. Execução das penas privativas de liberdade, das penas restritivas de direito e das medidas de segurança. Regimes de cumprimento da pena. Progressão e regressão. Das faltas disciplinares, Suspensão condicional da pena. Livramento condicional. Incidentes da execução. Graça. Anistia. Indulto. Comutação da pena. Reabilitação. Remição. Regime Disciplinar Diferenciado. Execução das penas pecuniárias. Modificações das condições da execução, coisa julgada e aplicação da lei benéfica. Inclusão e transferência de presos para presídios federais. Monitoramento eletrônico. Execução penal no âmbito dos Juizados Especiais Federais.

DIREITO CIVIL 1. Lei de Introdução às normas do Direito Brasileiro. Pessoas naturais. Personalidade jurídica. Sistema das incapacidades. Legitimação. Domicílio. Direitos da personalidade. Extinção da personalidade. Morte e morte presumida. Ausência. Tutela. Curatela. Estatuto da pessoa com deficiência. 2. Pessoas jurídicas. Personalidade jurídica da pessoa jurídica. Desconsideração. Classificação. Início e fim da personalidade jurídica da pessoa jurídica. Administração. Classificação: pessoas jurídicas de direito público e privado. Sociedades, associações e fundações. Partidos políticos (aspectos civis). Entidades sem personificação jurídica e novos sujeitos de direito. 3. Bens. Classificação. Regime jurídico. 4. Negócios jurídicos. Conceito. Existência, validade e eficácia. Condição, termo e encargo. Defeitos do negócio jurídico. Simulação. Atos jurídicos lícitos e ilícitos. Abuso de direito. Representação. 5. Prescrição e decadência. Prescrição e Fazenda Pública. Prova. 6. Obrigações. Conceito e modalidades. Obrigação natural.

Obrigação propter rem. Transmissão das obrigações. Adimplemento e inadimplemento absoluto e relativo. Modalidades de pagamento. Violação positiva do contrato e cumprimento defeituoso. Juros e correção monetária. Cláusula penal. Preferências e privilégios creditórios. 7. Contratos em geral: teoria geral dos contratos. Princípios. Elementos constitutivos. Pressupostos de validade. Revisão dos contratos e suas modalidades. 8. Contratos em espécie e atos unilaterais. Compra e venda. Permuta. Contrato Estimatório. Doação. Locação. Empréstimo. Prestação de serviço. Depósito. Mandato. Transporte. Seguro. Constituição de renda. Jogo e aposta. Fiança. Alienação fiduciária em garantia. Promessa de recompensa. Gestão de negócios. Pagamento indevido. Enriquecimento sem causa. Contratos no âmbito do Sistema Financeiro da Habitação e do Sistema de Financiamento Imobiliário. 9. Responsabilidade civil. Responsabilidade civil subjetiva e objetiva. Dano moral e material. Nexo causal. Indenização. Responsabilidade por fato de outrem. Responsabilidade por fato da coisa. Responsabilidade civil e criminal. Indenização. 10. Direitos reais. Posse. Definição. Classificação. Aquisição e perda da posse. Efeitos da posse. Composse. Proteção possessória. Propriedade. Função social da propriedade. Definição. Elementos. Classificação. Aquisição e perda. A propriedade privada na Constituição Federal. A propriedade urbana e rural. Estatuto da terra e Estatuto das Cidades. Política agrícola e reforma agrária. Parcelamento do solo. Extensão horizontal e vertical da propriedade. Restrições à propriedade. As diversas modalidades de usucapião. Propriedade resolúvel e fiduciária. Condomínio. Patrimônio de afetação. Superfície. Servidões. Usufruto. Uso. Habitação. Penhor. Hipoteca. Propriedade fiduciária. Registros públicos. 11. Estatuto da Criança e do Adolescente. Estatuto da Juventude Estatuto do Idoso.

DIREITO PROCESSUAL CIVIL

1. Das normas processuais civis e sua aplicação. Os princípios informadores do processo civil. 2. Da jurisdição. Ação (conceito, natureza jurídica, classificação). Limites da jurisdição nacional e cooperação internacional. Da organização do Judiciário. Equivalentes jurisdicionais. Arbitragem e mediação. 3. Da competência (disposições gerais, modificação da competência e da incompetência). Da cooperação nacional. Da competência da justiça federal. 4. Dos sujeitos do processo. Das partes e dos seus procuradores. Do litisconsórcio. Da intervenção de terceiros. Do juiz e dos auxiliares da justiça. Do Ministério Público, da Advocacia Pública e da Defensoria Pública. 5. Dos atos processuais. Da forma, do tempo e do lugar dos atos processuais. Da comunicação dos atos processuais. Das nulidades. Da distribuição e do registro. 6. Da tutela provisória. Tutelas de urgência e da evidência. 7. Da formação, da suspensão e da extinção do processo. 8. Do processo de conhecimento. Do procedimento comum. Disposições gerais. Petição inicial. Da improcedência liminar do pedido. Da audiência de conciliação e mediação. Da contestação e da reconvenção. Da revelia e do julgamento conforme o estado do processo. Da audiência de instrução e julgamento. Das provas. Da sentença e da coisa julgada. 9. Do cumprimento de sentença. Cumprimento provisório. Cumprimento definitivo de sentença (obrigação de pagar quantia certa, obrigação de fazer, não fazer e de entregar coisa). Cumprimento de sentença e a fazenda pública. Impugnação.

CAPÍTULO III - INGRESSO NA CARREIRA DE JUIZ FEDERAL

A inexigibilidade das sentenças judiciais. 10. Dos procedimentos especiais. Ação de consignação em pagamento. Ação de exigir contas. Ações possessórias. Ação de divisão e da demarcação de terras particulares. Ação discriminatória. Embargos de terceiro. Ações de direito de família de competência da Justiça Federal. Oposição. Habilitação. Ação Monitória. Homologação do penhor legal. Restauração de autos. Procedimentos especiais de jurisdição voluntária. Notificação e interpelação. Alienação judicial. 11. Do processo de execução. Da execução em geral. Das diversas espécies de execução. Da execução para entrega de coisa. Da execução das obrigações de fazer ou de não fazer. Da execução por quantia certa. Da execução contra a Fazenda Pública. Dos embargos à execução. Extinção do processo de execução. Exceção de pré- executividade. 12. Do precedente. Da ordem dos processos no tribunal. Incidente de assunção de competência. Incidente de arguição de inconstitucionalidade. Conflito de competência. Homologação de decisão estrangeira e da concessão do exequatur à carta rogatória. Ação rescisória. Reclamação. 13. Recursos. Disposições gerais. Apelação. Agravo de instrumento. Agravo interno. Embargos de declaração. Recursos para o Supremo Tribunal Federal e para o Superior Tribunal de Justiça (recurso ordinário, recurso extraordinário e recurso especial). Agravo em recurso especial e em recurso extraordinário. Embargos de divergência. 14. Subsistema dos juizados especiais. Princípios informadores. Juizados Especiais Federais: competência, procedimento e recursos. 15. Ações coletivas. Legitimidade ativa. Competência. Coisa julgada. Execução e cumprimento de sentença. Regras procedimentais aplicáveis. 16. O CPC e o direito intertemporal.

DIREITO PREVIDENCIÁRIO 1. Seguridade Social. Saúde, Previdência e Assistência. Distinções. 2. Seguridade Social. Conceitos fundamentais. Natureza. Princípios. Fontes do Direito da Seguridade Social. Interpretação, aplicação, integração e eficácia das normas. Direito intertemporal. Direito adquirido e expectativa de direito. 3. Financiamento da Seguridade Social. Princípios. Fontes de custeio. Contribuições sociais. Natureza e espécies. Prescrição. Decadência. 4. Previdência Social. Modelos. Regime Geral. Regimes Próprios. Regimes Especiais. Previdência Complementar. 5. Relação Jurídica de Previdência Social. Filiação. Inscrição. Período de carência. Segurados e dependentes. Qualidade de segurado: manutenção e perda. Período de graça. 6. Cálculo do valor dos benefícios. Salário de contribuição. Salário de benefício. Limites. Fator Previdenciário. Renda Mensal Inicial. Valor teto. Reajustes. Revisões. 7. Tempo de contribuição para fins previdenciários. Prova do tempo de contribuição. Reconhecimento do tempo de filiação. Atividade rurícola e o regime de economia familiar. Contagem recíproca. 8. Prestações Previdenciárias. Concessão. Suspensão. Cancelamento. Restabelecimento. Cumulação de Benefícios. Abono anual. Prescrição e Decadência. 9. Benefícios previdenciários. Espécies. Aposentadorias, auxílios, salário-maternidade e pensão por morte. Aposentadoria da pessoa com deficiência. 10. Serviço social. Habilitação e reabilitação profissional. 11. Benefícios especiais: ex-combatentes, ferroviários e anistiados. 12. Assistência Social. Princípios. Benefício de prestação continuada ao idoso e à pessoa com deficiência. 13. Processo Administrativo previdenciário. Atendimento aos segurados. Direito ao melhor benefício. Fases do procedimento administrativo. Reafirmação da DER. Justificação administrativa. 14. Ações previdenciárias. Competência. Juizados Especiais Federais: questões previdenciárias. Prévio ingresso do pedido de benefícios na via administrativa. Intervenção do Ministério Público. Gratuidade da Justiça. Prioridade de tramitação dos feitos.

DIREITO FINANCEIRO E TRIBUTÁRIO 1. Atividade Financeira do Estado. Finanças públicas na Constituição de 1988. 2. Orçamento. Conceito e espécies. Natureza jurídica. Princípios orçamentários. Normas gerais de direito financeiro. Fiscalização e controle interno e externo dos orçamentos. 3. Despesa pública. Conceito e classificação. Disciplina constitucional dos precatórios. 4. Receita pública. Conceito. Ingressos e receitas. Classificação: receitas originárias e receitas derivadas. 5. Dívida ativa da União de natureza tributária e não-tributária. Crédito público. Conceito. Dívida pública: conceito. 6. O Sistema Tributário Nacional. Limitações constitucionais ao poder de tributar. A repartição de competências na federação brasileira. Delegação de arrecadação. Discriminação constitucional das rendas tributárias. Legislação sobre o Sistema Tributário Brasileiro. Definição de tributo. Espécies de tributos. 7. Competência tributária plena. Indelegabilidade da competência. Não-exercício da competência. Competência residual e extraordinária. Limitações da competência. Princípios da legalidade e da tipicidade. Princípio da anualidade. Proibição de tributos interlocais. Imunidade e isenção. Uniformidade tributária. Tributação das concessionárias. Sociedades mistas e fundações. Imunidade recíproca. Extensão da imunidade às autarquias. 8. Fontes do Direito Tributário. Conceito de fonte. Fontes formais do Direito Tributário. Legislação Tributária. Conceito. Lei, Tratados e Convenções Internacionais. Normas Complementares. Leis Complementares. Vigência da Legislação Tributária. Aplicação da Legislação Tributária. Interpretação e integração da Legislação Tributária. Tratados internacionais e legislação interna. A perda de eficácia dos tratados. Os tratados sobre matéria tributária e o art. 98 do CTN. Vigência do tratado. 9. Elementos do tributo: fato gerador, base de cálculo, alíquota e sujeitos. 10. Taxas e preços públicos. Taxas contratuais e facultativas. Contribuições para a Seguridade Social. Contribuição sobre o lucro. O regime do PIS e da COFINS. A CIDE e o seu regime. Empréstimo compulsório. As limitações constitucionais do empréstimo compulsório na Constituição Federal de 1988. 11. Impostos federais: impostos sobre o comércio exterior. Imposto sobre produtos industrializados (IPI). Imposto sobre operações de crédito, câmbio e seguro, ou relativas a títulos ou valores mobiliários (IOF). Imposto sobre a propriedade territorial rural (ITR). Simples. Imposto de renda. Regimes jurídicos. Imposto de renda pessoas jurídicas. Imposto de renda pessoas físicas. 12. Obrigação principal e acessória: Fato gerador. Sujeito ativo e sujeito passivo. Capacidade tributária. Domicílio tributário. Responsabilidade tributária. Solidariedade. Responsabilidade dos sucessores. Responsabilidade por infrações. Elisão e evasão tributária. Ilícitos tributários. 13. Constituição do crédito tributário. Lançamento. Modalidades. Suspensão do crédito tributário. 14. Extinção do crédito tributário. Pagamento. Compensação. Restituição. Transação. Remissão. Prescrição e decadência. Conversão do depósito em renda. Consignação em pagamento. Decisão administrativa irreformável e decisão judicial pas-

CAPÍTULO III - INGRESSO NA CARREIRA DE JUIZ FEDERAL

sada em julgado. Restituição do tributo transferido. Restituição de juros e multas. Correção monetária. Exclusão do crédito tributário. Garantias e privilégios do crédito tributário. 15. Processo administrativo tributário. Processo judicial tributário. Execução fiscal. Cautelar fiscal. Mandado de segurança. Ação de repetição de indébito. Anulatória de débito fiscal. Ação declaratória. Ação de consignação em pagamento. 16. Administração Tributária. Procedimento Fiscal. Sigilo Fiscal e Prestação de Informações. Dívida ativa. Certidões e Cadastro.

DIREITO AMBIENTAL

1. Direito Ambiental. Conceito. Objeto. Princípios fundamentais. Ações judiciais de proteção ao meio ambiente. 2. O Direito Ambiental como Direito Econômico. A natureza econômica das normas de Direito Ambiental. 3. Normas constitucionais relativas à proteção ambiental. 4. Repartição de competências em matéria ambiental. 5. Zoneamento Ambiental. Sistema nacional de unidades de conservação da natureza. 6. Poder de polícia e Direito Ambiental. Licenciamento ambiental. Biossegurança. Infrações ambientais. 7. Responsabilidade ambiental. Conceito de dano. A reparação do dano ambiental. Dano moral coletivo. 8. Sistema nacional do meio ambiente. Política nacional do meio ambiente. 9. Estudo de impacto ambiental. Conceito. Competências. Natureza jurídica. Requisitos. 10. Biodiversidade. Principais instrumentos de proteção internacional. Acesso. Política nacional. Proteção jurídica do conhecimento tradicional associado. 11. Proteção às florestas. 12. Áreas de preservação permanente e unidades de conservação. 13. Modificação dos genes pelo homem e meio ambiente. 14. Proteção química das culturas e meio ambiente. 15. Produtos tóxicos. Controle. Transporte. 16. Recursos hídricos. 17. Mineração. 18. Efetivação da proteção normativa ao meio ambiente: poder Judiciário, Ministério Público e Administração Pública. 19. Política energética e meio ambiente.

DIREITO INTERNACIONAL PÚBLICO E PRIVADO

1. Direito Internacional Público. Conceito. Fontes. Princípios. 2. Atos Internacionais. Tratado. Conceito. Validade. Efeitos. Ratificação. Promulgação. Registro e publicidade. Vigência contemporânea e diferida. Incorporação ao Direito Interno. Violação. Conflito entre tratado e norma de Direito Interno. Extinção. Atos internacionais. Convenção. Acordos. Ajuste. Protocolo. 3. Personalidade internacional. Estado. Imunidade à jurisdição estatal. Consulados e embaixadas. Personalidade internacional. Organizações internacionais. Conceito. Natureza jurídica. Elementos caracterizadores. Espécies. Personalidade internacional. População. Nacionalidade. Princípios. Normas. Tratados multilaterais. Estatuto da igualdade. 4. Personalidade internacional. Estrangeiros. Vistos. Deportação. Expulsão. Extradição. Conceito. Fundamento jurídico. Reciprocidade e Controle jurisdicional. Asilo político. Conceito. Natureza e disciplina. Personalidade internacional. Pessoa jurídica. Conceito de nacionalidade. Teorias e legislação. Empresas binacionais. Direito Comunitário. Formas de integração. Mercado Comum do Sul. Características. Elementos institucionais. Protocolo de Assunção. Protocolo de Ouro Preto. Protocolo de Olivos. Protocolo de Las Leñas. Autoridades centrais. 5. Proteção Internacional dos Direitos Humanos. Declaração Universal dos Direitos Humanos. Direitos civis,

97

políticos, econômicos e culturais. Mecanismos de implementação. Noções gerais. Conflitos internacionais. Meios de solução. Diplomáticos, políticos e jurisdicionais. Cortes internacionais. Tribunal Penal Internacional. Evolução histórica. Competência. Procedimento. Natureza das decisões. Delitos internacionais. 6. Domínio público internacional. Mar. Águas interiores. Mar territorial. Zona contígua. Zona econômica. Plataforma continental. Alto-mar. Rios internacionais. Domínio público internacional. Espaço aéreo. Princípios elementares. Normas convencionais. Nacionalidade das aeronaves. Espaço extra-atmosférico. 7. Direito Internacional Privado brasileiro. Fontes. Conflito de leis no espaço. Normas indiretas. Qualificação prévia. Elemento de conexão. Reenvio. Prova. Direito estrangeiro. Interpretação. Aplicação. Exceções à aplicação. 8. Responsabilidade internacional. Ato ilícito. Imputabilidade. Dano. Formas e extensão da Reparação. Contratos internacionais. Cláusulas típicas. 9. Processo internacional. Competência jurisdicional nas relações jurídicas com elemento estrangeiro. Cartas rogatórias. Homologação de sentenças estrangeiras. Métodos de solução alternativa de controvérsias. Arbitragem. 10. Prestação de alimentos. Convenção de Nova Iorque sobre cobrança de alimentos no estrangeiro. Decreto Legislativo n. 10/58 e Decreto n. 56.826/65. Noções gerais. Competência da Justiça Federal. Hipóteses. Procedimento. Subtração Internacional de Crianças. Convenção de Haia de 1980 sobre os aspectos civis do sequestro internacional de crianças e Decreto n. 3.413 de 2000.

DIREITO EMPRESARIAL 1. Direito Comercial: origem. Evolução histórica. Autonomia. Fontes. Características. Empresário: caracterização. Inscrição. Capacidade. Teoria da empresa e seus perfis. 2. Teoria geral dos títulos de créditos. Títulos de créditos: letra de câmbio, cheque, nota promissória, duplicata. Aceite, aval, endosso, protesto, prescrição. Ações cambiais. 3. Espécies de empresa. A responsabilidade dos sócios. A distribuição de lucros. O sócio oculto. Segredo comercial. 4. Teoria geral do Direito Societário: conceito de sociedade. Personalização da sociedade. Classificação das sociedades. Sociedades não personificadas. Sociedades personificadas: sociedade simples, sociedade em nome coletivo, sociedade em comandita simples, sociedade em comandita por ações, sociedade cooperada, sociedades coligadas. Liquidação. Transformação. Incorporação. Fusão. Cisão. Sociedades dependentes de autorização. 5. Sociedade Limitada. Sociedade Anônima. Empresa Individual de Responsabilidade Limitada – EIRELI (Lei nº 12.441/2011) 6. Estabelecimento Empresarial. Institutos Complementares do Direito Empresarial: Registro. Nome. Prepostos. Escrituração. Propriedade industrial. 7. Contratos empresariais: compra e venda mercantil. Comissão. Representação comercial. Concessão comercial. Franquia (Franchising). Distribuição. Alienação fiduciária em garantia. Faturização (Factoring). Arrendamento mercantil (Leasing). Cartão de crédito. 8. Contratos bancários: Depósito bancário. Conta-corrente. Aplicação financeira. Mútuo bancário. Desconto. Abertura de crédito. Crédito documentário. 9. Sistema Financeiro Nacional: Constituição. Competência de suas entidades integrantes. Instituições financeiras públicas e privadas. Liquidação extrajudicial de instituições financeiras. Sistema Financeiro da Habitação. 10. Recuperação judicial, recuperação extrajudicial e a falência do empresário e da sociedade empresária. 11. Propriedade Industrial. Noções Gerais. Regime

CAPÍTULO III - INGRESSO NA CARREIRA DE JUIZ FEDERAL

Jurídico. Invenção. Desenho Industrial. Modelo de Utilidade. Marca. 12. A Relação de Consumo no Direito do Espaço Virtual. Comércio Eletrônico.

DIREITO ECONÔMICO E DE PROTEÇÃO AO CONSUMIDOR

1. Constituição Econômica Brasileira. Ordem constitucional econômica: princípios gerais da atividade econômica. Tipologia dos sistemas econômicos. 2. Ordem jurídico-econômica. 3. Conceito. Ordem econômica e regime político. 4. Sujeitos econômicos. 5. Intervenção do Estado no domínio econômico. Liberalismo e intervencionismo. Modalidades de intervenção. Intervenção no direito positivo brasileiro. 6. Lei Antitruste. Disciplina jurídica da concorrência empresarial. Princípios. Infrações contra a ordem econômica. Concorrência ilícita e desleal. Repressão do poder econômico pelo Estado. Abuso do poder econômico. Práticas desleais de comércio: dumping. Disciplina das medidas de salvaguarda. 7. Mercosul. Gatt. OMC. Instrumentos de defesa comercial. 8. Direito do Consumidor. Elementos Integrantes da Relação Jurídica de Consumo. Sujeitos: Conceitos de Consumidor e de Fornecedor. Objetos: Conceito de Produto e de Serviço. Vínculo: Conceito de Oferta e de Mercado de Consumo. 9. As principais Atividades Empresariais e sua Relação com o Regime Jurídico das Relações de Consumo: Os Serviços púbicos, a atividade bancária, a atividade securitária, a atividade imobiliária, a atividade do transportador aéreo, os consórcios.

ANEXO II (Incluído pela Resolução n. 407, de 10/06/2016)

DO CONTEÚDO PROGRAMÁTICO NOÇÕES GERAIS DE DIREITO E FORMAÇÃO HUMANÍSTICA

A) SOCIOLOGIA DO DIREITO

1. Introdução à sociologia da administração judiciária. Aspectos gerenciais da atividade judiciária (administração e economia). Gestão. Gestão de pessoas. 2. Relações sociais e relações jurídicas. Controle social e o Direito. Transformações sociais e o Direito. 3. Direito, Comunicação Social e opinião pública. 4. Conflitos sociais e mecanismos de resolução. Sistemas não judiciais de composição de litígios.

B) PSICOLOGIA JUDICIÁRIA

1. Psicologia e comunicação: relacionamento interpessoal, relacionamento do magistrado com a sociedade e a mídia. 2. Problemas atuais da psicologia com reflexos no direito: assédio moral e assédio sexual. 3. Teoria do conflito e os mecanismos autocompositivos. Técnicas de negociação e mediação. Procedimentos, posturas, condutas e mecanismos aptos a obter a solução conciliada dos conflitos. 4. O processo psicológico e a obtenção da verdade judicial. O comportamento de partes e testemunhas.

C) ÉTICA E ESTATUTO JURÍDICO DA MAGISTRATURA NACIONAL

1. Regime jurídico da magistratura nacional: carreiras, ingresso, promoções, remoções. 2. Direitos e deveres funcionais da magistratura. 3. Código de Ética da Magistratura Nacional. 4. Sistemas de controle interno do Poder Judiciário: corregedorias, ouvidorias, conselhos superiores e Conselho Nacional de Justiça. 5. Responsabilidade administrativa, civil e criminal dos

magistrados. 6. Administração judicial. Planejamento estratégico. Modernização da gestão.

D) FILOSOFIA DO DIREITO

1. O conceito de justiça. Sentido lato de justiça, como valor universal. Sentido estrito de justiça, como valor jurídico-político. Divergências sobre o conteúdo do conceito. 2. O conceito de Direito. Equidade. Direito e Moral. 3. A interpretação do Direito. A superação dos métodos de interpretação mediante puro raciocínio lógico-dedutivo. O método de interpretação pela lógica do razoável.

E) TEORIA GERAL DO DIREITO E DA POLÍTICA

1. Direito objetivo e direito subjetivo. 2. Fontes do Direito objetivo. Princípios gerais de Direito. Jurisprudência. Súmula Vinculante. 3. Eficácia da lei no tempo. Conflito de normas jurídicas no tempo e o Direito Brasileiro: Direito Penal, Direito Civil, Direito Constitucional e Direito do Trabalho. 4. O conceito de Política. Política e Direito. 5. Ideologias. 6. A Declaração Universal dos Direitos Humanos (ONU)

CAPÍTULO IV

JUIZ FEDERAL: VITALICIAMENTO, PROMOÇÃO E REMOÇÃO

1. O VITALICIAMENTO

A vitaliciedade é a garantia que o juiz tem de somente perder o cargo por meio de sentença judicial transitada em julgado, ou seja, a garantia de não ser demitido por decisão administrativa ou por decisão judicial de caráter provisório. Está prevista no art. 95, I, da Constituição Federal.

Para os membros dos tribunais regionais federais que ingressam no cargo por meio do chamado *quinto constitucional*, advindos da advocacia ou do Ministério Público, a vitaliciedade é adquirida no momento da **posse**. Já para os **juízes de carreira**, ela é adquirida **após um período probatório de dois anos contados da posse** como juiz federal substituto, após o concurso.

O acompanhamento e a avaliação do juiz em seu processo bienal de vitaliciamento são atribuições das corregedorias, embora a aprovação ou reprovação no procedimento caiba apenas ao próprio tribunal. E cada tribunal aprova suas próprias normas sobre o tema, embora alguns parâmetros traçados pelo Conselho Nacional de Justiça e pelo Conselho da Justiça Federal, especialmente quanto ao curso de formação inicial, devam ser respeitados.

Durante o vitaliciamento, são verificados diversos pontos da conduta do magistrado. Tomando como exemplo a Consolidação de Normas da Corregedoria-Regional da Justiça Federal da 2ª Região, são aferidos os seguintes aspectos, entre outros:

101

I – o cumprimento com independência, serenidade e exatidão das disposições legais e atos de ofício, especialmente a observância estrita dos deveres da magistratura e o fiel cumprimento das proibições constitucionais e legais;

II – o cumprimento dos prazos legais para proferir decisões e adequação das providências adotadas para a sua efetivação;

III – o trato harmônico e respeitoso dispensado aos demais magistrados e aos membros do Ministério Público, advogados, testemunhas, funcionários e auxiliares da Justiça;

IV – a assiduidade e pontualidade nos dias e horários de expediente forense e plantões judiciários;

V – a conduta ilibada na vida pública e particular;

VI – a aptidão para a judicatura e experiência adquirida;

VII – a idoneidade, probidade, zelo e cautela;

VIII – o interesse e dedicação à atividade jurisdicional;

IX – a relação harmônica e respeitosa com os demais colegas;

X – o permanente interesse demonstrado quanto ao aprimoramento técnico-profissional;

XI – a disciplina e eficiência no exercício da magistratura, bem como a adaptação funcional e social, probidade e produtividade;

XII – a participação obrigatória nos Mutirões de Conciliação promovidos pelo Tribunal Regional Federal da 2ª Região; e

XIII – o aproveitamento em cursos de formação e aperfeiçoamento de magistrados promovidos pela Escola da Magistratura Federal da 2ª Região.

Nos termos da Resolução CJF n. 01/2008, deve haver a figura do **juiz formador**, um magistrado mais experiente na carreira que, designado pelo corregedor do tribunal, tem as seguintes atribuições: I – **acompanhar a atuação do juiz vitaliciando** durante o estágio probatório; II – **orientar** a atuação do juiz vitaliciando no que diz respeito à conduta profissional e atuação junto às partes, procuradores, servidores, público em geral e outros magistrados; III – **avaliar** a atuação do juiz vitaliciando mediante a elaboração de relatórios periódicos e do relatório da avaliação final, a serem encaminhados ao Corregedor-Geral do Tribunal Regional Federal.

Ao **juiz em avaliação**, cabe cumprir com seus deveres e obrigações inerentes ao cargo, além de **enviar à corregedoria** informações periódicas sobre suas atividades. Que informações são essas? Segundo a Resolução CJF n. 01/2008, o juiz vitaliciando deverá encaminhar **semestralmente,** de preferência por meio eletrônico, relatório circunstanciado em que descreva sua **atuação funcional, o método de trabalho desenvolvido e a situação da unidade em que atua.**

CAPÍTULO IV - JUIZ FEDERAL: VITALICIAMENTO, PROMOÇÃO E REMOÇÃO

Ainda segundo a citada Resolução 01/2008, a avaliação da aptidão do vitaliciando levará em conta o **cumprimento do regime próprio da Magistratura**, os relatórios produzidos pelo juiz auxiliar da corregedoria, pelo juiz formador e pelo juiz vitaliciando, bem como os demais elementos levados ao conhecimento do Corregedor-Geral do Tribunal Regional Federal. Poderá ser considerada, para fins de avaliação da aptidão, a participação do vitaliciando em atividades de aperfeiçoamento profissional promovidas ou sugeridas pelo Tribunal, consoante os critérios que fixar. Conforme dispõe a norma do CJF, o corregedor poderá solicitar informações sobre a conduta funcional e social do juiz vitaliciando à Ordem dos Advogados do Brasil, ao Ministério Público e a magistrados, bem como a outros órgãos ou entidades que entender necessário, preservando o caráter sigiloso da informação. Poderá, ainda, mediante autorização do tribunal, determinar que o juiz vitaliciando seja submetido à avaliação psicológica ou psiquiátrica por junta especializada.

Outro ponto importante no processo de vitaliciamento é o **curso de formação inicial**, que foi tratado pela Resolução CJF n. 233/2013. Por conta da especificidade e detalhamento das normas, cabe a transcrição de parte delas:

Seção I

Da Formação Inicial

Art. 5º A formação inicial consiste na elaboração e execução de programa formativo voltado para o desenvolvimento de competências identificadas como fundamentais para o exercício pragmático e humanístico da magistratura federal, conforme definido no manual executivo da formação inicial. (NR) (Redação dada pela Resolução n. 386, de 29/01/2016)Art. 6º O programa de formação inicial compreenderá:

I – ações educacionais com abordagens teóricas e práticas em temas relacionados com as competências requeridas da magistratura federal;

II – visitas de observação a órgãos de interface com a magistratura federal, como a Advocacia-Geral da União, o Ministério Público, a Defensoria Pública, os estabelecimentos prisionais e outras instituições, conforme interesse do tribunal;

III – prática em situações de trabalho, preferencialmente em unidades judiciárias de competências diversas, conforme organização do tribunal, supervisionada por magistrado orientador da prática jurisdicional. (Redação dada pela Resolução n. 386, de 29/01/2016)

Art. 7º Todo magistrado que ingressar na Justiça Federal participará de programa de formação inicial, de acordo com o estabelecido pela ENFAM. (NR) (Redação dada pela Resolução n. 386, de 29/01/2016)

Art. 8º O programa privilegiará o uso de metodologias de aprendizagem práticas, com participação ativa dos magistrados em formação e ênfase no perfil pragmático e humanista a ser desenvolvido.

103

Art. 9º O conteúdo programático mínimo dos programas de formação para ingresso na magistratura compreenderá os itens seguintes:

I – elaboração de decisões e sentenças e realização de audiências;

II – relações interpessoais e interinstitucionais;

III – deontologia da magistratura;

IV – ética;

V – administração judiciária, incluindo gestão administrativa e de pessoas;

VI – capacitação em tecnologia da informação e da comunicação;

VII – difusão da cultura de conciliação como busca da paz social;

VIII – técnicas de conciliação;

IX – psicologia judiciária;

X – impacto econômico e social das decisões judiciais.

XI – comunicação social. (NR) (Incluído pela Resolução n. 386, de 29/01/2016)

Art. 10. A avaliação do magistrado na formação inicial abrangerá o aproveitamento, a conduta e a frequência no decorrer do curso de formação.

Art. 11. Será exigida frequência integral do magistrado no programa de formação, ressalvadas as situações legalmente previstas e os casos excepcionais a critério do Diretor da Escola ou pessoa por ele designada. (NR) (Redação dada pela Resolução n. 386, de 29/01/2016)

Art. 12. A avaliação de aproveitamento será realizada por módulo e pelo desempenho geral ao final do programa de formação inicial.

Art. 13. Na avaliação de cada módulo, caberá ao respectivo coordenador definir, com o coordenador do programa de formação inicial, as formas de avaliação que serão utilizadas.

Art. 14. Para avaliação de aproveitamento no programa de formação inicial, será adotado o portfólio de acompanhamento pedagógico, constituído de documentos e avaliações produzidos ao longo do curso. (NR) (Redação dada pela Resolução n. 386, de 29/01/2016)

Parágrafo único. Ao final do curso, o novo juiz receberá os documentos e avaliações compilados e terá a oportunidade de elaborar a versão final de seu portfólio, com a supervisão do seu orientador. (NR) (Incluído pela Resolução n. 386,

de 29/01/2016)

Art. 15. Os objetivos, os critérios, as formas de avaliação e os procedimentos administrativos envolvidos serão previamente informados aos magistrados em formação.

Art. 16. Na avaliação dos magistrados em formação, serão utilizados os seguintes conceitos:

I – ótimo;

II – bom;

III – regular; (NR) (Redação dada pela Resolução n. 386, de 29/01/2016)

CAPÍTULO IV - JUIZ FEDERAL: VITALICIAMENTO, PROMOÇÃO E REMOÇÃO

IV – insuficiente. (NR) (Incluído pela Resolução n. 386, de 29/01/2016)

Art. 17. Caberá às escolas de magistratura federal, com os coordenadores envolvidos no programa de formação inicial, aplicar a avaliação de resultados dos módulos e do programa em termos de impacto no trabalho, para o aprimoramento das ações educacionais.

Subseção I

Do Aperfeiçoamento para Vitaliciamento

Art. 24. As ações educacionais de aperfeiçoamento para vitaliciamento serão realizadas observando-se as normas estabelecidas pela ENFAM. (NR) (Redação dada pela Resolução n. 386, de 29/01/2016)

Parágrafo único. As escolas de magistratura federal deverão promover as ações educacionais de que trata o caput, observando as normas da ENFAM que dispõem sobre a matéria.

Art. 25. As ações educacionais de aperfeiçoamento para vitaliciamento deverão enfatizar o desenvolvimento dos aspectos técnicos, morais e sociais do juiz necessários ao exercício da magistratura.

Nos termos da Resolução CJF n. 01/2008, até o final do estágio, o **corregedor elaborará voto relativo à aptidão do magistrado,** bem como à adaptação ao cargo e às funções, recomendando ao tribunal, de forma fundamentada, o vitaliciamento do juiz federal; caso contrário, proporá ao tribunal abertura do processo de perda do cargo.

Embora seja uma fonte permanente de preocupação durante os dois primeiros anos no cargo, o vitaliciamento não é um processo do qual o magistrado deva ter medo e muito menos se furtar do enfrentamento de questões polêmicas em sua atuação jurisdicional. **Nenhuma decisão ou sentença, desde que proferida de forma equilibrada e com uma boa fundamentação jurídica, pode ser tida como mácula no processo de vitaliciamento, pois o juiz nessa condição não é menos juiz do que aquele já vitalício.** Por outro lado, é muito importante que o magistrado esteja atento à sua atuação no sentido de não deixar de cumprir com qualquer de seus deveres e obrigações, como o do comparecimento ao fórum e da manutenção de uma conduta social apropriada ao cargo. Além disso, deve cuidar para que não se esqueça de enviar nenhum dos documentos e relatórios exigidos pela corregedoria para sua avaliação. Atentando para esses pontos, o juiz pode exercer seu cargo com tranquilidade durante o período de vitaliciamento que nada dará errado.

2. PROMOÇÃO

Depois que o juiz federal substituto toma posse e inicia suas atividades, ele pode evoluir na carreira por meio da promoção, também chamada popularmente de **"titularização"**, já que significa a **passagem do juiz da condição de substituto para a condição de titular** de uma vara ou de uma turma recursal.

105

As regras para a promoção de juízes encontram seus pilares básicos na Constituição, mais especificamente no art. 93. A primeira delas é a alternância de critérios: metade das vagas é provida por antiguidade, metade por merecimento. O ideal seria prevalecer só a antiguidade, já que o merecimento é algo de dificílima aferição sob critérios exclusivamente objetivos, ficando sempre uma marca política no procedimento. Mas é a Constituição que assim determina e enquanto ela não for alterada, o merecimento continuará sendo um dos caminhos para a promoção.

Quanto à promoção por antiguidade, o tribunal regional federal somente poderá recusar o juiz federal substituto mais antigo pelo voto de dois terços de seus membros efetivos, conforme procedimento previsto no seu regimento interno, e assegurada ampla defesa, repetindo-se a votação até fixar-se a indicação. É um mandamento constitucional, reproduzido também na Resolução CJF n. 01/2008, que trata do assunto. Mas, como se verifica essa antiguidade? Segundo o CJF, a antiguidade para fins de promoção a juiz federal será aferida exclusivamente pela contagem de tempo de serviço no cargo de juiz federal substituto na região. Isso significa que o juiz perde, para fins de antiguidade, todo o tempo de exercício do cargo em outra região quando se remove para outra ou nela toma posse. A classificação final em concurso público, por sua vez, define a ordem de posicionamento do juiz federal substituto, nas respectivas listas de antiguidade, quando a posse e o exercício na região ocorrerem na mesma data. Mais uma vez, percebe-se a importância de uma boa classificação no concurso de ingresso na carreira.

2.1. Fique atento!

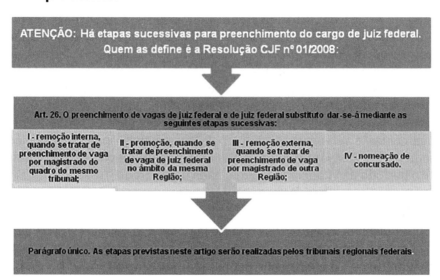

CAPÍTULO IV - JUIZ FEDERAL: VITALICIAMENTO, PROMOÇÃO E REMOÇÃO

A sistemática de **promoção por antiguidade** é simples. Abre-se um **edital** e os interessados se inscrevem, já que o juiz, por conta da cláusula de inamovibilidade, não pode ser promovido "à força". Entre os inscritos, apura-se o **mais antigo** e, se não houver rejeição de seu nome pelo tribunal, com o já citado quórum, ele ocupará a vaga até então em aberto.

Quanto à **promoção por merecimento**, há previsão constitucional no sentido de ser obrigatória a promoção do juiz que figure por três vezes consecutivas ou cinco alternadas em lista de merecimento. Essa é uma situação praticamente inexistente no âmbito da 1ª instância da Justiça Federal, sendo verificada mais comumente no acesso aos tribunais regionais. Isso porque, no caso do acesso, uma lista tríplice é enviada para a Presidência da República, para que um dos postulantes à vaga em aberto seja escolhido. Não é raro um juiz figurar várias vezes nessa lista tríplice. Se isso acontecer, o Presidente da República perde a sua autonomia e a escolha passa a ser vinculada. O mesmo acontece em relação aos juízes federais substitutos que estejam concorrendo à promoção para o cargo de juiz federal titular: **se o magistrado figurar em lista de merecimento por três vezes seguidas ou cinco alternadas, ele deverá obrigatoriamente ser promovido.**

A sistemática de apuração do merecimento é mais complexa. Segundo a Resolução CJF n. 01/2008, a Corregedoria-Geral, em relatório circunstanciado, informará o tribunal a respeito do **desempenho** do juiz federal substituto, obedecidas as normas legais e regulamentares que disponham sobre os respectivos critérios de aferição, especialmente o seguinte: a) a **operosidade** e a **dedicação** do magistrado no exercício do cargo, bem como sua **presteza** e **segurança** no exercício da jurisdição e a inexistência de processos conclusos ao juiz há mais de sessenta dias, injustificadamente; b) a frequência e o aproveitamento em cursos oficiais ou reconhecidos de **aperfeiçoamento**; c) a **assiduidade e pontualidade** aferidas em inspeções e correições; d) o **cumprimento dos prazos** de prolação de decisões e sentenças. Essas são as regras gerais, editando cada tribunal os detalhes para a elaboração desse relatório.

O caminho da promoção por merecimento é então o seguinte: 1) abertura de edital; 2) inscrição dos candidatos; 3) elaboração dos relatórios pela corregedoria; 4) publicidade desses relatórios, para que os interessados possam eventualmente impugná-los; 5) votação da promoção pelo órgão colegiado do tribunal[19]. Há muita discussão sobre a necessidade de fundamentação de cada voto na promoção por merecimento, bem como sobre a escolha de um candidato que não seja o mais bem avaliado pela Corregedoria-Geral. São ques-

---

19 Para um maior detalhamento das questões que cercam a promoção por merecimento, conferir: ALVES, Alexandre Henry. Regime jurídico da magistratura. São Paulo: Editora Saraiva, 2013.

tões que só reforçam a necessidade de adoção do critério único e exclusivo da antiguidade.

Em qualquer uma das modalidades de promoção, não será promovido o juiz que, injustificadamente, retiver autos em seu poder além do prazo legal, não podendo devolvê-los ao cartório sem o devido despacho ou decisão. Ressalte-se que a retenção tem que ser injustificada. Assim, se o magistrado tiver processos em seu poder além do prazo que tinha para despachar, decidir ou sentenciar, mas esse atraso for devido a questões como excesso de processos, férias e afastamentos do juiz etc., a vedação à promoção não se sustenta, pois não houve falha do juiz.

2.2. Quadro sinóptico: critérios para promoção

PROMOÇÃO	
ANTIGUIDADE	**MERECIMENTO**
Abertura edital	Abertura edital
Inscrição	Inscrição
Juiz mais antigo (data exercício)	Desempenho: (a) operosidade/dedicação/presteza/segurança; b) frequência/aproveitamento cursos; (c) assiduidade/ pontualidade; (d) cumprimento prazos.

3. ACESSO AO TRIBUNAL

A Constituição Federal chama a promoção de **juiz titular para** juiz do tribunal regional federal (ou **desembargador federal,** na expressão comum) de *acesso.* A **sistemática dessa promoção é similar à que ocorre na 1ª instância** e que já tratamos anteriormente: 1) metade das vagas é por antiguidade e metade por merecimento; 2) na promoção por antiguidade, o tribunal somente poderá rejeitar o nome do juiz mais antigo pelo voto de dois terços de seus membros; 3) o merecimento deve levar em conta critérios objetivos; 4) não será promovido o juiz, em qualquer das modalidades, que retiver em seu poder, injustificadamente, autos além do prazo legal.

4. REMOÇÃO

4.1. Regras gerais

Por meio da remoção, o juiz tem a sua **lotação alterada**, ainda que dentro da mesma seção, subseção ou, no caso dos desembargadores, do tribunal. A remoção é o primeiro critério para preencher uma vaga livre de juiz federal, conforme determina o art. 26 da Resolução CJF n. 01/2008, que estabelece as seguintes etapas sucessivas: I - remoção interna, quando se tratar de preenchimento de vaga por magistrado do quadro do mesmo tribunal; II - promoção, quando se tratar de preenchimento de vaga de juiz federal no âmbito da mesma região; III - remoção externa, quando se tratar de preenchimento de vaga por magistrado de outra região; IV - nomeação de concursado.

Se uma vaga estiver aberta, não pode ser preenchida mediante simples requerimento do magistrado, pois é preciso que o tribunal publique edital, destinado a todos os juízes, para averiguar se algum mais antigo tem interesse naquela vaga. De toda forma, cabe consignar a existência da remoção mediante permuta, que ocorre quando dois magistrados requerem ao tribunal a troca das respectivas lotações.

A remoção na Justiça Federal é feita **sempre pelo critério da antiguidade** e pressupõe o preenchimento de alguns requisitos. O primeiro deles é **não haver acúmulo injustificado de processos** na vara ou no gabinete que esteja sob a jurisdição do magistrado. Se houver processos atrasados, o juiz deverá justificar esse fato, sob pena de ter a remoção indeferida. Outro requisito é o magistrado contar com **mais de 12 meses da última remoção ou permuta**, seja no âmbito da mesma região, seja entre regiões, a contar da publicação do respectivo ato, salvo se não houver pretendente com tal requisito ou decisão em contrário do tribunal. Esse período de "congelamento" não se aplica nos casos em que o juiz é promovido. Nessas hipóteses, ainda que ele tenha se deslocado para uma nova seção ou subseção, poderá pleitear logo em seguida a sua remoção, caso exista vaga disponível.

Pertinente pontuar que, a exemplo da 1ª Região, não há "congelamento" nas hipóteses de remoções dentro da mesma Seção ou Subseção Judiciária, mudança condicionada, apenas, à inexistência de identidade de competência entre ambas as Varas: a de lotação e aquela para a qual se pretende remover.

O CJF estabelece ainda como requisito para o juiz **não haver recebido penalidade** de advertência ou censura no último ano ou de remoção compulsória nos últimos três anos anteriores ao pedido, bem como não estar indiciado em sindicância ou processo administrativo disciplinar. Essa última restrição é de legalidade questionável, já que se assemelha à antecipação de pena. De toda forma, consta na Resolução CJF n. 01/2008.

Por fim, no caso de remoção entre regiões, ainda que por permuta, exige-se que o magistrado já seja **vitalício**.

Na hipótese de concurso de remoção a pedido, inclusive por permuta, o CJF estabelece que, havendo mais de um interessado, para efeito de classificação e desempate dos interessados, observar-se-á sucessivamente, salvo se o interesse do serviço não o recomendar: I – maior tempo de exercício como magistrado federal na região, no caso de remoção no âmbito de cada tribunal; II – maior tempo de exercício na carreira, contado do ingresso inicial como juiz federal substituto; III – maior tempo de exercício no cargo; IV – maior idade; V – maior prole.

4.2. Remoção entre regiões

Já foi dito que a remoção entre regiões distintas da Justiça Federal só é feita após a ineficácia de remoção interna ou de promoção. Nesse sentido, a Resolução CJF n. 01/2008 estabelece que, realizadas as remoções e promoções no âmbito interno de cada região e subsistindo vagas, o tribunal regional federal respectivo poderá, a seu exclusivo critério, oferecê-las à remoção de juízes federais ou juízes federais substitutos de outras regiões. Mas, ressalta o CJF: o tribunal regional federal, havendo vagas remanescentes de juiz federal substituto na sua respectiva região, poderá, ao invés de oferecê-las à remoção externa de juízes federais substitutos de outras regiões, desde logo promover concurso público para provimento inicial. Em síntese, a remoção entre regiões é uma decisão bastante discricionária de cada tribunal.

Na hipótese do tribunal decidir oferecer as vagas remanescentes para remoção externa, seja de juiz federal ou de juiz federal substituto, a Resolução CJF n. 01/2008 preceitua que as vagas serão disponibilizadas ao Conselho da Justiça Federal que, pela Corregedoria-Geral da Justiça Federal, promoverá anualmente concurso nacional unificado de remoção externa. Esse tema será objeto de resolução do CJF, ainda não editada quando do término da presente edição. De toda sorte o CJF já estabeleceu que as vagas, escolhidas e oferecidas ao exclusivo critério do tribunal regional respectivo em cada período anual, serão colocadas em disputa no mesmo certame.

É importante consignar que **o juiz federal substituto vitalício de outra região poderá ser removido para se titularizar em outra quando não houver na região de destino quem aceite o lugar vago**, observando-se o disposto no art. 93, II, "b", da Constituição.

Por fim, destaca-se que o **magistrado removido de uma região para outra**, ainda que em decorrência de permuta, **ocupará o último lugar na lista de antiguidade** para fins de promoção dentre aqueles que ocupem o mesmo cargo na região para a qual foi removido.

4.3. Remoção ou permuta entre regiões para manutenção de unidade familiar

A Resolução CJF n. 248, de junho de 2013, promoveu importantes mudanças na sistemática de remoções na Justiça Federal, ao fazer alterações na Resolução CJF n. 01/2008. Entre outras coisas, tratou da **remoção ou permuta entre regiões para acompanhar cônjuge ou preservação da unidade familiar**. Tendo em vista o detalhamento das disposições, convém transcrever na íntegra os artigos que tratam do tema:

> Art. 34. A remoção externa entre Regiões para acompanhamento de cônjuge ou para preservação da unidade familiar, independentemente do concurso de remoção, com ou sem vaga, sujeitar-se-á, no caso da primeira hipótese, ao prévio esgotamento das remoções e promoções internas possíveis, conforme previsto na Seção anterior.
>
> § 1º Para esse efeito, considera-se unidade familiar a que constitua a união de pessoas casadas ou em união estável na forma da lei civil, e a união de pessoas do mesmo sexo reconhecida civilmente ou oficialmente para fins previdenciários ou administrativos.
>
> § 2º Havendo vaga, observar-se-á, para a movimentação dos magistrados que se reúnem, o regime do mais moderno, em qualquer caso situando-se o removido no final da lista de antiguidade do tribunal regional federal de destino.
>
> § 3º Inexistindo vaga, o magistrado acompanhante será lotado na seção judiciária ou na subseção judiciária onde atua o magistrado acompanhado, cabendo à corregedoria regional do tribunal regional federal de destino estabelecer-lhe as atribuições, fiscalizar e acompanhar o seu desempenho.
>
> § 4º Na hipótese do parágrafo anterior, compete ao tribunal de origem a deliberação final em processo administrativo disciplinar em face do magistrado acompanhante, incumbindo ao tribunal onde ocorre a atuação em auxílio a apuração de eventuais desvios funcionais ou representações, bem como a devida sujeição administrativa e correicional, inclusive no que tange à concessão de férias, licenças e afastamentos.
>
> § 5º Na hipótese de remoção sem vaga, o encargo financeiro em face do magistrado acompanhante é suportado pelo tribunal de origem, ao qual deverão ser mensalmente enviados os dados pertinentes pelo tribunal onde se der a atuação do magistrado removido.
>
> Art. 35. O pedido de remoção externa, com ou sem vaga, para acompanhamento de cônjuge ou preservação da unidade familiar, deverá ser formulado ao tribunal regional federal a que estiver vinculado o magistrado que pretende remover-se. Se houver concordância, o requerimento será encaminhado ao tribunal regional federal de destino, devendo ser baixado o ato correspondente.
>
> Art. 36. A permuta entre magistrados de Regiões distintas para propiciar a unidade familiar com terceiro magistrado sujeitar-se-á ao prévio julgamento das remoções e promoções internas em andamento.

§ 1º Em qualquer caso, observar-se-ão, como critério de processamento, as prerrogativas do magistrado mais moderno dentre os que se vão reunir, com isso acordando expressamente o magistrado mais antigo, situando-se o removido no final da lista de antiguidade do tribunal de destino.

§ 2º Não será autorizada a permuta entre juízes de Regiões distintas quando qualquer dos interessados tenha sido indicado para integrar tribunal Regional, ou exercer outra função pública, ou esteja a menos de dois anos do implemento de idade.

§ 3º Os pedidos de permuta deverão ser formulados, conjuntamente, a um dos tribunais regionais federais; havendo anuência recíproca, os presidentes dos tribunais interessados baixarão ato único.

Trata-se do reconhecimento que a Constituição deu à família, colocando-a como a base da sociedade e dando a ela proteção especial do Estado.

4.4. Remoção e período de trânsito

Quando um juiz se remove com mudança de cidade, ele precisa tomar uma série de providências no âmbito pessoal para que possa se estabelecer na nova localidade. Por conta dessa necessidade, o Conselho da Justiça Federal estabelece o **direito a um período de afastamento do trabalho chamado de "trânsito"**, que será de **dez dias**, no mínimo, **até trinta dias**, no máximo, a contar da publicação do respectivo ato que ensejou a mudança de domicílio. A definição do tempo dentro desses limites cabe a cada tribunal e, geralmente, é feita a partir de acordo com a distância entre a localidade antiga e a nova.

Se o juiz estiver de licença ou afastado legalmente, o período de trânsito somente se inicia após o término do impedimento.

Em qualquer caso, é facultado ao magistrado declinar, total ou parcialmente, do período de trânsito, conforme dispõe a Resolução CJF n. 01/2008.

CAPÍTULO V

SISTEMA REMUNERATÓRIO DA MAGISTRATURA FEDERAL

1. O SUBSÍDIO E A GRATIFICAÇÃO DE CUMULAÇÃO

Os juízes federais são remunerados por meio de parcela única chamada subsídio, atendendo ao comando do art. 39, § 4º, da Constituição Federal. Na prática, isso significa que o contracheque de um juiz federal terá, no campo destinado aos créditos, apenas uma rubrica correspondente à remuneração de seu trabalho ordinário.

Segundo o art. 93, V, também da Constituição, o subsídio dos ministros dos tribunais superiores corresponderá a noventa e cinco por cento do subsídio mensal fixado para os ministros do Supremo Tribunal Federal e os subsídios dos demais magistrados serão fixados em lei e escalonados, em nível federal e estadual, conforme as respectivas categorias da estrutura judiciária nacional, não podendo a diferença entre uma e outra ser superior a dez por cento ou inferior a cinco por cento, nem exceder a noventa e cinco por cento do subsídio mensal dos ministros dos tribunais superiores.

A Lei n. 10.474/2002 estabelece que a remuneração dos membros da Magistratura da União, incluindo os juízes federais, observará o escalonamento de 5% entre os diversos níveis, tendo como referência a remuneração, de caráter permanente, percebida por ministro do Supremo Tribunal Federal. Assim, um desembargador federal recebe 95% do subsídio de um ministro do STJ; um juiz federal, por sua vez, recebe 95% do subsídio de um desembargador. Por fim, os juízes federais substitutos recebem 95% do subsídio dos juízes federais titulares.

113

Quando o juiz trabalha em substituição a outro magistrado, especialmente nos casos comuns em que juízes federais substitutos atuam no exercício da titularidade, em decorrência de férias, afastamentos, vacâncias, aposentadorias etc., há o pagamento da diferença de remuneração entre os cargos, o que se dá exclusivamente durante o período de substituição.

No início de 2015, foi publicada a Lei nº 13.093/2015, que instituiu a gratificação por exercício cumulativo de jurisdição no âmbito da Justiça Federal de primeiro e segundo graus. A aparente contradição com o regime de subsídios se dissolve com o entendimento de que o subsídio é a parcela única a ser paga como remuneração pelo trabalho ordinário. Como a gratificação em questão remunera o trabalho extraordinário, ela não se choca com o sistema de subsídios.

Segundo a norma, a acumulação de juízo é o exercício da jurisdição em mais de um órgão jurisdicional da Justiça Federal, como nos casos de atuação simultânea em varas distintas, em juizados especiais e em turmas recursais. Já o acervo processual é o total de processos distribuídos e vinculados ao magistrado.

A gratificação por exercício cumulativo de jurisdicação compreende a acumulação de juízo e a acumulação de acervo processual, segundo a Lei nº 13.093/2015, aplicando-se também às hipóteses de acumulação decorrentes de vacância do órgão jurisdicional e às substituições automáticas. Será paga apenas uma gratificação pelo exercício cumulativo de jurisdição, a cada período de ocorrência, ainda que o magistrado acumule, a um só tempo, mais de um juízo ou acervo processual.

A gratificação por cumulação será devida aos magistrados que realizarem substituição por período superior a três dias úteis e dar-se-á sem prejuízo de outras vantagens cabíveis previstas em lei, salvo se ambas remunerarem a mesma atividade. Seu valor corresponderá a um terço do subsídio do magistrado designado à substituição para cada 30 trinta dias de exercício de designação cumulativa e será pago *pro rata tempore*. Ressalte-se, por fim, que ela terá natureza remuneratória, não podendo o seu acréscimo ao subsídio mensal do magistrado implicar valor superior ao subsídio mensal dos Ministros do Supremo Tribunal Federal.

Para regulamentar o tema, o Conselho da Justiça Federal publicou o Resolução nº 341/2015. Alguns artigos deixam claro o que é considerado acumulação:

> Art. 2° A gratificação por exercício cumulativo de jurisdição no âmbito da Justiça Federal de primeiro e segundo graus é devida em virtude de acumulação de juízos ou de acervos processuais.
>
> Art. 3° Para os fins desta regulamentação entende-se por:
>
> I - juízo: menor unidade de atuação funcional individual no âmbito da magistratura federal, com sede na respectiva unidade de lotação;

CAPÍTULO V - SISTEMA REMUNERATÓRIO DA MAGISTRATURA FEDERAL

II - vara federal: unidade de atuação funcional da Justiça Federal composta por dois juízos federais (juízo federal e juízo federal substituto);

III - subseção judiciária: divisão territorial de exercício da jurisdição da Justiça Federal que compreende o município sede da Justiça Federal e outros municípios contíguos, conforme definido pelos tribunais regionais federais;

IV - seção judiciária: divisão territorial de exercício da jurisdição da Justiça Federal que compreende cada Estado da Federação ou o Distrito Federal;

V - órgão jurisdicional da Justiça Federal: juízo, juizado especial, Juizado Especial Adjunto, Unidade Avançada de Atendimento ou equivalente,

órgão jurisdicional de execução penal de presídios federais, turma recursal, turma regional de uniformização de jurisprudência, Turma Nacional de Uniformização dos Juizados Especiais Federais, órgãos fracionários, turma, seção e plenário de tribunal regional federal;

VI - acumulação de juízo: o exercício simultâneo da jurisdição em mais de um juízo ou órgão jurisdicional da Justiça Federal, nos termos deste regulamento;

VII - substituição de juízo: a atuação temporária de um magistrado em juízo ou órgão jurisdicional diverso da atuação funcional ordinária;

VIII - acervo processual: o total de processos distribuídos e vinculados ao magistrado;

IX - acumulação de acervo processual: atuação em acervo diverso daquele distribuído ou vinculado ao magistrado simultaneamente com a atuação no órgão jurisdicional;

X - atuação conjunta de magistrados: quando for da essência do ato jurisdicional a atuação conjunta de magistrados no mesmo processo.

Parágrafo único. A distribuição e a vinculação de juízo ou acervo processual aos magistrados devem observar as normas editadas pelo Conselho da Justiça Federal e pelos tribunais regionais federais.

Art. 4º É devida a gratificação por acumulação de juízo ao magistrado que exercer função jurisdicional em mais de um juízo ou órgão jurisdicional por período superior a três dias úteis, como nas hipóteses de licenças e afastamentos legais e regulamentares.

Parágrafo único. A substituição que importar acumulação poderá ocorrer entre magistrados de diferentes graus de jurisdição.

Art. 6º Para fins do disposto na Lei n. 13.093/2015, também se considera acumulação de juízo ou acervo processual, independentemente de

substituição:

I - atuação simultânea no acervo próprio como relator de turma recursal e nos processos para exercício de juízo de admissibilidade de recurso

extraordinário e incidente de uniformização de jurisprudência ou em outra relatoria;

II - atuação simultânea no acervo próprio como relator de turma recursal e nos processos que lhe forem atribuídos decorrentes da atuação na turma regional de uniformização de jurisprudência ou na Turma Nacional de Uniformização dos Juizados Especiais Federais;

III - atuação simultânea no acervo próprio como relator de turma de tribunal regional federal e nos processos que lhe forem atribuídos decorrentes da atuação em outro órgão jurisdicional do tribunal, como seção, órgão especial e plenário.

Parágrafo único. No âmbito dos tribunais regionais federais será considerada acumulação de acervo processual se, além da função de relator ou revisor de feitos no Pleno, órgão especial ou órgão fracionário, ao membro da Corte for cometida função jurisdicional extraordinária, como a admissibilidade de recursos especial e extraordinário, recurso ordinário em habeas corpus ou mandado de segurança e apreciação dos incidentes suscitados, apreciação de pedidos de suspensão de medida liminar ou sentença (Lei n. 8.437/1992, art. 4º, e Lei n. 12.016/2009, art. 15), execução de títulos judiciais e seus incidentes em processos de competência originária, apreciação de feitos para prolação de votos de desempate ou qualidade, resolução de incidentes em ações rescisórias e reclamações, quando não couber ao relator.

Art. 7º Não será devida a gratificação por acumulação de juízo nas seguintes hipóteses:

I - substituição em feitos determinados, assim consideradas as hipóteses legais de impedimento e suspeição;

II - atuação conjunta de magistrados; e

III - atuação em regime de plantão.

Art. 8º É devida a gratificação por acumulação de acervo processual sempre que o magistrado acumular acervos processuais distintos dos processos a ele distribuídos e vinculados.

§ 1º São considerados acervos processuais distintos, para fins do disposto na Lei n. 13.093/2015, os acervos de processos do núcleo de conciliação, além dos núcleos especializados ou de cada parcela específica de feitos associada a juízes em regime especial de auxílio no tribunal regional federal, nas varas federais, nos juizados especiais federais ou nas turmas recursais, de acordo com os atos normativos dos tribunais regionais federais, nos termos do art. 96 da Constituição.

2. REMUNERAÇÃO DOS PERÍODOS DE FÉRIAS

Nos termos da Resolução CJF n. 130/2010, por ocasião das férias, o magistrado tem direito ao adicional de férias e, opcionalmente, à antecipação do subsídio mensal correspondente. Na hipótese de o magistrado exercer cargo que implique a percepção de verba de representação, será esta considerada para fins de cálculo do adicional de férias.

CAPÍTULO V - SISTEMA REMUNERATÓRIO DA MAGISTRATURA FEDERAL

O prazo para o pagamento da remuneração das férias e de seu adicional também foi estabelecido pelo CJF: até dois dias antes do início do gozo, devendo constar, preferencialmente, da folha de pagamento do mês anterior.

3. VERBAS INDENIZATÓRIAS E AJUDAS DE CUSTO

3.1. Introdução

Além do subsídio, os juízes federais também podem receber verbas indenizatórias e ajudas de custo. Esses pagamentos não podem corresponder a uma retribuição do trabalho ordinário do juiz, ou seja, aquele que ele faz no dia a dia, pois tal trabalho só pode ser retribuído por meio do subsídio. Aliás, nem se fala em remuneração quando o assunto é verba indenizatória ou ajuda de custo.

Assim, o que pode ser pago são valores que se prestam a recompor uma despesa excepcional que o juiz teve para o exercício do seu cargo ou em decorrência dele.

3.2. Auxílio-alimentação

O auxílio-alimentação, ainda que pago em pecúnia, consolidou-se na jurisprudência como verba indenizatória devida aos servidores públicos civis da União, com base na legislação de regência de tais servidores.

Com o reconhecimento da simetria de regimes entre o Ministério Público e a Magistratura, o CNJ editou a Resolução n. 133/2011 e, entre os direitos reconhecidos, adicionou o auxílio-alimentação. O Conselho da Justiça Federal, por sua vez, editou a Resolução CJF n. 175/2011 para tratar especificamente do pagamento dessa verba indenizatória aos juízes federais.

Segundo o CJF, o auxílio-alimentação, de caráter indenizatório, será concedido, em pecúnia, na folha de pagamento do mês anterior ao de competência do benefício, aos magistrados da Justiça Federal de primeiro e segundo graus, desde que efetivamente no exercício das atividades do cargo. Como parâmetro para definir o que é o efetivo exercício das atividades, temos os artigos 97 e 102 da Lei n. 8.112/1990, que não consideram como ausência injustificada ao trabalho as seguintes situações, entre as que interessam aos magistrados: afastamento para doar sangue; afastamento em virtude de casamento, bem como em virtude de falecimento do cônjuge, companheiro, pais, madrasta ou padrasto, filhos, enteados, menor sob guarda ou tutela e irmãos; férias; afastamento oficialmente concedido para fins de estudo; licença à gestante, à adotante e à paternidade; licença para tratamento da própria saúde; desempenho de mandato classista; deslocamento para nova sede; afastamento para servir em organismo

117

internacional de que o Brasil participe ou com o qual coopere. Há outros casos que a lei também considera como de efetivo exercício do cargo, mas são esses os principais que podem ser adotados para os juízes. Em qualquer deles, o magistrado terá direito de receber o auxílio-alimentação, mesmo que não tenha cumprido sua jornada usual de trabalho no fórum. Aliás, a própria Resolução CJF n. 175/2011 diz que, para o pagamento do auxílio, são consideradas como dias trabalhados as ausências remuneradas.

A exceção fica por conta dos casos em que o magistrado, tendo em vista viagem oficial, recebe diárias. Nessas hipóteses, o auxílio-alimentação continua sendo pago, mas as diárias sofrem abatimento relativamente ao valor dele. Segundo determina o CJF, as diárias, inclusive a meia diária, sofrerão o desconto correspondente ao auxílio-alimentação a que fizer jus o magistrado, exceto aquelas eventualmente pagas em finais de semana e feriados. No caso de finais de semana e feriados, não é feito o desconto porque o auxílio-alimentação é pago apenas em relação aos dias úteis de trabalho, considerando o CJF uma média de 22 dias por mês. Logo, se não há pagamento de auxílio-alimentação nos finais de semana e feriados, não há desconto quando são pagas diárias nesses períodos.

O valor mensal do auxílio-alimentação é fixado e atualizado mediante autorização do Presidente do Conselho da Justiça Federal, tendo por base estudos sobre a variação acumulada de índices oficiais, os valores adotados em outros órgãos públicos federais, os preços de refeição no mercado e a disponibilidade orçamentária.

Outro ponto importante que consta na Resolução é a determinação de que o auxílio-alimentação não será incorporado ao subsídio, aos proventos ou à pensão, além de não constituir salário-utilidade ou prestação salarial in natura, bem como não sofrer incidência de contribuição para o Plano de Seguridade Social do Servidor Público (PSSS) nem se configurar como rendimento tributável.

Não há incorporação ao subsídio por se tratar de uma verba indenizatória, de natureza diversa do subsídio, que é de ordem remuneratória. Também não há pagamento aos juízes aposentados ou aos pensionistas de juízes, tendo em vista que, nesses casos, não há prestação efetiva de serviço. Em outra vertente, se estamos diante de uma indenização, ela não deve servir de base de cálculo para contribuições previdenciárias ou o imposto de renda.

Ainda de acordo com o CJF, o magistrado que estiver convocado ou prestando auxílio a outro órgão deverá optar pela percepção do auxílio-alimentação por um dos órgãos. Essa situação ocorre, por exemplo, quando juízes federais são convocados para prestar auxílio no Conselho Nacional de Justiça, no Superior Tribunal de Justiça, no Supremo Tribunal Federal e em outros órgãos

CAPÍTULO V - SISTEMA REMUNERATÓRIO DA MAGISTRATURA FEDERAL

Situação similar é a do juiz federal que acumula licitamente dois cargos, algo que é possível em se tratando de magistério. Nessa hipótese, deverá optar pelo auxílio-alimentação de um dos cargos, não podendo haver cumulação.

3.3. Auxílio-saúde

O auxílio-saúde é regulado pela Resolução CJF n. 02/2008, segundo a qual a assistência à saúde aos magistrados da Justiça Federal de primeiro e segundo graus poderá ser prestada mediante auxílio, de caráter indenizatório, por meio de ressarcimento parcial de despesas com planos privados de saúde, de livre escolha e responsabilidade do beneficiário.

Segundo a norma do CJF, só fará jus ao ressarcimento o beneficiário que não receber auxílio semelhante e nem participar de outro programa de assistência à saúde de servidor, custeado pelos cofres públicos, ainda que em parte. Alguns tribunais oferecem planos de saúde pagos pelos magistrados, mas que contam com aportes financeiros das cortes. Nesses casos, conforme determinado pelo CJF, não haverá pagamento de auxílio-saúde.

Para fazer jus ao benefício, o magistrado deverá se inscrever junto à unidade competente de seu tribunal, que poderá delegar essa atribuição às seções judiciárias. O requerimento deverá ser acompanhado dos seguintes documentos: I - cópia autenticada do contrato do titular/dependente celebrado com a operadora de planos de saúde ou o original seguido de cópia a ser conferida pelo servidor responsável; II - comprovante de que a operadora de planos de saúde contratada pelo servidor está regular e autorizada pela Agência Nacional de Saúde (ANS); III - declaração de que não recebe auxílio semelhante e nem participa de programa de assistência à saúde custeado, ainda que parcialmente, pelos cofres públicos; IV- documentos oficiais que comprovem a situação de dependência, caso não constem dos assentamentos funcionais do magistrado.

Em relação ao valor, ele foi estabelecido em R$ 90,00 per capita, nos termos do art. 41 da Resolução CJF n. 02/2008. Porém, na medida das disponibilidades orçamentárias do CJF, esse valor vem sendo gradualmente reajustado.

3.4. Auxílio pré-escolar

O tema é tratado pela Resolução CJF n. 4/2008, segundo a qual a concessão do auxílio pré-escolar tem por objetivo a assistência aos dependentes legais dos magistrados da Justiça Federal de primeiro e segundo graus. Somente os dependentes de juízes em efetivo exercício fazem jus ao benefício.

Segundo a norma do CJF, o auxílio pré-escolar é pago a cada criança na faixa etária compreendida desde o nascimento até o mês em que completar 6 anos de

119

idade, inclusive, que seja filho, enteado (desde que comprovada a dependência econômica) ou menor sob guarda ou tutela. Tratando-se de dependentes excepcionais, diz a Resolução, ainda que frequentem estabelecimento especializado, será considerada, como limite para o atendimento, a idade mental correspondente à fixada para os demais beneficiários (0 a 6 anos), comprovada mediante laudo médico, homologado pela área competente do órgão.

Não pode haver cumulação de benefícios da mesma natureza, seja quando o magistrado tiver dois cargos, seja quando seu cônjuge também gerar direito idêntico para o filho.

A inscrição pode ser feita em qualquer tempo, mas geralmente os juízes a fazem preenchendo um formulário próprio tão logo a criança nasce ou é adotada. O benefício passa a ser devido a partir do mês em que for feita a inscrição do dependente, sem pagamento de valores retroativos. O valor é único para toda a Justiça Federal e é fixado por ato do presidente do CJF, de acordo com a disponibilidade orçamentária.

3.5. Diárias e custeio de deslocamento temporário

Nos casos de deslocamento do magistrado em caráter eventual ou transitório para outro ponto do território nacional ou para o exterior, a serviço, ocorre o pagamento de diárias, sem prejuízo do fornecimento de passagens ou do pagamento para cobrir despesas de deslocamento, embarque/desembarque. As diárias objetivam principalmente custear o pagamento da hospedagem do juiz e seus gastos com alimentação e locomoção urbana. A matéria foi tratada pela Resolução CJF n. 340/2015.

Mas, não é todo deslocamento a serviço que dá direito ao creditamento de diárias. Não há pagamento delas quando o juiz se deslocar dentro da mesma região metropolitana, assim como aglomeração urbana ou microrregião, constituída por municípios limítrofes e regularmente instituída. Também não há pagamento quando o juiz se deslocar em áreas de controle integrado mantidas com países limítrofes, cuja jurisdição e competência dos órgãos, entidades e servidores brasileiros consideram-se estendidas. Mas, se houver pernoite fora da sede, serão pagas diárias.

As diárias serão concedidas por dia de afastamento da sede do serviço, incluindo-se o de partida e o de chegada. O valor será de apenas metade, porém, nas seguintes hipóteses: I – quando o deslocamento não exigir pernoite fora da localidade de exercício; II – na data do retorno à sede; e III – quando a União custear, por meio diverso, as despesas de hospedagem ou quando fornecido alojamento ou outra forma de hospedagem por órgão ou entidade da administração pública.. Assim, se o juiz viaja na segunda-feira e volta na terça-feira, terá di-

CAPÍTULO V - SISTEMA REMUNERATÓRIO DA MAGISTRATURA FEDERAL

reito uma diária integral pelo primeiro dia (segunda) e a meia diária pelo outro dia (terça). Em regra, o pagamento se dá de forma integral, antecipadamente à viagem. Quando o juiz retorna, ele é obrigado a encaminhar ao órgão competente, em até cinco dias, o comprovante do cartão de embarque, para conferência do período de viagem.

A Resolução CJF n. 340/2015 prevê ainda que na hipótese de a diária corresponder a dia útil, será calculada com dedução da parcela correspondente aos valores percebidos a título de auxílio-alimentação. A determinação se justifica pelo fato de que a diária já cobre as despesas com alimentação do magistrado.

Os deslocamentos a serviço geram direito também ao pagamento de passagens em meio de transporte público, geralmente aéreo. Se o juiz optar pelo transporte público rodoviário, não haverá qualquer restrição. Pode, ainda, optar por viajar em veículo próprio, havendo interesse da administração, hipótese em que fará jus ao pagamento de um valor fixo por quilômetro rodado.

No caso de diárias por conta de deslocamentos para outro país, há algumas diferenças nas regras. O dia do retorno, por exemplo, dá ensejo ao pagamento integral de uma diária. Se o deslocamento abranger pernoite em território nacional, fora da sede do serviço, também será paga diária integral, mas nos valores dos deslocamentos nacionais.

Os pagamentos são feitos em dólares norte-americanos, permitida sua conversão para euro, quando se tratar de deslocamento a país componente do mercado comum europeu. Assim como nas viagens nacionais, há redução de metade do montante caso o juiz receba alojamento ou outra forma de hospedagem.

Nas viagens ao exterior, a categoria de transporte aéreo será a classe executiva exclusivamente para o Presidente e Vice-Presidente do Conselho da Justiça Federal e Corregedor-Geral da Justiça Federal.

3.6. Ajuda de custo para mudança de localidade

Outro tema que também é tratado pela Resolução CJF n. 04/2008. Segundo tal normatização, o magistrado que, no interesse do serviço, passar a ter exercício em nova sede, com efetiva mudança de domicílio, fará jus à ajuda de custo para compensar as despesas de instalação, vedado o duplo pagamento de indenização, a qualquer tempo, caso o cônjuge ou companheiro, também magistrado ou servidor, venha a ter exercício na mesma sede.

Também são custadas as despesas de transporte do magistrado e de sua família, compreendendo passagem (preferencialmente por via aérea), mobiliário e bagagem. Quanto a estes dois últimos pontos, o CJF alterou a Resolução

n. 04/2008 para estabelecer que no transporte de mobiliário e bagagem do magistrado, será observado o limite de trinta e um metros cúbicos, acrescido de três metros cúbicos por dependente que acompanhe o magistrado ou o servidor, até o máximo de quatro dependentes, inclusos os custos do respectivo seguro.. Se houver excesso quanto a esses limites, caberá ao magistrado seu custeio, destacando-se que como mobiliário e bagagem são considerados os objetos que constituem os móveis residenciais e bens pessoais do magistrado e de seus dependentes.

Disposição interessante da Resolução diz que à família do magistrado que falecer na nova sede são assegurados ajuda de custo e de transporte para a localidade de origem, dentro do prazo de um ano, contado do óbito.

Quanto ao valor da ajuda de custo, o CJF estabelece que ele será calculado com base na remuneração devida ao magistrado no mês em que ocorrer o deslocamento para a nova sede, em virtude de remoção, permuta entre juízes, promoção, redistribuição ou cessão no âmbito do Poder Judiciário da União, e não poderá exceder à importância correspondente a três meses de remuneração, observado o seguinte: I – uma remuneração para o beneficiário que possua até um dependente; II – duas remunerações, quando, além do beneficiário, houver dois dependentes; e III – três remunerações, quando, além do beneficiário, houver três ou mais dependentes. O pedido deve ser instruído com documentos que comprovem a efetiva mudança, como comprovante de matrícula dos filhos em escola da nova localidade, por exemplo.

Conforme dito, o juiz e sua família têm direito ao pagamento de passagem para deslocamento até a nova cidade, que deve ser preferencialmente por via aérea. Mas, o juiz pode optar pela via terrestre ou pode ocorrer ainda de não haver voos disponíveis para o destino. Na primeira hipótese, o magistrado que, atendido o interesse da Administração, utilizar condução própria no deslocamento para a nova sede, fará jus à indenização correspondente a 40% do valor da passagem de transporte aéreo no mesmo percurso, acrescida de 20% do referido valor por dependente que o acompanhe, até o máximo de três dependentes. Se algum dos dependentes viajar por via aérea, sua passagem poderá ser custeada. Na inexistência de trecho aéreo para a nova sede, a indenização será paga com base no valor da passagem aérea do percurso até o local mais próximo.

Como família do magistrado, são considerados seu cônjuge ou companheiro que comprove união estável como entidade familiar e seus filhos e quaisquer pessoas que vivam às suas expensas e constem do seu assentamento individual.

CAPÍTULO V - SISTEMA REMUNERATÓRIO DA MAGISTRATURA FEDERAL

3.7. Indenização de férias não gozadas

Segundo a Resolução CJF n. 130/2010, é devida aos magistrados indenização de férias não gozadas, por absoluta necessidade do serviço, após o acúmulo de dois períodos de 30 dias. Nos casos de promoção ao tribunal regional ou superior, de aposentadoria do magistrado e de extinção do vínculo estatutário por qualquer forma, é devida indenização de férias integrais ou proporcionais à razão de 2/12 por mês de exercício.

Diz ainda a norma do CJF que, em qualquer hipótese, as férias, convertidas em pecúnia ou não, são devidas com o adicional de 1/3, nos termos dos arts. 7º, XVII, e 39, § 3º, ambos da Constituição Federal, e da Súmula n. 328 do STF. Ou seja: se o magistrado deixou de usufruir suas férias por absoluta necessidade do serviço ou por algum outro motivo, como a extinção do vínculo estatutário, aposentadoria ou promoção ao tribunal, a indenização englobará não apenas o subsídio correspondente ao período trabalhado, mas também o terço constitucional. E não há prazo para pedir essa indenização enquanto o juiz estiver no exercício do seu cargo, não correndo a prescrição, conforme determina a citada Resolução.

A indenização das férias convertidas em pecúnia tem como base de cálculo o valor do subsídio do mês de pagamento, sem correção ou juros. E sobre a indenização de férias não incidirá desconto a título de Imposto de Renda Retido na Fonte e de contribuição para o Plano de Seguridade Social do Servidor Público, pois se trata, como assinalado, de verbas indenizatórias e não remuneratórias.

3.8. Auxílio-moradia

Prevista no art. 65, inciso II, da LOMAN (Lei Complementar nº 35/1979), a "ajuda de custo para moradia nas localidades em que não houver residência oficial à disposição do Magistrado", conhecida como auxílio-moradia, era paga apenas aos magistrados federais dos tribunais. Os juízes da 1ª instância não a recebiam.

Porém, por meio de liminar na Ação Ordinária nº 1773/DF, o Supremo Tribunal Federal determinou o pagamento da referida verba a todos os juízes federais, exceto os inativos e os ocupantes de residências oficiais. Assim, enquanto não alterada a legislação e enquanto prevalecer a decisão do STF, os juízes federais receberão o auxílio-moradia no mesmo montante que os ministros do próprio STF.

123

3.9. Fique atento às peculiaridades do sistema remuneratório

CAPÍTULO VI

FÉRIAS, LICENÇAS, AFASTAMENTOS E COMPENSAÇÕES

1. FÉRIAS

1.1. As férias e a prioridade na escolha

A LOMAN determina que os juízes terão direito a **férias anuais**, por **sessenta dias** (art. 66). Diz também que as férias individuais não podem fracionar-se em períodos inferiores a trinta dias, e somente podem acumular-se por imperiosa necessidade do serviço e pelo máximo de dois meses.

No âmbito da Justiça Federal, o tema é tratado pela Resolução CJF n. 130/2010. Segundo esse regramento, as férias serão organizadas em escalas anuais ou semestrais e submetidas à aprovação do corregedor regional, no caso dos juízes federais em exercício no primeiro grau de jurisdição. A periodicidade da escala, anual ou semestral, e o prazo para requerimento das férias serão fixados no âmbito de cada tribunal regional federal. O TRF da 1ª Região, por exemplo, adotava uma escala semestral quando da confecção desta obra.

Segundo a Resolução, é obrigatória a marcação de sessenta dias de férias por ano. Se o juiz federal não marcar suas férias conforme essa disposição, ele será provocado a fazê-lo no prazo de dez dias; não o fazendo, as férias serão marcadas, de ofício, pelo corregedor regional. Geralmente, não se chega a esse

125

ponto e, após uma cobrança por parte do tribunal, o juiz omisso acaba por escolher seu período de férias.

A grande fonte de atritos é quanto ao limite de juízes que poderão se afastar ao mesmo tempo, bem como quem tem direito de escolha em primeiro lugar. Segundo a Resolução CJF n. 130/2010, o juiz federal e o juiz federal substituto em exercício na mesma vara não poderão gozar férias em período concomitante. Mas, e se os dois escolherem o mesmo período? Nesse caso, o CJF estabeleceu que haverá rodízio entre o juiz federal e o juiz federal substituto na escolha dos períodos de férias no ano, tendo o titular prioridade na opção dos primeiros 30 dias e o substituto prioridade no período seguinte. Assim, se o titular escolher seu primeiro período em janeiro, o substituto poderá escolher o segundo período em qualquer mês do ano, não podendo o titular fazer qualquer oposição quanto a isso.

1.2. Acumulação, alteração e interrupção de períodos de férias

Segundo o CJF, só é permitida a **acumulação de férias por absoluta necessidade** do serviço, devendo ser justificada ao presidente do tribunal ou ao corregedor regional, conforme o magistrado estiver atuando no tribunal ou no primeiro grau de jurisdição, presumindo-se a necessidade de serviço em relação aos cargos de presidente, vice-presidente, corregedor regional e diretor de foro. A acumulação máxima será de dois meses.

As alterações na escala de férias são permitidas, seja por interesse da Administração ou do magistrado. A justificativa, em qualquer caso, será apresentada ao corregedor regional para análise e somente será feita a alteração em até 45 (quarenta e cinco) dias antes do início do período original. Por outro lado, se a alteração for do segundo período anual de férias, o prazo para tanto é de apenas dez dias. Importante ressaltar também que a Resolução afasta esse prazo mínimo nas seguintes hipóteses: É dispensada a observância do prazo previsto nos parágrafos anteriores nas seguintes hipóteses: I – necessidade do serviço, a ser avaliada pelo corregedor regional ou pelo presidente, conforme o caso; II – licença para tratamento da saúde de pessoa da família; III – licença para tratamento da própria saúde; IV – licença à gestante e à adotante; V – licença paternidade; VI – afastamento por motivo de falecimento do cônjuge, companheiro, ascendente, madrasta ou padrasto, filhos, enteados, menor sob guarda ou tutela e irmãos.

As férias poderão ser interrompidas, de ofício, por estrita necessidade de serviço, a critério do corregedor regional ou do presidente do tribunal, conforme a lotação do juiz. Segundo a Resolução CJF n. 130/2010, a interrupção das férias deverá ser formalizada por ato convocatório motivado, do qual deverá

CAPÍTULO VI - FÉRIAS, LICENÇAS, AFASTAMENTOS E COMPENSAÇÕES

ter ciência o magistrado afetado. Além disso, o gozo do saldo remanescente das férias interrompidas ocorrerá de forma contínua, seguida a ordem cronológica dos períodos aquisitivos.

1.3. O juiz federal recém-empossado e seu direito às férias

Quando o juiz federal toma posse, dele são exigidos doze meses de exercício no cargo para o primeiro período aquisitivo de férias, independentemente da averbação de tempo de serviço anterior. Mas, não é exigido qualquer interstício para os períodos aquisitivos de férias subsequentes ao primeiro. Em síntese, após a posse, o juiz federal somente poderá sair de férias após um ano. A regra vale também para os novos desembargadores federais provenientes do chamado *quinto constitucional*.

Uma disposição interessante contida na Resolução é quanto ao direito adquirido às férias em outro cargo. Segundo a Resolução, as férias adquiridas antes do ingresso na magistratura devem ser gozadas de acordo com a lei de regência do respectivo período aquisitivo. E complementa: para definição do período de férias a que faz jus o magistrado, de trinta ou sessenta dias, prevalecerá aquele que, no respectivo período aquisitivo, na condição de servidor público ou de magistrado, tiver sido exercido por mais tempo, sendo vedada, contudo, a renúncia desse tempo de serviço.

2. LICENÇAS

2.1. Licença para tratar de assuntos particulares

Com o reconhecimento pelo Conselho Nacional de Justiça da simetria entre os regimes jurídicos dos juízes e dos membros do Ministério Público, foi editada a Resolução CNJ n. 133/2011. Um dos direitos reconhecidos foi a licença para tratar de assuntos particulares, regulamentada no âmbito da Justiça Federal pela Resolução CJF n. 174/2011.

Segundo o Conselho da Justiça Federal, a critério da administração, e por deliberação do plenário ou da corte especial do respectivo tribunal, poderá ser concedida ao magistrado licença para tratar de assuntos particulares pelo **prazo de até dois anos**. Exaurido o período máximo de dois anos, não será concedida outra licença. Os períodos de fruição, consecutivos ou não, serão somados para fins de observância do prazo máximo estabelecido neste artigo. O CJF ainda estabeleceu alguns pontos sobre a licença: I – será concedida **sem percepção de subsídio**; II – **poderá ser interrompida a qualquer tempo**, a pedido do magistrado ou no interesse do serviço; III – só será concedida ao magistrado **vitalício**.

127

Além disso, o Conselho da Justiça Federal estabeleceu que o magistrado em licença para tratar de assuntos particulares: I – **continuará na titularidade do cargo**, permanecendo sujeito às proibições e aos deveres contidos na Lei Complementar n. 35, de 14 de março de 1979 (o que o impede, por exemplo, de exercer a advocacia ou se filiar a partido político); II – não terá computado para nenhum fim o período em que estiver em gozo da licença, nem para fins de antiguidade, salvo para efeito de aposentadoria, se optar pela manutenção da vinculação ao Plano de Seguridade Social do Servidor Público mediante recolhimento mensal da respectiva contribuição, no mesmo percentual devido pelos magistrados em atividade.

Diante da carência de juízes federais, porém, há considerável resistência dos tribunais na autorização desse tipo de licença, que fica a critério da administração. De toda forma, em casos muito específicos que envolvam questões familiares ou problemas de saúde não atendidos por outras licenças, é possível que esse tipo de afastamento do magistrado seja deferido.

2.2. Licença para representação de classe

Os juízes federais não possuem sindicatos, mas estão unidos em torno de associações. A principal delas é a **AJUFE** – Associação dos Juízes Federais do Brasil, mas há também as associações regionais, no âmbito de cada TRF, assim como algumas associações estaduais, como é o caso da **AJUFEMG**, que representa os juízes federais de Minas Gerais.

O presidente da AJUFE e, eventualmente, os presidentes das associações regionais, tinham concedidas licenças para exercer seus mandatos. Essa situação se consolidou com a edição pelo Conselho da Justiça Federal da Resolução CJF n. 174/2011, que prevê a concessão de licença ao magistrado para representação de classe, sem prejuízo do subsídio, das vantagens ou de qualquer direito inerente ao cargo. De acordo com o CJF, poderão ter direito à licença: I – os eleitos para cargos de direção de associação de classe de âmbito nacional, no número máximo de três magistrados, incluído, neste limite, o magistrado afastado para o exercício da presidência da respectiva entidade; II – um magistrado eleito para o cargo de presidente de associação de classe regional. A licença terá duração igual à do mandato, podendo ser prorrogada no caso de reeleição por uma única vez.

Não é prevista a licença para exercício de mandato em associações estaduais.

2.3. Licença gestante, adotante e paternidade

Os períodos de licença para as juízas que dão à luz ou adotam um filho são os mesmos concedidos para as demais servidoras públicas da União Federal. No caso da **gestante,** o prazo é de **120 dias**, adicionados mais 60 dias, nos termos

CAPÍTULO VI - FÉRIAS, LICENÇAS, AFASTAMENTOS E COMPENSAÇÕES

da Resolução CJF n. 30/2008. Se a posse se der após o nascimento da criança, será observado, na concessão da licença, o período restante para complementar o tempo a que a magistrada tem direito, a contar da data do parto, por aplicação do art. 18, §2º, da Resolução CJF n. 02/2008. Também seguindo tal Resolução, no caso de natimorto, decorridos trinta dias do evento, a juíza será submetida a exame médico, e se julgada apta, reassumirá o exercício. Se a criança falecer após o nascimento, a mãe permanece com o direito de continuar em licença à gestante pelo período que restar.

O art. 20 da Resolução CJF n. 02/2008 traz os seguintes prazos para a licença **adotante**: a) crianças de até um ano de idade, **90 dias** de licença; 2) crianças com mais de um ano e menos de 12 anos completos de idade, **30 dias**. Esses prazos, por força da Resolução CJF n. 30/2008, ficam **prorrogados em 45 dias e 15 dias**, respectivamente.

Quanto à licença **paternidade**, seja pelo nascimento ou adoção de filhos, ela é de apenas **cinco dias consecutivos** (poderá ainda haver prorrogação da licença por mais quinze dias, nos termos da Resolução CJF nº 409/2016), contados da data do nascimento ou da adoção. Se esses fatos ocorrerem durante as férias, o início da licença será prorrogado após o término delas. O mesmo pode ser dito quanto à licença gestante e adotante, para as magistradas.

2.4. Licença para tratamento de saúde

O trabalhador da iniciativa privada que adoece se afasta do trabalho e, durante o período de convalescência, recebe o auxílio-doença. Já o servidor público, incluindo os juízes, recebem licença para tratamento de saúde. No caso dos juízes, a previsão dessa licença está no art. 69, I, da LOMAN, que não detalha o procedimento. Diz apenas que a licença para tratamento de saúde por prazo superior a trinta dias, bem como as prorrogações que importem em licença por período ininterrupto, também superior a trinta dias, dependem de inspeção por junta médica. Além disso, a LOMAN estabelece que os períodos de licenças concedidos aos magistrados não terão limites inferiores aos reconhecidos por lei ao funcionalismo da mesma pessoa de direito público.

Como não há regramento legal detalhado para os magistrados federais, é possível **aplicar a Lei n. 8.112/1990**, com base no art. 52 da Lei n. 5.010/1966, com as adaptações necessárias em relação.

Aplicando-se a Lei n. 8.112/1990, o período de licença será de até vinte e quatro meses, findo os quais deverá ser realizada uma perícia médica a fim de verificar se não é o caso de aposentadoria por invalidez. Recuperada a condição para o trabalho, a aposentação será revertida.

129

Em regra, a licença é concedida com base em **perícia oficial** e apenas em casos excepcionais, regulados geralmente pelo próprio tribunal, são aceitos atestados particulares. Essa exceção cabe tão somente nos afastamentos por até quinze dias, no prazo de um ano. No âmbito do TRF da 1ª Região, por exemplo, se o atestado for de médico privado, ele deverá ser homologado pelo perito indicado pelo TRF. Em todo caso, se a licença exceder o prazo de 30 dias, deverá ser feita avaliação por junta médica oficial.

Em qualquer caso, ainda que a licença seja de apenas um dia, o juiz federal deve cuidar para que a direção do foro seja comunicada e, assim que possível, deve apresentar o atestado médico respectivo. O atestado e o laudo da junta médica não se referirão ao nome ou natureza da doença, salvo quando se tratar de lesões produzidas por acidente em serviço, doença profissional ou alguma das seguintes doenças[20]: tuberculose ativa, alienação mental, esclerose múltipla, neoplasia maligna, cegueira posterior ao ingresso no serviço público, hanseníase, cardiopatia grave, doença de Parkinson, paralisia irreversível e incapacitante, espondiloartrose anquilosante, nefropatia grave, estados avançados do mal de Paget (osteíte deformante), Síndrome de Imunodeficiência Adquirida – AIDS.

2.5. Licença por motivo de doença em pessoa da família

Os servidores possuem o direito à licença por motivo de doença do cônjuge ou companheiro, dos pais, dos filhos, do padrasto ou madrasta e do enteado, ou de dependente que viva às suas expensas e conste de seus assentamentos funcionais. Para os magistrados, a LOMAN prevê licença semelhante, mas não faz qualquer detalhamento. Assim, devem ser consideradas aplicáveis as disposições do CJF para os servidores da Justiça Federal, se ausentes normas específicas dos tribunais.

Para os servidores, o CJF tratou do tema na Resolução n. 159/2011, a qual exige que **a assistência direta do servidor** (no caso, do juiz) **seja indispensável**, o que deverá ser avaliado por perícia oficial, podendo ser solicitado parecer do serviço social, e que aquela não possa ocorrer simultaneamente com o exercício do cargo ou mediante compensação de horário. Segundo o CJF, a comprovação do grau de parentesco para fins de concessão da licença por motivo de doença em pessoa da família far-se-á por meio de certidão de nascimento, certidão de casamento ou escritura declaratória, quando se tratar de companheiro, dispensando-se a comprovação no caso da pessoa enferma já constar dos assentamentos funcionais.

---

20 Lei n. 8.112/1990, art. 205.

CAPÍTULO VI - FÉRIAS, LICENÇAS, AFASTAMENTOS E COMPENSAÇÕES

A licença será concedida por perícia oficial singular, se não exceder a trinta dias. Caso contrário, deverá haver avaliação por junta oficial. Se aplicado aos juízes o regramento da Resolução CJF n. 159/2011, a licença por motivo de doença em pessoa da família, incluídas suas prorrogações, poderá ser concedida a cada período de doze meses nos seguintes limites e condições: I – **sem prejuízo da remuneração, por até sessenta dias**, consecutivos ou não; II – **sem remuneração, por mais um período de até noventa dias, consecutivos ou não**, após decorridos os sessenta dias a que se refere o item anterior.

Por fim, destaca-se que a perícia médica oficial poderá ser dispensada para concessão de licença para tratamento da própria saúde e por motivo de doença em pessoa da família, desde que o afastamento seja inferior a 15 dias, consecutivos ou não, referente à(s) licença(s) da mesma espécie, no interstício de doze meses a que se refere o § 1º do art. 5º da Resolução CJF nº 159/2011.

2.6. Afastamento para aperfeiçoamento profissional

Os juízes precisam de constante aprimoramento jurídico, razão pela qual a eles são concedidos afastamentos para estudos, participação em eventos jurídicos e semelhantes. O tema é tratado pela **Resolução CNJ n. 64/2008**, cujo texto é autoexplicativo, razão pela qual é feita a sua transcrição:

CAPÍTULO I

DO AFASTAMENTO PARA FINS DE APERFEIÇOAMENTO PROFISSIONAL

Art. 1º O afastamento de magistrados para fins de aperfeiçoamento profissional observará o disposto nesta Resolução.

Parágrafo único. Além das diretrizes gerais fixadas na presente Resolução, poderão os Tribunais estabelecer outras exigências e condições para o afastamento de magistrados.

Art. 2º São considerados:

I - de curta duração os eventos que não ultrapassem 30 (trinta) dias;

II - de média duração os eventos que ultrapassem 30 (trinta) até 90 (noventa) dias;

III - de longa duração os eventos que ultrapassem 90 (noventa) dias.

Art. 3º O pedido de afastamento deverá conter, obrigatoriamente:

I – o nome e local de funcionamento da instituição de ensino promotora do curso ou atividade de aperfeiçoamento profissional;

II – a data de início e término do curso ou evento, o calendário acadêmico, os horários das aulas, a carga horária total e eventual previsão de férias durante o curso;

131

III – prova da inscrição, aprovação em processo seletivo ou aceitação do requerente, a ser fornecida pela instituição promotora do curso ou evento de aperfeiçoamento profissional;

IV – a natureza do curso ou evento e a sua pertinência e compatibilidade com a prestação jurisdicional;

V - prova de domínio da língua em que será ministrado o curso, se no exterior;

VI – o compromisso de:

a) permanência na Instituição a que está vinculado, pelo menos, por prazo idêntico ao do afastamento, após o retorno às atividades;

b) apresentação de certificado de participação, se o evento for de curta duração, e de conclusão, com aproveitamento, na hipótese de eventos de média e longa duração;

c) disponibilização do trabalho de conclusão do evento, permitida a publicação gratuita em revista do Tribunal, a inserção do respectivo texto no sítio da escola da magistratura ou do tribunal na rede mundial de computadores e arquivamento na Biblioteca para consulta pelos interessados;

d) disseminar, mediante aulas e palestras, os conhecimentos adquiridos durante o evento, quando solicitado pelo Tribunal;

e) restituir ao Erário o valor correspondente aos subsídios e vantagens percebidos durante o afastamento, na hipótese de não conclusão do curso por fato atribuível ao magistrado, e indenizar o Erário pelo subsídio a que faria jus no período remanescente em caso de descumprimento da exigência de permanência mínima, após o retorno às atividades (item "a").

Parágrafo único. Quando se tratar de evento de curta duração poderá ser exigida do magistrado a apresentação de resumo dos estudos ou relatório sobre os temas discutidos.

Art. 4º O pedido de afastamento, formulado por escrito e com a antecedência mínima prevista em norma interna, quando requerido por Juiz de primeiro grau, será dirigido ao Corregedor, que instruirá o processo e submeterá a matéria ao órgão competente do Tribunal, para deliberação, ouvida previamente a Escola da Magistratura local.

Parágrafo único. O requerimento emanado de membro de Tribunal será dirigido ao Pleno ou Órgão Especial da Corte.

Art. 5º O total de afastamentos para evento de longa duração não poderá exceder a 5% (cinco por cento) do número de magistrados em atividade em primeira e segunda instâncias, limitado, contudo, a vinte afastamentos simultâneos.

Parágrafo único. Considera-se em efetivo exercício o número total de juízes em atividade, excluídos os que se encontram em gozo de:

a) licença para tratamento de saúde;

b) licença por motivo de doença em pessoa da família;

CAPÍTULO VI - FÉRIAS, LICENÇAS, AFASTAMENTOS E COMPENSAÇÕES

c) licença para repouso à gestante;

d) afastamento para exercer a presidência de associação de classe;

e) afastamento em razão da instauração de processo disciplinar.

Art. 6º No exame do pedido, o Tribunal, mediante decisão objetivamente fundamentada e tomada em sessão aberta, deverá levar em conta os seguintes requisitos:

I – para habilitação do candidato:

a) a observância do limite de afastamentos a que se refere o art. 5º;

b) a instrução do pedido com os documentos, declarações e informações indicados no art. 3º;

II – para deferimento do pedido, observado o art. 8º:

a) a pertinência e compatibilidade do curso ou atividade com a prestação jurisdicional;

b) a conveniência e oportunidade para a Administração Pública;

c) a ausência de prejuízo para os serviços judiciários.

§ 1º A Corregedoria do Tribunal instruirá o procedimento administrativo com a informação atualizada indicativa do total de magistrados em atividade a que se refere o art. 5º.

§ 2º A ausência de qualquer dos requisitos de habilitação implicará o não conhecimento do pedido de afastamento, sem prejuízo de sua renovação com o suprimento dos dados faltantes ou com a redução do número de magistrados afastados.

§ 3º Não se deferirá afastamento para aperfeiçoamento profissional por período superior a 2 (dois) anos.

Art. 7º Havendo empate na votação para escolha dos candidatos inscritos para o mesmo curso ou havendo mais candidatos do que o limite estabelecido, dar-se-á preferência, na seguinte ordem, ao magistrado que:

I - ainda não usufruiu do benefício;

II – conte com maior tempo de serviço na carreira, a partir da posse;

III - seja mais idoso em relação aos concorrentes.

Art. 8º Não será autorizado o afastamento de magistrado quando:

I – não haja cumprido o período de vitaliciamento, ressalvadas as hipóteses de eventos de curta duração ou, a critério do tribunal ou da respectiva escola nacional ou local, de frequência obrigatória;

II – estiver respondendo a processo administrativo disciplinar, ou houver recebido qualquer punição dessa natureza nos últimos 2 (dois) anos;

III – tenha despachos ou sentença pendentes além do prazo legal, injustificadamente;

IV – haja usufruído de idêntico benefício nos últimos 5 (cinco) anos;

V – o magistrado apresentar baixa produtividade no exercício da função.

CAPÍTULO II

DO PAGAMENTO DE DIÁRIAS

Art. 9º Não terá direito à percepção de diárias o magistrado que se afastar para realização de curso de longa duração, salvo se a sua participação for obrigatória ou de iniciativa da administração do Tribunal.

Parágrafo único. Nos demais casos, o Tribunal poderá deferir o pagamento de diárias, na forma da lei.

Parágrafo único. Nos demais casos, o Tribunal poderá deferir o pagamento de diárias, na forma da lei.

CAPÍTULO III

DO AFASTAMENTO APÓS A CONCLUSÃO DE CURSO

Art. 10. Poderá ser autorizado, ainda, e pelo prazo estabelecido pelo Tribunal, o afastamento:

I - de magistrado que não se licenciou durante a participação no curso, para elaboração do trabalho de conclusão;

II - quando necessário para a apresentação ou defesa do trabalho de conclusão.

CAPÍTULO IV

DAS FÉRIAS

Art. 11. O gozo de férias pelo magistrado, sempre acrescidas de um terço (1/3), deverá coincidir com as férias na instituição de ensino promotora do curso.

Parágrafo único. Se o período das férias escolares for inferior a sessenta (60) dias, o remanescente será usufruído posteriormente à conclusão do curso.

Art. 12. A presente Resolução entra em vigor na data de sua publicação.

No âmbito específico da Justiça Federal, o tema é tratado pela Resolução CJF nº 410/2016, que regulamenta a Resolução CNJ nº 64/2008 para esse ramo do Poder Judiciário.

2.7. Afastamento para casamento ou por falecimento de parente

A LOMAN prevê o direito ao afastamento dos trabalhos por dois motivos excepcionais: casamento do magistrado ou morte de um parente. Nas duas hipóteses, segundo o art. 72, o afastamento será de **até oito dias consecutivos e se dará sem prejuízo do vencimento**, remuneração ou de qualquer direito ou vantagem legal. No caso de falecimento, só há direito à licença, nos termos da LOMAN, se o evento for relativo a cônjuge, ascendente, descendente ou irmão.

CAPÍTULO VI - FÉRIAS, LICENÇAS, AFASTAMENTOS E COMPENSAÇÕES

Todavia, os tribunais podem, a nosso ver, estender a licença para os casos de falecimento de companheiros que vivam em união estável ou de menores sob guarda, por exemplo.

2.8. Quadro sinóptico: licenças e afastamentos

Interesses particulares
- Res. CNJ 133/11 e CJF 174/11
- Prazo: até 2 anos
- Sem subsídio
- Interrompida a pedido
- Vitaliciedade
- Computado para aposentadoria, se mantida filiação do PSS

Representação classista
- Res. CJF 174/11
- Sem prejuízo remuneração
- Associação âmbito nacional
- Pelo mandato, permitida uma prorrogação

Gestante
- Res. CJF 30/08
- 180 dias
- Natimorto: avaliação após 30 dias
- Falecimento posterior: pelo tempo que restar

Adotante
- Res. CJF 02/08 e Res. CJF 30/08
- Crianças até um ano: 90 dias
- Entre 1 e 12 anos: 90 dias

Paternidade
- 5 dias (prorrogáveis por mais 15 dias)
- Nas férias: após o perído

Saúde
- Loman, art. 69, I; Lei 8.112/90 e 5.010/66, art. 52.
- Mais de 30 dias: junta médica
- Mais de 24 meses: avaliação aposentadoria invalidez

Doença em familiar
- Res. CJF 159/11 (servidores).
- Cônjuge/companheiro/pais/filhos/padrasto/madrasta/enteado/ dependente oficial
- Mais de 30 dias: perícia
- até 60 dias: remunerada
- Mais de 90 dias (após 60): com prejuízo remuneração

Aperfeiçoamento
- Res. CNJ 64/08
- Res. CJF 410/2016

3. COMPENSAÇÃO DE TRABALHO NO PLANTÃO E NO RECESSO FORENSE

O Conselho de Justiça Federal editou em 2009 a Resolução n. 70, substituindo a normatização anterior, para tratar sobre a compensação de trabalho em regime de plantão ou recesso forense.

Segundo a Resolução CJF n. 70/2009, os juízes federais e os juízes federais substitutos que cumprirem **plantão presencial na sede** da seção ou da subseção judiciária, durante os feriados previstos no art. 62, da Lei n. 5.010, de 30 de maio de 1966, bem como aos sábados e domingos, terão direito a **compensar os dias trabalhados.** Os feriados a que se refere a norma são os seguintes: I - os dias compreendidos entre 20 de dezembro e 6 de janeiro, inclusive; II - os dias da Semana Santa, compreendidos entre a quarta-feira e o Domingo de Páscoa; III - os dias de segunda e terça-feira de Carnaval; IV - os dias 11 de agosto, 1º e 2 de novembro e 8 de dezembro.

Segundo a norma em estudo, nos demais dias em que não ocorrer expediente forense, não haverá compensação, cabendo às respectivas corregedorias disciplinar os plantões nesses dias. Em síntese, se for o caso de trabalho em data de ponto facultativo ou de feriado não abrangido pela Lei n. 5.010/1966, como ocorre no caso de feriados municipais, não há direito à compensação. Da mesma forma, os plantões cumpridos em dias úteis, mesmo que durante a madrugada e de forma presencial no fórum, não geram direito a qualquer folga.

Até a Resolução CJF n. 232/2013, apenas os dias trabalhados no chamado recesso forense de final de ano (20 de dezembro a 6 de janeiro) geravam direito à compensação. Atualmente, porém, os demais feriados previstos na Lei n. 5.010/1966 e os sábados e domingos trabalhados podem ser compensados na proporção de um dia de serviço para um dia de descanso.

A crítica que surgiu a partir da alteração feita pela Resolução CJF n. 232/2013 foi quanto ao que consta no § 2º do art. 1º da Resolução n. 70/2009. Segundo tal dispositivo, "a folga compensatória somente será concedida na hipótese de o plantão realizar-se nas dependências da sede da seção ou subseção judiciária, nos termos da Resolução n. 71, de 31 de março de 2009, do Conselho Nacional de Justiça, e conforme relatório próprio de responsabilidade do diretor de secretaria plantonista". Em síntese, **não se previu direito à compensação por ficar o juiz de sobreaviso** durante o plantão e, além disso, exigiu-se um relatório do diretor de secretaria plantonista para que o benefício possa ser usufruído. De toda sorte, enquanto não mudado o texto da norma expedida pelo Conselho da Justiça Federal, essas regras permanecem válidas.

Exceto quanto ao recesso forense de final de ano, a **compensação** dos demais dias de plantão trabalhado fica **limitada a quinze dias por ano**, devendo as folgas compensatórias ser utilizadas até o final do exercício a que se referem, salvo na hipótese de plantão realizado entre 20 e 31 de dezembro, que poderá ser compensado no exercício subsequente. Além disso, a compensação ficará sempre condicionada ao interesse do serviço, e o período de fruição será fixado pelo corregedor regional a que estiver vinculado o juiz, sendo vedada sua retribuição em pecúnia.

Por fim, o CJF estabeleceu que o "início e o término da compensação serão comunicados à corregedoria respectiva, com a indicação expressa do exercício, do período ou dos dias a que ela se refere, para efeito de anotação, não podendo o juiz, em qualquer caso, acumulá-la por mais de um exercício ou gozá-la, quando acumulada, conjuntamente com os períodos relativos às férias regulamentares".

COMPENSAÇÃO DE DIAS TRABALHADOS EM PLANTÃO
RES. CJF: 70/2009 e 232/2013
• PLANTÃO PRESENCIAL
• SÁBADOS, DOMINGOS, FERIADOS E RECESSO FORENSE DA LEI 5010/60
• 15 DIAS MÁXIMOS ANUAIS (EXCETO: RECESSO FORENSE)
• CERTIDÃO DIRETOR DE SECRETARIA
• MESMO EXERCÍCIO (EXCETO: RECESSO FORENSE – EXERCÍCIO SEGUINTE)

CAPÍTULO VII

REGIME DISCIPLINAR DOS MAGISTRADOS

1. AS PROVÁVEIS MUDANÇAS NO REGIME DISCIPLINAR

Ao tempo em que esta edição foi redigida, a **pena máxima** administrativa a que os juízes estavam submetidos era a **aposentadoria compulsória**. Porém, deve-se atentar para o fato de que tramitam no Congresso Nacional várias propostas de emendas à Constituição tendentes a mudar o regime disciplinar dos juízes[21]. De toda forma, ainda que aprovadas as mudanças, elas se aplicarão ape-

---

21 A PEC 53/2011, de origem no Senado e aprovada naquela casa em dois turnos, no mês de agosto de 2013, provavelmente dará a feição final ao novo regramento disciplinar da magistratura. O texto substitutivo aprovado no Senado prevê a seguinte redação para o inciso VIII do art. 93 da Constituição:
"VIII – o regime disciplinar dos magistrados observará o seguinte:
a) o ato de remoção, suspensão ou disponibilidade fundar-se-á em decisão por voto da maioria absoluta do respectivo tribunal ou do Conselho Nacional de Justiça;
b) a suspensão poderá ser de até noventa dias e a disponibilidade poderá ser de até dois anos;
c) concluído o processo administrativo disciplinar, o tribunal ou o Conselho Nacional de Justiça, quando couber a pena de perda do cargo em decisão por voto de dois terços de seus membros, representará ao Ministério Público, no prazo de trinta dias, para a propositura da respectiva ação judicial, ficando o magistrado afastado de suas funções, com vencimentos proporcionais, até o trânsito em julgado da sentença;
d) deferido o arquivamento da representação ou julgada improcedente a ação judicial em decisão definitiva, o magistrado retornará às suas funções, com o pagamento da diferença das verbas remuneratórias e o cômputo para todos os fins do tempo de serviço;
e) o Ministério Público deverá pronunciar-se sobre a representação no prazo de noventa dias, sob pena de configurar infração disciplinar".
A PEC 53/2011 estabelece ainda que será de competência do CNJ "receber e conhecer das reclamações contra membros ou órgãos do Poder Judiciário, inclusive contra seus serviços auxiliares, serventias e órgãos prestadores de serviços notariais e de registro que atuem por delegação do poder público ou

nas às infrações posteriores à publicação da futura Emenda Constitucional, sendo importante conhecer o regramento atual até que tenha se exaurido o prazo prescricional de todas as infrações cometidas antes da aprovação da PEC.

2. AS PENAS ADMINISTRATIVAS APLICÁVEIS AOS JUÍZES

Diz o **art. 42 da LOMAN** que são aplicáveis aos juízes as seguintes penas:

I - advertência;

II - censura;

III - remoção compulsória;

IV - disponibilidade com vencimentos proporcionais ao tempo de serviço;

V - aposentadoria compulsória com vencimentos proporcionais ao tempo de serviço;

VI - demissão.

Essas disposições ainda estão valendo, mas é preciso tecer considerações sobre a pena de demissão. Isso porque há muitas décadas os magistrados contam com a garantia da vitaliciedade, que na Constituição Federal de 1988 está prevista no art. 95, inciso I. Esse dispositivo estabelece que os **juízes somente perdem o cargo, após o vitaliciamento, por meio de sentença judicial transitada em julgado.** Por isso, a pena de **demissão** administrativa prevista na LOMAN é válida apenas para os **magistrados que ainda estão em estágio probatório.**

Vejamos alguns detalhes de cada uma das penas.

A **advertência** é a mais simples delas. Segundo o art. 43 da LOMAN, ela é aplicada reservadamente e por escrito, ou seja, após o tribunal decidir que o juiz cometeu realmente uma infração e por isso receberá essa pena, a advertência é entregue por escrito ao juiz, sem publicidade, registrando-se a punição em seus assentos funcionais. E quando se dá a imposição da advertência? Quando o juiz for **negligente** no cumprimento dos deveres do cargo, que estão previstos principalmente no art. 35 da LOMAN. Ressalte-se que a negligência pressupõe um ato culposo, ou seja, o magistrado não pode ter tido intenção deliberada de descumprir seus deveres.

---

oficializados, sem prejuízo da competência disciplinar e correicional dos tribunais, podendo avocar processos disciplinares em curso, determinar a remoção, a suspensão e a disponibilidade com subsídios proporcionais ao tempo de serviço, observado o disposto no inciso VIII do art. 93, sem prejuízo da aplicação de outras sanções administrativas, assegurada ampla defesa". Por fim, estabelece que "não se admite, no regime disciplinar da magistratura ou do Ministério Público, a pena de aposentadoria compulsória com proventos proporcionais". Até o fechamento desta edição, porém, não havia sido votada a proposta da Câmara, casa onde recebeu a identificação de PEC 291/2013.

CAPÍTULO VII - REGIME DISCIPLINAR DOS MAGISTRADOS

Em geral, a advertência é aplicada a casos mais simples de infração disciplinar, como uma espécie de aviso ao juiz de que seu comportamento não está correto e que ele deve se adequar às normas que regem sua profissão.

A pena de **censura** segue os mesmos moldes que a de advertência quanto à aplicação: é feita por escrito e reservadamente. É cabível nos casos de **reiterada negligência** no cumprimento dos deveres do cargo, ou no de procedimento incorreto, se a infração não justificar punição mais grave (LOMAN, art. 44). Em razão disso, se o juiz cometeu uma infração leve, foi advertido, mas não corrigiu seu procedimento, o tribunal deverá aplicar a penalidade de censura. Uma das principais consequências é que o juiz punido com a pena de censura não poderá figurar em lista de promoção por merecimento pelo prazo de um ano, contado da imposição da pena.

Um detalhe importante quanto às penas de advertência e de censura é que elas são aplicáveis **apenas aos juízes federais da 1ª instância**, ou seja, os desembargadores federais a elas não se sujeitam. É uma previsão questionável do art. 42, parágrafo único, da LOMAN, mas está lá e não há como ser desprezada ou desobedecida. Por isso, se o magistrado comete infração disciplinar punível apenas com advertência ou censura, mas é promovido ao tribunal antes da aplicação efetiva da pena, o único caminho é a extinção do processo administrativo disciplinar.

A terceira pena é a **remoção compulsória**, que atinge todos os magistrados. Pela lógica, deveria ser aplicada apenas quando o juiz cometesse uma **infração que o tornasse incompatível com o exercício do cargo** no juízo em que está e, claro, se a infração não for grave o suficiente para justificar uma pena ainda maior. Como exemplo, temos a hipótese de o magistrado proferir ofensas injustificáveis e criar um estado de beligerância com todos os demais colegas da subseção judiciária. A falta de urbanidade, por si só, já é uma infração. Como nesse exemplo, o ato gerou uma litigância com os outros juízes, tornando a presença do magistrado desaconselhada na subseção, a ensejar remoção compulsória. O mesmo pode ser dito em relação aos membros dos tribunais, que estão sujeitos à mudança punitiva de turma ou de seção.

É preciso registrar, porém, que não há na LOMAN dispositivo que indique a aplicação da remoção compulsória apenas nos casos em que a presença do juiz na unidade jurisdicional for desaconselhada. Assim, é possível que os tribunais apliquem tal pena nos casos de infrações graves e/ou reiteradas que não sejam puníveis com a disponibilidade ou a aposentadoria compulsória.

A quarta pena é a **disponibilidade com proventos proporcionais** ao tempo de serviço. Pela leitura conjugada dos artigos 56 e 57 da LOMAN, essa punição será aplicada **nos mesmos casos em que incide a aposentadoria compulsória, mas nos quais a gravidade do ato não é tão relevante** a pon-

141

to de justificar a punição administrativa máxima. As hipóteses são três e punem o juiz: I - manifestadamente negligente no cumprimento dos deveres do cargo; II - de procedimento incompatível com a dignidade, a honra e o decoro de suas funções; III - de escassa ou insuficiente capacidade de trabalho ou cujo proceder funcional seja incompatível com o bom desempenho das atividades do Poder Judiciário. Tudo será uma questão de dosimetria: pode ser que infrações desse tipo deem ensejo a penas mais leves, pode ser que acarretem a aposentadoria compulsória.

A disponibilidade é a situação do magistrado que não pode exercer suas funções, recebe uma remuneração proporcional ao tempo de serviço já prestado e continua sujeito a todos os deveres e restrições da magistratura. Durante o tempo de afastamento, não poderá advogar, participar de atividades políticas, exercer outro cargo público diferente do magistério, exercer atividades empresariais, candidatar-se a cargo eletivo, enfim, ele continuará sendo juiz para todos os fins. Tal pena, se aplicada a magistrado com muitos anos de carreira, pode não trazer consequências tão graves. Mas, se aplicada a um juiz com pouco tempo de serviço, significará percepção de renda muito pequena e a impossibilidade de complemento de tal renda com atividades que sejam vedadas aos magistrados.

A quinta pena administrativa é a **aposentadoria compulsória**, cabível nos três casos já citados para a disponibilidade, desde que a **gravidade dos fatos** justifique punição tão severa. Tome-se como exemplo o dever de manter conduta irrepreensível na vida pública e particular. Um magistrado que discuta violentamente com a esposa no meio de um shopping, usando linguajar chulo e provocando confusão no local, poderá ser punido com uma pena de advertência ou censura, se não houver agressões físicas. Por outro lado, um juiz que espanca os colegas de trabalho, que comete delitos ou pratica infrações gravíssimas pode chegar a ser punido com a pena de aposentadoria compulsória.

Essa pena, que não é bem vista pela imprensa brasileira, é uma decorrência da garantia da vitaliciedade, imprescindível para o exercício independente da magistratura. Pode, sim, ser considerada pena grave, pois os proventos da aposentadoria serão proporcionais ao tempo de serviço e desencadeia inelegibilidade para cargos políticos e, agindo o Ministério Público com diligência, pode levar, inclusive, à propositura de ação civil para a cassação da remuneração por meio de sentença judicial, após o trânsito em julgado. Enfim, se a legislação for aplicada de forma completa, a aposentadoria compulsória administrativa não será a punição final, mas apenas um passo para que o magistrado perca não apenas o direito ao exercício da judicatura, mas também a sua remuneração.

142

A última pena é a **demissão**, que é aplicável **aos magistrados ainda em estágio probatório**. Deve-se cuidar para **diferenciá-la da exoneração, que se dá a pedido**, quando o próprio juiz pede para deixar o cargo, e também por ato de ofício do tribunal, nos casos em que o magistrado é considerado reprovado em seu estágio probatório. Já a demissão é aplicada por conta do cometimento de uma infração gravíssima durante o período de vitaliciamento, infração essa que, fosse o juiz já vitalício, justificaria sua disponibilidade ou sua aposentadoria compulsória. De toda forma, convém alertar para o fato de que a diferenciação entre os institutos da exoneração e demissão às vezes é ignorada.

Essas são as penas administrativas aplicáveis aos magistrados, não se falando em imposição das penalidades previstas na Lei n. 4.898/1965 (Lei de Abuso de Autoridade)[22], conforme decidiu o STF ao julgar a ADIn n. 4.638.

3. APURAÇÃO DE INFRAÇÕES DISCIPLINARES E APLICAÇÃO DA PENA

3.1. Introdução

A apuração de infrações disciplinares é feita nos moldes estabelecidos pela LOMAN e, em mais detalhes, pela Resolução n. 135/2009, do Conselho Nacional de Justiça. Essa Resolução foi objeto de questionamento perante o Supremo Tribunal Federal, por meio da ADIn n. 4.638, que declarou a inconstitucionalidade apenas de poucos artigos. De toda forma, o ideal seria que o processo disciplinar fosse regido de forma mais detalhada em lei específica (em sentido formal), para dar mais segurança aos magistrados e mais legitimidade às punições.

A Resolução CNJ n. 135/2009 trata tanto de aspectos materiais quanto de aspectos processuais da atividade disciplinar no Poder Judiciário brasileiro. Porém, o destaque maior são os procedimentos, posto que as penas são de previsão obrigatória em lei e, como já constam na LOMAN, a Resolução pouco fez além de reproduzir seu texto.

3.2. Investigação preliminar

É muito comum que cheguem às corregedorias dos tribunais variados tipos de reclamações contra juízes. É algo com o qual o magistrado tem que se acostumar desde o início da sua carreira, pois ele decide interesses relevantes da

---

22 Quando do fechamento desta edição, estavam em trâmite no Congresso Nacional projetos instituindo a nova Lei de Abuso de Autoridade, com aplicação expressa aos magistrados.

sociedade e, em regra, uma das partes do processo sempre sai contrariada. O correto seria a busca pela alteração do julgamento por meio de recursos, mas há partes que preferem uma espécie de "vingança" contra o juiz, acusando-o de irregularidades que, no mais das vezes, não passam do exercício do livre convencimento motivado.

Se todas as representações e denúncias contra juízes gerassem obrigatoriamente processos disciplinares, os tribunais nada mais fariam do que julgar juízes. Por outro lado, não se pode simplesmente ignorar uma acusação contra um magistrado, arquivando-a sem ao menos uma simples análise.

Por esses e outros motivos, o CNJ tratou da chamada *investigação preliminar*, a ser feita sempre que o tribunal tiver ciência de irregularidade cometida por juiz e que não esteja esclarecida. Há casos em que o corregedor, com uma simples leitura da acusação, verificará a sua inadequação, principalmente quando a questão for jurisdicional e passível de recurso nos moldes das leis processuais. Nessas hipóteses específicas, poderá e deverá arquivar liminarmente a representação. Porém, se restar qualquer sobra de dúvida em relação ao correto proceder do juiz, o tribunal – em regra, por meio de seu corregedor – deverá fazer uma apuração inicial.

Diz o art. 9º da Resolução CNJ n. 135/2009 que a notícia de irregularidade praticada por magistrados poderá ser feita **por toda e qualquer pessoa**, exigindo-se formulação por escrito, com confirmação da autenticidade, a identificação e o endereço do denunciante. Seguindo o que foi dito no parágrafo anterior, o CNJ determina que, quando o fato narrado não configurar infração disciplinar ou ilícito penal, o procedimento será arquivado de plano pelo corregedor. Mas, se não for o caso de arquivamento prematuro, o magistrado será notificado a fim de, no prazo de cinco dias, prestar informações. O corregedor poderá determinar, conforme o caso demandar, que o juiz junte documentos para esclarecer o ocorrido.

Se da apuração em qualquer procedimento ou processo administrativo resultar a verificação de falta ou infração atribuída a magistrado, será determinada, pela autoridade competente, a instauração de sindicância ou proposta, diretamente ao tribunal, a instauração de processo administrativo disciplinar.

Um último ponto deve ser destacado quanto à investigação preliminar. Seu arquivamento deverá ser comunicado à pessoa que fez a representação (exceto se o motivo do arquivamento for a falta de endereço ou meio para se encontrar o representante), a qual terá a possibilidade de interpor recurso ao tribunal no prazo de quinze dias. Segundo o STF, ao julgar a ADIn 4.638, o magistrado também tem o direito de recorrer, caso a decisão lhe seja prejudicial.

144

3.2.1. Roteiro simplificado da investigação preliminar

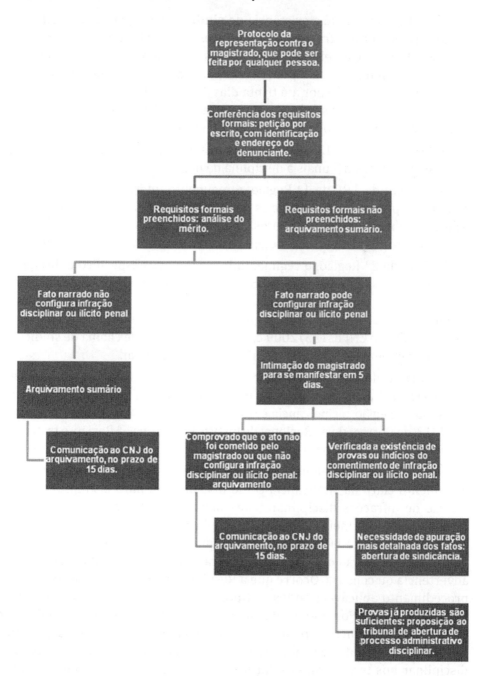

3.3. Sindicância

A LOMAN não prevê a existência de **sindicâncias,** que são procedimentos de **investigação de infrações disciplinares**. No âmbito dos servidores públicos civis da União, a Lei n. 8.112/1990 trata da sindicância dessa forma, estabelecendo ainda que dela poderá resultar a aplicação de penalidade de advertência ou suspensão por até trinta dias. Essa legislação, no entanto, rege os servidores públicos civis federais (da Justiça Federal, por exemplo), mas não os magistrados, que não podem ser punidos por meio de sindicâncias.

A Resolução CNJ n. 135/2009 trata desse procedimento, mas não o disciplina. Resta então aos tribunais a disciplina da matéria.

No âmbito do TRF da 1ª Região, o regimento interno diz que compete ao corregedor proceder a sindicâncias relacionadas com faltas atribuídas a juízes federais e juízes federais substitutos, não especificando o procedimento em si. Já o Provimento-Geral da COGER detalha apenas a sindicância contra servidores.

No TRF da 2ª Região, o regimento interno é mais específico e disciplina a sindicância em seus artigos 254 a 259, dizendo, inclusive, que do procedimento poderá resultar a aplicação de pena de advertência ou censura. Para que isso seja possível, porém, a previsão regimental do TRF deve estar em consonância com a Resolução CNJ n. 135/2009 e, em verdade, o que se chama de sindicância será efetivamente um processo administrativo disciplinar.

A situação do TRF da 3ª Região é similar ao da 2ª Região, conforme se vê nos artigos 331 a 337 do regimento interno, cabendo as mesmas observações já feitas. Na 4ª Região, a sindicância é tratada nos artigos 18 a 25 do Provimento n. 17/2013, da Corregedoria Regional de Justiça. Por fim, na 5ª Região, o tratamento da disciplina é dado pelos artigos 296 a 301 do regimento interno do TRF.

Nota-se, pois, que alguns tribunais regionais federais não trazem disciplinamento claro da sindicância como instrumento puro e simples de investigação de infrações disciplinares de magistrados. A maioria deles trata da questão como um meio de apuração e aplicação de penas leves, seguindo o que diz o art. 48 da LOMAN, segundo o qual os regimentos internos dos tribunais estabelecerão o procedimento para a apuração de faltas puníveis com advertência ou censura. Ocorre que a Resolução CNJ n. 135/2009 estabeleceu procedimento aplicável a todos os tipos de penas, inclusive às leves (art. 12, parágrafo único). Por isso, conforme já foi ressaltado, ou os tribunais denominam de sindicância o **procedimento de investigação sem capacidade punitiva** ou, em outra vertente, realizam verdadeiro processo administrativo disciplinar nos termos da Resolução CNJ n. 135/2009, ainda que o chamem de sindicância, mas desde que sejam respeitadas as determinações tanto da LOMAN quanto do CNJ.

3.4. Processo disciplinar administrativo

A punição administrativa dos juízes encontra normatização geral na LO-MAN, com destaque para seu artigo 27. A Resolução CNJ n. 135/2009 nada mais fez do que detalhar e complementar a LOMAN.

Segundo a Resolução n. 135/2009, o processo administrativo disciplinar poderá ter início, em qualquer caso, por determinação do Conselho Nacional de Justiça, acolhendo proposta do Corregedor Nacional ou deliberação do seu plenário, ou por determinação do pleno ou órgão especial. Já a LOMAN diz, no *caput* do art. 27, que o procedimento terá início por determinação do tribunal, ou do seu órgão especial, a que pertença ou esteja subordinado o magistrado, de ofício ou mediante representação fundamentada do Poder Executivo ou Legislativo, do Ministério Público ou do Conselho Federal ou Secional da Ordem dos Advogados do Brasil. Não há divergência entre as duas normas. Se existe uma representação feita por pessoa distinta do corregedor ou do presidente do tribunal, em regra ela passa por análise preliminar e, caso esteja amparada por provas contundentes, a autoridade do próprio tribunal é quem levará o caso ao colegiado, que decidirá pela abertura ou não do processo.

É de se destacar que, em qualquer caso, a abertura de procedimento para a punição do magistrado deve ser **autorizada pelo pleno ou pelo órgão especial do tribunal**.

Antes da votação, porém, a LOMAN prevê que o juiz tem direito a uma defesa prévia. Nesse sentido, o CNJ disciplinou que a autoridade responsável pela acusação concederá ao magistrado prazo de quinze dias para a defesa prévia, contado da data da entrega da cópia do teor da acusação e das provas existentes. Findo o prazo da defesa prévia, haja ou não sido apresentada, o relator submeterá ao tribunal pleno ou ao seu órgão especial relatório conclusivo com a proposta de instauração do processo administrativo disciplinar, ou de arquivamento, intimando o magistrado ou seu defensor, se houver, da data da sessão do julgamento.

Cumpridas as formalidades essenciais, tem-se então a votação que decide pela abertura ou não do processo. Todos os membros do colegiado, respeitados os casos legais de suspeição e impedimento, podem votar, inclusive o presidente e o corregedor. Diz a Resolução CNJ n. 135/2009 que, caso a proposta de abertura de processo administrativo disciplinar contra magistrado seja adiada ou deixe de ser apreciada por falta de quórum, cópia da ata da sessão respectiva, com a especificação dos nomes dos presentes, dos ausentes, dos suspeitos e dos impedidos, será encaminhada para a Corregedoria do Conselho Nacional de Justiça, no prazo de quinze dias, contados da respectiva sessão, para fins de deliberação, processamento e submissão a julgamento. Esse dispositivo visa evitar o chamado "engavetamento" de processos e a protelação injustificada. Por óbvio, se ficar claro que a não realização da sessão foi um problema circunstancial, nada caberá ao CNJ a não ser aguardar a nova sessão.

Determinada a **instauração** do processo administrativo disciplinar, pela **maioria absoluta** dos membros do **tribunal ou** de seu órgão especial, o respectivo acórdão será acompanhado de portaria que conterá a imputação dos fatos e a delimitação do teor da acusação, assinada pelo presidente do órgão. Esse quórum de maioria absoluta não é uma criação do Conselho Nacional de Justiça, mas uma imposição do art. 93, X, da Constituição Federal. A abertura do processo também deverá ser comunicada ao CNJ em quinze dias, para fins de acompanhamento.

Para garantir a máxima impessoalidade e imparcialidade, a Resolução CNJ n. 135/2009 diz que será sorteado um relator para o processo dentre os magistrados que integram o pleno ou o órgão especial, o qual não pode ser o mesmo que dirigiu o procedimento preparatório (investigação preliminar, sindicância etc.).

De acordo com a norma do CNJ, o tribunal, observada a maioria absoluta de seus membros ou do órgão especial, na oportunidade em que determinar a instauração do processo administrativo disciplinar, decidirá fundamentadamente sobre o afastamento do cargo do magistrado até a decisão final, ou, conforme lhe parecer conveniente ou oportuno, por prazo determinado, assegurado o subsídio integral. Isso acontece quando a presença do magistrado no exercício do cargo ou nas dependências do fórum pode prejudicar as investigações ou possibilitar a continuidade das infrações. Decretado o afastamento, o magistrado ficará impedido de utilizar o seu local de trabalho e usufruir de veículo oficial e outras prerrogativas inerentes ao exercício da função.

Votada a abertura do processo disciplinar e sorteado o relator, este determinará a intimação do Ministério Público Federal (já que estamos tratando da Justiça Federal) para manifestação no prazo de cinco dias. O Ministério Público participará do processo administrativo na função de fiscal da lei, podendo opinar pela condenação ou a absolvição, além de participar dos principais atos do processo.

Com ou sem a manifestação do MP, o relator determinará a **citação** do magistrado para apresentar as razões de defesa e as provas que entender necessárias, em cinco dias (prazo dobrado no caso de serem dois ou mais magistrados acusados), encaminhando-lhe cópia do acórdão que ordenou a instauração do processo administrativo disciplinar. Se o paradeiro do juiz for desconhecido, sua citação se dará por edital com prazo de trinta dias, a ser publicado, uma vez, no órgão oficial de imprensa utilizado pelo tribunal para divulgar seus atos. Confirmada a revelia, o próprio relator designará defensor dativo para o magistrado, concedendo-lhe o prazo para a defesa.

Decorrido o prazo para a apresentação da **defesa prévia**, segundo a normatização do CNJ, o relator decidirá sobre a realização dos atos de instrução e a produção de provas requeridas, determinando de ofício as que entender necessárias. Essa fase pode contar com a participação de juízes para auxiliar o

CAPÍTULO VII - REGIME DISCIPLINAR DOS MAGISTRADOS

relator, inclusive da 1ª instância, cabendo sempre a intimação do acusado e de seu defensor de todos os atos de instrução. Logo, se for designada uma audiência para ouvir uma testemunha de acusação, por exemplo, a intimação deve ser feita para se garantir o contraditório e a ampla defesa.

Na instrução do processo serão inquiridas, no máximo, oito testemunhas de acusação e, até oito de defesa, por requerido, que justificadamente tenham ou possam ter conhecimento dos fatos imputados. Percebe-se um cuidado do CNJ em evitar as testemunhas abonatórias ou de boa conduta, que depõem no processo apenas para dizer que o acusado é uma boa pessoa, o que não ajuda a esclarecer os fatos e apenas protela o fim do processo.

O **depoimento das testemunhas**, as acareações e as provas periciais e técnicas destinadas à elucidação dos fatos serão realizados com aplicação subsidiária, no que couber, das normas da legislação processual penal e da legislação processual civil, sucessivamente. A determinação de que a legislação da esfera criminal seja aplicada em primeiro lugar demonstra a intenção de garantir ao juiz acusado os mais amplos recursos de defesa e uma busca aprofundada da verdade material. Quanto à produção de prova oral em si, a Resolução CNJ n. 135/2009 diz que a inquirição das testemunhas e o interrogatório deverão ser feitos em audiência una, ainda que, se for o caso, em dias sucessivos, e poderão ser realizados por meio de videoconferência. É uma regra que comporta exceções quando a realização de uma única audiência for impraticável.

A última prova a ser produzida é o **interrogatório do juiz acusado**, sempre antecedido de intimação ao menos 48 horas antes da realização do ato. Segue-se a tendência do processo penal moderno de permitir que o réu fale por último, já ciente de todas as provas produzidas, para que o interrogatório seja também um meio importante de defesa.

Após a produção de **provas**, seguem as **alegações finais** no prazo de dez dias, primeiramente o Ministério Público Federal e, depois, o magistrado ou seu defensor. Tem-se então o processo pronto para julgamento, que será realizado em sessão pública e serão fundamentadas todas as decisões. Os membros do tribunal têm direito ao acesso a todas as peças do processo administrativo, para que possam formar o convencimento de forma mais robusta.

Designada a audiência de julgamento, são intimados o acusado e seu defensor e, na data aprazada, os membros do tribunal ou do órgão especial decidirão se o juiz deve ser condenado ou não, bem como qual deve ser a pena imposta. A punição, conforme já dito, será imposta apenas no caso de voto a ela favorável por parte da maioria absoluta dos membros do colegiado. Quando houver divergência do tribunal em relação à pena a ser aplicada ao magistrado, conforme decidiu o STF na ADIn 4.638, cada sugestão de pena deverá ser votada separadamente para que seja aplicada somente aquela que alcançar quórum de maioria absoluta na deliberação, não prevalecendo a interpretação literal do art. 21 da Resolução CNJ n. 135/2009.

149

Entendendo o tribunal que existem indícios de crime de ação pública incondicionada, o presidente remeterá ao Ministério Público Federal cópia dos autos. Além disso, aplicada a pena de disponibilidade ou de aposentadoria compulsória, o presidente remeterá cópias dos autos ao Ministério Público Federal e à Advocacia Geral da União para, se for o caso, tomar as providências cabíveis.

3.4.1. Roteiro simplificado do processo administrativo disciplinar

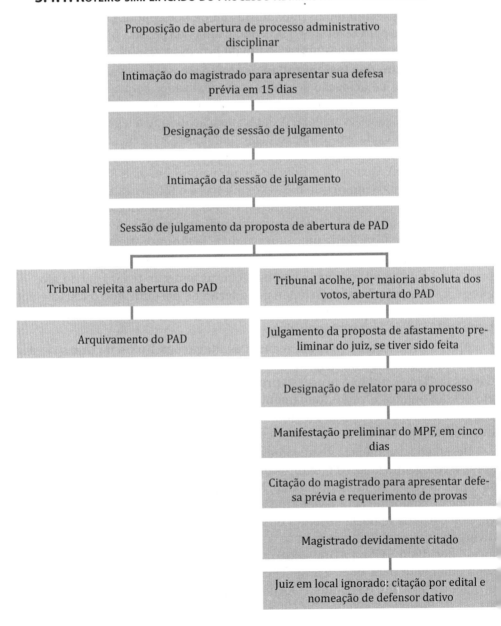

CAPÍTULO VII - REGIME DISCIPLINAR DOS MAGISTRADOS

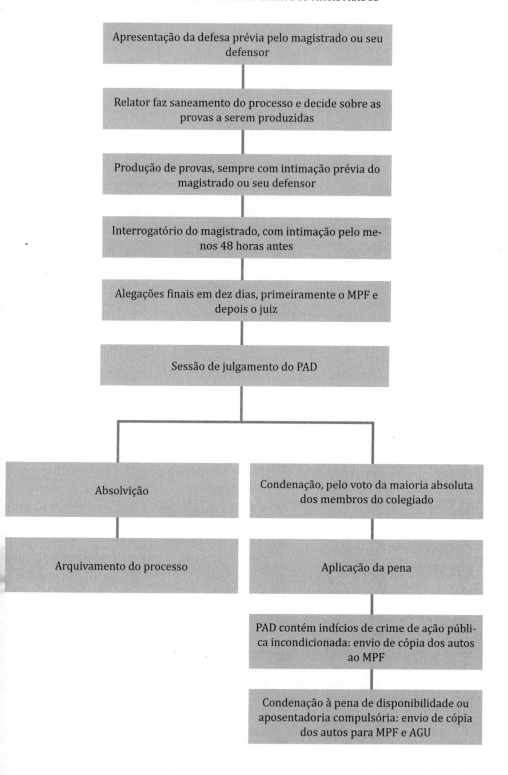

CAPÍTULO VIII

QUESTÕES DE CONCURSOS

(1) Juiz Federal Substituto. TRF 3ª Região. 2011 (CESPE/UnB)
Acerca da organização e das competências da justiça federal, assinale a opção correta:
- (a) A remoção ou permuta de juízes dos TRF's, bem como a determinação de sua jurisdição e sede, será disciplinada por resolução do Conselho da Justiça Federal.
- (b) Aos juízes federais compete processar e julgar os crimes praticados por índios, tanto em caso de crimes comuns quanto de crimes que envolvam disputa sobre direitos indígenas.
- (c) No âmbito da justiça federal comum, cada unidade da Federação deve constituir uma seção judiciária com sede na respectiva capital; a localização das varas federais deve ser estabelecida em lei ordinária.
- (d) Cabe ao Conselho da Justiça Federal, ainda que suas decisões não tenham caráter vinculante, exercer a supervisão administrativa da justiça federal de primeiro e segundo graus, com poderes correcionais.
- (e) Conforme o disposto na CF, as competências da justiça federal de primeira instância são fixadas apenas em razão da matéria.

(2) Juiz Federal Substituto. TRF 3ª Região. 2011 (CESPE/UnB)
Assinale a opção correspondente à situação que é de competência da justiça federal:
- (a) pedido de modificação do registro de brasileiro naturalizado.
- (b) ação de alimentos proposta em favor de alimentando residente em outro país contra alimentante residente no Brasil, conforme a Convenção de Nova Iorque.
- (c) qualquer causa que verse a respeito da violação de direitos humanos.
- (d) pretensão reparatória decorrente da aplicação da Convenção de Montreal, que regula o transporte aéreo internacional.
- (e) pedido de abertura de inventário realizado por indígena para tratar de bens deixados por antecessor falecido.

(3) Juiz Federal Substituto. TRF 1ª Região. 2012 (CESPE/UnB)
Considerando a legislação brasileira relativa à competência jurisdicional nas relações jurídicas com elemento estrangeiro, as cartas rogatórias e a homologação de sentenças estrangeiras, assinale a opção correta.
- (a) Tanto a autoridade judiciária brasileira quanto a autoridade do país de origem do autor da herança, se este for estrangeiro, têm competência para proceder a inventário e partilha de bens situados no Brasil.
- (b) A homologação de sentença estrangeira no Brasil, cuja natureza é jurisdicional, pode ser concedida a sentença de qualquer natureza, com exceção das que sejam meramente declaratórias do estado das pessoas.

153

(c) A carta rogatória obedecerá, quanto à admissibilidade e ao modo de cumprimento, ao disposto na legislação brasileira, devendo necessariamente ser remetida aos juízes ou tribunais estrangeiros por contato direto entre as autoridades judiciárias dos Estados envolvidos.

(d) Não conhecendo a lei estrangeira, o juiz brasileiro não pode exigir da parte que a invoque o fornecimento de prova do seu texto e vigência, mas, sim, solicitar às autoridades de outro Estado os elementos de prova ou informação sobre o texto, sentido e alcance legal de seu direito.

(e) A competência jurisdicional brasileira é territorial-relativa e incide sobre o estrangeiro domiciliado no país, sendo competente também o juiz brasileiro quando a obrigação tiver de ser cumprida no Brasil e quando a ação se originar de fato ocorrido ou de ato praticado no território nacional.

(4) Juiz Federal Substituto. TRF 1ª Região. 2013 (CESPE/UnB)

Assinale a opção correta a respeito das competências da justiça federal e da justiça estadual.

(a) Juiz federal de primeira instância não tem competência para julgar conflito entre governo estrangeiro e ente municipal brasileiro.

(b) As disputas que envolvem direitos indígenas a reserva no território de um único estado se inserem entre as competências da justiça estadual.

(c) Compete aos juízes federais julgar os crimes cometidos a bordo de avião, ainda que se trate de voo doméstico, ressalvados os crimes militares.

(d) Não há o que falar em competência de juiz federal no que concerne ao julgamento de crimes políticos caso o autor seja agente político estadual.

(e) Brasília é o foro necessário para o julgamento de ação de competência da justiça federal que envolva servidor público federal.

(5) Juiz Federal Substituto. TRF 1ª Região. 2013 (CESPE/UnB)

De acordo com o entendimento dos tribunais superiores, assinale a opção correta acerca da competência jurisdicional.

(a) Compete à justiça federal processar e julgar o crime de sabotagem contra serviço de transporte coletivo cuja conduta provoque danos aos equipamentos de informática que registram a frequência dos funcionários da empresa.

(b) Compete à justiça federal processar e julgar o crime de redução a condição análoga à de escravo e o crime de venda de mercadoria imprópria ao consumo a esse conexo, cujas autorias sejam imputadas ao mesmo agente.

(c) Compete à justiça federal da seção judiciária do DF processar e julgar crime de peculato praticado por servidor público integrante do quadro de pessoal efetivo do Ministério Público do DF e Territórios, órgão integrante do MPU.

(d) Compete à justiça federal processar e julgar o crime e a contravenção penal a ele conexa praticados a bordo de aeronave estrangeira particular no espaço aéreo nacional.

(e) Compete à seção judiciária da justiça federal local processar e julgar quaisquer crimes praticados por um índio contra outro índio dentro de reserva indígena demarcada.

(6) Juiz Federal Substituto. TRF3. 2006

Aos juízes federais compete:

(a) Processar e julgar, em recurso ordinário, as causas em que forem partes cidadão estrangeiro, de um lado, e, do outro, pessoa residente ou domiciliada no País;

(b) Processar e julgar os crimes previstos em tratado ou convenção internacional, quando, iniciada a execução no País, o resultado tenha ou devesse ter ocorrido no estrangeiro, ou reciprocamente;

(c) Processar e julgar, originariamente, o litígio entre Estado estrangeiro ou organismo internacional e a União, o Estado, o Distrito Federal ou o Território;

CAPÍTULO VIII - QUESTÕES DE CONCURSOS

(d) Processar e julgar os crimes contra a ordem econômica e financeira, e em especial estabelecer as condições para a participação do capital estrangeiro nas instituições do sistema financeiro nacional, tendo em vista os tratados internacionais em vigor.

(7) Juiz Federal Substituto. TRF 2ª Região. 2009 (CESPE- UnB)
No que se refere ao Poder Judiciário, assinale a opção correta.

(a) Segundo o STF, o Poder Judiciário tem competência para dispor acerca da especialização de varas, ainda que haja impacto orçamentário, já que possui autonomia orçamentária, e a matéria se insere na organização da organização judiciária dos tribunais, não restrita ao campo de incidência exclusiva da lei.

(b) Após a aquisição da vitaliciedade, todo e qualquer magistrado somente poderá perder o cargo por decisão judicial transitada em julgado.

(c) O Conselho da Justiça Federal funciona junto ao STJ, cabendo-lhe a supervisão administrativa e orçamentária da justiça federal de primeiro e segundo graus, como órgão central do sistema e com poderes de correição, cujas decisões são dotadas de caráter vinculante.

(d) Na hipótese de grave violação de direitos humanos, o procurador-geral da República ou o advogado-geral da União, com a finalidade de assegurar o cumprimento de obrigações decorrentes de tratados internacionais de direitos humanos dos quais o Brasil seja parte, poderão suscitar, perante o STJ, incidente de deslocamento de competência para a justiça federal.

(e) Consoante o STF, no concurso de crimes, a competência criminal da justiça federal para um deles não tem a força de atrair o processo dos crimes conexos.

(8) Juiz Federal Substituto. TRF 3ª Região. 2013
A respeito da competência federal para processar e julgar, não é correto afirmar que:

(a) na comarca que não seja sede de vara do juízo federal, a lei poderá permitir que algumas causas da competência originária dos juízes federais sejam também processadas e julgadas pela justiça estadual, garantindo-se, nesses casos, que os recursos cabíveis sejam para o Tribunal de Justiça na área de jurisdição do juiz de primeiro grau;

(b) sempre que uma comarca não seja sede de vara do juízo federal, as causas em que for parte instituição de previdência social e segurado serão processadas e julgadas na justiça estadual, no foro do domicílio dos segurados ou beneficiários, cabendo recurso para o Tribunal Regional Federal na área de jurisdição do juiz de primeiro grau;

(c) as causas em que a União, entidade autárquica ou empresa pública federal forem interessadas na condição de autoras, rés, assistentes ou oponentes, exceto as de falência, as de acidentes de trabalho e as sujeitas à Justiça Eleitoral e à Justiça do Trabalho, serão da competência da Justiça Federal;

(d) as causas entre Estado estrangeiro ou organismo internacional e Município ou pessoa domiciliada ou residente no País, assim como as causas fundadas em tratado ou contrato da União com Estado estrangeiro ou organismo internacional, serão da competência de juiz federal;

(e) serão julgados perante a Justiça Federal os crimes políticos e as infrações penais praticadas em detrimento de bens, serviços ou interesse da União ou de suas entidades autárquicas ou empresas públicas, excluídas as contravenções e ressalvada a competência da Justiça Militar e da Justiça Eleitoral; os crimes previstos em tratado ou convenção internacional, quando, iniciada a execução no País, o resultado tenha ou devesse ter ocorrido no estrangeiro, ou reciprocamente; assim como, as causas relativas a direitos humanos, quando assim for decidido pelo Superior Tribunal de Justiça em incidente de deslocamento de competência.

(9) Analista Judiciário. TRT 6ª Região. 2012 (FCC)
Nas hipóteses de grave violação de direitos humanos, o Procurador-Geral da República, com a finalidade de assegurar o cumprimento de obrigações decorrentes de tratados internacionais de direitos humanos dos quais o Brasil seja parte, poderá

155

(a) suscitar, perante o Superior Tribunal de Justiça, em qualquer fase do inquérito ou processo, incidente de deslocamento de competência para a Justiça Federal.

(b) requerer, perante o Supremo Tribunal Federal, em qualquer fase do inquérito ou processo, que este avoque o julgamento da matéria para sua competência.

(c) solicitar, perante o Tribunal Superior do Trabalho, após a contestação do réu, que este avoque o julgamento da matéria para sua competência quando a violação decorrer de relação de trabalho

(d) suscitar, perante a Justiça Federal, após a contestação do réu, incidente de deslocamento de competência para o Superior Tribunal de Justiça.

(d) requerer, perante o Tribunal Superior do Trabalho, em qualquer fase do inquérito ou processo, incidente de deslocamento de competência para a Justiça do Trabalho quando a violação decorrer de relação de trabalho.

(10) Advogado. CREMESP/SP. 2011 (VUNESP)
Conforme dispõe a Carta Magna sobre a Justiça Federal, é correto afirmar que

(a) as causas em que a União for autora serão aforadas na seção judiciária onde tiver domicílio a outra parte.

(b) as causas intentadas contra a União poderão ser aforadas na seção judiciária em que for domiciliado o réu, naquela onde houver ocorrido o ato ou fato que deu origem à demanda ou onde esteja situada a coisa, ou, ainda, no Estado onde reside o Autor.

(c) serão processadas e julgadas na justiça estadual, no foro do domicílio dos segurados ou beneficiários, as causas em que forem parte instituição de previdência social e segurado, exceto se a comarca não for sede de vara do juízo federal; se verificada essa condição, a lei poderá permitir que outras causas sejam também processadas e julgadas pela justiça estadual.

(d) nas hipóteses de grave violação de direitos humanos, o Advogado Geral da União, com a finalidade de assegurar o cumprimento de obrigações decorrentes de tratados internacionais de direitos humanos dos quais o Brasil seja parte, poderá suscitar, perante o Superior Tribunal de Justiça, em qualquer fase do inquérito ou processo, incidente de deslocamento de competência para a Justiça Federal.

(e) nos Territórios Federais, a jurisdição e as atribuições cometidas aos juízes federais caberão aos juízes trabalhistas.

(11) Analista de Controle Externo. TCE/AP. 2012 (FCC)
Os juízes federais

(a) julgam as causas em que a União é interessada na condição de autora, ré, assistente ou oponente, inclusive as de falência e de acidentes de trabalho.

(b) gozam das garantias da estabilidade, inamovibilidade e irredutibilidade de subsídio, após um ano de efetivo exercício.

(c) podem exercer advocacia no juízo do qual tenham se afastado em virtude de aposentadoria, desde que decorridos três anos do afastamento.

(d) julgam os mandados de segurança contra ato de Ministro de Estado e dos Tribunais de Contas da União.

(e) podem exercer atividade político-partidária, nas hipóteses previstas em lei.

(12) Analista Judiciário. TRF 1ª Região. 2011 (FCC)
Dentre outras, NÃO é competência dos juízes federais, processar e julgar

(a) contravenções penais praticadas em detrimento de bens, serviços ou interesse da União ou de suas entidades autárquicas ou empresas públicas.

(b) causas entre Estado estrangeiro ou organismo internacional e Município ou pessoa domiciliada ou residente no País.

CAPÍTULO VIII - QUESTÕES DE CONCURSOS

(c) mandado de segurança e habeas data contra ato de autoridade federal, excetuados casos de competência dos tribunais federais.

(d) disputa sobre direitos indígenas.

(e) causas referentes à nacionalidade, inclusive a respectiva opção, e à naturalização.

(13) Técnico Judiciário - Tecnologia da Informação. TRT 9ª Região. 2010 (FCC)
É certo que os Tribunais Regionais Federais são competentes para processar e julgar

(a) as ações sobre representação sindical.

(b) os crimes contra a organização do trabalho.

(c) os processos disciplinares, de ofício ou por provocação, dos membros de Tribunais.

(d) a arguição de descumprimento de preceito fundamental da Constituição.

(e) as causas falimentares em que a União for interessada como autora.

(14) Oficial Técnico de Inteligência. ABIN. 2010 (Cespe)
No que concerne ao STF, ao Ministério Público (MP) e à justiça federal, julgue o seguinte item.

As demandas de falência em que a União, entidade autárquica ou empresa pública federal sejam interessadas devem ser processadas e julgadas pelos juízes federais.

(15) Técnico Judiciário. TRE/BA. 2010 (Cespe)
Acerca do Poder Judiciário, julgue o seguinte item.

Compete aos juízes federais processar e julgar os crimes políticos e compete ao Supremo Tribunal Federal julgar o recurso ordinário contra as sentenças advindas do julgamento desses crimes.

(16) Juiz Federal. TRF - 2ª Região. 2011 (Cespe – UnB)
Assinale a opção correta no que se refere à competência da justiça federal.

(a) Se a União for credora do *de cujus*, a competência para o processamento do inventário será da justiça federal.

(b) O fato de o INSS ter interesse na matéria não é suficiente para atrair a competência da justiça federal

(c) É da justiça federal a competência para processar e julgar as ações relativas às penalidades administrativas impostas aos empregadores pelos órgãos de fiscalização das relações de trabalho

(d) É da justiça federal a competência para processar e julgar execução de dívida ativa inscrita pela fazenda nacional para cobrança de custas processuais oriundas de reclamatória trabalhista

(e) A possibilidade de ação em curso no juízo federal repercutir no resultado de lide em que figure pessoa jurídica de direito privado, ainda que não incluída no rol constitucional, modifica a competência para o julgamento.

(17) Juiz Federal. TRF 5ª Região. 2011(Cespe – UnB)
A respeito da competência, assinale a opção correta.

(a) A justiça federal é competente para julgar causas que envolvam como parte conselho de fiscalização profissional de âmbito nacional, cabendo à justiça estadual o julgamento das que envolvam os conselhos regionais.

(b) A competência da justiça federal é funcional e, por consequência, absoluta e inderrogável pela vontade das partes, sem qualquer ressalva.

(c) O interesse jurídico do ente submetido à competência da justiça federal é avaliado pelo juiz federal, podendo o protesto pela preferência de crédito apresentado por ente federal em execução que tramite na justiça estadual deslocar a competência para a justiça federal, se assim entender o juiz federal.

(d) Excluído o ente federal do feito, cessa a razão que tenha justificado a declinação da competência para a justiça federal, não precisando o juiz da causa suscitar conflito negativo de competência para devolvê-lo à justiça estadual.

(e) A decisão de juiz federal que exclui ente federal da relação processual pode ser objeto de reexame na justiça estadual, desde que realizado por tribunal.

(18) Juiz Federal Substituto. TRF 3ª Região. 2011 (CESPE – UnB)

Acerca da organização e das competências da justiça federal, assinale a opção correta:

(a) A remoção ou permuta de juízes dos TRF's, bem como a determinação de sua jurisdição e sede, será disciplinada por resolução do Conselho da Justiça Federal.

(b) Aos juízes federais compete processar e julgar os crimes praticados por índios, tanto em caso de crimes comuns quanto de crimes que envolvam disputa sobre direitos indígenas.

(c) No âmbito da justiça federal comum, cada unidade da Federação deve constituir uma seção judiciária com sede na respectiva capital; a localização das varas federais deve ser estabelecida em lei ordinária.

(d) Cabe ao Conselho da Justiça Federal, ainda que suas decisões não tenham caráter vinculante, exercer a supervisão administrativa da justiça federal de primeiro e segundo graus, com poderes correicionais.

(e) Conforme o disposto na CF, as competências da justiça federal de primeira instância são fixadas apenas em razão da matéria.

(19) Juiz Federal Substituto. TRF 4ª Região. 2005-2006

Dadas as assertivas abaixo, assinalar a alternativa correta.

I. A promoção dos juízes por merecimento obedece, dentre outros, a parâmetros objetivos de produtividade e presteza no exercício da jurisdição.

II. Não pode ser promovido o juiz que, injustificadamente, retiver autos em seu poder além do prazo legal.

III. O juiz pode ser removido, aposentado, colocado em disponibilidade ou demitido por decisão da maioria absoluta do respectivo tribunal ou do Conselho Nacional da Justiça, assegurada ampla defesa.

IV. O Conselho da Justiça Federal tem poderes correicionais e suas decisões caráter vinculante.

(a) Estão corretas apenas as assertivas I e II.

(b) Estão corretas apenas as assertivas I, II e III.

(c) Estão corretas apenas as assertivas I, II e IV.

(d) Estão corretas apenas as assertivas II, III e IV

(20) Juiz Federal Substituto. TRF 5ª Região. 2013 (Cespe).

Assinale a opção correta acerca do Poder Judiciário:

(a) Advogado ou membro do MP que passe a integrar a carreira da magistratura por meio da regra do quinto constitucional adquirirá a vitaliciedade após dois anos de efetivo exercício do cargo.

(b) A partir da publicação do enunciado de súmula vinculante do STF na imprensa oficial, ficam vinculados ao seu teor os demais órgãos do Poder Judiciário, assim como os órgãos do Poder Legislativo e do Poder Executivo.

(c) De acordo com o entendimento do STF, o foro especial por prerrogativa de função estende-se aos magistrados aposentados.

(d) O STF entende que, caso magistrado federal tenha sido indicado por três vezes consecutivas, em lista tríplice, para promoção por merecimento, a cargo de juiz de TRF, a Presidência da República é obrigada a nomeá-lo, por ser a nomeação um direito subjetivo público decorrente de garantia da magistratura.

CAPÍTULO VIII - QUESTÕES DE CONCURSOS

(e) De acordo com a jurisprudência do STF, confirmada pelo plenário do tribunal, é desnecessária a realização de sessão pública e de votação nominal, aberta e fundamentada para a promoção por merecimento de magistrados, bem como para deliberações sobre remoções voluntárias para membros do Poder Judiciário.

(21) Juiz Federal Substituto. TRF 4ª Região. 2007-2008.
Dadas as assertivas abaixo, assinalar a alternativa correta.
I. A negativa de existência do fato em âmbito penal, mesmo que passada em julgado a sentença que a declare, não guarda relevância em âmbito administrativo, pois que há independência absoluta entre a esfera penal e a atuação administrativa em processo disciplinar.
II. São cargos vitalícios unicamente os de Magistrado (art. 95, I, da Constituição Federal), os de Ministro (ou Conselheiro, que é sua designação nas esferas distrital, estaduais e municipais) do Tribunal de Contas (art. 73, §3º, da Constituição Federal) e de Membro do Ministério Público, cujo vitaliciamento também se dá após dois anos de exercício (art. 128, §5º, I, "a", da Constituição Federal).
III. Há previsão constitucional de perda de cargo de magistrado vitalício por força de condenação penal quer por crime comum, quer por crime de responsabilidade.
IV. O princípio do juiz natural veda em termos absolutos a aplicação da remoção compulsória a qualquer magistrado, mesmo que a título de sanção disciplinar imposta em processo regular no qual facultada ampla defesa.
    (a) Estão corretas apenas as assertivas I e III.
    (b) Estão corretas apenas as assertivas I e IV.
    (c) Estão corretas apenas as assertivas II e III.
    (d) Estão corretas apenas as assertivas II e IV.

(22) Juiz Federal Substituto. TRF 4ª Região. 2007-2008
Dadas as assertivas abaixo, assinalar a alternativa correta.
I. Os princípios atinentes à carreira da magistratura, previstos explicitamente na Constituição da República, independem da promulgação do Estatuto da Magistratura, em face do caráter de plena e integral eficácia de que se revestem tais preceitos.
II. Não será promovido o juiz que, injustificadamente, retiver autos em seu poder além do prazo legal, não os podendo devolver ao cartório sem o devido despacho ou decisão.
III. A garantia de participação na quinta parte dos tribunais de membros externos à carreira da magistratura impõe que se observe a fração constitucional como mínimo e não máximo, sendo possível, quando o total de vagas de um tribunal não for divisível por cinco, que ele tenha mais de um quinto de membros oriundos da advocacia e do Ministério Público, mas nunca menos.
IV. Tribunais que tenham mais de vinte e cinco membros devem constituir órgão especial com no máximo quinze componentes escolhidos dentre os mais antigos na carreira.
    (a) Estão corretas apenas as assertivas I e IV.
    (b) Estão corretas apenas as assertivas II e III.
    (c) Estão corretas apenas as assertivas I, II e III.
    (d) Estão corretas todas as assertivas.

(23) Juiz Federal Substituto. TRF 5ª Região. 2007
Julgue os itens subseqüentes, relativos ao controle interno ou externo da magistratura e do Ministério Público.
    (a) Os mandados de segurança contra ato do Conselho Nacional do Ministério Público são processados e julgados no STJ.
    (b) Dado que o Conselho Nacional de Justiça tem estatura constitucional e se destina ao controle administrativo, financeiro e disciplinar do Poder Judiciário, todos os seus membros e órgãos, incluindo-se o STF, a ele estão subordinados.

159

MANUAL DO JUIZ FEDERAL - *Alexandre Henry Alves* • *Viviane Ignes de Oliveira*

(c) De acordo com o STF, não se compreende na autonomia dos estados-membros competência constitucional para instituir conselho destinado ao controle da atividade administrativa e financeira da respectiva justiça.

(d) A Emenda Constitucional n.º 45/2004 mitigou a garantia da vitaliciedade dos magistrados, uma vez que previu a possibilidade de perda do cargo de magistrado por decisão da maioria absoluta dos membros do Conselho Nacional de Justiça. (errado)

(e) O STF já decidiu que a competência do Conselho Nacional de Justiça não compreende o poder normativo para estabelecer, em caráter geral e abstrato, proibição de nepotismo, pois essa vedação não consta da Constituição Federal ou de leis, sendo impróprio ao órgão de controle suprir a vontade do legislador.

(24) Juiz Federal Substituto. TRF 3ª Região. 5º Concurso.
São garantias da Magistratura Nacional:
    (a) vitaliciedade; inamovibilidade, após dois anos; e irredutibilidade de vencimentos;
    (b) vitaliciedade após dois anos; inamovibilidade; e irredutibilidade de vencimentos;
    (c) vitaliciedade; inamovibilidade; e irredutibilidade de vencimentos, após dois anos;
    (d) vitaliciedade e inamovibilidade, após dois anos; e irredutibilidade de vencimentos.

(25) Juiz Federal Substituto. TRF 3ª Região. 2013
A respeito do princípio da proteção judiciária, também chamado pela doutrina como princípio da inafastabilidade do controle jurisdicional, marque a assertiva que exprime as determinações constitucionais:

(a) fundamenta-se no princípio da separação dos poderes, incluindo as garantias de independência e imparcialidade do juiz, a garantia do juiz natural ou constitucional, o direito de ação e de defesa e o direito a uma duração razoável do processo. Quanto a esse último, cabe ao Congresso Nacional promover alterações na legislação federal objetivando tomar mais amplo o acesso à Justiça e mais célere a prestação jurisdicional;

(b) fundamenta-se no princípio da separação dos poderes, incluindo as garantias de independência e imparcialidade do juiz, a garantia do juiz natural ou constitucional, o direito de ação e de defesa e o direito a uma duração razoável do processo. Quanto a esse último, cabe aos tribunais, exclusivamente, a tarefa de adequar sua estrutura, de modo a garantir o cumprimento do desígnio constitucional;

(c) inclui o monopólio judiciário do controle jurisdicional ("a lei não excluirá da apreciação do Poder Judiciário lesão ou ameaça a direito"), o direito de ação e de defesa ("aos litigantes, em processo judicial e administrativo, e aos acusados em geral são assegurados o contraditório e ampla defesa, com os meios e recursos a ela inerentes"), o direito ao devido processo legal ("ninguém será privado da liberdade sem o devido processo legal") e a duração razoável do processo ("a todos são asseguradas, no âmbito judicial e administrativo, a razoável duração do processo e os meios que garantam a celeridade de sua tramitação");

(d) inclui o monopólio judiciário do controle jurisdicional ("a lei não excluirá da apreciação do Poder Judiciário lesão a direito"), o direito de ação e de defesa ("aos litigantes, em processo judicial e administrativo, e aos acusados em geral são assegurados o contraditório e ampla defesa, com os meios e recursos a ela inerentes"), o direito ao devido processo legal ("ninguém será privado da liberdade sem o devido processo legal") e a duração razoável do processo ("a todos são asseguradas, no âmbito judicial e administrativo, a razoável duração do processo e os meios que garantam a celeridade de sua tramitação");

(e) inclui o monopólio judiciário do controle jurisdicional ("a lei não excluirá da apreciação do Poder Judiciário lesão a direito"), o direito de ação e de defesa ("aos litigantes, em processo judicial e administrativo, e aos acusados em geral são assegurados o contraditório e ampla defesa, com os meios e recursos a ela inerentes"), o direito ao devido processo legal ("ninguém será privado da liberdade sem o devido processo legal") e a duração razoável do processo ("a todos são asseguradas, no âmbito judicial, a razoável duração do processo e os meios que garantam a celeridade de sua tramitação").

CAPÍTULO VIII - QUESTÕES DE CONCURSOS

(26) Juiz Federal Substituto. TRF 5ª Região. 2009.
No que se refere ao Poder Judiciário, assinale a opção correta.

(a) Suponha que um juiz federal substituto ocupe cargo de professor em uma universidade pública, na qual lecione a disciplina de direito penal, duas vezes por semana, no turno noturno, e que esse mesmo magistrado tenha sido convidado a ministrar aulas em um cursinho preparatório para a magistratura, uma vez por semana, também no turno noturno. Nessa situação hipotética, há violação à CF, visto que, conforme o entendimento do STF, juiz somente pode ocupar um único cargo de professor.

(b) Compete ao presidente do TRF da 5.ª Região encaminhar ao Congresso Nacional proposta orçamentária do tribunal que preside.

(c) Os débitos de natureza alimentícia, para fins de pagamento por precatório, compreendem os decorrentes de salários, vencimentos, proventos, pensões e suas complementações, benefícios previdenciários e indenizações, por morte ou invalidez, fundadas na responsabilidade civil, em virtude de sentença transitada em julgado.

(d) Suponha que um juiz do trabalho tenha determinado a prisão em flagrante de uma testemunha, pelo crime de falso testemunho, nos autos de uma reclamação trabalhista. Nessa situação hipotética, compete à justiça do trabalho, e não à justiça federal, julgar o referido crime.

(e) É prerrogativa do juiz ser preso apenas por ordem escrita do tribunal ou do órgão especial competente para o julgamento de crime que ele tenha cometido.

(27) Técnico Judiciário – telecomunicações. STJ 2012 (Cespe)
Julgue o item seguinte, referentes à organização do Estado e ao Poder Judiciário.

(a) As atribuições do Conselho Nacional de Justiça incluem o controle da atuação administrativa e financeira do Poder Judiciário e do cumprimento dos deveres funcionais dos juízes.

(28) Auditor de Controle Externo. TC/DF. 2012 (CESPE)
Julgue o item que se segue, relativo ao Poder Judiciário
O Conselho Nacional de Justiça dispõe de poderes para, pelo voto da maioria absoluta dos seus integrantes, determinar a remoção de magistrado, a disponibilidade deste ou a sua aposentadoria compulsória, com subsídios ou proventos proporcionais ao tempo de serviço, bem como para aplicar-lhe outras sanções administrativas.

(29) Analista Judiciário. TST. 2012 (FCC)
Xisto é Juiz do Trabalho em uma determinada cidade do Estado de São Paulo e é acusado de crime de responsabilidade. Neste caso, Xisto será processado e julgado, originariamente,

(a) pelo Tribunal Regional Federal da área de sua jurisdição.
(b) pela Assembleia Legislativa do Estado de São Paulo.
(c) pelo Tribunal Regional do Trabalho da área de sua jurisdição.
(d) pelo Superior Tribunal de Justiça.
(e) pelo Tribunal de Justiça de São Paulo.

(30) Técnico Judiciário. TRF 5ª Região. 2012 (FCC)
Considere as seguintes situações atuais:
I. Maria Clara é advogada com doze anos de efetiva atividade profissional, notável saber jurídico e reputação ilibada, com reconhecimento através de obras publicadas e atuação profissional significativa.
II. César é membro do Ministério Público Federal com quatorze anos de carreira.
III. Caio é membro do Ministério Público Federal com dezesseis anos de carreira.
IV. Ana Luiza é advogada com oito anos de efetiva atividade profissional, notável saber jurídico e reputação ilibada, com reconhecimento através de obras publicadas e atuação profissional significativa.
De acordo com a Constituição Federal brasileira, poderão fazer parte da composição de Tribunal Regional Federal os indicados APENAS em

(a) II e III.
(b) I e IV.

161

(c) I, II e III.

(d) I e III.

(e) II, III e IV.

(31) Técnico Judiciário. TRF 5ª Região. 2012 (FCC)

Pâmela é Juíza Federal da Seção Judiciária de Alagoas; Brunetti é Juíza Federal da Seção Judiciária de São Paulo; Apolo é membro do Ministério Público da União atuante em primeira instância e Giselle é Juíza Federal da Seção Judiciária do Rio Grande do Norte.

De acordo com a Constituição Federal brasileira, compete ao Tribunal Regional Federal da 5ª Região processar e julgar, originariamente, nos crimes comuns e de responsabilidade, ressalvada a competência da Justiça Eleitoral,

(a) Pâmela, Brunetti e Giselle, apenas.

(b) Pâmela e Giselle, apenas.

(c) Pâmela, Brunetti, Apolo e Giselle.

(d) Pâmela, Apolo e Giselle, apenas.

(e) Apolo, apenas.

(32) Analista Judiciário. STM. 2011 (Cespe).

Acerca de direito constitucional, julgue o item a seguir.

(a) Juiz do trabalho em exercício na comarca de Goiânia que cometer crime comum deverá ser julgado pelo Tribunal Regional Federal da 1.ª Região.

Julgue o item seguinte, que diz respeito ao Poder Judiciário.

(b) As causas em que a Caixa Econômica Federal atue como autora ou ré, em processos cíveis, deverão ser julgadas na justiça federal.

(33) Analista Processual. MPU. 2010 (Cespe)

No Estado brasileiro, a atuação dos três poderes, dá-se de forma harmônica, mas complementar. Acerca dos poderes, do seu funcionamento e dos respectivos integrantes, julgue o item subsequente.

Os tribunais regionais federais podem funcionar de forma descentralizada, constituindo Câmaras regionais, como forma de assegurar a plenitude do acesso à justiça.

(34) Juiz Federal Substituto. TRF 1ª Região. 2012. (Cespe – UnB)

Assinale a opção correta com referência ao Poder Judiciário.

(a) A permuta de juízes dos TRF's e a determinação de sua jurisdição e sede se darão por resolução do Conselho da Justiça Federal.

(b) Aos juízes federais compete processar e julgar as causas em que a União e as entidades da administração indireta forem interessadas na condição de autoras, rés, assistentes ou oponentes, excetuando-se as de falência, de acidentes de trabalho e as sujeitas à justiça eleitoral e à justiça do trabalho.

(c) A CF estabelece que as unidades federativas com elevado número de ações judiciais devem constituir seções judiciárias nas capitais, cabendo aos juízes da justiça local, nos estados em que não existirem varas federais, o exercício da jurisdição e das atribuições cometidas aos juízes federais.

(d) Afora a remoção de ofício, os magistrados podem ser removidos independentemente de sua vontade, em razão de interesse público, por decisão tomada pelo voto da maioria absoluta do respectivo tribunal ou do CNJ, assegurada ampla defesa.

(e) Os membros da magistratura, incluídos os ministros do STF e os dos tribunais superiores, somente perderão o cargo por decisão judicial transitada em julgado.

(35) Titular de notas e serviços. TJ/PB. 2014.

Sobre os juízes e magistratura é correto afirmar, EXCETO:

(a) Os juízes gozam da garantia da vitaliciedade, que, no primeiro grau, só será adquirida após dois anos de exercício, dependendo a perda do cargo, nesse período, de deliberação do tribunal a que o juiz estiver vinculado, e, nos demais casos, de sentença judicial transitada em julgado.

CAPÍTULO VIII - QUESTÕES DE CONCURSOS

(b) Aos juízes é vedado exercer, ainda que em disponibilidade, outro cargo ou função, salvo uma de magistério; receber, a qualquer título ou pretexto, custas ou participação em processo.

(c) Aos juízes é vedado exercer a advocacia no juízo ou tribunal do qual se afastou, antes de decorridos dois anos do afastamento do cargo por aposentadoria ou exoneração.

(d) Aos juízes é vedado dedicar-se à atividade político-partidária; receber, a qualquer título ou pretexto, auxílios ou contribuições de pessoas físicas, entidades públicas ou privadas, ressalvadas as exceções previstas em lei.

(36) Juiz do Trabalho. TRT/SP- 2ª Região. 2014.
Em relação ao estatuto da Magistratura, aponte a alternativa correta:

(a) O magistrado do trabalho, a partir da posse, só perderá o cargo por condenação em ação penal por crime comum ou de responsabilidade ou em procedimento administrativo nas hipóteses legais

(b) O Tribunal ou seu Órgão Especial poderá determinar, por motivo de interesse público, observado o devido processo legal, a remoção de juiz de instância inferior.

(c) O magistrado que for convocado a substituir, em primeira ou segunda instância, perceberá a diferença de vencimentos correspondente ao cargo que passa a exercer, com exceção das diárias e transporte correspondentes ao cargo que passa a exercer.

(d) Nos termos do Código de Ética da Magistratura se considera tratamento discriminatório injustificado a concessão de audiência apenas a uma das partes ou seu advogado

(e) O princípio da transparência exige do magistrado a documentação de seus atos, nos casos legalmente previstos, e a manifestação pública, quando solicitado por meios de comunicação e não for o caso de segredo de justiça, ainda que houver possível prejuízo às partes e seus procuradores.

(37) Juiz do Trabalho. TRT 3ª Região. 2014.
NÃO constitui princípio a ser observado na regulação da atuação da magistratura nacional, segundo a Constituição da República:

(a) O ato de remoção, disponibilidade e aposentadoria do magistrado, por interesse público, fundar-se- á em decisão por voto de dois terços do respectivo tribunal ou do Conselho Nacional de Justiça, assegurada ampla defesa.

(b) A lei pode limitar a presença, em determinados atos do Poder Judiciário, às próprias partes e a seus advogados, ou somente a estes, em casos nos quais a preservação do direito à intimidade do interessado no sigilo não prejudique o interesse público à informação.

(c) A atividade jurisdicional será ininterrupta, sendo vedadas férias coletivas nos juízos e tribunais de segundo grau, funcionando, nos dias em que não houver expediente forense normal, juízes em plantão permanente.

(d) A distribuição de processos será imediata, em todos os graus de jurisdição.

(e) Os servidores receberão delegação para a prática de atos de administração e atos de mero expediente sem caráter decisório.

(38) Técnico Judiciário – informática. TRF 1ª Região. 2011 (FCC)
Os Juízes federais substitutos serão nomeados pelo Presidente

(a) da República, conforme a Constituição Federal, e tomarão posse perante a Corte Especial, em sessão solene.

(b) da República, na forma da lei, e tomarão posse, sempre, perante o Plenário, em sessão solene

(c) do Tribunal, na forma da lei, e tomarão posse perante o Plenário, em sessão solene, ou no gabinete do Presidente.

(d) do Tribunal, na forma da resolução cabível, e tomarão posse, sempre, perante a Corte Especial em sessão solene.

(e) do Tribunal, na forma regimental, perante, o Conselho de Administração, ou no gabinete do Corregedor- Regional.

163

MANUAL DO JUIZ FEDERAL - *Alexandre Henry Alves* • *Viviane Ignes de Oliveira*

(39) Juiz Federal Substituto. TRF 3ª Região. 2013

Em tema de suspeição e impedimento, assinale a alternativa correta:

    (a) É defeso ao juiz exercer as suas funções no processo quando nele estiver postulando, como advogado da parte, o seu cônjuge ou qualquer parente seu, consanguíneo ou afim, em linha reta até o segundo grau.

    (b) Reputa-se fundada a suspeição de parcialidade do juiz quando amigo íntimo ou inimigo capital de qualquer dos advogados.

    (c) Toma-se impedido o juiz de exercer as suas funções no processo a partir do momento em que nele passar a pleitear, como advogado, seu cônjuge ou qualquer parente seu, consanguíneo ou afim, em linha reta; ou na linha colateral até o segundo grau.

    (d) É defeso ao juiz exercer as suas funções no processo quando for cônjuge, parente, consanguíneo ou afim, de alguma das partes, em linha reta ou, na colateral, até o terceiro grau.

    (e) Reconhecido o impedimento ou a suspeição do juiz, os autos serão redistribuídos para outra vara da mesma comarca ou subseção judiciária.

(40) Juiz do Trabalho. TRT/MT - 23ª Região. 2012.

Com base nas disposições do texto constitucional a respeito do Poder Judiciário analise as proposições abaixo e indique a alternativa correta

I - São órgãos do Poder Judiciário: o Supremo Tribunal Federal; o Conselho Nacional de Justiça; o Superior Tribunal de Justiça; os Tribunais Regionais Federais e Juízes Federais; os Tribunais e Juízes do Trabalho; os Tribunais e Juízes Eleitorais; os Tribunais e Juízes Militares; os Tribunais e Juízes dos Estados e do Distrito Federal e Territórios.

II - É obrigatória a promoção do juiz que figure por três vezes consecutivas ou alternadas em lista do merecimento.

III - Na apuração de antiguidade, o tribunal somente poderá recusar o juiz mais antigo pelo voto fundamentado de dois terços de seus membros, conforme procedimento próprio, e assegurada ampla defesa, repetindo-se a votação até fixar-se a indicação.

IV - O subsídio dos Ministros dos Tribunais Superiores corresponderá a noventa por cento do subsídio mensal fixado para os Ministros do Supremo Tribunal Federal e os subsídios dos demais magistrados serão fixados em lei e escalonados, em nível federal e estadual, conforme as respectivas categorias da estrutura judiciária nacional, não podendo a diferença entre uma e outra ser inferior a dez por cento, nem exceder a noventa por cento do subsídio mensal dos Ministros dos Tribunais Superiores.

V - As decisões administrativas dos tribunais serão motivadas e em sessão pública, sendo as disciplinares tomadas pelo voto da maioria de dois terços de seus membros.

    (a) Apenas as proposições I e III estão corretas e as demais estão incorretas.

    (b) Apenas as proposições I e V estão corretas e as demais estão incorretas.

    (c) Apenas as proposições I, III e V estão corretas e as demais incorretas.

    (d) Apenas a proposição I está correta e as demais estão corretas.

    (e) Todas as proposições estão corretas.

(41) Analista Judiciário: taquigrafia. TST. 2012 (FCC)

A Constituição Federal permite aos juízes

    (a) dedicarem-se à atividade político-partidária.

    (b) receberem custas em processo, desde que haja autorização do respectivo tribunal.

    (c) titulares residirem em comarca distinta daquela onde exercem sua função, desde que haja autorização do respectivo tribunal.

    (d) impedirem a imediata distribuição de processos por razões de conveniência do serviço.

    (e) exercerem a advocacia no juízo ou tribunal do qual se afastaram, independentemente do tempo de afastamento do cargo por aposentadoria ou exoneração.

CAPÍTULO VIII - QUESTÕES DE CONCURSOS

(42) Pelos autores.

Com observância das disposições do Código de Ética da Magistratura Nacional, julgue as assertivas abaixo e assinale a opção correta:

(1) O Código de Ética da Magistratura Nacional foi idealizado e proposto pelo Conselho da Justiça Federal, no exercício da competência que lhe atribuíram a Constituição Federal, a Lei Orgânica da Magistratura Nacional e seu próprio Regimento Interno;

(2) Em seu preâmbulo está expresso o compromisso institucional de buscar excelência na prestação do serviço público distributivo de Justiça e, por conseguinte, consolidar o fortalecimento da legitimidade do Poder Judiciário;

(3) Não há como se negar que os preceitos consignados no Código de Ética da Magistratura Nacional substituem os deveres funcionais dos magistrados insculpidos em disposições legais esparsas, em face das regras gerais de hermenêutica.

(4) O Código de Ética da Magistratura Nacional cria a obrigação, a todo Tribunal de, a partir de sua publicação, entregar a todo magistrado em atividade cópia de um exemplar de seu texto.

(5) No capítulo que trata do dever de capacitar-se permanentemente, o Código estabelece a obrigação de que os magistrados busquem aperfeiçoamento em áreas de conhecimento técnico, não se limitando à atuação jurídica, visando conferir celeridade, eficiência e instrumentalidade à entrega da prestação jurisdicional.

    (a) há duas proposições verdadeiras.

    (b) as proposições 1,3, 4 e 5 são falsas.

    (c) as proposições 2 e 5 são verdadeiras.

    (d) as proposições 1, 4 e 5 são falsas.

    (e) não há uma única proposição verdadeira.

(43) CNJ: Analista Judiciário. 2013 (Cespe)

Acerca do contorno constitucional do Poder Judiciário e dos seus órgãos, julgue o item a seguir.

As deliberações negativas do Conselho Nacional de Justiça (CNJ) não estarão sujeitas a revisão por meio de mandado de segurança impetrado diretamente no Supremo Tribunal Federal.

(44) CNJ: Analista Judiciário. 2013 (Cespe)

Com relação ao Poder Judiciário, julgue os itens que se seguem. Nesse sentido, considere que a sigla CNJ, sempre que empregada, refere-se a Conselho Nacional de Justiça.

    (a) Uma súmula vinculante editada pelo STF terá efeito vinculante em relação aos demais órgãos do Poder Judiciário, não atingindo, pelo princípio da separação dos poderes, os Poderes Legislativo e Executivo, que possuem meios próprios de vinculação de seus atos.

    (b) De acordo com o entendimento do STF, o CNJ não exerce função jurisdicional, e os seus atos e decisões sujeitam-se ao controle jurisdicional da corte constitucional.

No que se refere aos poderes da República, julgue os itens seguintes.

    (c) O Conselho Nacional de Justiça não é órgão do Poder Judiciário, mas sim ente autônomo cuja função é exercer o controle externo de todos os órgãos que integram o Poder Judiciário.

(45) Analista Legislativo. Câmara dos Deputados. 2012 (Cespe)

Julgue o próximo item, relativo ao Poder Judiciário.

    ( ) O Conselho Nacional de Justiça integra a estrutura do Poder Judiciário.

(46) Promotor de Justiça de 1º Entrância. MPE/AL. 2012 (FCC)

Tanto o Conselho Nacional de Justiça (CNJ) quanto o Conselho Nacional do Ministério Público (CNMP)

    (a) possuem quinze membros, com mandato de dois anos, admitida uma recondução, sendo todos nomeados pelo Presidente da República, depois de aprovada a escolha pela maioria absoluta do Senado Federal.

(b) reveem, de ofício ou mediante provocação, os processos disciplinares de seus membros julgados há mais de um ano.

(c) possuem, dentre seus membros, dois advogados, indicados pelo Conselho Federal da Ordem dos Advogados do Brasil, e dois cidadãos, de notável saber jurídico e reputação ilibada, indicados pelo Senado Federal.

(d) recebem reclamações contra seus membros ou órgãos, podendo avocar processos disciplinares em curso e determinar remoção, disponibilidade ou aposentadoria com subsídios ou proventos proporcionais ao tempo de serviço e aplicar outras sanções administrativas, assegurada ampla defesa.

(e) elaboram relatório semestral, propondo as providências que julgarem necessárias sobre a situação de seus membros, bem como prestam contas de suas atividades ao Tribunal de Contas da União bimestralmente.

(47) Inspetor de Polícia Civil. Polícia Civil/CE. 2012 (CESPE)

Tendo como referência a CF, julgue o item seguinte.

(a) Assim como todos os demais órgãos jurisdicionais, também o Supremo Tribunal Federal (STF) está submetido às deliberações do Conselho Nacional de Justiça.

A respeito do Poder Judiciário e das funções essenciais à justiça, julgue o item a seguir.

(b) O Conselho Nacional de Justiça, órgão do Poder Judiciário, tem função jurisdicional em todo território nacional.

(48) Agente de Polícia Civil. 2017 (IBADE)

Sobre o Poder Judiciário, assinale a alternativa correta.

a) Compete ao Superior Tribunal de Justiça processar e julgar originariamente nos crimes comuns os Ministros de Estado.

b) A vitaliciedade, nos Tribunais, será adquirida após dois anos de efetivo exercício da atividade.

c) O magistrado pode ser removido por interesse público, mediante decisão da maioria simples dos membros do tribunal ao qual ele está alocado.

d) O Conselho Nacional de Justiça não é órgão do Poder Judiciário, pois exerce controle externo sobre ele.

e) Os ministros do STF podem perder o cargo em condenação por crime de responsabilidade no Senado.

(49) Juiz de Direito – TJ do Paraná. 2017 (CESPE)

a) no ato de inscrição definitiva no concurso.

b) na data da nomeação.

c) na data da posse.

d) no ato de inscrição inicial no concurso.

(50) Técnico Judiciário Área Administrativa – TRE-PE. 2017 (CESPE)

De acordo com a CF, ao juiz

a) é garantida a inamovibilidade, ainda que haja motivo de interesse público que recomende sua remoção.

b) é permitido dedicar-se à atividade político-partidária, desde que ele esteja em disponibilidade.

c) que esteja em disponibilidade é permitido exercer qualquer outro cargo público.

d) é permitido receber custas em processo judicial, desde que ele esteja em disponibilidade.

e) é garantida a vitaliciedade, que, no primeiro grau, será adquirida após dois anos de exercício.

166

GABARITO

01	02	03	04	05	06	07	08	09	10
C	B	E	C	B	B	C	A	A	A

11	12	13	14	15	16	17	18	19	20
C	A	B	F	V	D	D	C	C	D

21	22	23	24	25	26	27	28	29	30
C	C	F-F-V--F-F	B	A	C	V	V	A	C

31	32	33	34	35	36	37	38	39	40
D	V-V	V	D	C	B	A	C	D	A

41	42	43	44	45	46	47	48	49	50
C	B	V	V-V-F	V	D	F-F	E	A	E

PARTE II

ADMINISTRAÇÃO, ROTINAS CARTORÁRIAS E RELACIONAMENTO PROFISSIONAL

CAPÍTULO I

AGENDA DE ATIVIDADES DA JUSTIÇA FEDERAL

1. INTRODUÇÃO

O perfil do **juiz contemporâneo** alterou-se substancialmente. Em renúncia à clássica ideia de atuação circunscrita ao julgamento de ações e presidência de audiências, o magistrado atual responsabiliza-se por funções cada vez mais diversificadas: da gestão de bens, informações e pessoas à administração de conflitos, cuja repercussão exige, na medida de sua complexidade, desempenho e acompanhamento de uma série de atividades paralelas.

Igualmente, as tarefas desenvolvidas pelas secretarias das varas, cuja execução deve ser delegada e fiscalizada pelos juízes federais, assumem caráter **multifacetário**. Há atividades direcionadas à instrução processual propriamente dita, tais como lavratura de certidões atestadoras do cumprimento das ordens exaradas e da regularidade dos atos praticados; alimentação de sistemas processuais informatizados internos, imprescindíveis ao acompanhamento das ações pelos interessados; atendimento ao cliente externo, cuja apresentação repercute diretamente na imagem do órgão. Soma-se a essas a necessidade de alimentação de sistemas internos e externos de dados, orientadores do controle estatístico das atividades.

Exorbitando as tarefas ínsitas à atividade-fim, o juiz federal responde, mediata ou imediatamente, portanto, por grande número de afazeres subsidiários. A fim de demonstrá-los, colaciono exemplificativa relação organizada pela Corregedoria do Tribunal Regional Federal da 1ª Região, que, conhecedora da complexidade do *mister*, há alguns anos, elaborou agenda anual, pormenorizando as obrigações sob a responsabilidade direta do juiz federal, ou indireta, a cargo de seus diretores ou assessores. Vários deveres foram instituídos em cumprimento a resoluções expedidas pelo CJF e CNJ e a maioria, apesar da referência às normas dos mencionados Conselhos, encontra-se incorporada às Consolidações Gerais de cada tribunal.

Assim, guardadas as peculiaridades locais e sopesadas as naturais modificações advindas do transcurso de tempo desde a elaboração do documento, o exercício apresenta-se válido a toda a Justiça Federal, em que pese a vinculação ao Tribunal Regional Federal da 1ª Região:

2. AGENDA DOS JUÍZES FEDERAIS[23]

DATA/ PERIODICIDADE	AÇÃO	OBJETO FORMA	COMPLEMENTO
Diária	Consultar	E-mail	Institucional
Diária	Acessar	Sistema BACEN JUD	Verificar cumprimento de ordem
Trimestralmente (a contar do início da atividade)	Oficiar	Relatório sobre atividades de curso ou seminário igual ou superior a 30 dias	Destinatário: ESMAF
30 dias (do recebimento do ofício)	Oficiar	Cumprir determinações constantes do relatório de correição	Destinatário: COGER
60 dias antes do início da atividade	Oficiar	Realização de curso ou seminário com duração igual ou superior a 30 dias	Destinatário: COGER
5 dias a contar da verificação da situação	Oficiar	Fixação de honorários de defensor dativo acima da tabela fixada pelo CJF	Destinatário: COGER
15 dias após encerramento	Oficiar	Relatório de inspeção	Destinatário: COGER
Até 30 julho	Realizar	Inspeção na unidade de lotação	Edital afixado (antecedência de 15 dias)
5 dias a contar da verificação da situação	Oficiar	Insuficiência de saldo após consulta ao BACEN JUD – conta única	Destinatário: STJ

---

23   A referência é ao Provimento Geral Consolidado da COGER da 1ª Região (n. 38, de 12 de junho de 2009).

CAPÍTULO I - AGENDA DE ATIVIDADES DA JUSTIÇA FEDERAL

DATA/ PERIODICIDADE	AÇÃO	OBJETO FORMA	COMPLEMENTO
Dia 10 do mês seguinte	Remeter	Relatório de interceptações Sistema CNJ	Destinatário: CNJ
Dia 5 do mês seguinte	Oficiar	Relatório de inspeção em estabelecimento penal	Destinatário: COGER
Diária (quando ocorrer)	Acessar/ Oficiar	Sistema de magistrados: feitos onde foi declarada ou reconhecida a suspeição	Destinatário: COGER
10 de janeiro	Remeter	Relatório sobre prisões E-mail	Destinatário: COGER
10º dia útil (janeiro)	Oficiar	Controle de alvarás utilizados e cancelados	Destinatário: COGER
15 de fevereiro	Remeter	Declaração sobre exercício de função incompatível E-mail	Destinatário: COGER
15 de fevereiro	Remeter	Declaração sobre exercício de magistério E-mail	Destinatário: COGER
Até 10 de março (trimestral)	Remeter	Relatório quantitativo recursos sobrestados (matérias paradigmas STF/STJ)	Destinatário: ASRET – TRF1
10 de abril	Remeter	Relatório sobre prisões E-mail	Destinatário: COGER
10º dia útil (abril)	Oficiar	Controle de alvarás utilizados e cancelados	Destinatário: COGER
Até 10 de junho (trimestral)	Remeter	Relatório quantitativo recursos sobrestados (matérias paradigmas STF/STJ)	Destinatário: ASRET – TRF1
10 de julho	Remeter	Relatório sobre prisões E-mail	Destinatário: COGER
10º dia útil (julho)	Oficiar	Controle de alvarás utilizados e cancelados	Destinatário: COGER
15 de agosto	Remeter	Declaração sobre exercício de função incompatível E-mail	Destinatário: COGER
15 de agosto	Remeter	Declaração sobre exercício de magistério E-mail	Destinatário: COGER

173

DATA/ PERIODICIDADE	AÇÃO	OBJETO FORMA	COMPLEMENTO
Até 10 de setembro (trimestral)	Remeter	Relatório quantitativo recursos sobrestados (matérias paradigmas STF/STJ)	Destinatário: ASRET – TRF1
10 de outubro	Remeter	Relatório sobre prisões E-mail	Destinatário: COGER
10º dia útil (outubro)	Oficiar	Controle de alvarás utilizados e cancelados	Destinatário: COGER
Até 10 de dezembro (trimestral)	Remeter	Relatório quantitativo recursos sobrestados (matérias paradigmas STF/STJ)	Destinatário: ASRET – TRF1
10 dias - Situação que enseje medidas corretivas	Acessar	Cadastramento, lançamento de fases e andamentos processuais	Sistemas internos

3. AGENDA DOS DIRETORES DE SECRETARIA

DATA PERIODICIDADE	AÇÃO	OBJETO	COMPLEMENTO
Diária	Consultar	E-mail	Institucional
48 h do trânsito - sentença penal condenatória	Lançar	Registro único de rol de culpados e de suspensão condicional da pena	Sistema CJF
2º dia útil do mês seguinte	Oficiar	Controle de frequência de servidores	Destinatário: DIREF
10 dias da ciência da apreensão	Cadastrar	Bens apreendidos	Sistemas CNJ – SNBA e Oracle.
Dia 5 de cada mês	Cadastrar	Estatística	Prazo encerramento estatística
Dia 20 de cada mês	Publicar	Boletins estatísticos de produtividades dos juízes	Imprensa Oficial
Mensal 5º dia útil	Conferir	Cargas excedidas	-
10 dias antecedência	Conferir	Processos – audiências designadas	Relatórios

CAPÍTULO I - AGENDA DE ATIVIDADES DA JUSTIÇA FEDERAL

DATA PERIODICIDADE	AÇÃO	OBJETO	COMPLEMENTO
24 h	Conferir	Processos – instrução completa (conclusão)	Relatórios
3 dias	Certificar	Transcursos de prazos	Relatórios
30 dias	Conferir	Respostas a ofícios - paralisação processos	Relatórios
48h	Expedir	Certidões urgentes	-
5 dias	Expedir	Certidões ordinárias	-
48h	Cumprir	Ordens Judiciais	-
10 ou 2 dias	Conferir	Cumprimento mandados	Antes audiência Réus soltos e presos
5 ou 3 dias	Conferir	Cumprimento mandados	Mandados: Réus soltos e presos; expedição carta precatória
Semanalmente	Conferir e adequar	Associação – atribuição processual Juiz Substituto/Titular	Sistema processual

O rol, apesar de exemplificativo, demonstra a variedade das obrigações afetas à função judicante. Sem mencionar a possibilidade de que, somando-se às inúmeras atividades jurisdicionais, os juízes possam ainda assumir funções administrativas referentes à secretaria administrativa (direção de seção/subseção).

CAPÍTULO II

A SECRETARIA DO JUÍZO

1. INTRODUÇÃO

Quase 20% dos juízes federais exercia os cargos de técnico ou analista judiciário antes da posse e mais de 40% foram ao menos aprovados em um desses dois concursos[24]. Assim, há muitos magistrados que têm conhecimento razoável das práticas cartorárias ou, em outra expressão, das rotinas da secretaria e de outras áreas administrativas do fórum. Porém, ainda resta uma grande quantidade que sabe muito sobre direito e processo, mas pouco sobre os procedimentos burocráticos a cargo dos servidores e que são fundamentais para a existência e o desenvolvimento do processo. Sem essas rotinas, o serviço do Poder Judiciário seria um caos, os processos demorariam ainda mais e os magistrados pouco teriam para decidir ou sentenciar.

É certo que a maioria das práticas cartorárias deve ser dominada pelo diretor de secretaria, cargo de confiança do juiz federal que titulariza a vara. Mas, isso não significa que o magistrado possa simplesmente ignorar essa parte do cotidiano de seu local de trabalho, pois nem sempre o diretor de secretaria dominará todo o conhecimento e, em muitos casos, dúvidas surgirão e elas terão que ser dirimidas pelo juiz. Não bastasse isso, o magistrado é responsável por tudo o que acontece em sua vara e a fiscaliza por meio das inspeções. Sem domínio amplo das inúmeras tarefas, obrigações e rotinas afetas à secretaria da vara, não será capaz de realizar uma boa inspeção. E, em uma eventual correição,

---

24   ALVES, Alexandre Henry. Juiz Federal: lições de preparação para um dos concursos mais difíceis do Brasil. – 4. ed. – Porto Alegre: Editora Verbo Jurídico, 2013.

as falhas encontradas pela corregedoria serão cobradas do juiz que titulariza a vara, apesar de também dos diretores.

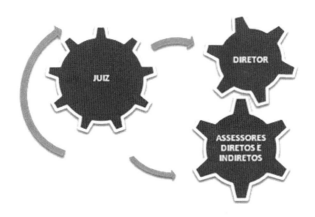

DELEGAR EXIGE PLENO DOMÍNIO DA TAREFA

Neste capítulo, procurou-se, então, traçar um panorama geral das principais rotinas, a partir das **orientações e normas contidas** principalmente **nos provimentos das corregedorias dos cinco tribunais regionais federais**, com destaque para o TRF da 3ª Região, pela riqueza de detalhes de seus provimentos. Embora cada um dos tribunais tenha suas normas particulares, que podem divergir dos demais, isso não impede de se tentar transmitir ao menos uma visão generalista, para que o magistrado saiba o básico do funcionamento dos serviços cartorários. Alguns dos temas trabalhados a seguir não se restringem a práticas cartorárias e foram inseridos nessa parte do trabalho por também demandarem participação intensa do magistrado, além de trabalho primordial da secretaria.

Como salientado anteriormente, o juiz federal não pratica os atos cartorários propriamente ditos, não expede mandados ou certifica ocorrências processuais. Deve, porém, conhecê-los pormenorizadamente para que possa orientar, definir práticas eficientes e visualizar condutas que, mesmo indiretamente, comprometam os serviços cartorários e, por conseguinte, o julgamento.

Eficientemente orientados, os auxiliares tornam-se capazes de entregar a instrução processual absolutamente em consonância com as diretrizes legais, respeitando os princípios informadores da atividade e sem comprometer a celeridade.

Lado outro, sem orientações precisas, o trabalho se perde em práticas burocráticas, dissociadas do espírito de solução rápida das questões postas e, nessa medida, ao invés de propiciar a almejada pacificação social, gera grave sentimento de inutilidade e injustiça.

CAPÍTULO II - A SECRETARIA DO JUÍZO

Nesse contexto, elevam-se duas palavras-chave: **treinamento e incentivo**. Treinamento sem conotação acadêmica, mas a tarefa diuturna de orientar, acompanhar a execução, corrigir e aprovar o trabalho bem executado. É preciso que a prática de determinado ato, do mais simples ao mais complexo, seja realizada com absoluto **domínio da atividade desempenhada**. O papel, mediato ou imediato, desempenhado pelo **gestor da atividade** — o **juiz federal** —, assume relevância ímpar nesse contexto.

Toda a **prática** deve ser orientada a ser **questionadora**: Qual a consequência da certificação dos prazos processuais? A conduta mostra-se adequada? Todas as premissas para integração dessa informação ao caderno processual foram respeitadas? E o mais importante: a partir desse ponto, qual o próximo ato a ser praticado? É preciso que se saiba com precisão onde se está e para onde se vai.

Fixadas tais proposições, atinge-se, com segurança, o fim basilar de toda a atividade jurisdicional: a entrega ao cliente externo das respostas buscadas.

É preciso destacar que nada do que vier a ser demonstrado a seguir é inédito. As informações estão realmente à disposição por a afinal, as ferramentas vêm acompanhadas de tutoriais e os sítios especializados disponibilizam fácil acesso a sua produção. No entanto, os dados são tantos e tão dispersos que se perde precioso tempo para localizá-los e ordená-los

Faremos breve compilação das informações para você, que deve ficar à vontade para torná-las suas e lapidá-las com o "algo mais" que só a pessoalidade confere.

Feitas tais digressões, cientes da diversidade de opções existentes e das características peculiares a cada local de trabalho e sem a mínima pretensão de esgotar o tema, cujos desdobramentos beiram o infinito, buscaremos pormenorizar o passo a passo do trabalho a ser desenvolvido nas secretarias das varas federais.

2. A DISTRIBUIÇÃO DO ACERVO E DO TRABALHO NO ESPAÇO FÍSICO DA SECRETARIA

2.1. Setores

Ao pensar no desenvolvimento de tarefas cujos efeitos se protraem no tempo, nenhum detalhe apresenta-se insignificante, tampouco pode ser menosprezado. Afinal, as decisões repercutirão positiva ou negativamente no trabalho e suas implicações, se perniciosas ou inoperantes, podem ser de difícil reversão. Detalhes aparentemente insignificantes, como a alocação dos processos em secretaria, implicam maior ou menor eficiência no desempenho das tarefas.

179

Defendemos que **a decisão sobre a melhor forma de se distribuir os serviços cartorários é exclusiva do magistrado**, ponderadas as reais necessidades da vara que administra. No entanto, exemplificando as possibilidades, apresentaremos sugestões que facilitarão o desempenho ou a delegação dessa tarefa.

Diante do quadro contemporâneo de divisão das varas federais em varas especializadas ou de competência comum, os tribunais, ao idealizarem os organogramas estruturais das unidades integrantes da Justiça Federal, optaram por vincular funções às tarefas desenvolvidas. Assim, as atribuições afetam-se às atividades desempenhadas.

É importante reconhecer, no entanto, que a alternativa, absolutamente eficiente quando se administra varas de competência exclusiva, apresenta-se deficiente no tocante às demais estruturas organizacionais existentes.

Delimitado o contexto, e com ressalvas às varas exclusivamente virtuais, a primeira sugestão é no sentido de que **a organização física da secretaria** leve em conta a **similitude do rito a ser impresso à ação proposta**. É contraproducente confinar no cartório processos penais, cíveis e execuções fiscais em um único espaço físico, um armário, por exemplo. São procedimentos absolutamente diversos, exigindo, cada qual, modo diferente de atuação. Misturá-los sob o pretexto de unificação do setor de "juntada de petições" ou "redação de minutas" criará fatalmente entrave da atividade, correndo-se o risco de que provocações urgentes, facilmente constatadas por assessores treinados a visualizá-las (se especializados no procedimento), percam-se no gigantesco universo de tarefas.

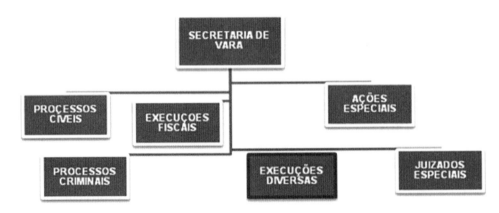

Na hipótese de varas especializadas, porém, a premissa se inverte, apresentando-se cabível a distribuição física dos processos por setores especializados em determinadas tarefas:

2.2. Subsetores

Partindo da mesma premissa — **maior especialização = maior produtividade** — sugere-se, ainda, a **separação dos processos que demandem cuidados específicos**, como os mandados de segurança, ações coletivas e cartas precatórias; se possível, criando-se setor específico para tramitação e deslocando-se servidor unicamente para instrução desses feitos.

O mesmo se diga com relação a processos executivos, prestes a se findar, especialmente os referentes à execução contra a fazenda pública (Cumprimento de sentença – Fazenda Pública). Quanto mais eficiente for a adoção das providências de requisição dos créditos, mais rápida será a satisfação da pretensão executória e, nesses termos, o arquivamento do processo, desafogando-se o juízo, com a entrega da prestação ao cliente externo.

No ano de 2008, por exemplo, o Tribunal Regional Federal da 3ª Região, em exemplar iniciativa, publicou a Resolução n. 315, pela qual foram criadas Centrais unificadas de hastas públicas nas Subseções de São Paulo, Guarulhos,

São Bernardo do Campo, Santo André e Santos. Sabidamente, a fase de expropriação patrimonial apresenta-se complexa e demanda adoção de providências ímpares, muitas vezes dissociadas da tramitação correspondente às demais fases do processo executivo. Diante desse quadro, podem ocorrer equívocos procedimentais ensejadores de nulidade dos atos. Especializar a tarefa desafoga as varas e certamente fomenta o sucesso das medidas.

Esse o objetivo da concentração dos processos em setores especializados em determinada matéria.

2.3. Distribuição de armários/escaninhos: secretarias e gabinetes

Na **organização física** da secretaria e gabinetes, todos os detalhes recomendam planejamento: processos em que naturalmente há maior demanda no atendimento, os publicados ou com vista ordenada, por exemplo, podem ficar fisicamente próximos do balcão externo. Economiza-se tempo de deslocamento, o atendimento prestado é mais rápido e eficiente, o que implica na diminuição das filas. Além disso, poupam-se, na mesma medida, os recursos humanos, que, menos desgastados, são mais produtivos.

Igualmente, o servidor deve ficar o mais próximo possível dos processos cujas tarefas estejam a seu cargo.

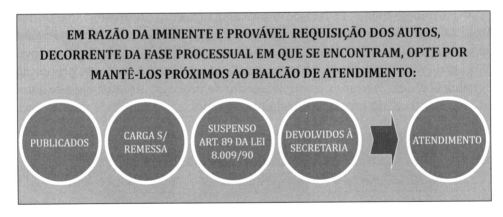

Nos gabinetes, além da natural divisão em processos vinculados ao titular e ao substituto, os processos podem ser separados em conclusos para decisões ou sentenças e, dentre esses, por matérias. Mesmo que se opte pela separação por temas específicos ou matérias, é imperioso o **controle da atividade por relatórios específicos** com o fim de se impedir a prolação de atos decisórios de menor importância em detrimento de outros mais urgentes ou cuja conclusão tenha sido anterior.

Atualmente, inclusive, o CPC/2015 estatui recomendação para que os julgamentos sigam ordem cronológica de conclusão, como disciplina o art. 12:

> Art. 12. Os juízes e os tribunais atenderão, preferencialmente, à ordem cronológica de conclusão para proferir sentença ou acórdão. (Redação dada pela Lei nº 13.256, de 2016)
>
> §1º A lista de processos aptos a julgamento deverá estar permanentemente à disposição para consulta pública em cartório e na rede mundial de computadores.

2.3.1. ORGANOGRAMA: ALOCAÇÕES DOS AUTOS POR MATÉRIA

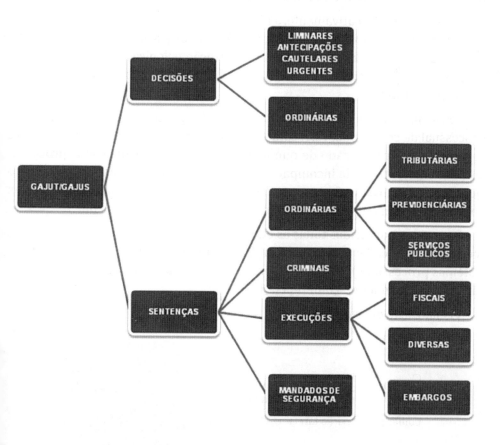

Caso o número de ações nessas fases seja insignificante, a triagem também pode ser realizada por data da conclusão (primeira e segunda quinzenas de determinado mês, por exemplo).

2.4. Identificação dos escaninhos nos setores estabelecidos

Definido o **layout maior**, cada setor da unidade deve separar os processos que lhe foram atribuídos por **tarefas**. Os escaninhos são, então, nominados de maneira que qualquer pessoa possa **de imediato compreender a organização**, localizando e identificando a providência processual pendente. Considerando o número de processos em tramitação nas varas federais, sempre aos milhares, é impossível que todos os processos sejam "movimentados" imediatamente. Assim, impõe-se a necessidade dessa rígida organização, tendo se revelado bastante eficiente a **"guarda" por tarefa pendente, adotada seguindo padrões lógicos e de fácil compreensão**.

Cita-se, exemplificativamente, a hipótese de troca de administrador – juízes, diretores de secretaria ou supervisores. Aquele que assume a atividade deve ser plenamente capaz de entender a organização e, logicamente, realizadas as adaptações a seu estilo de trabalho, deverá, sem maiores percalços, poder desenvolver as tarefas.

Pense na seguinte situação prática: o servidor procede à juntada ao caderno processual de contrarrazões. A conferência e remessa à segunda instância exige verificação pormenorizada de que não remanescem quaisquer atos processuais pendentes, atividade incompatível com a desempenhada naquele momento (juntadas). Assim a tarefa de conferência será realizada em momento posterior, em conjunto com outros feitos separados unicamente para esse fim.

O servidor, cumpridas todas as etapas relativas à juntada das contrarrazões (certificação, encadernação, numeração dos autos, atualização dos respectivos sistemas processuais), localizará o processo em escaninho próprio com indicação da tarefa pendente: <u>conferência TRF</u>.

Visualização do escaninho:

CV   – indicação setor
45 A   – n. sequencial escaninho
Conferir – descrição tarefa

Idêntico procedimento deverá ser adotado para cada tarefa específica daquele setor.

CAPÍTULO II - A SECRETARIA DO JUÍZO

3. GERENCIAMENTO E ARMAZENAMENTO DE DOCUMENTOS OFICIAIS

É importante estabelecer que todo o trabalho desenvolvido nas secretarias das varas federais é desempenhado **em nome da instituição** e, em hipótese alguma, do servidor.

Dito isso, pastas de armazenamento de documentos oficiais, físicas ou virtuais, escaninhos, setores, jamais devem ser identificados por designações pessoais de qualquer natureza. A premissa é a **não interrupção dos serviços**: caso o servidor se ausente, quaisquer que sejam os motivos, as atividades por ele desempenhadas devem prosseguir normalmente.

A constatação assume ares de obviedade, mas, na rotina cartorária, é bastante comum identificar-se pastas virtuais de uma vara, e, portanto, documentos oficiais, armazenados em arquivos com denominações vinculadas ao servidor "A" ou "B". Visualizam-se pastas nominadas "oficial de gabinete", "supervisor do cível", "estagiário x".

Não é raro, também, que os juízes optem pelo gerenciamento de seus arquivos em diretórios de acesso restrito. Sem maiores evasivas, respeitadas as opiniões contrárias, essa conduta obstaculiza o trabalho da secretaria, dificultando ou impedindo a localização de arquivos. Com raríssimas exceções, todo ato, despacho, decisão ou sentença precisa ser publicado em órgãos oficiais de imprensa, o que não se confunde com a publicidade que se perfaz com a entrega do documento assinado ao "escrivão". Se o *decisum* for salvo em local que somente seu próprio criador tenha acesso ou apenas ele saiba localizar, há flagrante comprometimento das inúmeras rotinas cartorárias posteriores.

Assim, recomenda-se a **divisão dos diretórios segundo a estrutura organizacional da unidade** (Gajut – Gajus – Cível - Execução Fiscal - Crime etc. – nomenclatura bastante variável nas diversas regiões). Nessas pastas, porém, a **identificação do ato** (e não de seu autor) é imprescindível. Documentos oficiais não podem desaparecer em pastas pessoais, por razões que dispensam maiores justificativas.

Importante estabelecer que a **organização dos arquivos seja feita por "data"**, visualizando-se em primeiro lugar a produção mais recente. Essa seleção, realizada com um simples comando, garantirá acesso à versão mais recente dos atos decisórios, o que possibilita total harmonia com eventuais alterações de posicionamento ou atualização jurisprudencial do tema. Em contrapartida, organizar arquivos por nome exige maiores pesquisas para se atingir o mesmo objetivo.

Sugere-se esqueleto, meramente ilustrativo da ideia proposta, que, evidentemente, comporta inúmeras outras subdivisões. Confira-se:

185

3.1. Organograma: guarda virtual de documentos oficiais

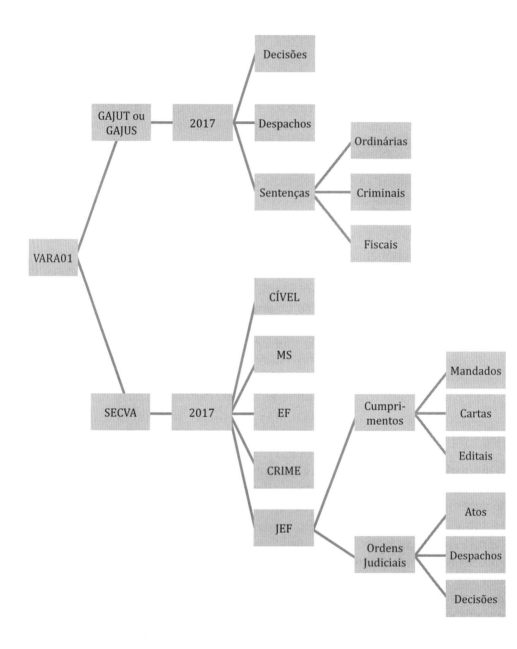

4. LIVROS E PASTAS OBRIGATÓRIOS

No tempo em que não havia informatização no Poder Judiciário, era preciso registrar em livros inúmeras informações da vara e do processo, como as decisões e sentenças prolatadas, as lides distribuídas etc. Com o passar do tempo, muitas dessas informações ganharam registros eletrônicos. Hoje, inclusive, quase não existem arquivos judiciais físicos.

Esse é o caso do TRF da 1ª Região, que utiliza um sistema eletrônico chamado e-CVD. Em tal sistema, deverão ser arquivados os seguintes documentos: acórdão, alvará, alvará de soltura, atas, ata de audiência, ata de audiência com sentença, ata de julgamento, boletins estatísticos (tipos 1, 2 e 4) e de conciliações, decisões, mandado de prisão (após cumprido), sentença e termo de fiança. Todos esses documentos eram usualmente guardados em pastas específicas e físicas, algo que já não mais se justifica na era dos computadores. De toda forma, o arquivamento sempre será necessário, por questões de segurança e controle, ainda que documento idêntico tenha sido juntado ao processo.

A adoção de livros e pastas exclusivamente eletrônicos, a partir de sistemas informatizados criados pelo tribunal, alivia o juiz federal e seu diretor de detalhes que sempre causam percalços e aborrecimento, como a rubrica e numeração de páginas, a designação do nome do livro em sua capa, os termos de abertura e encerramento manuais etc. Porém, isso não significa que o magistrado não deva mais se preocupar com esse assunto, pois os registros continuarão existindo, ainda que em meio eletrônico. Além disso, ainda estamos em fase de transição do processo em papel para o eletrônico e, por isso, algumas pastas e livros físicos continuarão existindo por algum tempo. Por essas razões, **o juiz federal deverá conhecer todos os livros obrigatórios**, para que saiba o que é preciso ser arquivado eletronicamente e o que não é, principalmente nos casos em que esse arquivamento não se dá de forma automática. Cite-se, a exemplo da primeira região, a pasta de remessas e cargas.

5. A EXECUÇÃO DOS ATOS MERAMENTE ORDINATÓRIOS

Segundo o Código de Processo Civil, em seu art. 203, § 4º, os atos meramente ordinatórios, como a juntada e a vista obrigatória, independem de despacho, devendo ser praticados de ofício pelo servidor e revistos pelo juiz quando necessário. Essa disposição foi corroborada pela Emenda Constitucional n. 45/2004, que incluiu o inciso XIV no art. 93 da Constituição, estabelecendo que "os servidores receberão delegação para a prática de atos de administração e atos de mero expediente sem caráter decisório". Por isso, a maioria dos juízes federais edita portarias internas da vara especificando uma série de atos que podem ser praticados diretamente pela secretaria, sempre sob supervisão de seu diretor.

A dúvida que surge é óbvia: como definir se um ato é meramente ordinatório ou não? Em síntese, **seriam delegáveis os atos que não estão sujeitos a recurso**, ou seja, os simples despachos isentos de conteúdo decisório, conforme consta no art. 1.001 do CPC, com aplicação subsidiária no processo penal.

Mas essa definição não é suficiente por si só e muitos juízes, mesmo após anos de trabalho, ainda sentem dificuldade em definir um pronunciamento seu como decisão ou despacho. Sobre este último, Dinamarco fala em **atos de direção e impulso**, a serem realizados mesmo sem provocação das partes e sempre no interesse da regularidade processual[25]. Ernane Fidélis opta pela exclusão, dizendo que se o juiz decidiu, extinguindo o processo, é sentença; se decidiu questão incidente, precluível, pelo menos para as partes, é decisão interlocutória; por exclusão, o restante são despachos[26]. O mesmo caminho é seguido por Elpídio Donizetti[27]. No âmbito do processo penal, Tourinho Filho trata dos despachos de expediente como os atos jurisdicionais por meio dos quais o juiz provê a respeito da marca do processo[28]. Cita ainda os atos de documentação, que não chegam a constituir despachos, mas apenas ações por meio das quais o juiz participa da documentação dos atos, como a subscrição de um termo de audiência[29].

É essa a linha seguida pelo Provimento-Geral da Corregedoria do TRF da 1ª Região, ao dizer que se incluem no conceito de atos não sujeitos a recurso os que visarem a instar as partes, os procuradores ou auxiliares à prática de ato necessário ao desenvolvimento do processo, mediante qualquer modalidade de intimação, inclusive remessa de autos. Particularmente, sempre vislumbrei as decisões como sendo pronunciamentos do juiz (e somente dele) que, de forma fundamentada, interferem no direito material ou processual de qualquer uma das partes. Quanto aos despachos, minha visão é exatamente igual à do TRF da 1ª Região: referem-se à s**imples marcha processual, sem interferir diretamente em direito das partes.**

Pois bem, em regra, **os atos meramente ordinatórios podem ser praticados pela secretaria,** ainda que sob a forma de despacho. Mas, como o Código de Processo Civil fala em despacho como ato do juiz, é importante a **edição de**

---

25 DINAMARCO, Cândido Rangel. *Instituições de Direito Processual Civil II.* – 4. ed. – São Paulo: Malheiros, 2004. p. 495.

26 SANTOS, Ernane Fidélis. *Manual de Direito Processual Civil. Vol. 1.* – 7. ed. – São Paulo: Editora Saraiva, 1999. p. 221.

27 NUNES, Elpídio Donizetti. *Curso didático de Direito Processual Civil.* – 5. ed. – Belo Horizonte: Del Rey, 2004. p. 108

28 TOURINHO FILHO, Fernando da Costa. *Manual de Processo Penal.* São Paulo: Editora Saraiva, 2001. p. 332.

29 Idem, p. 333.

CAPÍTULO II - A SECRETARIA DO JUÍZO

portaria ou ordem de serviço no âmbito da vara para dizer quais atos dessa natureza podem ser praticados pelos servidores. Não me refiro às simples certificações, numeração de folhas, encerramento e abertura de novos volumes, pois essas ações realmente independem de qualquer despacho e devem ser praticadas de ofício pela secretaria. Refiro-me a outros atos, como a determinação de intimação para apresentação de alegações finais, por exemplo.

Para a confecção dessa portaria, é muito importante que o juiz conheça as restrições eventualmente estabelecidas pela legislação e pelas normas de seu tribunal. O TRF da 1ª Região, em seu Provimento-Geral, por exemplo, diz que é vedado aos juízes de primeiro grau delegar ao diretor de secretaria ou a qualquer servidor: I – a assinatura em ofícios e outras comunicações oficiais destinados aos membros efetivos do tribunal, procedendo-se da mesma forma em relação às autoridades, de todos os poderes, que recebam tratamento protocolar igual ou superior ao dispensado a juízes de primeiro grau; II – a realização de consultas, diretamente ou de ordem, à Corregedoria-Geral; III – a designação de audiência, que é ato privativo do juiz, salvo no âmbito dos Juizados Especiais Federais e dos Núcleos de Conciliação.

A seguir, reproduzo o modelo de um ato de delegação da 7ª Vara Federal do Distrito Federal, que me foi enviada há algum tempo pelo hoje Desembargador Federal Novély Vilanova da Silva Reis. É específico para uma vara cível, ainda vigente o CPC/73:

INSTRUÇÃO NORMATIVA N. 1, DE 15/08/2006

Delega competência para a prática de atos processuais sem caráter decisório e de administração processual

O Juiz Federal da 7ª Vara/DF, nos termos do art. 93/XIV da Constituição, acrescentado pela Emenda Constitucional 45 de 08/12/2004, resolve:

Art. 1º Delegar ao Diretor de Secretaria e aos servidores por ele designados a prática dos atos processuais sem caráter decisório abaixo indicados. Esses atos serão objeto de "nota" ou "termo" datado e subscrito por quem os praticar (art. 168), devendo a parte ser intimada com a publicação (art. 236), por mandado ou remessa dos autos (MPF, Defensoria, União, fundação pública e autarquia):

PETIÇÃO INICIAL

A secretaria intimará o autor mediante nota/termo para:

a) Fornecer cópias da petição inicial em número suficiente para a citação dos réus: Apresente o autor cópia da petição/documentos em cinco dias.

b) Apresentar cópia de petição inicial/documento suficiente para intimação da autoridade coatora e da entidade a que está vinculada; neste último caso quando houver decisão concessiva de liminar em mandado de segurança:

Apresente o impetrante, em cinco dias, cópias da petição inicial/ documentos, necessários à intimação da ...., nos termos do art. 6º da Lei 12.016/2009, ("Art. 6o A petição inicial, que deverá preencher os requisitos estabelecidos pela lei processual, será apresentada em 2 (duas) vias com os documentos que instruírem a primeira reproduzidos na segunda e indicará, além da autoridade coatora, a pessoa jurídica que esta integra, à qual se acha vinculada ou da qual exerce atribuições.")[30].

c) Recolher as custas iniciais:

Pague o autor as custas iniciais apresentando a respectiva guia de recolhimento, sob pena de cancelamento da distribuição (CPC, art. 257). Prazo de 5 dias.

No site da Justiça Federal está disponível o serviço para o cálculo das custas e emissão do DARF: www.df.trf1.gov.br."

d) Apresentar o instrumento de mandato conferido ao advogado, quando não requerida a posterior juntada em caso de urgência (CPC, art. 37, 2ª parte):

Regularize o autor sua representação processual, apresentando procuração conferida ao advogado signatário da petição inicial. Prazo de cinco dias.

e) Emendar a petição inicial nos seguintes casos:

-Emende o autor a petição inicial indicando o valor da causa em 10 dias

-Emende o autor a petição inicial indicando o endereço completo do réu, no prazo de 10 dias"

-Emende o autor a petição inicial indicando o novo endereço do réu, considerando a informação de que a parte não mais reside no anterior.

CONTESTAÇÃO

Se o réu na contestação opuser fato impeditivo, modificativo ou extintivo do direito do autor (art. 326), arguir preliminares (art. 327) ou apresentar documentos (art. 398), o autor será intimado mediante nota/termo:

-Fale o autor sobre a contestação em 10 dias.

-Fale o autor sobre os documentos em 5 dias.

PROCESSAMENTO DE INCIDENTES

Se a impugnação do valor da causa ou a exceção de incompetência estiver no prazo, intimar a parte contrária mediante nota/termo:

Fale o autor sobre a impugnação do valor da causa em 10 dias (art.261);

Fale o autor sobre a exceção de incompetência em cinco dias (art. 308).

ESPECIFICAÇÃO DE PROVAS

Não se verificando nenhuma das hipóteses de julgamento antecipado da lide (art. 330), intimar as partes mediante nota/termo:

Especifiquem as partes as provas que ainda pretendem produzir, indicando com objetividade os fatos a ser demonstrados. Prazo comum de cinco dias.

RETENÇÃO DE AUTOS

Constatado o abusivo excesso de prazo para devolução de autos, intimar o advogado por mandado:

Fica o advogado Fulano de Tal intimado a devolver, em 24 horas, os autos da Ação n. ... proposta por ... (art. 196).

---

30   Modelo original adaptado para que a referência passasse a ser à Lei n. 12.016/2009.

CAPÍTULO II - A SECRETARIA DO JUÍZO

PERÍCIA

O perito será intimado, por telefone, para iniciar a perícia e para concluí-la, quando vencido o prazo fixado pelo juiz para a apresentação do laudo.

Apresentado o laudo pelo perito, será publicada a seguinte nota, levantando-se o depósito dos honorários periciais:

Manifestem-se as partes sobre o laudo de fls. .... no prazo sucessivo de 10 dias, primeiro o autor (CPC, art. 433, p. único).

RENÚNCIA DE MANDATO

Apresentada renúncia ao mandato desacompanhada da prova de notificação da parte, será publicada a seguinte nota:

Prove o advogado, no prazo de 5 dias, que notificou a parte, nos termos do art. 45 do CPC: O advogado poderá, a qualquer tempo, renunciar ao mandato, provando que cientificou o mandante a fim de que este nomeie substituto ...

VISTA DOS AUTOS FORA DE SECRETARIA

Será concedida vista dos autos por cinco dias, mesmo estando conclusos para sentença (CPC, art. 40/II).

Estagiário constituído com o advogado ou com autorização por escrito deste pode retirar os autos.

CARTA PRECATÓRIA

a) Comunicada a falta de recolhimento de custas para o prosseguimento da carta precatória, será publicada a seguinte nota:

Providencie a exequente o pagamento das custas diretamente no juízo deprecado. Prazo de cinco dias, sob pena de devolução da carta.

b) Transcorridos 60 dias sem notícia do cumprimento da carta precatória, intimar a parte com seguinte nota/termo:

Diligencie o autor o cumprimento da Carta Precatória n° ... /Xª Vara-XX e informe a este juízo as providências adotadas. Prazo de 15 dias.

c) Se o cumprimento do ato deprecado for frustrado em virtude da inconsistência dos dados constantes da carta, a secretaria solicitará por e-mail ou por ofício ao juízo deprecante a complementação das informações. Se não houver resposta em 15 dias, a carta precatória será devolvida.

PENHORA DE BENS

a) Se o oficial de justiça não encontrar bens penhoráveis, intimar o exequente mediante nota/termo:

Indique o exequente bens penhoráveis pertencentes ao executado ou requeira o que entender de direito no prazo de 30 dias.

b) Nomeado bem imóvel mediante petição, o diretor de secretaria lavrará termo de penhora e intimará o exequente por nota/termo:

"Proceda a exequente, no prazo de 10 dias, ao registro da penhora, cujo termo de fl. ... valerá como certidão prevista no art. 659, § 4° do CPC": A penhora de bens imóveis realizar-se-á mediante auto ou termo de penhora, cabendo ao exequente, sem prejuízo da imediata intimação do executado (art. 669), providenciar, para presunção absoluta de conhecimento por terceiros, o respectivo registro no ofício imobiliário, mediante apresentação de certidão de inteiro teor do ato e independentemente de mandado judicial.

EXECUÇÃO

Retornando os autos do tribunal, a parte vencedora será intimada mediante nota/termo:

Requeira... o que for de direito, considerando o trânsito em julgado da sentença. Prazo de 30 dias. Caso negativo, arquivar.

Publicar: cumprido o item 1, **redistribuir** para a 7ª vara, autuando como execução diversa por título judicial: exequentes FULANO DE TAL e outros; executada a UNIÃO (Provimento n. 41/TRF da 1ª Região, art. 8º).

Art. 2º. A Secretaria adotará os seguintes procedimentos de administração processual, independentemente de despacho:

CITAÇÃO/INTIMAÇÃO DA UNIÃO, AUTARQUIA E FUNDAÇÃO PÚBLICA

Havendo entendimento com a procuradoria dessas entidades, proceder às citações e intimações por remessa dos autos, lavrando o correspondente termo/nota. O mesmo tratamento será dispensado à Defensoria Pública da União.

OFÍCIO DE CONVERSÃO DE DEPÓSITOS

Os ofícios de conversão de depósitos judiciais em renda dos entes públicos serão subscritos pelo diretor de secretaria. A consulta de saldos será feita por telefone por qualquer servidor.

PRECATÓRIO E REQUISIÇÃO DE PEQUENO VALOR / RPV

Rejeitados os embargos à execução, os autos serão desapensados, expedindo-se a requisição de pagamento do valor integral ou do incontroverso no caso de interposição de apelação (CPC, art. 739, § 2º).

REDISTRIBUIÇÃO

Nas execuções contra pessoa física ou pessoa jurídica de direito privado, não há necessidade de redistribuição da ação de conhecimento como "execução", considerando as alterações introduzidas pela Lei 11.232/2005, permitindo o cumprimento da sentença nos próprios autos.

JUNTADA DE CARTA PRECATÓRIA

Recebida a carta precatória devidamente cumprida, juntar somente os atos praticados no juízo deprecado;

FORMAÇÃO DE AVULSO

a) Formar "volume avulso" com etiqueta de identificação da causa e guardar na secretaria para consulta das partes - quando a parte trouxer grande quantidade de comprovantes de recolhimento, guias, recibos que só terão utilidade na liquidação da sentença. Afixar nos autos principais etiqueta com a legenda: "avulso com documentos na secretaria";

b) Formar avulso na ação de consignação em pagamento quando as prestações forem mensais e sucessivas; quando os autos forem remetidos para o tribunal, o avulso será desapensado e mantido na secretaria para continuidade dos depósitos até o trânsito em julgado da sentença;

CAPÍTULO II - A SECRETARIA DO JUÍZO

DEVOLUÇÃO DE MANDADO

Mandados com diligência incompleta ou errada serão devolvidos para a Central de Mandados para o mesmo oficial de justiça completar ou realizar o ato processual;

DESENTRANHAMENTO DE PEÇAS

Ordenada a devolução de peças processuais, inserir uma folha no mesmo local da peça extraída, lavrando-se o seguinte termo sem renumeração dos autos:

Em cumprimento do despacho/decisão de fl. .., desentranhei as folhas 10 a 100.

BENS VINCULADOS A INQUÉRITO POLICIAL

Equipamentos, armas, veículos, substâncias entorpecentes não serão recebidos pela Secretaria. O diretor comunicará à autoridade policial para que esses bens permaneçam com ela até o trânsito em julgado da sentença.

PUBLICAÇÃO DE ATOS PROCESSUAIS

Somente serão levados à publicação oficial os despachos dos juízes que devam ser cumpridos pelas partes ou por terceiros e aqueles de que caiba recurso, as conclusões das sentenças e o que mais for obrigatório e essencial na forma do que dispõem as leis processuais vigentes (Provimento 130/76 do Conselho da Justiça Federal). Resumo de publicação de ato processual:

- Indeferida a liminar;
- Deferida a liminar em parte;
- Concedida a segurança;
- Concedida a segurança em parte;
- Rejeitado o pedido;
- Acolhido o pedido em parte;
- Embargos à execução improcedentes;
- Pronunciada a prescrição ou decadência etc.

A publicação será renovada no caso de erro ou omissão de dado indispensável, independentemente de reclamação da parte.

PROCESSAMENTO DO MANDADO DE SEGURANÇA

Notificar a autoridade coatora por mandado (e não por ofício) para cumprir a liminar e/ou apresentar as informações em 10 dias; juntar as informações e remeter os autos para o Ministério Público Federal. Depois disso, fazer conclusão.

CÓPIA ILEGÍVEL OU REPETIDA

Não serão juntadas cópias ilegíveis ou repetidas, lavrando-se o seguinte termo/nota:

Conforme IN 1/2006 deste juízo, não foram juntadas as cópias ilegíveis/repetidas apresentadas pelo ....

Art. 3º Esta Instrução Normativa entra em vigor nesta data, revogada a IN 1 de 20/01/1992.

Exemplificando ainda mais o tema e com ressalvas às naturais alterações obrigatórias em face do decurso do tempo, transcrevo Portaria de delegação expedida pela 3ª Vara da Subseção Judiciária de Uberlândia, ainda no ano de 2004:

PORTARIA N. 4, DE 20 DE AGOSTO DE 2004.

(Identificação da Vara e Juiz)

Considerando o elevado número de petições e documentos que são trazidos diariamente para despacho sem qualquer conteúdo decisório;

Considerando a necessidade de se agilizar a prática de atos processuais a fim de que a prestação jurisdicional seja entregue com maior rapidez;

Considerando que o parágrafo 4° do artigo 162 do Código de Processo Civil, criado pela Lei n° 8.952/94, dispõe que: "Os atos ordinatórios, como a juntada e a vista obrigatória, independem de despacho, devendo ser praticados de oficio pelo servidor e revistos pelo Juiz quando necessário";

Considerando que o artigo 104 do Provimento Geral Consolidado da Corregedoria do egrégio TRF da 1ª Região dispõe que:

Os atos não sujeitos a recurso poderão ser praticados pelo diretor de secretaria, sob a supervisão do juiz, que continuará sendo o responsável até mesmo para fins de correição parcial (Lei 5.010/1966). (...) I- incluem-se no conceito de atos não sujeitos a recurso os que visarem a instar as partes, os procuradores ou auxiliares à prática de ato necessário ao desenvolvimento do processo, mediante qualquer modalidade de intimação, inclusive remessa de autos;

II - os demais atos não sujeitos a recurso poderão ser delegados, desde que haja prévia autorização judicial, por meio de ato formal do juízo (portaria ou ordem de serviço), que deverá especificá-la.

Considerando a necessidade de se agilizar e se desburocratizar ao máximo os serviços cartorários;

RESOLVE:

Art. 1°- Os ofícios, cartas de intimação e atos em geral entregues pelo oficial de justiça ou encaminhados via postal, e-mail ou fac-símile serão assinados pelo(a) Diretor(a) de Secretaria, sempre em cumprimento a despacho judicial e com menção de assim se fazer por ordem do(a) MM. Juiz(a) Federal da Vara.

Art. 2º- Continuarão, entretanto, a ser assinados pelos MM. Juízes da Vara as cartas precatórias, rogatórias, os ofícios dirigidos a membros do Poder Judiciário, Executivo e Legislativo, Ministros e Secretários de Estado e aqueles endereçados a autoridade que receba igual tratamento protocolar neste Estado e demais unidades da Federação. Da mesma forma, continuarão a ser assinados pelos citados Juízes os alvarás e os ofícios de autorização para levantamento de importâncias depositadas judicialmente, os ofícios e telex de constrição e liberação de bens, os alvarás de soltura, mandados e contramandados de prisão.

Art. 3° - Os mandados de citação, notificação e intimação, salvo quanto a estes, no caso de neles haver menção a pena restritiva de liberdade, serão assinados pelo(a) Diretor(a) de Secretaria, mencionando-se, sempre, que a medida é tomada por ordem do(a) MM. Juiz(a) Federal da Vara.

Art. 4° - Independem de despacho judicial as seguintes intimações e atos, que deverão ser feitos sob direta e pessoal responsabilidade do(a) Diretor(a) de Secretaria da 3" Vara Federal:

CAPÍTULO II - A SECRETARIA DO JUÍZO

I- NOS PROCESSOS EM GERAL:

1 - Intimações do(a,s):

1) autor para apresentar cópia de petição e/ou documento para compor contrafé (5 dias), se for mandado de segurança (24 horas);

2) autor sobre a defesa apresentada pelo réu, nas hipóteses cabíveis (10 dias);

3) impugnado/exceto para se manifestar nos incidentes (5 dias);

4) partes para especificarem as provas que pretendam produzir e para justificarem, de logo, a finalidade (5 dias);

5) parte contrária sobre a juntada de documentos (5 dias);

6) partes da data, hora e local da perícia designada;

7) partes e seus respectivos assistentes para manifestarem, sucessivamente, a começar pela autora, sobre os laudos periciais (10 dias);

8) partes para prestarem depoimento pessoal e/ou das testemunhas arroladas tempestivamente para audiência designada, por mandado;

9) parte para fazer ou implementar o preparo no valor indicado pelo contador judicial (5 dias);

10) parte para pagamento de despesas de diligências necessárias à efetivação de ato judicial (5 dias);

11) parte autora para complementar custas iniciais (5 dias); e parte sucumbente para recolher as custas finais, ou complementá-las (15 dias) dias, tudo conforme cálculo da contadoria;

12) partes para ciência de carta precatória devolvida ao Juízo, quando for o caso (5 dias);

13) parte interessada para ciência de resposta aos ofícios expedidos, quando for o caso (5 dias);

14) partes sobre o retorno de autos do TRF da 1ª Região (10 dias);

15) advogado e procurador para retornar à Secretaria, em 24(vinte e quatro) horas, autos não devolvidos no prazo legal ou fixado, e, se decorrido o prazo sem qualquer providência, o fato, devidamente certificado nos autos, será levado ao conhecimento do(a) MM. Juiz(a) Federal Titular ou Substituto(a) para as providências cabíveis.

2 -Atos:

1) expedir oficio solicitando ou prestando informações acerca do cumprimento de carta precatória;

2) expedir oficio requisitando testemunha para comparecer em audiências designadas;

3) os ofícios oriundos de Juízos deprecados, comunicando data da audiência de inquirição de testemunhas ou qualquer outra medida ou solicitando providências, serão juntados aos autos, de imediato, dando-se ciência ou intimando-se os interessados;

4) autos arquivados - solicitar o desarquivamento e dar vista à parte requerente, prazo de 5(cinco) dias, quando requerido por advogado constituído. No caso de autos findos, poderá dar vista na forma do art. 40, II, do CPC;

5) cobrança de cartas precatórias, de laudos periciais, reiteração de ofícios e respostas a ofícios solicitando cópias de peças constantes de processos, informações sobre pro-

195

cessos em andamento a outros Juízos, observado o limite de sua competência estabelecido no artigo 2º desta Portaria;

6) retificar os termos de autuação dos autos quando for detectado erro material, certificando-se nos autos.

II - NAS EXECUÇÕES

Além das providências mencionadas no art. 4°, I, quando cabíveis:

I) nas execuções por título judicial ou extrajudicial, sempre que houver incidente relativo a tentativa de citação, caso de inexistência de bem a penhorar, pagamento por parte do devedor, parcelamento do débito, a oferta de bem à penhora, ou outros incidentes relativos a remoção, inexistência da interposição de embargos no prazo legal, avaliação, praça ou leilão negativos, sem qualquer necessidade de conclusão, será aberta vista dos autos ao exequente (10 dias);

2) intimar o exequente para se manifestar sobre qualquer diligência negativa certificada pelo oficial de justiça (10 dias);

3) intimar o executado que nomear bens a penhora para apresentar documento comprobatório da propriedade ou a certidão negativa de ônus (5 dias);

4) intimar o exequente para manifestar acerca da nomeação de bens à penhora; se de acordo, a nomeação será reduzida a termo e o executado, ou o proprietário do bem, será intimado para assiná-lo em Secretaria. Por ocasião da assinatura será o executado intimado da penhora para fins de oposição de embargos, caso queira, e será expedido, imediatamente, mandado de intimação da penhora para os outros executados, se for o caso;

5) intimar o exequente para se manifestar sobre comprovante de pagamento do débito apresentado pelo executado, no prazo de 5(cinco) dias;

6) intimar o executado para recolher as custas, no prazo de 15 (quinze) dias, quando o exequente pedir a extinção do feito;

7) designar as datas dos leilões e intimar o leiloeiro e as partes;

8) os ofícios de Juízos deprecados comunicando leilão ou praça, qualquer outra medida ou solicitando providências, serão juntados aos autos, de imediato, dando-se ciência ou intimando-se os interessados,

Art. 5° - Os processos em que haja concessão dos benefícios da justiça gratuita receberão na autuação expressa menção mediante o termo JUSTIÇA GRATUITA, por carimbo ou adesivo. Anotação semelhante será feita no processo em que IDOSO for parte, houver RÉU PRESO, oferecimento de RECONVENÇÃO, interposição de AGRAVO RETIDO, tramitar em SEGREDO DE JUSTIÇA, nome do ADVOGADO que estiver impedido de retirar os autos, existência de AUTOS SUPLEMENTARES e INTERVENÇÃO DO MINISTÉRIO PÚBLICO FEDERAL e SUSPEIÇÃO.

Art. 6° - Todas as petições, laudos e demais peças processuais (ofícios, cartas precatórias, guias de depósito em contas judiciais, procurações e substabelecimento, guias de recolhimento de custas, respostas a ofícios, rol de testemunhas etc. serão juntados aos autos independentemente de despacho judicial, fazendo-se após, a conclusão para o(a) MM. Juiz(a), se for o caso.

§1°- Com exceção das petições relativas a processos que estiverem nesta Secretaria com base na Resolução TRF /1ª Região n° 11/2000 e das petições urgentes relativas a processos criminais, as petições protocolizadas após a remessa dos autos ao TRF da 1º Região serão devolvidas aos subscritores, para o que serão intimados para retirarem em Secretaria (5 dias), sob pena de incineração.

CAPÍTULO II - A SECRETARIA DO JUÍZO

§ 2° - As petições e ofícios relativos a inquérito:

I - serão arquivadas em Secretaria quando a Polícia Federal informar a instauração;

II - serão encaminhadas à Polícia Federal quando for procuração, substabelecimento e documentos.

Art. 7º - A intimação pessoal dos procuradores federais das entidades que tiverem representação nesta Cidade será realizada via remessa dos autos, fazendo-se por mandado apenas os casos urgentes que não puderem aguardar a remessa.

Art. 8° - Se do cumprimento da presente Portaria implicar providência judicial diversa, o(a) Diretor(a) de Secretaria promoverá a imediata conclusão dos autos ao(à) MM. Juiz(a) perante o qual corre o feito.

Art. 9º' Fica revogada a Portaria n. 1, de 11.04.2000.

Intimem-se. Publique-se. Registre-se. Cumpra-se.

Note-se que uma portaria, (ordem de serviço ou instrução normativa -o nome vai depender de cada tribunal e de cada vara), possibilita uma **dinamização significativa do trabalho**, evitando as inúmeras conclusões de processos para despacho, dando mais liberdade à secretaria e liberando o magistrado para cuidar dos processos que realmente demandam sua participação imediata. No exemplo transcrito, ela foi além da delegação de atos, consubstanciando um verdadeiro manual para os servidores, o que lhes permitiu trabalhar com mais segurança e autonomia.

Recentemente, o TRF da 1ª Região editou nova Resolução disciplinadora do tema, ampliando as possibilidades de delegação dos atos processuais de mero impulso. Confira-se o teor do regramento, com especial justificativa para a adoção da medida:

RESOLUÇÃO PRESI/COGER/COJEF N. 14, DE 11 DE MAIO DE 2014

> *Autoriza a delegação para a prática de alguns atos ordinatórios aos diretores de Secretaria de Vara da Justiça Federal da Primeira Região, independentemente de despacho do juiz federal ou juiz federal substituto.*

O PRESIDENTE DO TRIBUNAL REGIONAL FEDERAL DA 1ª REGIÃO, o CORREGEDOR REGIONAL DA JUSTIÇA FEDERAL DA 1ª REGIÃO e o COORDENADOR DOS JUIZADOS ESPECIAIS FEDERAIS DA 1ª REGIÃO, no uso de suas atribuições legais, tendo em vista o que consta dos autos do Expediente Administrativo 2009/1253 - TRF1, CONSIDERANDO:

a) os princípios da simplicidade, informalidade, economia processual e celeridade, norteadores dos atos dos Juizados Especiais Federais, conforme rege a Lei 10.259/2001 c/c a Lei 9.099/1995;

b) o artigo 162, § 4º do Código de Processo Civil o qual dispõe que "os atos ordinatórios, como a juntada e a vista obrigatória, independem de despacho, devendo ser praticados de ofício pelo servidor e revistos pelo Juiz, quando necessário"; e,

c) o artigo 132, § 2º do Provimento/COGER 38/2009, deste TRF 1ª Região, no sentido de que "os atos não sujeitos a recurso poderão ser delegados, desde que haja prévia autorização judicial, por meio de ato formal do juízo (portaria ou ordem de serviço), que deverá especificá-los.".

d) a meta de diminuir custos, bem como facilitar e simplificar o acesso à Justiça.

R E S O LV E M :

Art. 1º AUTORIZAR a delegação aos diretores de Secretaria de Vara da Justiça Federal da Primeira Região, e a seus substitutos legais, para a prática dos atos ordinatórios abaixo especificados, independentemente de despacho do juiz federal ou juiz federal substituto:

I - todas as varas federais:

a) designar e redesignar perícias médicas ou sociais, com profissionais previamente credenciados para tal finalidade;

II - varas de juizados especiais e Juizados Especiais Federais adjuntos:

a) designar e redesignar perícias médicas ou sociais, com profissionais previamente credenciados para tal finalidade;

b) designar e redesignar data para a realização de audiências.

§1º A delegação a que se refere este artigo aplica-se aos diretores de Núcleo de Apoio aos Juizados Especiais Federais, desde que este possua estrutura para a realização dos atos referidos no inciso II.

§2º Nos Juizados Especiais Federais a marcação das perícias médicas e das audiências deverá ocorrer, sempre que possível, no momento da atermação ou ajuizamento das ações.

Art. 2º Esta Resolução entra em vigor na data de sua publicação.

CAPÍTULO III

ROTINAS CARTORÁRIAS

1. OBJETIVOS DESTE CAPÍTULO

Muitos juízes federais, tendo a faculdade de livre escolha de seus diretores de secretaria, conseguem trabalhar de forma mais focada na prolação de decisões e sentenças, estabelecendo aos servidores, sob o comando e orientação direta desse diretor, a obrigação pelo desenvolvimento das rotinas que efetivamente impulsionam o processo.

De toda forma, não é demais ressalvar o quão importante é conhecer algumas das atividades mais comuns praticadas pelos servidores, seja porque **o juiz é o corregedor permanente da vara**, seja porque às vezes o próprio juiz terá a função de **orientar** como o trabalho deve ser feito. Mais do que isso: o magistrado precisa ter domínio sobre tais rotinas para evitar equívocos e para que possa aprimorá-las cada vez mais.

O objetivo deste pequeno capítulo é justamente discorrer um pouco sobre tais rotinas da secretaria, pontuando o que é feito no dia a dia da Justiça Federal. Não é possível esgotar todas as centenas de atividades cartorárias, razão pela qual apenas algumas mais corriqueiras foram pinçadas para análise.

2. JUNTADA E DESENTRANHAMENTO DE PETIÇÕES E DOCUMENTOS

Após os procedimentos de distribuição e autuação, o processo começa sua tramitação normal, circulando entre a secretaria, a assessoria, o juiz e as partes, além dos peritos, quando presentes. Nessa circulação, os autos vão ganhando volume por conta da juntada de diversas petições e documentos, tema que passamos a analisar agora.

A **juntada** de petições não iniciais, mandados, ofícios e quaisquer outros documentos destinados aos processos **independerá de despacho** e será praticada de ofício pelo servidor, sem prejuízo da posterior revisão do ato pelo magistrado, se necessário, conforme determina o art. 203, §4º, do CPC/2015. Em resumo, quando o advogado protocoliza uma petição intermediária, como a impugnação à contestação, por exemplo, não é necessário que o juiz profira um despacho para que a secretaria junte essa petição aos autos.

O ato de juntar peças e documentos ao processo não se resume, no caso de autos físicos, em furar as folhas e integrá-las às demais na sequência. É preciso que o servidor numere as páginas e redija um termo de juntada. No âmbito do TRF da 3ª Região, por exemplo, o termo de juntada, assim como os de recebimento, remessa e certidões, serão lavrados no próprio rosto da peça processual, no espaço superior direito ou, na impossibilidade ou inconveniência do uso dessa área, no verso da folha, e constará da etiqueta autocolante do protocolo, em campo a ser preenchido pela secretaria processante, com a devida identificação do servidor e data. Em outros tribunais, pode ser exigida uma nova folha para esse termo, conforme as normas da corregedoria.

O próprio CPC cuida do assunto, ao dizer no art. 208 que os termos de juntada, vista, conclusão e outros semelhantes constarão de notas datadas e rubricadas pelo escrivão ou chefe de secretaria, ato que pode ser praticado por outros servidores por delegação. Trata-se de algo bastante simples, consistindo normalmente em uma frase: "Certifico que juntei, às fls. 105/120, a contestação apresentada pelo réu. São Paulo, 28 de fevereiro de 2013. João da Silva, Técnico Judiciário, matrícula 256.897-8".

Essa **certificação do servidor**, dizendo que juntou tal e qual documento, é extremamente importante, pois **marca o momento exato em que a peça ou documento passou a constar nos autos**. Basta lembrar que o CPC vincula inúmeros prazos em seu art. 231 à data de juntada de avisos de recebimento, de mandados cumpridos, de cartas precatórias etc.

Outro ponto de extrema relevância é que em toda e qualquer certificação realizada nos autos deve constar **nome completo do servidor e a exata identificação funcional**. Esse cuidado visa a resguardar a **fé pública** que reveste a prática de atos dessa natureza, para que, sobre a mesma, não pairem quaisquer dúvidas.

A adoção do processo eletrônico pode eliminar muito trabalho da secretaria quanto à juntada de documentos e petições, pois isso é feito pelo próprio sistema, que registra o dia e a hora em que foi feita a juntada. Às vezes, o próprio sistema eletrônico já expede uma certidão, se isso constar em suas rotinas. No TRF da 1ª Região, por exemplo, toda vez que é juntado ao processo eletrônico um

CAPÍTULO III - ROTINAS CARTORÁRIAS

documento que também é objeto de arquivamento automático no e-CVD (Catalogador Virtual de Documentos, sistema que substitui vários livros obrigatórios da vara), o programa computadorizado já emite uma certidão, que passa a fazer parte do processo, nos seguintes termos: "Certifico que foi registrado no Catalogador Virtual de Documentos - e-CVD com N. XXXXXXX/YYYY, o documento do tipo... (ex.: decisão, sentença) assinado pelo(a) Juiz(a) Federal Fulano de Tal, e inserido por servidor(a) João da Silva, em... (data e hora)". É um trabalho a menos para o servidor e uma preocupação que deixa de existir para o magistrado, pois ele não terá que fiscalizar mais essa rotina burocrática, ficando todas as partes certas quando às datas de juntada.

Já o desentranhamento de petições e documentos dos autos é bem mais complicado e rigoroso. O TRF da 2ª Região, por exemplo, que o desentranhamento de documento juntado aos autos somente poderá ocorrer mediante despacho do juiz da causa, devendo ser minuciosamente certificados os documentos extraídos e o destinatário de sua entrega, podendo haver, a critério do juiz, a substituição de documentos originais por cópias fornecidas pelo requerente, devidamente conferidas pela secretaria. Diz ainda que, salvo prévia e específica autorização do corregedor-regional, vedado o desentranhamento de peça contendo ato do juiz ou de serventuário do juízo, inclusive certificações e informações prestadas nos autos[31].

Esse rigor é importante porque a existência dos autos, sejam físicos ou virtuais, tem como maior justificativa o registro de tudo o que acontece durante a marcha processual. Se uma petição ou documento é retirado, esse registro fica prejudicado e os autos passam a não representar o que realmente ocorreu. Por tais razões, todo desentranhamento deve ser autorizado, em regra pelo juiz, permanecendo nos autos a certidão que registra em detalhes o que foi retirado dos autos, inclusive com referência aos números das folhas.

3. REGISTRO DOS EVENTOS DO PROCESSO: TERMOS E CERTIDÕES

Conforme já vimos no item anterior, não se junta ou se desentranha um documento ou petição sem que o servidor redija um termo de juntada ou desentranhamento, que nada mais é do que uma certidão do ato praticado, com data e identificação de quem o praticou. Essa certificação obrigatória é feita para praticamente tudo o que for incluído no processo ou praticado pelo juiz ou pelos servidores. Se o diretor de secretaria, aproveitando a presença do advogado no balcão, intima-o de uma decisão do juiz, ele lavrará nos autos um termo do que foi feito. Se o processo é encaminhado para o magistrado proferir sua sen-

---

31   TRF 2ª Região, Provimento n. 11/2011, art. 176.

201

tença, a secretaria certificará nos autos que o processo se encontra concluso para sentença.

Por registrarem as principais ocorrências no processo, os termos e certidões devem ser cuidadosamente elaborados, por mais simples que sejam. Nesse sentido, diz o CPC (art. 211) que **não se admitem, nos atos e termos, espaços em branco, bem como entrelinhas, emendas ou rasuras, salvo se aqueles forem inutilizados e estas expressamente ressalvadas.** Nessa mesma linha, o TRF da 2ª Região estabelece que é vedada a alteração ou supressão, total ou parcial, do texto de certidão ou informação juntada aos autos, devendo, na hipótese de erro material ou imprecisão, ser realizada certidão ou informação complementar[32].

São raros os casos em que o juiz certificará a produção de algum ato processual ou a juntada de algum documento, mas isso não é vedado. Pela raridade, porém, a preocupação maior do magistrado será no âmbito da fiscalização e orientação, assegurando, diretamente ou por meio do diretor de secretaria, que os servidores nunca deixem de proferir os termos e certidões necessários, bem como que o façam obedecendo aos ditames do CPC e das normas da corregedoria.

4. REGISTRO ELETRÔNICO DAS FASES DO PROCESSO

Todos os tribunais regionais federais já contam com sistemas eletrônicos para registro das fases do processo, informações que estão disponíveis na internet para consulta pública.

Tomemos como exemplo um processo de busca e apreensão fiduciária que tramita junto à 3ª Vara Federal de Uberlândia. Ao fazer a consulta na internet dos seus andamentos, aparece a seguinte tela (parcial):

Data	Cód.	Descrição	Complemento
19/07/2012 14:37:36	126	CARGA: RETIRADOS CEF	ADVG:MG0000000 – FULANA DE TAL - TELEFONE: 0000-0000
19/07/2012 08:25:37	179	INTIMACAO / NOTIFICACAO PELA IMPRENSA: PUBLICADO ATO ORDINATORIO	
13/07/2012 14:47:54	178	INTIMACAO / NOTIFICACAO PELA IMPRENSA: PUBLICACAO REMETIDA IMPRENSA ATO ORDINATORIO	

---

32   Idem, art. 173, parágrafo único.

CAPÍTULO III - ROTINAS CARTORÁRIAS

Data	Cód.	Descrição	Complemento
20/06/2012 14:45:54	176	INTIMACAO / NOTIFICACAO PELA IMPRENSA: ORDENADA PUBLICACAO ATO ORDINATORIO	
20/06/2012 14:45:51	185	INTIMACAO / NOTIFICACAO / VISTA ORDENADA CEF	
20/06/2012 14:45:47	218	RECEBIDOS PELO DIRETOR SECRETARIA PARA ATO ORDINATORIO	
04/06/2012 16:21:33	135	CITACAO POR OFICIAL MANDADO DEVOLVIDO / NAO CUMPRIDO	
14/05/2012 15:13:27	135	CITACAO POR OFICIAL MANDADO REMETIDO CENTRAL	
14/05/2012 15:13:24	135	CITACAO POR OFICIAL MANDADO EXPEDIDO	
14/05/2012 15:13:20	136	CITACAO: ORDENADA	
14/05/2012 15:13:10	218	RECEBIDOS EM SECRETARIA	
10/05/2012 13:43:58	153	DEVOLVIDOS C/ DECISAO LIMINAR DEFERIDA	
07/05/2012 15:59:34	137	CONCLUSOS PARA DECISAO	
07/05/2012 15:59:32	218	RECEBIDOS EM SECRETARIA	
07/05/2012 10:39:55	223	REMETIDOS VARA PELA DISTRIBUICAO	
07/05/2012 10:25:14	2	DISTRIBUICAO AUTOMATICA	

Note-se que há uma coluna com diversos códigos, que são justamente os códigos de movimentação processual. Cada tribunal possui uma tabela e o servidor, ao dar qualquer andamento ao processo, tais como juntadas de documentos, recebimento de autos que estavam com carga para o advogado, remessa de publicação para a imprensa oficial, inserirá nos sistemas eletrônicos o código do respectivo andamento.

Em síntese, **todo evento processual precisa ser registrado.** Como bem explicam as normas do TRF da 4ª Região, a "Tabela de Movimentação Processual" destina-se a historiar os atos processuais realizados, a fim de possibilitar

203

o acompanhamento pelas partes, advogados, Ministério Público, secretaria, juiz e corregedor-geral mediante o registro no sistema informatizado. Destina-se, ainda, à extração de **boletins estatísticos**, mapas dos oficiais de justiça e boletins de intimação dos despachos, decisões e sentenças prolatadas, bem como de outros atos processuais.

Com o lançamento de cada evento, todos os envolvidos na atividade jurisdicional podem ter acesso a uma **informação rápida** e simplificada da vida do processo, tomando conhecimento, por exemplo, do tempo que o processo está parado ou de quando ocorreu cada evento. Para a corregedoria, é uma ferramenta muito prática de **controle e fiscalização dos trabalhos** da 1ª instância, já que os sistemas eletrônicos são capazes de fornecer uma análise detalhada do acervo processual, com destaque para os processos atrasados. Para o usuário, garante **transparência** e, por conseguinte, reforça a **credibilidade** da instituição.

Quanto ao juiz, ele normalmente não efetua esses lançamentos nos sistemas eletrônicos. Quando recebe um processo para sentenciar, por exemplo, o servidor que fez a conclusão já a lançou. Depois da sentença redigida, ele devolve o processo para que a secretaria faça a juntada da sentença e atualize a movimentação. De toda forma, o juiz precisa ter conhecimento das rotinas para, como todas as outras práticas cartorárias, saber orientar e fiscalizar o trabalho da secretaria. Especificamente no que se refere ao registro de sentenças prolatadas, por exemplo, o ato traz diretas implicações na apuração estatística da produtividade do magistrado. Se o mesmo estiver em estágio probatório ou concorrendo à promoção por merecimento, o número de ações julgadas com mérito, sem mérito ou de processos convertidos em diligência compõe o relatório gerado. Por sua vez, o atraso no lançamento da fase pode manter processo indevidamente sob a responsabilidade do julgador, que posteriormente pode ser chamado a justificar o atraso (processos conclusos além do prazo).

Cabe ressaltar, por fim, que a tabela de movimentações também é gerenciada pelo Conselho Nacional de Justiça, conforme determinação de sua Resolução n. 46/2007. Segundo a norma do CNJ, a tabela unificada de movimentos, composta precipuamente por andamentos processuais relevantes à extração de informações gerenciais, pode ser complementada pelos tribunais com outros movimentos que entendam necessários, observando-se que: a) **os movimentos devem refletir o andamento processual ocorrido** e não a mera expectativa de movimento futuro; b) a relação dos movimentos acrescidos deverá ser encaminhada ao Conselho Nacional de Justiça para análise de adequação e eventual aproveitamento na tabela nacional.

CAPÍTULO III - ROTINAS CARTORÁRIAS

5. APENSAMENTO E "DESAPENSAMENTO" (SEPARAÇÃO) DE PROCESSOS

Existem muitos processos que devem correr de forma conjunta, apensados um ao outro. No âmbito do processo civil, por exemplo, o CPC/73 determinava inúmeros casos em que isso ocorreria, como a impugnação ao pedido de assistência, a oposição, a impugnação ao valor da causa, as exceções, o incidente de falsidade, o processo cautelar quando proposto o principal, enfim, nos mais variados casos. Assim, os dois processos ou procedimentos não comporiam um único auto, mas ficariam vinculados tanto pelas normas processuais quanto fisicamente, quase sempre com um cordão prendendo um ao outro. O panorama foi substancialmente alterado pelo CPC/2015, com franco intuito legislativo de enxugamento das hipóteses de autuação em apartado, a exemplo de exceções e impugnações, hoje arguidas em preliminar de contestação (CPC/2015, arts. 64; 293; 337, XIII, dentre outros).

Igualmente alterada a conformação atribuída aos procedimentos de natureza cautelar, estatuídos como fase antecedente do direcionamento do pedido principal (CPC/2015, arts. 305 a 310)

Apesar das significativas alterações trazidas pelo novo Estatuto Processual, como regra, o **apensamento ou desapensamento de processos é feito somente com o cumprimento de ordem judicial**, embora na prática a secretaria já o faça nos casos expressamente previstos em lei. Nos autos principais, deve-se certificar o apensamento dos autos apensados, devendo constar o número da folha onde foi lançado o despacho ordinatório correspondente que o determinou. Já nos autos apensados, será feita a certificação de seu apensamento ao principal e a folha do despacho que lhe deu causa. Por outro lado, no caso de desapensamento é importante constar certidão em ambos os processos, sendo que na certidão dos autos principais constará a destinação dada aos autos desapensados, salvo quando se tratar de autos findos em fase de gestão documental previamente submetidos aos grupos de avaliação[33].

O papel do juiz nesse processo, conforme dito, é determinar a reunião ou a separação dos autos. Tome-se como exemplo a execução fiscal. Em geral, a interposição de embargos leva à formação de um processo a eles relativo, que correrá apensado à execução, até porque, se o débito estiver integralmente garantido, a execução poderá ser suspensa. Mas, há alguns casos em que os embargos são apresentados e não há garantia do juízo, como ocorre quando isso é feito por defensor dativo. Ora, é possível que cada um dos processos tenha um curso diferente, sem que nenhum deles esteja suspenso. Na execução, continua-se a busca

---

33 TRF 3ª Região, Provimento CORE n. 64/2005.

205

por bens. Nos embargos, abre-se um procedimento próximo do ordinário, com defesa e produção de provas. É conveniente, pois, que, inclusive como disciplina o parágrafo primeiro do art. 914 do CPC/2015, determine-se o desapensamento dos autos, para que o andamento de cada um deles não seja prejudicado. Essa é uma decisão a ser tomada pelo julgador.

Outro caso, não tão raro, é a existência de inúmeros volumes físicos. Como se sabe, um processo é formado por uma sequência de páginas. Cada tribunal tem as suas regras, mas por questões práticas o normal é que não sejam ultrapassadas as 200 páginas, limite para que o manuseio e a conservação física sejam eficientes. Vão se formando então os diversos volumes e alguns processos chegam a ter dezenas ou centenas deles, que devem estar conectados fisicamente (por meio de um cordão, por exemplo, tal como acontece nos autos apensados). Seria impossível o manuseio integral de um processo com 150 volumes, todos eles presos uns aos outros por cordões. Por isso, é conveniente que **o magistrado determine à secretaria que mantenha em um local específico e certificado os volumes que sejam menos relevantes**, como aqueles que contêm documentos repetitivos ou que já foram examinados pelas partes, podendo todos os personagens do processo ter acesso a tais volumes destacados quando quiserem. A esse procedimento se dá ordinariamente o nome de "**acautelamento em secretaria**".

Esses problemas, de toda forma, estão com os dias contados, pois a adoção integral do processo eletrônico findará a existência de autos em papel, com supressão de todas essas limitações..

6. DEPÓSITO JUDICIAL CIVIL E CRIMINAL

6.1. Ações cíveis

6.1.1. Depósito de dinheiro

No âmbito do processo cível, há muitas situações em que dinheiro ou coisas poderão ou deverão ficar depositadas à disposição do juízo, embora o depósito em si não seja feito obrigatoriamente nas dependências do fórum.

Há alguns depósitos que são feitos de forma espontânea pela parte interessada. É o que se dá geralmente nos casos em que há interesse em que parem de correr juros ou que a exigibilidade de um débito seja suspensa, algo muito comum nas ações tributárias. Na maioria desses casos, depositar será um direito da parte, sem necessidade sequer de autorização judicial. As normas do TRF da 3ª Região[34], por exemplo, estabelecem que os depósitos voluntários facultativos

---

34 Provimento CORE n. 64/2005.

destinados à suspensão da exigibilidade do crédito tributário e assemelhados, previstos pelo artigo 151, II, do CTN, combinado com o artigo 1º, III, do Decreto-lei n. 1.737, de 20 de dezembro de 1979, bem como aqueles de que trata o artigo 38 da Lei n. 6.830 (Lei de Execuções Fiscais) serão feitos, independentemente de autorização judicial, diretamente na Caixa Econômica Federal, que fornecerá aos interessados guias específicas para esse fim, em conta à ordem do juízo por onde tramitar o respectivo processo. Regramento de igual teor integra o Provimento Geral Consolidado da 1ª Região.

Qual é o papel do juiz nesse caso? Tão somente **analisar se o valor depositado corresponde à quantia exigida** pelo fisco, a fim de que apenas declare a suspensão da exigibilidade. Declarar, sim, pois a suspensão acontece com o depósito, não com o ato do juiz. O que muitas vezes acontece nesse caso é a parte peticionar nos autos requerendo autorização para deposito. A solução será o juiz proferir despacho simples dizendo que tal procedimento independe de sua autorização. Confira-se:

> Processo n.
>
> Trata-se de pedido de concessão de medida liminar, autorizando-se a impetrante a depositar judicialmente os valores do crédito tributário ora impugnado.
>
> O depósito em Juízo, destinado à suspensão da exigibilidade do crédito tributário, configura-se autêntico direito do contribuinte e não se encontra condicionado à prévia autorização judicial. Nesses termos, independe, inclusive, de eventual demonstração do *periculum in mora.*
>
> No âmbito deste Tribunal, as orientações para integral realização do procedimento encontram-se disciplinadas no Provimento Geral Consolidado COGER n. 129. Confira-se:
>
> > Art. 304. É facultado ao contribuinte depositar integralmente o montante do tributo devido, visando à suspensão da exigibilidade do crédito tributário, enquanto se discute sua legalidade em ação anulatória ou declaratória de nulidade do débito fiscal e, ainda, em ação declaratória de inexistência de relação jurídica entre o sujeito passivo da obrigação tributária e o fisco (art. 151, II, do CTN, art. 1º, II, do Decreto-Lei n. 1.737, de 10/12/1979, e art. 38 da Lei n. 6.830, de 22/09/1980).
> >
> > § 1º O depósito pode ser realizado:
> >
> > I – administrativamente, perante a autoridade fiscal competente;
> >
> > II – em juízo, nas próprias ações aludidas no caput deste artigo, de modo incidente, sendo autuado em apenso;
> >
> > III – em juízo, por meio de ação cautelar preparatória, quando se tratar de depósito que antecede o ajuizamento da ação principal;

IV – é facultado, ainda, ao contribuinte fazê-lo até em ação de mandado de segurança, quando ficará autuado em apenso.

§ 2º O depósito para os fins previstos no art. 151, II, do Código Tributário Nacional será sempre feito em dinheiro, na Caixa Econômica Federal, em conta especial movimentada por ordem do juízo a que ficou vinculada.

....

Art. 305. O depósito em questão, quando incidente a processo em curso, será efetuado, sem prévia autorização judicial, na Caixa Econômica Federal, que fornecerá guias específicas a serem preenchidas pelo(s) interessado(s), das quais constarão, obrigatoriamente:

I – o nome da seção judiciária;

II – a vara por onde tramita o processo, o número e a classe deste;

III – o nome do depositante e seu CPF/CGC;

IV – a quantia depositada;

V – demonstrativo que indique a espécie de tributo, o período de competência, a base do cálculo, a alíquota incidente, juros, multa, demais encargos e o valor do tributo apurado;

VI – a assinatura do depositante ou de seu procurador.

§ 1º Havendo litisconsórcio, serão abertas tantas contas de depósito quantos forem os contribuintes litisconsortes e quantas as exações discutidas, por espécie de tributo.

§ 2º Efetuado o depósito, a Caixa Econômica Federal encaminhará cópias da guia respectiva ao órgão responsável pela arrecadação, para controle e fiscalização, e ao juízo à disposição do qual foi realizado, para autuação em apenso ao processo principal.

§ 3º Os depósitos sucessivos, referentes ao mesmo processo, serão realizados na conta do primeiro depósito do mesmo contribuinte e os comprovantes respectivos juntados aos autos apensados, sendo permitido ao órgão da arrecadação do tributo verificar a sua regularidade.

§ 4º Subindo os autos originais à instância superior, em grau de recurso, os autos das guias de depósito serão desapensados daqueles, permanecendo na secretaria do juízo para juntada dos comprovantes de eventuais novos depósitos que venham a ser realizados, até o retorno do processo principal.

Por excesso, saliento que, à luz do art. 151, II, do CTN, o depósito integral do valor controverso, que deve ser efetuado por conta e risco do depositante, tem o condão de impedir que a autoridade administrativa adote quaisquer medidas destinadas à cobrança do crédito tributário em questão, efeito que se opera automaticamente.

CAPÍTULO III - ROTINAS CARTORÁRIAS

> Nesses termos, nada a prover com relação ao pedido de autorização para depósito judicial do tributo vergastado, pelo que indefiro a medida liminar.
>
> Notifique-se a impetrada. Cientifique-se o representante judicial da pessoa jurídica de direito público, para os fins do art. 7º, II, da Lei 12.016/09.
>
> Após, ao MPF. Ofertado parecer ou transcorrido *in albis* o prazo para esse fim, renove-se a conclusão dos autos.
>
> Publique-se. Intimem-se.
>
> Local e data.
>
> Assinatura

Embora constem nas páginas eletrônicas dos tribunais as instruções para os depósitos, é comum o surgimento de questões quanto ao procedimento adequado para depósito judicial de valores vinculados a processos em tramitação. Em geral, segue-se o que é adotado pelo TRF da 3ª Região: cabe à parte (ou seu advogado), munida do número do processo, ir até uma agência da Caixa Econômica Federal e lá proceder ao depósito. O banco será sempre a Caixa, pois estamos falando da Justiça Federal e isso é determinado pelo art. 1º do Decreto-Lei n. 1.737/1979. Se o advogado requerer o depósito em outra instituição, o único caminho será o juiz indeferir o pleito.

Outro caso muito comum no âmbito da Justiça Federal é o depósito de parcelas de financiamento habitacional ou de contratos bancários envolvendo a Caixa Econômica Federal. Particularmente, entendemos que, se a dívida existe e a discussão é pertinente, sempre haverá direito ao depósito da quantia discutida, com base no art. 335 do Código Civil. Embora o referido artigo trate da consignação, tomamos suas normas como aplicáveis no que diz respeito ao direito de depositar em qualquer tipo de ação.

Os **depósitos sucessivos relativos a um mesmo processo** serão feitos na mesma conta do primeiro depósito e os comprovantes respectivos serão colecionados em apartado, formando **autos suplementares** com indicação do processo ao qual pertencem, os quais permanecerão na secretaria do juízo até o trânsito em julgado da decisão[35]. Ocorre de em alguns casos os comprovantes de depósitos serem juntados aos autos principais. Embora essa não seja uma falha grave, o fato é que acaba por dificultar o andamento do processo e, no caso de sua subida às instâncias superiores, faz com que parte dos depósitos fique nos autos principais e parte, feita após a remessa , tenha obrigatoriamente que permanecer em autos suplementares. Assim, a não ser que as normas específicas do tribunal determinem o contrário, o ideal é que a secretaria abra sempre autos suplementares, juntando a eles todos os comprovantes de depósitos.

---

35   Idem.

209

De se destacar que os depósitos sucessivos independem de qualquer autorização para serem efetuados, ficando por conta e risco do depositante a sua realização. À segunda instância serão remetidos apenas os autos principais. Devolvidos os autos principais, deverão ser apensados os autos suplementares. **Após transitar em julgado** a sentença que aprecie a questão à qual se relaciona o depósito, **o juiz autorizará** à Caixa Econômica Federal **levantamento em favor da parte, determinará conversão em renda ou em pagamento**, conforme o caso[36].

Há ainda outros tipos de depósitos em dinheiro: pagamento de peritos, comissões de leiloeiros e custas da arrematação, desapropriações, consignações em pagamento, valores provenientes de penhoras, sequestro, arrestos, buscas e apreensões, praças e leilões etc. As regras para eles são semelhantes às já tratadas, sendo **a instituição financeira sempre a Caixa Econômica Federal**.

6.1.2. Depósito de coisas

O depósito de coisas no processo cível se dá principalmente em decorrência de **penhora, arresto, sequestro, buscas e apreensões**. Duas situações são bem comuns no âmbito da Justiça Federal.

A primeira delas é a penhora em execuções judiciais e extrajudiciais, com destaque para as execuções fiscais. Citado o devedor, ele pode oferecer um bem à penhora, que geralmente é um imóvel ou um veículo. Se não o fizer, é possível ao credor indicar um bem. **O papel do juiz será analisar se tal bem pode ser penhorado** (se for bem de família, por exemplo, não pode) **e, em caso positivo, determinar que se faça a penhora, lavrando-se o respectivo termo.** Sobre o tema, é feito um detalhamento maior em tópico específico.

Ao lavrar o auto ou termo de penhora, conforme o caso, o servidor que o fizer nomeará um depositário para o bem. O art. 840 do CPC diz que este será o depositário judicial para os móveis e os imóveis urbanos, ou o depositário particular, para os demais bens. Diz ainda que, com a expressa anuência do exequente ou nos casos de difícil remoção, os bens poderão ser depositados em poder do executado. Esta última hipótese é a mais comum nas execuções promovidas no âmbito da Justiça Federal, pelos seguintes motivos: 1) a maior parte das execuções tem como representante judicial a Procuradoria da Fazenda Nacional, que não dispõe de estrutura e pessoal para atuar como depositária; 2) no caso de imóveis e veículos, situação mais comum, a penhora já é registrada no DETRAN ou no cartório, reduzindo o risco de alienação ou desaparecimento do bem; 3) é rara a figura do depositário judicial. Assim, geralmente a penhora

---

36   Idem.

210

é levada a cabo e, no documento que a registra, consta como depositário fiel o próprio devedor. Nas execuções, especialmente as fiscais, também não é incomum que o devedor continue na posse e usufruto do bem, mesmo nos casos de veículos, embora também não seja incomum que os veículos fiquem em depósito de leiloeiro cadastrado, pessoa física ou jurídica, a quem caberá então a função de depositário.

E o juiz nesse processo? Feita a penhora e nomeado o depositário, impõe-se apenas aguardar que o debate sobre a dívida e seus parâmetros tenha fim. Porém, um cuidado é preciso. Diz o CPC/2015, em seu art. 852 , que o juiz autorizará a alienação antecipada dos bens penhorados quando: I - se tratar de veículos automotores, de pedras e metais preciosos e de outros bens móveis sujeitos à depreciação ou à deterioração; II - houver manifesta vantagem. . Se a penhora recair sobre um computador, por exemplo, a prudência manda que ele seja alienado antes do fim da discussão, pois na área da informática os bens se tornam obsoletos com considerável rapidez. O mesmo pode ser dito quanto a produtos perecíveis. Geralmente, as partes já se preocupam com isso e o credor tende a requerer ao juiz a alienação antecipada, hipótese em que se deve sempre ouvir a parte contrária. Em relação às ações de busca e apreensão, elas são cada vez mais comuns na Justiça Federal devido ao fato dos financiamentos de veículos feitos pela Caixa Econômica Federal serem pela modalidade de alienação fiduciária. Assim, se o devedor deixa de pagar o financiamento, não se fala em penhora do veículo, pois este já será de propriedade da Caixa Econômica Federal. De toda forma, como pairará discussão sobre a dívida, a instituição financeira ou quem ela indicar ficará como depositária do bem, tendo responsabilidade sobre sua remoção e guarda.

6.2. Ações criminais

6.2.1. Restituição de bens apreendidos

O processo criminal tem as suas peculiaridades, pois o mais comum é que, nas operações policiais que a eles dão origem, apreendam-se bens, especialmente instrumentos ou produtos do crime.

Há casos, porém, que a apreensão, como essa primeira fase é ampla, recai indevidamente sobre bens de terceiros.Nessas hipóteses, a restituição poderá ser ordenada pela autoridade policial ou juiz, mediante termo nos autos, desde que não exista dúvida quanto ao direito do reclamante (CPP, art. 120). É igualmente comum que a polícia recolha objetos na cena do crime que nada têm a ver com os fatos. Pode, por exemplo, haver apreensão de motocicleta em casa onde está sendo falsificada moeda, sob suspeita de ser produto do crime, mas depois surgir seu verdadeiro dono que, apresentando o comprovante de propriedade, requer a restituição. **Feito o pedido para o juiz da causa, ele proferirá decisão simples, fundamentando que o bem não é instrumento ou produto do crime e que está provada a propriedade, determinando então a sua devolução.** Isso pode ser feito pela própria autoridade policial, especialmente quando ainda não instaurado o inquérito e logo após a apreensão.

Se duvidoso o direito do terceiro, o pedido de restituição será autuado em apartado, assinando-se ao requerente o prazo de cinco dias para a prova. Em tal caso, só o juiz criminal poderá decidir o incidente (CPP, art. 120, §1º). Completa o CPP (idem, §2º) que o incidente será autuado também em apartado e só a autoridade judicial o resolverá, se as coisas forem apreendidas em poder de terceiro de boa-fé, que será intimado para alegar e provar o seu direito, em prazo igual e sucessivo ao do reclamante, tendo um e outro dois dias para apresentação de razões. Em todo caso, antes de liberar o bem, deve o juiz ouvir primeiro o Ministério Público.. E, em caso de dúvida sobre quem seja o verdadeiro dono, mas se tendo a certeza de que o bem não é instrumento ou produto do crime, o juiz remeterá as partes para o juízo cível, ordenando o depósito das coisas em mãos de depositário ou do próprio terceiro que as detinha, se for pessoa idônea.

Mas, e se o processo transitar em julgado e ninguém reclamar o bem passível de restituição? Não é algo raro de acontecer. Nessa hipótese, o CPP determina que, se dentro no prazo de 90 dias, a contar da data em que transitar em julgado a sentença final, condenatória ou absolutória, os objetos apreendidos não forem reclamados ou não pertencerem ao réu, serão vendidos em leilão, depositando-se o saldo à disposição do juízo de ausentes.

6.2.2. Guarda e Destinação de bens cuja perda for decretada

O TRF da 3ª Região, cujas normas[37], pela riqueza de detalhamento, são tomadas como exemplo nesta parte do livro, determinam que os **bens apreendidos** deverão ser mantidos em local seguro, devidamente **identificados com número do processo e nome das partes**, bem como figurar em termo nos autos com anotação "bens apreendidos" na etiqueta superior esquerda da capa.

Quanto aos **objetos apreendidos em inquéritos policiais**, quando de **menor volume**, deverão ser entregues ao **depósito da Justiça Federal** até determinação judicial de destruição ou entrega. É o que acontece, por exemplo, quando é apreendido um pequenino artefato de falsificação. Em regra, as unidades da Justiça Federal possuem uma sala ou, de preferência, um cofre de grande

---

37   Provimento CORE n. 64/2005.

CAPÍTULO III - ROTINAS CARTORÁRIAS

tamanho, com o objetivo justamente de manter em depósito esses objetos de menor tamanho.

Cuidando-se de **bens de volume apreciável**, deverão ser depositados em **diferentes entidades**, por ordem judicial ou determinação da autoridade policial conforme sua natureza. Os veículos, por exemplo, podem ficar em depósito nos pátios da Polícia Federal.

O **numerário em moeda nacional** corrente será recolhido à Caixa **Econômica Federal**, em depósito judicial com remuneração na forma do inciso I do artigo 1º do Decreto-lei n. 1.737/79, com termo de depósito. Já o **numerário em moeda estrangeira** será encaminhado ao **Banco Central do Brasil**, mas, em se tratando de locais onde não há representação do Banco Central do Brasil, será encaminhado à Caixa Econômica Federal, para custódia, em espécie, com respectivo termo.

Já as **moedas falsas,** caso absolutamente comum e frequente na Justiça Federal, deverão ser carimbadas com os dizeres "moeda falsa" e encaminhadas ao **Banco Central do Brasil**, após elaboração de laudo pericial, mediante termo nos autos, onde deverão permanecer custodiadas até que sua destruição seja determinada pelo juiz, reservadas algumas para serem juntadas aos autos. Se a perícia detectar que uma ou algumas notas não são falsas, elas deverão ser depositadas na Caixa Econômica Federal ou, conforme o caso, restituídas ao seu proprietário, se não forem produto de crime.

Os **cheques serão compensados**, depositando-se o valor correspondente em conta remunerada à disposição do juízo, junto à Caixa Econômica Federal, mantendo-se cópia autêntica nos autos. Essa autenticação é feita pela própria secretaria.

Os **títulos financeiros serão custodiados junto à Caixa Econômica Federal**, devendo ser resgatados tão logo seja possível, mediante decisão judicial precedida de manifestação do Ministério Público Federal, adotando-se, quanto ao valor apurado, o procedimento de depósito na Caixa Econômica Federal, que também acautelará as joias, pedras e metais preciosos.

Quanto aos **entorpecentes ou substâncias que gerem dependência física ou psíquica**, eles terão amostras colhidas e **serão incinerados**, observando-se medidas previstas na Lei n. 11.343, de 23/08/2006 e alterações que ocorrerem posteriormente. Esse procedimento de guarda provisória e posterior incineração dos entorpecentes, assim como de **medicamentos falsificados ou sem registro, agrotóxicos de uso proibido** etc., geralmente fica a cargo da Polícia Federal, mas sob a ordem do juiz do processo. Já os objetos provenientes de contrabando ou descaminho, bem como os meios de transporte utilizados, deverão ser encaminhados à Receita Federal.

213

Por fim, em relação às **armas** apreendidas, mas que ainda interessem à persecução penal, deverão ser encaminhadas **ao Exército se forem brasonadas ou de uso restrito. As demais** deverão ser encaminhadas ao **depósito da Justiça Federal,** onde deverão ser mantidas em local seguro. Caso o fórum não possua instalações que garantam a segurança das armas, o melhor que o juiz pode fazer é determinar que elas fiquem acauteladas junto à Polícia Federal.

A secretaria da vara, na pessoa de seu diretor ou do servidor a que se delegar a tarefa, fará a conferência dos bens apreendidos quando de seu encaminhamento à vara, lavrando-se o respectivo termo circunstanciado de recebimento e remetendo-os ao depósito judicial, quando este estiver instalado no fórum[38]. Em geral, as regras para o depósito em si não mudam se ele é consequência de apreensão, arresto ou outras medidas. E o seu processamento se dá nos termos da legislação processual civil, conforme determina o art. 139 do Código de Processo Penal.

Importante atribuição foi imputada a magistrados ou serventuários por ele designados, pelo TRF da 1ª Região, no tocante à alimentação de sistema eletrônico de organização dos cadastros de bens apreendidos:

> Art. 71. Caberá aos juízes ou ao servidor que designar cadastrar os bens apreendidos no sistema nacional de bens apreendidos por meio de sistema eletrônico hospedado no CNJ, observado o art. 301.
>
> [...]
>
> Art. 301. A secretaria de tecnologia e da informação do Tribunal providenciará as alterações necessárias para que os dados inseridos no sistema sejam automaticamente migrados para o sistema nacional dos bens apreendidos – SNBA hospedado no Conselho Nacional de Justiça, com as seguintes informações:
>
> I – tribunal, comarca/subseção judiciária, órgão judiciário e número do processo;
>
> II – número do inquérito/procedimento;
>
> III – órgão instaurador do inquérito/procedimento;
>
> IV – unidade do órgão instaurador;
>
> V – classe processual;
>
> VI – assunto do processo;
>
> VII – descrição do bem apreendido;
>
> VIII – qualificação do detentor e do proprietário, se identificados;
>
> IX – qualificação do depositário;
>
> X – data da apreensão;
>
> XI – destinação final do bem, se houver; e

---

38 Idem.

CAPÍTULO III - ROTINAS CARTORÁRIAS

XII – valor estimado do bem ou resultante de avaliação.

§ 1º A migração das informações deverá ocorrer automaticamente até o último dia útil de cada mês.

§2º Até o sistema ser adaptado para fazer a migração automática, compete ao próprio juiz, ou servidor especialmente designado em portaria do juízo, cadastrar os bens apreendidos no sistema nacional dos bens apreendidos – SNBA do CNJ, mediante usuário e senha pessoal e intransferível.

§3º O cadastramento dos bens apreendidos, na hipótese do parágrafo anterior, deverá ser realizado até o último dia útil do mês seguinte ao da distribuição do processo ou do procedimento criminal em que houve a apreensão, e atualizado sempre que as informações nele contidas forem alteradas nos autos do processo ou do procedimento criminal em tramitação.

Art. 302. A corregedoria regional é a administradora do sistema na Primeira Região e compete à sua secretaria cadastrar os usuários do sistema e informar seus respectivos log in e senha, mediante solicitação feita pelo próprio juiz da vara pelo e-mail corregedoria@trf1.jus.br.[39]

Ao juiz, caberá decidir pela destinação dos bens quando isso for possível. De se lembrar que, havendo condenação, ocorrerá a perda em favor da União, ressalvado o direito do lesado ou de terceiro de boa-fé: a) dos instrumentos do crime, desde que consistam em coisas cujo fabrico, alienação, uso, porte ou detenção constitua fato ilícito; b) do produto do crime ou de qualquer bem ou valor que constitua proveito auferido pelo agente com a prática do fato criminoso (Código Penal, art. 91).

Não havendo condenação ou sendo o bem de terceiro, sem qualquer envolvimento com o caso, geralmente se faz a restituição ao seu proprietário, exceto nos casos em que sua propriedade for vedada.

O destino específico dos objetos depositados, quando não for o caso de devolução, segue em linhas gerais o que prevê o Provimento CORE n. 64/2005, do TRF da 3ª Região, com pontuais diferenças nos outros tribunais. Assim, a destinação é feita após o trânsito em julgado ou quando não mais interessarem à persecução penal. Materiais deteriorados, danificados ou que pelo tempo transcorrido em depósito se encontram imprestáveis ao uso (sucatas) deverão ser objeto, preferencialmente, de doação a entidades privadas de caráter assistencial e sem fins lucrativos e reconhecidas de utilidade pública, para efeitos de aproveitamento monetário por estas entidades mediante reciclagem do material.

Na hipótese de não existirem instituições interessadas em receber como doação os bens descritos no parágrafo anterior, poderá o juízo, ouvido o representante do Ministério Público, proceder à destruição dos mesmos, lavrando-se termo nos autos. Livros em bom estado de conservação deverão ser doados a bibliotecas públicas. Deverão ser destruídos, mediante reciclagem: I - periódicos

---

39   TRF1. Provimento Coger 129/2016.

215

e livros em péssimo estado de conservação; II - materiais que possam ser objeto de reciclagem, tais como: latas, papéis em geral, vidros, ferros, plásticos, alumínio etc. Deverão ser destruídos, mediante inutilização: I - discos, fitas, cartuchos e outros suportes para gravação, contendo obras ou fonogramas, reproduzidos com fraude conforme legislação relativa a direitos autorais; II - fitas de vídeo, revistas ou qualquer outro meio de reprodução com imagens pornográficas; III - brinquedos réplicas e simulacros de armas de fogo, que com estas se possam confundir; IV - materiais estragados que não possam ser submetidos à reciclagem; V - aqueles indicados por decisão judicial.

Quando não identificados, caberá às varas federais a verificação do conteúdo existente em caixas e envelopes lacrados, providenciando a descrição do material e respectiva destinação. O juiz federal também deixará a cargo da secretaria a pesquisa dos meios de destinação e destruição, cuidando apenas de ordenar no processo o que for adequado ao caso. Após a destinação ou destruição, cabe à secretaria certificar os fatos no processo, para que deles se tenha um registro.

Os instrumentos do crime, cuja perda em favor da União for decretada, e as coisas confiscadas, de acordo com o disposto no art. 124 do Código de Processo Penal, serão inutilizados ou recolhidos a museu criminal, se houver interesse na sua conservação.

6.3. Fique atento: notas sobre a destinação de bens custodiados

Destinação de bens apreendidos: TRF3: Provimento 64/2005	
Petrechos de menor volume/ valor	Mantidos em depósito judicial (prédio/cofre da própria JF)
Veículos	Pátios da Receita Federal, Polícia Federal ou leiloeiro judicial (sem descrição na norma, a depender do caso concreto).
Moeda nacional	Depósito judicial em conta aberta na CEF
Moeda estrangeira	Depósito judicial em conta aberta no Banco Central
Moeda falsificada	Identificada como falsa e depositada no Banco Central do Brasil
Cheques	Compensados e depositados na CEF

CAPÍTULO III - ROTINAS CARTORÁRIAS

Destinação de bens apreendidos: TRF3: Provimento 64/2005	
Títulos, jóias, pedras e metais preciosas	**Acautelados na CEF**
Entorpecentes	**Polícia Federal (até elaboração do laudo – restrito materialidade)**
Produtos de descaminho ou contrabando	**Receita Federal**
Armas	**De uso /brasonadas: Exército** **Demais: aconselha-se a guarda pela Polícia Federal**

CJF
- Revogou a Res. 435/08
- Instituiu, em 2012, comissão para elaboração de proposta sobre o tema

CNJ
- Resolução N. 63, de 16/12/2008: institui o SNBA - Sistema Nacional de Bens Apreendidos

7. ARQUIVAMENTO E DESARQUIVAMENTO DE PROCESSOS

Um dia, o processo chega ao fim. Se ele já cumpriu o seu fim, deve ir para o arquivo, onde ficará guardado por um longo período, até que possa ser incinerado e, aí sim, extingue-se por completo.

Quem determina o arquivamento é o juiz, que normalmente coloca em suas sentenças o seguinte comando: "Transitada em julgado, arquivem-se os autos". Essa expressão é bastante recorrente nas sentenças de improcedência ou de extinção sem resolução do mérito, pois nesses casos a finalização do processo com a manutenção dos termos da sentença de 1ª instância não gerará praticamente nenhuma providência, a não ser os registros corriqueiros. Em qualquer caso, esgotada toda a prestação jurisdicional, o juiz dará um despacho ao final determinando que seja feito o arquivamento. Isso ocorre também na esfera criminal, mesmo quando o réu irá cumprir sua sentença de privação de liberdade, pois nessa hipótese se extrai carta de sentença suficiente para controlar o cumprimento da pena, a menos que a execução seja feita nos mesmos autos.

Quanto aos procedimentos cartorários, eles são bastante simples. Deve-se ter o cuidado apenas de verificar se há despacho do juiz mandando arquivar os autos, seguido pela publicação desse despacho, ou na hipótese de sentença extintiva, pelo aguardo do prazo recursal. **Esgotada a possibilidade de ser interposto recurso e recolhidas, se for o caso, as custas cabíveis, a secretaria então dará baixa nos autos**, o que significa registrar essa informação nos sistemas eletrônicos de controle de movimentação processual e certificar a ocorrência, seguida do envio dos autos físicos (se esse for o caso) para o setor do fórum responsável pelo arquivo.

Deve-se atentar apenas para o fato de que há alguns **arquivamentos** que são feitos de **forma provisória**, como ocorre no caso do art. 40 da Lei n. 6.830/1980, que determina o arquivamento provisório da execução fiscal pelo prazo de cinco anos, quando esgotadas as diligências para se encontrar bens em nome do devedor. Se esse for o caso, a chamada "baixa no sistema" não será definitiva, havendo código específico para informar que o arquivamento é provisório. Se essa for a hipótese, o processo aparecerá nos relatórios da vara, mas em separado, pois estará fora de tramitação. Quando se extrai dos sistemas um relatório de "tramitação ajustada", ele não aparecerá. Esse relatório é importante para o juiz ter conhecimento de quantos processos realmente tramitam na vara e que precisam ser efetivamente movimentados.

Estando os autos nos arquivos, antes de sua destruição física, poderá ser feito o desarquivamento. Isso é feito normalmente a pedido de uma das partes ou de algum interessado, bem como por determinação de ofício do magistrado.

No âmbito do TRF da 3ª Região, situação que se repete na maioria dos tribunais, tratando-se de petição de desarquivamento de autos e estando devidamente instruída com a respectiva guia de recolhimento, independentemente de despacho judicial, os autos serão desarquivados e, após a juntada da petição, deverá a secretaria, se for o caso, providenciar a intimação do requerente, pela imprensa oficial ou qualquer outro meio idôneo, para requerer o que de direito no prazo de cinco dias. Após este prazo, nada requerido, certificará o decurso de prazo e devolverá os autos ao setor de arquivo geral[40]. Nota-se que é um procedimento que não tem muita interferência do juiz. De toda forma, o magistrado deve conhecê-lo e estar atento para que a secretaria sempre fiscalize o recolhimento das custas de desarquivamento[41]. Além disso, deve zelar para que processos que correram

---

40 Provimento CORE n. 64/2005.

41 No TRF da 3ª Região, o Provimento CORE n. 64/2005 explicita alguns casos em que o recolhimento das custas não é necessário, situação que encontra normas similares em outros tribunais. Assim, haverá isenção de custas quando o desarquivamento ocorrer: I - a pedido de beneficiário da justiça gratuita; II - a pedido de pessoas carentes, desde que apresentem declaração de pobreza; III - a pedido da União, Estados,

em segredo de justiça sejam objeto de desarquivamento apenas pelos próprios interessados ou por advogados com procuração das partes.

7.1. Passo-a-passo do desarquivamento

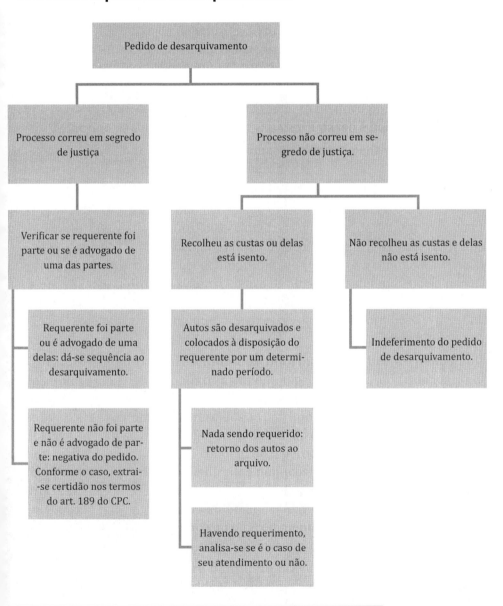

Municípios, Territórios Federais, Distrito Federal e respectivas autarquias e fundações; IV - a pedido do Ministério Público; V - nas ações populares, ações civis públicas, ações coletivas de que trata o Código de Defesa do Consumidor, "habeas corpus" e "habeas data"; VI - por determinação judicial; VII - para extração de cópias reprográficas de documentos de relevante valor histórico ou cultural.

CAPÍTULO IV

SISTEMAS ELETRÔNICOS

1. INTRODUÇÃO

É comum atribuir-se aos diversos órgãos do Judiciário a demora na entrega da prestação jurisdicional. Celeridade e eficiência, no entanto, são requisitos que, por vezes, não estão condicionados com exclusividade à atuação desses órgãos. É fato que a instrução processual pode ser comprometida por fatores alheios à vontade do condutor do processo, como, por exemplo, nas hipóteses em que o demandado não pôde ser encontrado para defender-se.

Nesses casos, a citação (na fase de conhecimento) ou a intimação (na fase executória) fictas inauguram realidade longe da ideal, mormente a carência de documentos e a natural precariedade das provas produzidas nessas situações. Além disso, os atos processuais tornam-se mais complexos e, nessa exata medida, demandam maior zelo e observância das normas pertinentes, a exemplo da citação editalícia e do quase extinto arresto de bens. Em resumo, o que era para ser simples, torna-se complexo.

Tais considerações objetivam evidenciar a efetividade decorrente do uso das diversas ferramentas de pesquisa colocadas à disposição do julgador para localização de demandados e, consequentemente, seu efetivo chamamento à lide. Instrumentos que também se prestam, com segurança, à identificação de bens aptos a garantir as ações executivas.

Em iniciativa idealizada conjuntamente pelo Conselho da Justiça Federal, Conselho Nacional de Justiça e tribunais regionais, foram implantados **sistemas de armazenamento de dados** que concentram informações relativas a

cidadãos e seus bens. São instrumentos de eficiência incontestável e garantidores de instrumentalidade processual ímpar, na medida em que reduzem significativamente as hipóteses em que as ações tramitam carentes do equilíbrio garantido pelo efetivo exercício do contraditório e da ampla defesa.

Citem-se, por relevantes: Sistema BACEN JUD, CCS – Cadastro de Clientes do Sistema Financeiro Nacional, RENAJUD, INFOJUD, INFOSEG e SINIC. Algumas corregedorias regionais têm disponibilizado, ainda, acesso *on line* a magistrados e servidores previamente cadastrados a dados relativos às informações eleitorais da respectiva unidade da federação. O programa, denominado SIEL (Sistema de Informações Eleitorais), ainda não se encontra totalmente disponível a todas as unidades da Justiça Federal. Acredita-se, no entanto, que a iniciativa, em breve, deva estender-se a todos os órgãos do Judiciário, diante da flagrante economia de recursos advinda do uso da ferramenta.

Debateu-se exaustivamente sobre o amparo legal da utilização, pelo julgador, desses instrumentos, especialmente sob a arguição de que as medidas instaurariam questionável desequilíbrio entre as partes e afrontariam o princípio da menor onerosidade. Sustentou-se, inclusive, que os sistemas tornariam públicas informações protegidas por sigilo. Nenhum desses argumentos prosperou. A jurisprudência nacional cuidou de trespassar o debate, reiteradamente atestando a legalidade dos sistemas e suas ferramentas.

A entrada em vigor da Lei 11.419/06 sepultou quaisquer divergências remanescentes. Além disso, com a evolução natural dos mecanismos informatizados, hoje, todas as transmissões eletrônicas são autenticadas por assinatura digital do usuário e a segurança e o sigilo decorrem do integral registro de todas as consultas efetivadas.

Assim é que, indubitavelmente, o uso de sistemas eletrônicos pelo magistrado confere inquestionável eficiência ao processo, tanto para localização dos citandos/intimandos, quanto para identificação de bens penhoráveis.

Para localização de endereços atualizados, apresentam-se, exemplificativamente:

Já para identificação de bens, são bastante efetivos:

CAPÍTULO IV - SISTEMAS ELETRÔNICOS

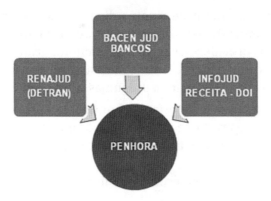

Nesta etapa, abordaremos de forma singela os principais sistemas à disposição do Judiciário para localização de pessoas e bens, sem a intenção de detalhar o funcionamento de cada um deles, até porque todas as ferramentas e funcionalidades são atualizadas e aprimoradas regularmente, modificando-se telas de acesso e recursos.

2. SISTEMA BACEN JUD

2.1. Apresentação do sistema

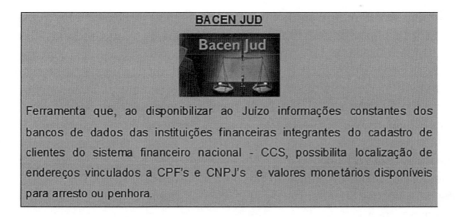

O BACEN JUD, ferramenta inicialmente idealizada pelo Conselho da Justiça Federal em parceria com representantes dos tribunais, tem intermediação, gestão técnica e serviço de suporte a cargo do Banco Central. Concentra informações bancárias vinculadas a CPF's e CNPJ's, possibilitando **requisição automática** *on line* de informações relativas a **endereços**, números de **contas** e seus

223

respectivos **saldos, bloqueio** de valores disponíveis, transferência posterior desses valores a contas de depósito judiciais ou desbloqueio desses mesmos montantes. Todas as providências realizam-se automaticamente, mediante simples acesso ao banco de dados. Permite, inclusive, reiteração ou cancelamento de ordens já protocolizadas, atendidas algumas condições.

Normalmente, referencia-se a ferramenta como destinada à "penhora *on line*", mas o mecanismo presta-se a outros fins, como, por exemplo, à localização de endereços de eventuais demandados. Com o tempo e o crescimento dos registros informatizados de dados, contudo, a ferramenta deixou de ser a melhor opção para identificação de endereços atualizados das partes, como veremos a seguir.

2.2. Considerações sobre o BACEN JUD

Mesmo que já se permita a delegação da tarefa, é imperioso que o juiz conheça o sistema e suas ferramentas, de modo que possa exercer, com segurança, o controle da atividade. Acessa-se o sistema através do endereço eletrônico "www.bcb.gov.br" ou pelos atalhos criados nos sítios oficiais do CNJ e tribunais.

Vale tecer algumas considerações relevantes sobre o sistema e suas ferramentas. Isso porque, a despeito de sua inconteste efetividade, a prática impõe a ressalva de alguns pontos importantes. Vejamos.

2.2.1. Pesquisa de endereços

No que se refere à **pesquisa de endereços** para localização dos demandados, o sistema fornece, sem filtrá-las ou localizá-las no tempo, todas as informações disponibilizadas pelas instituições integrantes do CCS. Isso faz com que seja trazida ao processo, não raras vezes, uma infinidade de endereços, sem que se possa identificar o mais recente ou, contrariamente, aqueles já desatualizados. Para tal fim, portanto, a **eficiência da ferramenta é relativa**, apesar de não totalmente dispensável, já que podem ser apenas esses os dados disponíveis. Para a pesquisa de endereços, portanto, recomenda-se a consulta a sistemas mais fidedignos, tais como o INFOJUD e, em alguns casos, caso haja informações relativas a veículos com data de aquisição próxima à pesquisa, o RENAJUD. O CNIS, que exibe informações previdenciárias tanto de segurados como de empregadores, é também muito útil.

2.2.2. Sistemática de utilização do BACEN JUD

Configura-se bastante comum que, especialmente nas hipóteses de bloqueio de numerário, o Juízo preste atendimento direto ao jurisdicionado ou a seu representante. Para que não sejam prestadas informações equivocadas, capazes

CAPÍTULO IV - SISTEMAS ELETRÔNICOS

de causar maior tumulto processual, é imperioso o domínio, pelo magistrado e seus assessores, da ferramenta e suas limitações e possibilidades.

Nesse aspecto, as etapas principais que acompanham as ordens efetivadas pelo BACEN JUD, sejam elas voltadas a pesquisas de endereços ou a bloqueios, são:

a) Fase de pesquisa

Minuta, protocolamento da ordem, **disponibilização** da ordem às instituições participantes e **resposta** à consulta.

Minuta-se a ordem, tarefa normalmente desempenhada por assessor previamente designado. A fase apresenta-se extremamente importante, pois são definidos os limites da providência: identificação do juízo prolator da ordem, dos respectivos dados processuais, nomes e números identificadores dos atingidos e montante a ser bloqueado ou informações a serem requisitadas. Nessa etapa, pode-se, opcionalmente, restringir o bloqueio a determinadas contas e agências previamente indicadas. É possível, também, que o montante atinja a chamada "conta única", que nada mais é do que uma conta própria, cadastrada pelos interessados nos Tribunais Superiores, que se destina exclusivamente à garantia de eventuais execuções. Ao indicarem essa conta, os executados comprometem-se a disponibilizar numerário suficiente ao bloqueio eletrônico, sob pena de que a medida atinja quaisquer contas que titularizem. Não sendo feita essa opção, o sistema bloqueará numerários em quaisquer contas mantidas pelos atingidos.

Conferida a minuta e confirmada sua inclusão, o documento fica disponível ao magistrado ou a seus assessores já cadastrados para protocolamento da ordem. Protocolizada a ordem, imprime-se seu detalhamento, que deve ser anexado ao processo. Isso é importante, já que os autos normalmente são requisitados pelas partes nesse período em decorrência do cumprimento da medida.

Normalmente, quando se imprime o protocolo da ordem de bloqueio, nos campos respectivos consta a informação "<u>não enviada</u>". Isso não significa que a ordem não tenha sido cumprida ou definitivamente enviada ao Banco Central, mas apenas que seu envio, segundo as normas próprias do sistema, far-se-á posteriormente. O que diferencia as ordens finalizadas das ainda pendentes (minutas) é o número do protocolo, composto de 14(quatorze) dígitos, sendo que os quatro primeiros algarismos correspondem ao ano em curso. Ordem protocolizada é ordem a ser transmitida a tempo e modo.

Nesses termos, quaisquer ordens judiciais protocolizadas no sistema (pesquisas de endereços, de números de contas, ordens para constrição, desbloqueio ou transferência de numerário) até às 19h dos dias úteis serão disponibilizadas às instituições até às 23h30m do mesmo dia, como prevê o art. 7º do

225

atual Regulamento BACEN JUD 2.0. Caso as ordens sejam protocolizadas após as 19h ou em dias não úteis, as remessas se efetivam apenas no dia útil imediatamente posterior, também até às 23h30m.

As respostas às ordens, nesses termos, estarão disponíveis ao juiz **48 horas** após o protocolamento. Mesmo que a providência seja urgente, o sistema exige esse tempo para efetivação, **não sendo possível ao usuário o enxugamento desses prazos**.

É bastante comum, principalmente quando a ordem protocolizada destina--se ao desbloqueio de valores, questionamento pelas partes ou seus advogados no sentido de que a ordem não foi enviada. Com esse objetivo, novamente a ressalva: **o protocolo assegura a finalização do procedimento**.

BACEN JUD: PRAZOS

> Em face da hora em que protocolizadas, as ordens integram-se ao sistema somente após às 19h ou no dia útil seguinte. Despreze, nesses termos, a informação "não enviada" ou imprima novo documento após esse horário.

Uma vez transmitida a ordem, o bloqueio atingirá todas as contas de propriedade das pessoas jurídicas ou físicas atingidas, o que impõe ajuste posterior. Cada instituição bancária bloqueará o *quantum* disponível sob a sua guarda, o que pode ocasionar bloqueio superior ao montante executado. Igualmente, podem ser gravados valores protegidos por impenhorabilidade absoluta ou relativa. Assim sendo, toda ordem importa **consulta a seu resultado e ajustes posteriores**.

Novamente, os responsáveis pela prestação de informações aos interessados devem estar familiarizados com essa particularidade do sistema, orientando-os no sentido de que, como ínsito à ferramenta, serão realizadas as adaptações necessárias. É relevante que, caso a alegação seja quanto à impenhorabilidade dos valores, as orientações prestadas sejam adequadas a fim de se evitar maiores atrasos processuais e sucessivos e desnecessários peticionamentos.

Vale destacar que o documento disponibilizado ao magistrado, à exceção de bloqueio em conta única, não informa o número da conta em que foi efetuado o bloqueio, apenas o valor e o banco cumpridor da ordem de maneira genérica. Assim sendo, compete ao interessado comprovar o bloqueio na conta específica (salarial, por exemplo), o que se faz normalmente com a exibição do extrato de movimentação do período e com a demonstração da natureza especial dos depósitos, às vezes constantes do próprio extrato. Caso o interessado comprove possuir uma única fonte de renda e uma única conta, a prova é suficiente para respaldar o deferimento do pedido de desbloqueio.

CAPÍTULO IV - SISTEMAS ELETRÔNICOS

Em síntese, **a comprovação de eventual impenhorabilidade é responsabilidade do executado**, como expressamente disciplina o Código de Processo Civil.

ATENÇÃO

 DISCIPLINA LEGAL:

Art. 854. Para possibilitar a penhora de dinheiro em depósito ou em aplicação financeira, o juiz, a requerimento do exequente, sem dar ciência prévia do ato ao executado, determinará às instituições financeiras, por meio de sistema eletrônico gerido pela autoridade supervisora do sistema financeiro nacional, que torne indisponíveis ativos financeiros existentes em nome do executado, limitando-se a indisponibilidade ao valor indicado na execução.

(...) § 3º Incumbe ao executado, no prazo de 5 (cinco) dias, comprovar que:

I – as quantias tornadas indisponíveis são impenhoráveis;

II – ainda remanesce indisponibilidade excessiva de ativos financeiros.

Outro ponto de grande equívoco, alvo de eloquentes debates travados nos balcões de atendimento das varas federais, diz respeito ao bloqueio das contas atingidas.

Nesse sentido, ressalve-se: **a conta não fica bloqueada**. O que se bloqueia é o numerário disponível nas respectivas contas no prazo de atendimento à ordem judicial, ou seja, no máximo em até 72 horas. Depósitos posteriores, mesmo que se questione a inteligência da ferramenta nesse sentido, não são atingidos pela ordem. Caso o magistrado assim decida, todo o procedimento deve ser repetido.

Isso significa que as instituições estão desobrigadas de bloquear eventuais valores creditados após o envio da resposta. Para complementar o valor determinado para um bloqueio, o magistrado poderá usar o recurso "utilizar dados de bloqueio para criar nova ordem", repetindo-a quantas vezes for necessário.

Por fim, as ordens devem ser o mais enxutas e objetivas possíveis, eliminando-se muitas fases entre a pesquisa e a efetivação da penhora eletrônica. Isso porque, as estatísticas demonstram que quase a totalidade das ordens efetivadas no Sistema BACEN JUD se referem a execuções fiscais. É público o considerável acervo de processos dessa natureza nas varas federais, algumas com tramitação superior a 30 mil processos.

Diante desse quadro, uma vez inaugurada a fase de constrição de bens, as ordens devem ser rapidamente cumpridas e, nessa medida, efetivas. Ao mesmo tempo, deve o julgador tentar conciliar as tarefas desempenhadas pela secretaria da vara, de maneira a adotar providências que não comprometam significativamente as demais atividades.

A razão para tais considerações reside na expedição de ordens para que o bloqueio seja precedido de pesquisas quanto a eventuais numerários disponíveis. Acaso se determine a realização da pesquisa prévia de bens, cada processo demandará providência quádrupla – pesquisa, análise dos resultados, bloqueio propriamente dito e transferência dos montantes apurados. Isso para cada processo, o que agiganta o tempo gasto na execução da tarefa, vez que, em se tratando de executivos fiscais, normalmente as pesquisas são determinadas em centenas de ações.

Contrariamente, caso a ordem seja genérica, eliminam-se as fases anteriores, com significativa eficiência. Isso porque a fase de análise dos resultados não pode jamais ser suprimida e, portanto, eventuais ajustes se protraem para esse momento sem prejuízos às partes e com significativa economia de recursos (leia-se: atos processuais).

b) Fase de efetivação

Uma vez protocolizada a minuta e já transcorrido o prazo necessário, consulta-se a ordem, o que pode ser feito tanto pelo número do processo, pelo juízo ou pelo número do protocolo da medida. A forma mais rápida de se proceder é **a consulta pelo número do protocolo**. Isso porque, optando-se pelo juízo, serão informados diversos processos, o que demanda tempo para identificar aquele em que se está trabalhando; pelo número do processo, deve-se digitar a informação exatamente igual à inserida no sistema, o que pode demorar ou levar à não identificação pelo sistema. Um simples ponto digitado ou não frustra a pesquisa. O protocolo, por outro lado, é sempre igual, composto por 14 dígitos, sendo os quatro primeiros correspondentes ao ano em que protocolizada a minuta. Dessa maneira, as pesquisas por número do processo e juízo são subsidiárias.

Nesse momento, verifica-se o que foi efetivamente bloqueado, podendo ocorrer algumas hipóteses.

Na primeira delas, **nenhum numerário é encontrado**, caso em que devem ser adotadas as **demais ordens** exaradas no processo (pesquisa das informações fiscais, por exemplo, DOI ou RENAJUD).

Na segunda hipótese, são bloqueados **valores irrisórios**, por si só incapazes de garantir a execução. Recomenda-se, nesses casos, o **desbloqueio** de tais valores. Nesse aspecto, os princípios da efetividade, da economia e celeridade processuais respaldam o entendimento. Toda penhora demanda a prática de uma série de atos processuais, tais como a lavratura do termo de penhora (se for essa a opção eleita pelo magistrado), intimação do executado, abertura de prazo para defesa etc. Isso sem citar as providências adotadas pelas próprias instituições bancárias que identificam os numerários, procedem ao bloqueio, diligenciam junto à Caixa Econômica Federal para abertura da conta judicial para depósito/transferência desses valores etc.

Se o montante apresenta-se absolutamente irrisório, não há justificativa sem desrespeito às opiniões em sentido contrário, para manutenção da penhora. Não bastasse, o objetivo do legislador, ao estabelecer a possibilidade de penhora *on line* como meio executivo, é a satisfação do crédito exequendo e, em

CAPÍTULO IV - SISTEMAS ELETRÔNICOS

nenhuma hipótese, valores ínfimos atendem ao pressuposto, além de onerar o sistema bancário e comprometer as tarefas judiciárias.

Não se desconhece que o parâmetro de irrisoriedade é subjetivamente variável. Nessa medida, o arresto de, exemplificativamente, R$5.000,00 frente a um débito de R$2.000.000,00 pode ou não ser considerado ínfimo. O que nos socorre nessas hipóteses é a característica que deve marcar toda a atuação judicial - razoabilidade. Não existem fórmulas, mas orientações gerais que, ponderadas, são capazes de resolver a situação processual posta, sem comprometer princípios processuais indeclináveis, tampouco prejudicar interesses.

Mas para atender aqueles que exigem a conformação matemática, bloqueios no percentual de até **3% (três por cento) do montante executado** podem seguramente ser considerados irrelevantes, moldando-se aos preceitos do art. 836 do CPC/2015.

> Art. 836. Não se levará a efeito a penhora quando ficar evidente que o produto da execução dos bens encontrados será totalmente absorvido pelo pagamento das custas da execução.

A terceira hipótese ocorre quando são **bloqueados valores parciais significativos** ou o **montante total do crédito exequendo**. Nesses casos, recomenda-se a impressão do resultado, a juntada do documento aos autos e a **espera de prazo razoável para que o executado cumpra o que lhe faculta o art. 854 do CPC/2015 e formule eventuais requerimentos que julgue relevantes**.

Socorre-nos a prática novamente. Caso, assim que analise o resultado, o julgador determine a transferência do numerário encontrado, não raras vezes precisará determinar a devolução desses valores ao executado, o que, salvo exceções, exigirá expedição de alvará de levantamento para tal fim, vez que já aberta a conta de depósito judicial. Caso contrário, se aguardar, uma vez comprovada a impenhorabilidade dos valores penhorados, o simples acesso ao sistema permitirá que se protocolize a ordem de desbloqueio, sem atrasos ou maior comprometimento das tarefas desempenhadas. **Não havendo requerimento** nesse sentido, procede-se à **transferência do montante** para conta de depósito judicial, a ser aberta pelas próprias instituições bancárias.

Quanto à repetição das ordens, a ferramenta é pouco utilizada. Caso eventualmente alguma instituição financeira não responda à ordem, pode-se determinar a repetição da consulta.

Nesse aspecto, não sem pesar, é forçoso reconhecer que a efetividade da "penhora on line" apresenta-se diretamente proporcional à imprevisibilidade da medida. Caso o devedor, que apesar de citado ou intimado para solver o débito eximiu-se de fazê-lo, tenha ciência prévia da ordem de bloqueio, fatalmente não haverá numerário disponível na efetivação da medida, por razões óbvias.

Inclusive, o CPC/2015 normatizou essa inferência, conforme redação conferida ao já citado art. 854.

2.2.2.1. Passo a Passo: bloqueio de valores

Esgotadas as fases de citação (execuções fiscais ou extrajudiciais) ou intimação (cumprimento de sentença) e não indicados bens pelo(a) exequente, prolata-se ordem para pesquisa de patrimônio mediante acesso aos sistemas informatizados:

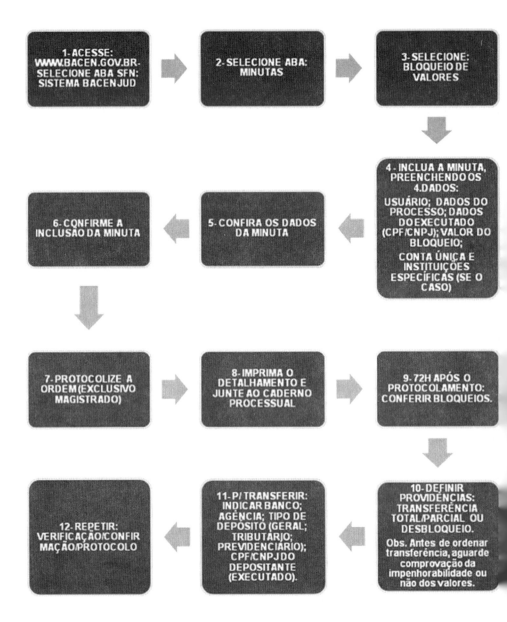

2.2.2.2. Passo a passo: pesquisa de endereços

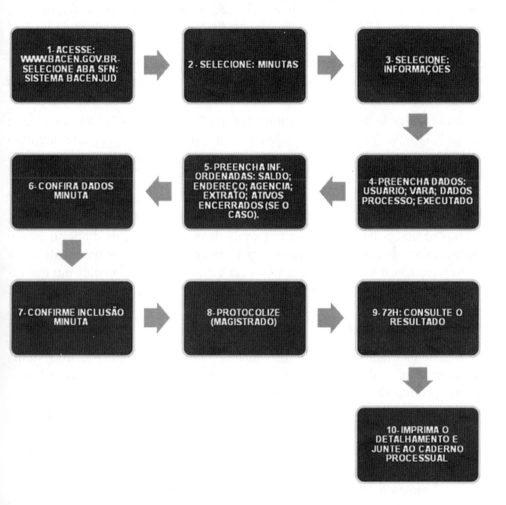

3. CCS – CADASTRO DE CLIENTES DO SISTEMA FINANCEIRO NACIONAL[42]

3.1. Apresentação do sistema

Essa é outra ferramenta de apoio ímpar à instrução processual, vocacionada a auxiliar nos procedimentos investigatórios penais, com ênfase especial aos **crimes de natureza econômico-financeira**.

---
42 Apesar de direcionada à instrução dos feitos criminais, por questões didáticas, opta-se pela apresentação do sistema nesse tópico.

O CCS, de natureza cadastral, disponibiliza dados sobre **relacionamentos bancários** representados por bens, direitos e valores, tais como depósitos à vista ou a prazo, efetuados pelas pessoas, físicas ou jurídicas, alvos da investigação. Disponibiliza, inclusive, informações relativas a negócios realizados por intermédio de representantes legais ou procuradores, apesar de não informar valores ou saldos de contas ou aplicações, pois, para tal fim, existe a ferramenta BACEN JUD.

A implantação do Cadastro cumpriu o art. 3º da Lei 10.701/03, que incluiu na Lei 9.613/98 (Lavagem de Dinheiro) o art. 10-A: "O Banco Central manterá registro centralizado formando o cadastro geral de correntistas e clientes de instituições financeiras, bem como de seus procuradores".

O acesso também se processa pela página do Banco Central (www.bcb.gov.br) e a interface do programa é bastante parecida com a do BACEN JUD.

Nas investigações relativas a tráfico de drogas, lavagem de dinheiro ou em quaisquer outros processos em que se precise demonstrar relacionamento entre os investigados, a ferramenta permite essa comprovação, na medida em que informa, dentre outros dados, as operações bancárias realizadas ou não entre eles.

3.2. Utilização do CCS

O sistema elenca em quais instituições financeiras os clientes do sistema financeiro nacional possuem contas de depósitos, poupanças, contas de investimento, contas de não residentes e outros bens, direitos e valores, diretamente ou por intermédio de seus representantes legais, responsáveis e procuradores, sem que sejam indicados dados de valor, movimentação financeira ou saldos.

As opções de consulta são as seguintes:

a) Instituições financeiras com as quais o investigado mantenha relacionamento, com as datas de início e fim, informadas imediatamente.

b) Identificação do cliente como titular do relacionamento ou de seus representantes legais, responsáveis e procuradores.

c) Dados de agências bancárias, números e natureza das contas e outros investimentos mantidos pelo cliente. Quanto a essas duas últimas pesquisas, os pedidos realizados entre 10h e 19h serão respondidos no dia útil subsequente. Apenas as instituições que mantêm relacionamento com o cliente responderão à consulta, o que acarreta rapidez às respostas.

Quanto às formas de pesquisa, temos:

a) Requisitar consulta por CPF/CNPJ (disponível apenas aos juízes): identifica-se o investigado, número do processo, justificando-se a consulta. É obrigatória a manifestação do usuário quanto à concordância com o

Termo de Uso e Responsabilidade. Digitada a senha e confirmadas as opções, as informações são em tempo real. Em nova tela surgirá opção para solicitar o detalhamento dos CPF's consultados. Assim, pode-se indicar a instituição financeira para a qual se deseja obter o detalhamento de informações, informando-se o período solicitado. O resultado, no dia útil seguinte, será disponibilizado na opção "consultar requisições realizadas".

b) **Requisitar consulta por conta (disponível apenas aos juízes):** o usuário deverá preencher os dados referentes ao banco, código da agência e da conta, datas de início e fim, se o caso, número do processo e motivo da consulta.

c) **Requisitar consulta por CPF/CNPJ (disponíveis a juízes e assessores devidamente cadastrados):** permite a juízes e seus assessores preencher os dados de uma consulta que será enviada posteriormente. O usuário indicará CPF/CNPJ, número do processo, código SISBACEN do juiz responsável e motivo da consulta. Para que a consulta seja enviadas, o juiz deve confirmar a autorização pela opção "autorizar requisições pendentes".

d) **Requisitar consulta por conta (disponíveis a juízes e assessores):** o usuário indica banco, código da agência e da conta, datas de início e fim, número do processo, código SISBACEN do juiz responsável e motivo da consulta (pesquisa a ser autorizada pelo magistrado).

3.2.1. CCS: Principais passos

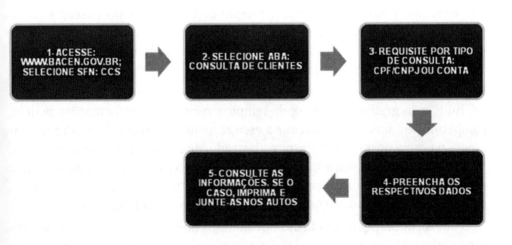

4. SISTEMA INFOJUD – INFORMAÇÕES AO JUDICIÁRIO

O INFOJUD disponibiliza ao magistrado ou a assessor por ele previamente autorizado, na íntegra, os dados fiscais das pessoas físicas ou jurídicas em determinado período de tempo. Em síntese, o juiz terá acesso às **declarações de imposto de renda pessoa física ou jurídica** nos anos ordenados.

É a ferramenta por excelência para localização de endereços das partes, já que atualizada, quase sempre, anualmente.

Simples, rápida e eficiente. Simples, pois as telas de pesquisa foram pensadas de maneira lógica, permitindo preenchimento intuitivo pelo usuário; rápida, pois a resposta fica imediatamente disponível no sistema, dispensando acessos futuros para consulta aos resultados; eficiente, pois, especialmente no que se refere a pessoas jurídicas, a relação de bens e direitos costuma ser fidedigna à realidade fática. Assim, em alguns minutos, dispensam-se meses de expedição de ofícios e o credor tem disponível a relação de todos os bens que compõem o patrimônio do devedor. Há significativa redução dos "tempos inativos" do processo.

Hoje, com grande economia de tempo e recursos, as informações podem, competindo ao magistrado decidir a esse respeito, ser disponibilizadas diretamente na caixa postal do assessor cadastrado, que, orientado pelo magistrado, filtrará os dados relevantes, anexando-os ao processo. Nessa hipótese, o juiz deverá acessar periodicamente sua própria caixa postal para organização das solicitações já analisadas e que, nessa medida, deverão ser descartadas.

Pode-se optar pela juntada dos documentos impressos aos autos ou por gravar as informações em mídias eletrônicas anexadas aos processos, as quais permitem maior proteção às informações geradas. Bastante comum, é a prolação

CAPÍTULO IV - SISTEMAS ELETRÔNICOS

de ordem para que, somente informados bens, a declaração seja integrada aos autos da execução. Afinal, são dados protegidos por sigilo.

Nesse ponto, sem ignorar, tampouco desmerecer, relevantes entendimentos em sentido contrário, acreditamos que, caso juntadas informações fiscais aos autos, o processo deverá tramitar em **segredo de justiça**, o que implica restringir o acesso externo dos autos às partes, seus representantes ou procuradores devidamente constituídos. O acesso por terceiro fica então condicionado a pedido, devidamente motivado, e a deferimento do pleito pelo juiz condutor do processo. A proteção às informações fiscais prepondera, nessas hipóteses, sobre a publicidade.

Compete tecer breve comentário. A juntada dos dados colhidos no sistema INFOJUD aos autos se dá, quase em sua totalidade, nos processos de execução fiscal. Como já ressalvado anteriormente, os acervos de processos dessa natureza nas varas federais costuma ser gigantesco. Com a decretação da tramitação do executivo nessas condições em segredo de justiça, nas varas prosseguiriam mais processos de acesso restrito do que o contrário. É fato que a restrição ao acesso costuma ocasionar muitos problemas de ordem prática, inclusive no atendimento, já que é comum que advogados, previamente à aceitação ou não do patrocínio da causa, procurem compulsar e analisar os autos. Assim, a opção pela gravação da mídia eletrônica minimiza o problema, pois, uma vez facultada vista às partes, pode-se simplesmente desentranhá-la dos autos (um único documento), acautelando-a em secretaria. Cumprida a etapa, pode-se ordenar sua destruição ou a manutenção do acautelamento até o desfecho do executivo. Nesse caso, levanta-se o segredo.

Há juízes que optam por autorizar a consulta desses dados diretamente pelos exequentes, ordenando à Receita Federal que lhes faculte o acesso. A ordem pode causar alguns problemas, pois a instituição precisaria designar servidor tão somente para esse fim, o que foi alvo de críticas no passado. Por outro lado, em se tratando da Fazenda Nacional, a seus procuradores faculta-se o acesso ao sistema, fato que origina questionamentos quando a ferramenta é utilizada para fins executórios, diante da natural parcialidade do órgão como parte. É de fato, uma decisão a ser tomada pelo magistrado.

O INFOJUD permite, ainda, consulta a declarações relativas ao ITR (Declaração de imposto sobre a propriedade territorial rural) e a operações imobiliárias (Declaraçao sobre Operações Imobiliárias). Essa última apresenta-se excelente instrumento de busca por informações sobre transferências patrimoniais, a exemplo da necessidade de se deliberar sobre pedidos de fraude à execução ou fraude a credores.

235

4.1. INFOJUD: principais tarefas

5. SISTEMA RENAJUD: INFORMAÇÕES VEICULARES

O Sistema RENAJUD pode ser acessado pelo endereço eletrônico "https://denatran2.serpro.gov.br/RENAJUD" ou pelos atalhos inseridos nas páginas do CNJ, do CJF ou dos Tribunais.

Como o próprio nome indica (**Restrições Judiciais de Veículos Automotores**), o RENAJUD é valioso instrumento para bloqueio rápido desses bens, conferindo celeridade na instrução dos processos executivos, especialmente os fiscais.

Por ele, é possível consultar a **propriedade** de automotores, registrar **constrições** *on line*, **impedir transferências** desses bens a terceiros e verificar, caso a informação tenha sido prestada ao DETRAN, **endereço atualizado** de proprietários de veículos de todo o país.

CAPÍTULO IV - SISTEMAS ELETRÔNICOS

Considerando a entrega dos documentos veiculares anualmente a seus proprietários, é bastante eficiente na identificação de endereços atualizados dos demandados. A providência acarreta economia de inúmeros atos processuais, tais como a expedição de ofícios às autoridades de trânsito, além de eliminar com eficiência os chamados "tempos mortos do processo", pois a resposta às ordens judiciais também é imediata.

Caso seja necessário, por razões diversas (extinção processual, reconhecimento de impenhorabilidade, procedência de embargos de terceiro etc.), o desfazimento da ordem também pode ser registrado direta e imediatamente no sistema, com relevante praticidade.

Bastante simples e ágil, o acesso ao RENAJUD é realizado, após regular cadastramento, por magistrados e seus assessores, mediante certificação digital.

No RENAJUD os próprios assessores autorizados, em cumprimento às ordens processuais já exaradas nos autos, minutam, confirmam as determinações e juntam ao caderno processual o resultado da pesquisa ou bloqueio. O controle, portanto, é feito posteriormente pelo magistrado.

No final do segundo semestre de 2014, o sistema Renajud passou por reestruturação de suas funcionalidades, modernizando-as. O acesso ao banco de dados passou a exigir, obrigatoriamente, o uso de certificação digital; as ferramentas de pesquisa, consulta e restrições de veículos, contudo, mantiveram suas características principais.

A partir da versão 2.0, as Justiças Militares Estadual e da União, o Conselho Nacional de Justiça, a Justiça Eleitoral e os Tribunais Superiores, STF e STJ passaram a ter acesso ao Sistema. Com o propósito de garantir segurança à ferramenta, a delegação a servidores do Judiciário passou a ser obrigatória, sendo realizada formalmente dentro do próprio Sistema.

5.1. Principais medidas para inserir restrição veicular no sistema Renajud

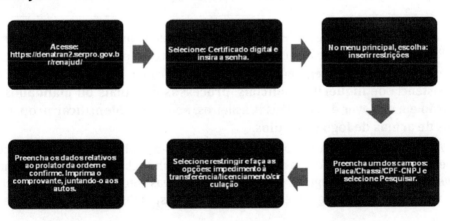

237

Fica ainda a DICA:

> **SAIBA MAIS:**
> Na hipótese de registro da penhora, o sistema não permite que a providência seja adotada com relação a vários veículos, exigindo inserção unitária da constrição.
>
> Em contrapartida, o impedimento à transferência pode ser realizado em todos os veículos de propriedade do executado de uma única vez.

6. SINESP (INFOSEG): INFORMAÇÕES DE SEGURANÇA PÚBLICA

SINESP (INFOSEG)

Rede de Integração Nacional de Informações de Segurança Pública, Justiça e Fiscalização: permite ao magistrado acesso a informações sobre antecedentes criminais, propriedade veicular ou de armas de fogo, além de parcialmente disponibilizar os dados constantes dos cadastros da Receita Federal.

A Rede INFOSEG (Rede de Integração Nacional de Informações de Segurança Pública, Justiça e Fiscalização), hoje disponibilizada em nova plataforma, denominada Sinesp Infoseg, tem como objetivo agrupar informações referentes à existência de **inquéritos policiais, processos criminais ou mandados de prisão** em desfavor de cidadãos brasileiros, bem como **identificar proprietários de armas de fogo e veículos**.

Apresenta-se como um portal integrado de dados obtidos em parceria com os entes federados, de forma a possibilitar "consultas estatísticas, operacionais, investigativas e estratégicas relacionadas a drogas, segurança pública, justiça criminal, sistema prisional, entre outras. O Sinesp subsidiará diagnósticos de criminalidade, formulação e avaliação de políticas de segurança pública e promoverá a integração nacional de informações de forma padronizada."[43]

Encontra-se integrada com a rede INFOJUD, disponibilizando os dados cadastrais relativos a CPF's e CNPJ's e com, o banco de dados da INTERPOL e a relação de indivíduos procurados. Abrange todos os estados da Federação e órgãos federais e opera em nível nacional. Apenas integra e disponibiliza as informações, não havendo permissão para quaisquer modificações nos dados e, nessa medida, a representatividade dos elementos depende de atualização efetiva e eficiente pelos órgãos que integram a rede nacional, o que aumenta os riscos de falhas.

Com a desativação do ambiente da Rede Infoseg, a nova plataforma Sinesp Infoseg disponibiliza funcionalidades bastante esperadas, a exemplo da consulta inteligente, por meio de campo único e múltiplos parâmetros, em diversas bases de dados, geração de relatórios dinâmicos, administração de usuários e funcionalidades por perfis.

Os usuários devem ser cadastrados por gestores designados. No caso da Justiça Federal, pelos respectivos tribunais. Uma vez feito o cadastro, a área técnica instala fisicamente o "módulo de segurança" no computador normalmente utilizado pelo usuário e, após o primeiro acesso, o próprio usuário cadastra os demais que serão utilizados para a tarefa, nomeando-os a sua escolha.

O manejo das funcionalidades do sistema é bastante intuitivo, cabendo apenas ressalvar a não obrigatoriedade de preenchimento de todas as informações, vez que algumas não estarão disponíveis ao juiz no caderno processual. No entanto, quanto mais dados informados, mais fidedignos os resultados.

Os relatórios são imediatamente disponibilizados ao usuário, sem que sejam necessárias novas consultas ou acesso posterior à Rede. As informações colhidas, objeto do detalhamento, devem ser impressas para instrução do processo.

6.1. SINESP : funcionalidades principais:

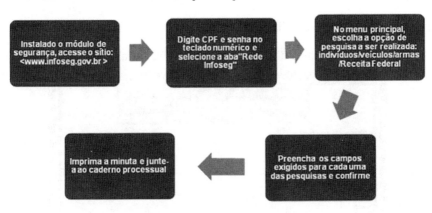

---

[43] Disponível em <https://www.sinesp.gov.br/>. Acesso em 23 maio 2017.

7. SIEL – SISTEMA DE INFORMAÇÕES ELEITORAIS

> ## SIEL
>
> Permite às autoridades judiciais legitimadas acesso direto, por meio eletrônico, ao cadastro de eleitores.

O Sistema de Informações Eleitorais, que compila dados referentes ao cadastro de **eleitores**, exige pré-cadastramento dos usuários no sistema e, uma vez autorizado, o acesso se faz através dos atalhos criados em cada tribunal ou seção mediante digitação do e-mail funcional e da senha enviada pelo gestor do sistema na unidade. Em algumas unidades da Federação, o acesso dar-se-á mediante uso de certificado digital. É o caso de Minas Gerais, por exemplo.

A apresentação das funcionalidades pode variar, vez que vinculadas a cada unidade da Federação, mas há certa identidade entre as ferramentas disponibilizadas.

Como o acesso aos dados do SIEL pressupõe vinculação funcional, exige-se o preenchimento do **número do processo**, bem como que o mesmo seja preenchido segundo as **máscaras padronizadas** referentes a esse campo (dezessete dígitos na numeração única, por exemplo)

Quanto aos dados informados, considerando que o sistema está vinculado às corregedorias de cada estado da Federação, são apresentados dois formatos de resposta: (a) caso o eleitor esteja vinculado à respectiva unidade da federação, serão informados o **número do título eleitoral, endereço, data de domicílio, filiação e naturalidade**; b) caso ele pertença à unidade não integrada ao SIEL daquele Estado, apenas título eleitoral e zona serão informados. Nesses casos, solicita-se consulta alternativa, que gerará informações não constantes da requisição *on line* originária: filiação partidária, registro de óbito, estado civil, ocupação, se o eleitor votou ou justificou dentre outras que estiverem disponíveis.

7.1. Siel: passo a passo (layout variável)

1- Insira seu certificado digital e digite a senha cadastrada:

2- A solicitação *on line* processa-se mediante inserção dos dados do eleitor no formulário. Caso haja o número do título eleitoral (12 dígitos), basta o preenchimento dessa informação.

3- Assim, conhecendo-se o número do titulo do eleitor:

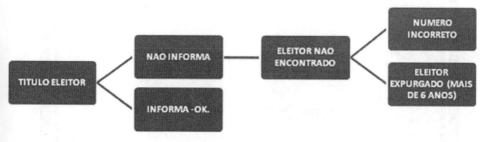

4- Na hipótese de desconhecimento dessa informação, sugere-se a seguinte ordem de inserção das informações:

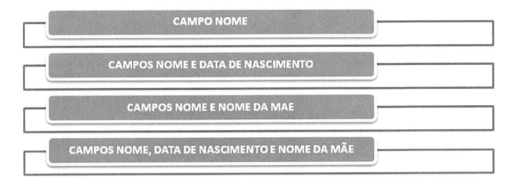

Na hipótese de, mesmo diante do preenchimento sequencial desses dados, não se localizar o eleitor, seguramente o mesmo não possui título ou há incorreções na grafia das informações que obstam totalmente sua identificação.

5- Disponibiliza-se, ainda, a opção para solicitação de consultas não disponíveis *on line*:

CAPÍTULO IV - SISTEMAS ELETRÔNICOS

8. SISTEMAS CNJ

8.1. Introdução

Em busca de exatidão estatística e objetivando maior controle das atividades judiciárias, o Conselho Nacional de Justiça projetou e implantou diversos sistemas para inserção de dados em áreas relevantes, especialmente criminais e atinentes a atos de improbidade.

Apresentam natureza cadastral, com **inserção e atualização das informações** a cargo de usuários internos dos diversos órgãos do Judiciário, alguns privativos aos juízes federais. Como mais importantes:

- **Cadastro Nacional de Adolescentes em Conflito com a Lei (CNACL)**

- **Cadastro Nacional de Adoção (CNA)**

- **Cadastro Nacional de Condenações Cíveis por Ato de Improbidade Administrativa**

- **Cadastro Nacional de Crianças Acolhidas (CNCA)**

- **Cadastro Nacional de Inspeções nos Estabelecimentos Penais**

- **Justiça Plena (Sistema de Controle de Processos de Relevância Social)**

- **Sistema Nacional de Bens Apreendidos (SNBA)**

- **Sistema Nacional de Interceptação Telefônica**

- **Sistema de Acompanhamento de Processos Disciplinares contra Magistrados**

- **Banco Nacional de Mandados de Prisão – BNMP**

Delimitado o objeto desse trabalho, é pertinente esmiuçar os mais relevantes: bens apreendidos, interceptação telefônica e ações de improbidade.

243

8.2. SNBA – Sistema Nacional de bens apreendidos

Em 2010, o CNJ editou a Recomendação n. 30, que tem como objetivo conferir efetividade na **destinação de bens apreendidos**, os quais, não raro, perdem-se ou deterioram-se diante da ausência de controle.

Ao apresentar o sistema, seus idealizadores informam que, desde sua implantação, "houve o cadastramento de R$ 2.337.581.497,51 em bens. Deste valor, 0,23% foi objeto de alienação antecipada, representando R$ 5.330.351,89, e em 1,85%, correspondendo a R$ 43.334.075,60, houve perdimento em favor da União e dos Estados. Além disso, em 4,43% desses valores, importando R$ 103.452.804,44, ocorreu a restituição dos bens e, em 0,15%, ou seja, R$ 3.404.456,34, procedeu-se à destruição. A conclusão que se extrai com esses dados é que o alto percentual de 93,35% dos bens apreendidos ainda permanece aguardando destinação, com situação 'a definir', representando o expressivo valor de R$ 2.182.059.809,24 sob a responsabilidade do Judiciário"[44].

Os dados corroboram a importância da efetiva utilização do sistema, o que impõe rigoroso controle da constante alimentação dos dados que o compõem. Visando, portanto, ao manejo eficiente de suas ferramentas, passaremos a demonstrá-lo.

O acesso ao sistema, apenas a usuários cadastrados, efetiva-se mediante acesso à página do CNJ (www.cnj.jus.br/corporativo). A habilitação do usuário, cujo perfil será de magistrado ou servidor judiciário, processa-se através do Sistema de Controle de Acesso, disponível no próprio portal. No perfil *Magistrado*, permite-se a **inclusão e alteração de processos e bens, bem como a visualização de todos os cadastros pertinentes ao tribunal de vinculação**. Já os servidores incluem e alteram dados, mas somente visualizam informações relativas a seu órgão de lotação.

Segundo as diretrizes do próprio sistema, a ordem para inclusão das informações é confirmada pelo usuário, permitindo-se correções, inserção dos dados do processo (tabelas unificadas de classe e assunto inseridas no programa) e inserção dos bens, podendo-se optar pelo cadastramento do processo e, posteriormente, pela inclusão dos bens apreendidos em etapas separadas.

8.2.1. O SNBA EM MINÚCIAS: PASSO A PASSO

O sistema exibe a tela com os dados do processo selecionado. O usuário deve, então, selecionar a opção "clique aqui" para cadastrar outros bens:

---

44   Informações disponíveis em <http.www.cnj.jus.br>.

CAPÍTULO IV - SISTEMAS ELETRÔNICOS

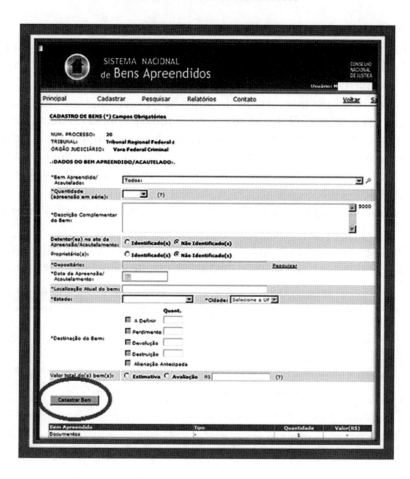

A inserção de bens no sistema desenvolve-se, portanto, nas seguintes fases: pesquisa do cadastro prévio do processo; inclusão dos dados pertinentes aos bens e outras informações relevantes; conferência, confirmação da inclusão.

Na hipótese de ordem para alienação antecipada de bens, abre-se um novo quadro em que deverão ser inseridos dados obrigatórios sobre: quantidade de bens, data da alienação, valor da alienação, Banco, Agência, Conta e Destinação.

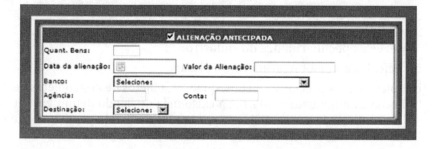

Dicas úteis:

⇨ caso a apreensão tenha ocorrido em procedimento preliminar à instauração do IPL ou ação penal, o número desse procedimento deve ser incluído no campo "número do inquérito/procedimento";

⇨ o campo "órgão instaurador do inquérito/procedimento" lista as seguintes opções: Ministério Público (Federal e Estadual), Polícia (Federal, Civil e Militar) e Justiça Militar. Ao clicar nessas opções, abre-se campo para informação da respectiva unidade desses órgãos. As unidades da DPF já estão cadastradas, mas há possibilidade, diante de eventuais omissões, de inclusão direta da informação pelo usuário;

⇨ as tabelas processuais unificadas (classe e assunto) já estão inseridas no sistema;

⇨ há tags previamente cadastradas, como as relativas aos tipos de bens (moeda, veículos etc.). Em caso de dúvida, selecione a lupa para pesquisa:

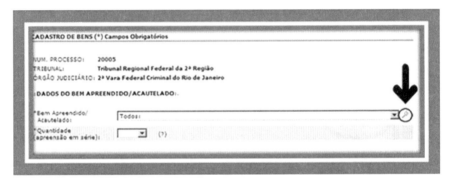

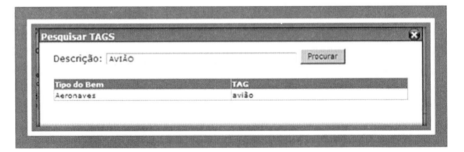

⇨ observe as peculiaridades do cadastro:
  (a) veículos automotores, informe a placa;
  (b) joias, pedras preciosas, metais, quadros, objetos de arte, objetos de coleção e antiguidades, informe a existência de "laudo definitivo" (quando confirmada a autenticidade por laudo) ou "laudo pendente" (quando ainda não confirmada a autenticidade);

(c) substâncias entorpecentes ou proibidas, informe tipo de substância e existência de laudo definitivo (confirmando a substância) ou pendente (ainda não confirmada a substância);

(d) moeda em espécie, cadastre o tipo de moeda (pré-cadastradas) e se é "verdadeira", "falsa" ou "a definir" (quando existe laudo pendente). Há conversor de moeda estrangeira para o valor da cotação, em real, no dia do cadastramento;

⇨ os campos ressalvados (*) são obrigatórios, disponibilizando-se, ainda, campo livre para descrição de pormenores distintivos do bem (cinco mil caracteres);

⇨ é obrigatório informar-se estimativa do valor do bem cadastrado;

_quanto à destinação, possibilitam-se as opções: a definir; destruição; devolução; perdimento;

⇨ podem ser excluídos bens já cadastrados;

⇨ junte aos autos, ao menos, o número de protocolo do cadastro.

Pesquisa de dados já incluídos no SNBA:

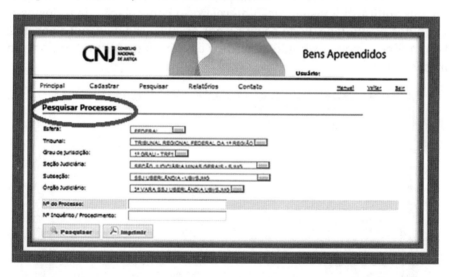

Consultam-se todos os processos cadastrados no tribunal, na seção ou subseção Judiciária, comarca ou no órgão jurisdicional, conforme as já mencionadas permissões do usuário. Na mesma página será informada a **relação dos números dos processos**, abrindo-se *links* que remetem a seus dados específicos.

Permite-se a pesquisa ainda pelo número específico do processo que deseja localizar:

Geração de relatórios:

Preenchendo-se os **filtros** tribunal, seção, subseção judiciária e órgão judiciário, possibilita-se a visualização de relatório com relação de todos os bens apreendidos na unidade. Pode-se optar por organização dos dados por quantidade ou porcentagem, exibindo-se gráfico em forma de barras, ou por tipo de bem especifico:

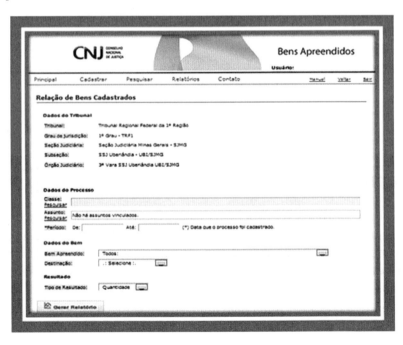

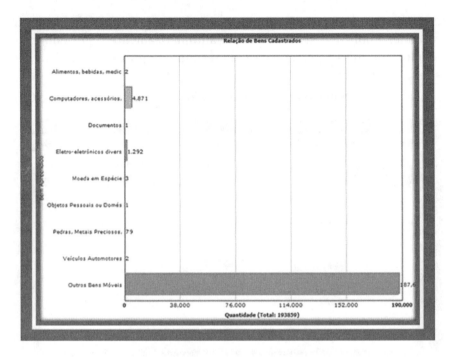

8.3. Condenações por improbidade administrativa

Em 20 de novembro de 2007, o CNJ editou a Resolução 44, concebendo o Cadastro Nacional de Condenados por Ato de Improbidade Administrativa, a fim de conferir mais efetividade e transparência às decisões judiciais. Não remanescem dúvidas de que a unificação dessas informações em um único banco de dados permite maior eficiência, principalmente quanto à proibição de contratar com a Administração pública.

O cadastramento de condenados imprescinde das informações sobre as penas aplicadas. Inicia-se com a **data do trânsito em julgado da decisão** (calendário do próprio sistema). Sendo indicados o ressarcimento integral do dano, a perda de bens ou valores ilicitamente acrescidos ao patrimônio do réu ou o pagamento da multa civil, abrem-se os campos para a indicação dos valores correspondentes. Indica-se, também, se o réu foi condenado à perda do cargo ou função pública. Na condenação à suspensão de direitos políticos, o sistema abre a opção para indicar-se o período da condenação, que se inicia com a data do trânsito em julgado. O termo final é informado automaticamente pelo sistema. A proibição de contratação com o Poder Público ou o recebimento de incentivos fiscais deverá também indicada.

Importante ressalvar que, **cumprida a pena, deve ser incluído no sistema a alteração desse status**. Só será excluído do cadastro o réu que cumprir todas as penas. Quanto à suspensão de direitos políticos e a proibição de contratar com o Poder Público, o sistema calcula automaticamente o período, como já informado, e excluirá a pena quando do término do prazo indicado na decisão transitada em julgado.

1- Acesso ao sistema: o acesso é idêntico para todos os sistemas do CNJ:

A permissão para acesso ao sistema deriva do perfil do usuário. Não magistrados, por exemplo, acessam o cadastro apenas para fins de consulta.

CAPÍTULO IV - SISTEMAS ELETRÔNICOS

O menu principal se subdivide em: principal (retorna à pagina inicial); cadastrar por processo ou por requerido; consulta, também por processo ou requerido; cumprimento de pena, em que se consulta sobre esse dado ou informa-se seu cumprimento:

Para cadastrar o processo, todos os campos exibidos são obrigatórios. O preenchimento da unidade de vinculação funcional do usuário é automática e, na hipótese da Justiça Federal, abrem-se os campos Seção ou Subseção Judiciária. Devem ser informados o número do processo e a data da propositura da ação (primeiro protocolo). O sistema emite aviso de sucesso no cadastramento.

Nessa fase, pode-se optar pelo cadastramento de novo processo ou por inserir o requerido naquele já cadastrado. **O passo a passo é bastante intuitivo**.

Para cadastrar o requerido e as informações sobre a pena aplicada, seleciona-se o campo pesquisar/adicionar requerido.

Na opção de cadastro, devem ser preenchidos os campos nome, CPF, RG sexo e indicada a opção "agente público", o que exige a indicação do órgão, cargo e/ou função do agente e sua vinculação a uma das unidades da federação (facultativo). O nome deve ser preenchido sem abreviações. Retorna-se a tela principal para indicação do artigo da Lei de Improbidade referente à condenação transitada em julgado. O próprio sistema elenca os atos legais definidos pela norma, bastando selecionar o cursor da lupa. Se no dispositivo da sentença houver a citação do *caput* do artigo, indique-o. Sem esses dados, a informação já prestada é suficiente.

O **cadastramento imprescinde das informações sobre as penas aplicadas**. Inicia-se com a data do trânsito em julgado da decisão (calendário do próprio sistema). Sendo indicados o ressarcimento integral do dano, a perda de bens ou valores ilicitamente acrescidos ao patrimônio do réu ou o pagamento da multa civil, abrem-se os campos para a indicação dos valores correspondentes. Indica-se, também, se o réu foi condenado à perda do cargo ou função pública. Na condenação à suspensão de direitos políticos, o sistema abre a opção para indicar-se o período da condenação, que se inicia com a data do trânsito em julgado. O termo final é informado automaticamente pelo sistema. A proibição de contratação com o Poder Público ou o recebimento de incentivos fiscais deverá também indicada e, neste caso, valem as mesmas observações anteriores.

Permite-se a consulta sobre a inclusão prévia do mesmo requerido, através da aba "consulta de requeridos". Informe o nome do mesmo ou seu CPF ou CNPJ. Caso não encontrado, pode-se cadastrá-lo. Pode-se ainda selecionar um dos condenados já cadastrados, aproveitando-se os dados já inseridos no sistema, mas vinculando-o a outro processo.

Para alterar dados, primeiro seleciona-se a aba "visualizar os dados do processo. Nesta tela, a direita, há a opção de alteração das informações, segundo o nível de acesso do usuário.

Usuário com perfil "magistrado" pode ainda alterar os dados do processo já cadastrado ou relativos à pena aplicada.

8.4. Controle de interceptações telefônicas

O registro das interceptações telefônicas determinadas no juízo que presta as informações é bastante simples. Realiza-se o acesso, através do portal do CNJ, preenchendo-se CPF e senha.

Seleciona-se cadastrar interceptação.

Na tela do sistema, as informações pertinentes à lotação do usuário, nos moldes dos demais sistemas, são automáticas. No caso da Justiça Federal, devem ser indicadas seção, subseção e vara respectiva.

São incluídos os dados: (a) mês pertinente; (b) quantidade inicial e total de ofícios expedidos, (c) procedimentos inicial e total em andamento; (d) quantidade total de telefones e VOIP monitorados; (e) quantidade de interceptações deferidas. Os mesmos dados devem ser preenchidos quanto ao monitoramento de sistemas de informática ou telemáticos.

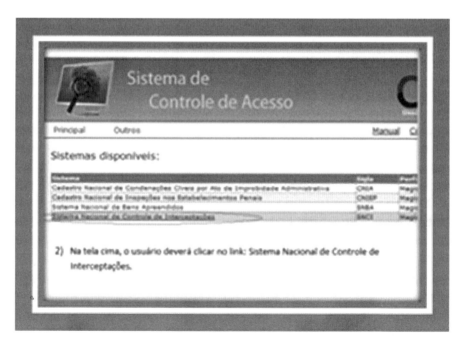

CAPÍTULO IV - SISTEMAS ELETRÔNICOS

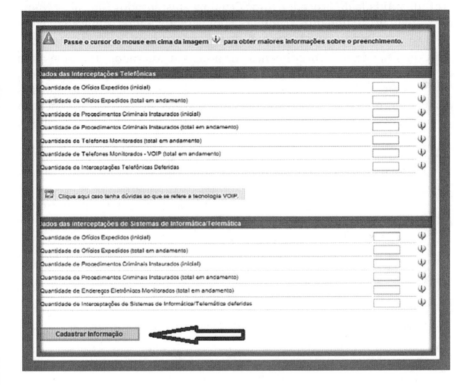

Inexistindo dados a informar, preencha a opção na própria tela: "**Não há informações a prestar no mês de referência**."

Preenchidas as informações ou declarada a inexistência de procedimentos desse jaez, **cadastre a informação**.

Pode-se, ainda, a critério do magistrado, imprimir-se a tela resumida das informações, arquivando-as no Juízo. Considerando, no entanto, o registro integral do cumprimento da obrigação, a providência torna-se desnecessária.

Considerações sobre o preenchimento dos dados:

1- Interceptações telefônicas:

(a) Quantidade de Ofícios Expedidos (inicial) = Número de ofícios expedidos em procedimentos de interceptações telefônicas instaurados no mês de referência;

(b) quantidade de Ofícios Expedidos (total em andamento) = Número total de ofícios expedidos, ou seja, ofícios expedidos em procedimentos, no mês de referência, somados aos ofícios de prorrogação de procedimentos de interceptações telefônicas instaurados nos meses anteriores ao de referência;

(c) quantidade de Procedimentos Criminais Instaurados (inicial) = Número de procedimentos criminais, com pedido de interceptação telefônica, distribuídos à Vara, no mês de referência;

(d) quantidade de Procedimentos Criminais Instaurados (total em andamento) = Número total dos procedimentos de interceptações telefônicas em andamento na Vara até o mês de referência inclusive, ou seja, número total de procedimentos instaurados no mês de referência somados aos instaurados nos meses anteriores ao de referência, que estão sob prorrogação;

(e) quantidade de Telefones Monitorados (total em andamento) = IMPORTANTE: Neste campo a informação solicitada é o número de telefones monitorados (quantidade) e não quais os números que sofreram interceptação. Informar o número total (quantidade) de telefones monitorados em andamento na Vara, ou seja, somatório entre o número de telefones monitorados por meio de procedimentos instaurados no mês de referência somados ao quantitativo de telefones monitorados nos meses anteriores ao de referência, que estão sob prorrogação;

(f) quantidade de Telefones Monitorados - VOIP[45] (total em andamento): ressalvas idênticas às anteriores;

2 – Interceptações a sistemas de informática ou telemática:

(a) Sobre o preenchimento desses dados, são idênticas as observações, posto inexistentes divergências procedimentais quanto às informações telefônicas.

---

45 Voz sobre IP, também chamado VoIP (Voice over Internet Protocol), telefonia IP, telefonia Internet, telefonia em banda larga e voz sobre banda larga é o roteamento de conversação humana usando a Internet ou qualquer outra rede de computadores baseada no Protocolo de Internet, tornando a transmissão de voz mais um dos serviços suportados pela rede de dados. Empresas que fornecem o serviço de VoIP são geralmente chamadas provedoras, e os protocolos usados para transportar os sinais de voz em uma rede IP são geralmente chamados protocolos VoIP. Existe uma redução de custo devido ao uso de uma única rede para carregar dados e voz, especialmente quando os utilizadores já possuem uma rede com capacidade subutilizada, que pode transportar dados VoIP sem custo adicional. Chamadas de VoIP para VoIP no geral são gratuitas, enquanto chamadas VoIP para redes públicas (PSTN) podem ter custo para o utilizador VoIP. Considera-se a telefonia IP a agregação do VoIP com outros serviços agregados para a telefonia.(**Extraído de: http://www.cnj.jus.br/programas-de-a-a-z/sistemas/interceptacoes-telefonicas.> Acesso em 19 jul. 2013.**)

CAPÍTULO V

AUXILIARES DA JUSTIÇA

1. INTRODUÇÃO

O juiz é apenas um dos agentes do processo e, sozinho, não é capaz de se desincumbir de toda a complexa prestação jurisdicional. Por isso, além das partes que o auxiliam no desenvolvimento da marcha processual, ele conta com um corpo de auxiliares, cuja atuação é de extrema importância, a começar pelos próprios servidores da vara e do fórum, sem os quais nenhum processo vai adiante.

Neste capítulo, vamos tecer algumas considerações sobre figuras importantes no processo, com o objetivo de demonstrar quais são as suas funções e como deve ser o relacionamento do juiz com eles, de maneira a tornar o trabalho mais produtivo.

O atual Código de Processo Civil os nomeia, em seu art. 149, em rol exemplificativo: "o escrivão, o chefe de secretaria, o oficial de justiça, o perito, o depositário, o administrador, o intérprete, o tradutor, o mediador, o conciliador judicial, o partidor, o distribuidor, o contabilista e o regulador de avarias."

2. OFICIAL DE JUSTIÇA

O oficial de justiça é um servidor da Justiça Federal, geralmente ocupante do cargo de Analista Judiciário. O contato do juiz com esse imprescindível profissional não é tão frequente, especialmente nos fóruns onde existe a figura da central de mandados, setor onde se concentram os oficiais de justiça e para onde são enviadas todas as diligências a serem cumpridas. O oficial de justiça é

255

a extensão do magistrado para além dos limites do fórum. É ele que tem contato constante e direto com as partes e que fica encarregado de cumprir as decisões judiciais, ainda que para isso seja necessário o apoio policial. Não é uma tarefa fácil e, em muitos casos, mostra-se bastante arriscada.

No âmbito do processo civil, o art. 154 do CPC determina as atribuições dos oficiais de justiça. A primeira delas é **fazer pessoalmente as citações, prisões, penhoras, arrestos** e mais diligências próprias do seu ofício, certificando no mandado o ocorrido, com menção de lugar, dia e hora. Algumas dessas atividades tendem a perder um pouco de importância com a implantação do processo judicial eletrônico, como é o caso das citações quando as procuradorias e advogados já estão inscritos nos sistemas eletrônicos para receberem a comunicação inicial da existência do processo. Porém, a maioria delas sempre dependerá de um oficial de justiça. A prisão de um devedor de alimentos, a penhora de um veículo indicado pela Fazenda Nacional em uma execução fiscal, tudo isso continuará dependendo do esforço desse profissional.

Como dito, o juiz federal muitas vezes não tem contato direto com o oficial de justiça. Quando profere um despacho de citação, por exemplo, é a secretaria que elabora o mandado e o entrega à central para seu cumprimento, sem participação do magistrado nessa etapa. Porém, isso não significa que o juiz deva ficar alheio ao que está acontecendo.

É preciso, em primeiro lugar, estar atento para que a medida seja cumprida em prazo razoável. Se há muita demora em uma citação, deve-se averiguar com o diretor do foro ou mesmo diretamente na central de mandados qual é o problema. Pode ser, por exemplo, carência de servidores, dificuldade natural no cumprimento do ato ou simplesmente desídia profissional. O juiz também deve estar atento às formalidades, como a certificação do cumprimento da diligência quando da devolução do mandado cumprido, com a anotação do lugar, dia e hora em que a diligência foi cumprida. Deve ainda averiguar qualquer problema enfrentado pelo oficial de justiça, como resistência injustificada da parte, agressões verbais, físicas etc. Como dito, o oficial é a extensão do magistrado e o respeito ao seu trabalho é o respeito ao juiz e ao Poder Judiciário.

Outra atribuição estabelecida pelo Código de Processo Civil é **estar presente às audiências e coadjuvar o juiz na manutenção da ordem**. Particularmente, entendo como desgaste desnecessário de recurso humano fazer com que um profissional qualificado como o oficial de justiça acompanhe todas as audiências, principalmente as cíveis, nas quais não há qualquer risco para a ordem.

Por fim, o CPC diz que cabe ao oficial de justiça **efetuar avaliações**, uma tarefa muito importante principalmente para as execuções. É o oficial de justiça que estima o preço de um veículo ou de um imóvel que está sendo penhorado, razão pela qual deve ter bastante conhecimento do mercado ou saber, ao me-

CAPÍTULO V - AUXILIARES DA JUSTIÇA

nos, onde pesquisar corretamente os valores, já que a tendência é o juiz sempre acatar a avaliação por ele feita.

No âmbito do processo penal, as atribuições dos oficiais de justiça não diferem muito. Em geral, envolvem citações dos réus, cumprimento de alvarás de soltura e outros atos normais do processo criminal. Tarefa sempre estressante é a condução coercitiva de testemunha que deixa de comparecer à audiência, algo que cabe ao oficial de justiça com o auxílio da força pública, se necessário (seja processo cível ou criminal). O ideal é indagar às partes se realmente aquela testemunha que faltou é indispensável. Verifique também se não convém marcar outra data próxima para a audiência. Tudo isso porque a condução coercitiva é algo complexo, que demanda encontrar a testemunha e forçá-la a ir até o fórum, sem garantia de que todo esse processo será feito com rapidez ou se irá adentrar a noite.

Outra tarefa é o acompanhamento das sessões do tribunal do júri, algo relativamente raro na Justiça Federal, posto que são poucos os crimes de competência do júri que escapam da Justiça Estadual. De toda forma, se nas audiências criminais simples a presença do oficial de justiça em geral é dispensada, no júri ele é figura imprescindível e suas atribuições são dispostas em vários artigos do Código de Processo Penal. Cabe a ele, por exemplo, assegurar o sigilo do voto, recolhendo em urnas separadas as cédulas correspondentes aos votos e as não utilizadas.

3. PERITO

O perito é uma figura constante nos processos que tramitam na Justiça Federal, principalmente na esfera cível. Nos juizados especiais, são muito comuns os casos de perícias previdenciárias para averiguar a saúde do segurado, em pedidos de auxílio-doença, aposentadoria por invalidez ou benefícios da assistência social. A mesma situação acontece com questões ligadas a servidores públicos. Perícias financeiras e contábeis são recorrentes em ações envolvendo cobranças tributárias, financiamentos bancários e habitacionais. Em crimes fiscais, também são comuns. Esses e muitos outros casos fazem com que o juiz sempre necessite do auxílio técnico de um perito.

Diz o CPC que o perito atuará quando a **prova do fato depender de conhecimento técnico ou científico**. Ainda que o magistrado tenha conhecimento da área, é importante que questões exteriores ao Direito sejam objeto de parecer de um especialista. O ponto mais importante é assegurar que seja alguém com bom conhecimento técnico no assunto em discussão, além de se mostrar **isento e inspirar confiança.** Se foi necessário nomear um perito para a causa, isso significa que o juiz não domina aquele tema e, por isso mesmo, a tendência é que confie totalmente nas conclusões apresentadas pelo *expert.*

257

Diz o CPC que os peritos serão escolhidos entre profissionais legalmente habilitados. Apesar da supressão dessa obrigatoriedade, configura-se recomendável a inscrição no respectivo órgão de classe, como garantia da regularidade da atuação profissional. Estatui ainda que os Tribunais devem providenciar a formação de cadastros desses profissionais, mediante consulta pública, divulgada por meio da rede mundial de computadores. Estabelece, por fim, a necessidade de avaliação periódica do corpo de peritos, sobretudo quanto à atualização e experiência do *expert*.

O CPC ainda determina que, nas localidades onde não houver profissionais qualificados ou órgãos técnicos que preencham os requisitos tratados, a indicação dos peritos será de livre escolha do juiz. Embora a Justiça Federal esteja presente em municípios de porte um pouco maior, em regra, não é raro realmente não se encontrar um perito na especialidade exigida. Se o autor de uma ação previdenciária alega ter problemas nos rins que o impedem de trabalhar, mas na localidade não há um nefrologista disponível, pode o juiz indicar um clínico geral que tenha conhecimento também sobre essa especialidade.

Há outra questão importante: conseguir profissionais que aceitem os baixos valores pagos pela Justiça Federal para perícias ou que aceitem receber apenas após o trânsito em julgado da ação, como acontece em vários casos.

Os profissionais da área médica são os mais escassos, pois realmente os valores estabelecidos pelo Conselho da Justiça Federal para as perícias não despertam muito interesse dos médicos, especialmente nas localidades onde eles são mais bem remunerados. Como convencer um renomado oncologista a proferir um parecer em um pedido de medicamentos caríssimos se ele não vai receber nem um terço de um salário mínimo para examinar um paciente e responder a inúmeras perguntas? É difícil, muito difícil. Quando a especialidade médica é muito específica, a situação fica ainda mais complexa.

Geralmente, a vara já tem uma lista de peritos que prestaram serviços ou se mostraram disponíveis para tanto. Estabelecer contato com outras varas e até mesmo com outros ramos do Poder Judiciário ajuda, assim como manter uma boa relação com os órgãos de classe, como conselhos de engenharia, medicina e contabilidade. Há sempre profissionais que gostam do trabalho judicial e estão dispostos a realizar uma perícia complexa, ainda que por valor reduzido. Deve-se ainda verificar se o tribunal já não tem instalado um sistema eletrônico de cadastro de profissionais e se não exige que somente sejam indicados peritos que nele já estejam inscritos.

Segundo o CPC, o perito tem o dever de cumprir o ofício, no prazo que lhe assina a lei, empregando toda a sua diligência. Pode, todavia, escusar-se do encargo alegando motivo legítimo, sendo que a escusa será apresentada dentro de quinze dias, contados da intimação ou do impedimento superveniente, sob

CAPÍTULO V - AUXILIARES DA JUSTIÇA

pena de se reputar renunciado o direito a alegá-la. Se a secretaria já estabeleceu um contato com o perito, se foi explicado de antemão o trabalho a ser desenvolvido, não é comum que as escusas sejam apresentadas. Mas, em alguns casos, mesmo já havendo acerto prévio, é comum que o perito, por razões diversas, decline da nomeação. Em tese, o juiz deve analisar as justificativas do profissional e, não as tendo por motivo legítimo, rejeitá-las, mantendo o encargo. Porém, esse nem sempre é o melhor caminho. Como a alegação mais comum é a falta de agenda livre para a perícia, às vezes é melhor aceitar a escusa e buscar outro perito. Como foi dito, o perito precisa ser um profissional de confiança, mas como confiar nele se o trabalho está sendo feito de forma forçada? A opção mais ponderada é a nomeação de outro profissional.

Situação também rotineira e, às vezes, complicada, é o requerimento das partes para que o perito esclareça alguns pontos de seu trabalho ou para que responda a quesitos suplementares. Geralmente, se os esclarecimentos prestados pelo auxiliar são suficientes, a manifestação das partes não passa do chamado "direito de espernear". Não raro, a parte que se sente prejudicada pela perícia pede uma nova produção de provas com outro profissional ou formula inúmeros outros quesitos suplementares. Em tais hipóteses, não havendo razão para prolongar os trabalhos, cabe ao juiz indeferir os pedidos. Porém, se o juiz perceber que realmente são necessários novos esclarecimentos, o perito é obrigado a prestá-los, inclusive comparecendo em audiência, se esta for designada.

Por fim, é importante lembrar que o perito que, por dolo ou culpa, prestar informações inverídicas, responderá pelos prejuízos que causar à parte e ficará inabilitado, por dois a cinco anos, a funcionar em outras perícias, além de incorrer nas demais sanções que a ler estabelecer. A norma estabelece, ainda, a comunicação da falta ao respectivo conselho de classe, para aplicação de medidas administrativas. Como o juiz e a secretaria normalmente já fazem seleção cuidadosa dos profissionais, é raro que isso aconteça. De toda forma, ficando comprovada a falha dolosa ou culposa, é imprescindível que o juiz tome todas as medidas para resguardar a confiabilidade do Poder Judiciário, buscando os meios de responsabilização do perito.

4. CONTADORIA JUDICIAL

4.1. Questões gerais

Em regra, toda seção ou subseção da Justiça Federal possui um contabilista ou um servidor que seja responsável pela **verificação de cálculos**. É um profissional absolutamente imprescindível e que dará segurança ao juiz quando o assunto envolver questões matemáticas sobre aplicação de juros, levantamento de custas, honorários, cálculo do tempo de serviço etc.

259

O contabilista trabalha direcionado pelas definições jurídicas já estabelecidas pelo juiz, cuidando apenas da parte operacional dos cálculos. É o magistrado que vai determinar o índice de correção aplicável, dizer o percentual dos honorários, incluir ou excluir verbas nos cálculos, enfim, delimitar todas as questões eminentemente jurídicas que interferirão na prova técnica. O CPC menciona esse auxiliar em vários momentos. A exemplo do cumprimento da sentença que reconheça a obrigação de pagar quantia certa, quando a memória apresentada pelo credor aparentemente exceder os limites da decisão exequenda. Esse, aliás, é um dos casos mais comuns: uma das partes apresenta planilha com os valores que entende devidos, mas a outra parte os contesta. Se a divergência for apenas jurídica e não demandar elaboração de nova planilha, o juiz mesmo decidirá. Porém, se a divergência for quanto à forma dos cálculos em si, remete-se o processo à contadoria e, em regra, acata-se o parecer do contador. No âmbito do TRF da 1ª Região, por exemplo, firmou-se o entendimento de que a contadoria judicial não tem parcialidade ou interesse em privilegiar qualquer das partes na solução do litígio, razão pela qual deve ser confirmada a sentença que toma por base o parecer técnico por ela apresentado. Assim, diante da presunção de imparcialidade da contadoria judicial, órgão de auxílio ao juízo, somente por prova inequívoca pode a parte contrária ilidir os cálculos apresentados[46].

A principal preocupação do magistrado em relação ao contador judicial deve ser a de estabelecer claramente ao auxiliar quais serão os parâmetros de cálculo a serem utilizados, razão pela qual é muito importante que o dispositivo de qualquer sentença seja claro e completo. Se o contador devolver os autos argumentando que não há elementos suficientes para fazer o seu trabalho, deve o juiz, se isso ainda não foi feito, questioná-lo sobre quais seriam então esses elementos (normalmente, são documentos que não estão presentes nos autos). Em seguida, ordenar à parte que junte o que for necessário.

A demora na devolução dos autos por parte da contadoria geralmente está associada ao excesso de trabalho, principalmente no tocante aos juizados especiais federais. Há cálculos que demandam um trabalho considerável, como a elaboração de planilha com o tempo de serviço do segurado, para fins de verificação da aquisição dos direitos à aposentadoria, por exemplo. Por isso, diante de uma demanda muito grande e da rotineira demora no retorno dos autos da contadoria, cabe ao juiz envidar esforços para que o quadro de servidores seja complementado, a fim de sanar o problema. Sob tal premissa, o prazo de 30 (trinta) dias fixado pelo §2º do art. 524 do CPC/2015 deve ser flexibilizado, observadas as condições reais de funcionamento da contadoria judicial.

---

46 TRF 1ª Região, AC 0018686-53.2002.4.01.3800 / MG, Rel. DESEMBARGADOR FEDERAL JIRAIR ARAM MEGUERIAN.

CAPÍTULO V - AUXILIARES DA JUSTIÇA

4.2. Manual de Orientação de Procedimentos para os Cálculos na Justiça Federal

Uma importante ferramenta de auxílio para o contabilista judicial judicial e para os juízes federais é o Manual de Orientação de Procedimentos para os Cálculos na Justiça Federal, aprovado por meio de resolução do Conselho da Justiça Federal e disponível na página eletrônica do CJF, bem como nas páginas eletrônicas dos tribunais regionais federais.

A própria apresentação do Manual explica a sua importância, ao dizer que "a finalidade primordial do manual é de **orientar os setores de cálculos da Justiça Federal** quanto aos **pormenores técnicos** envolvidos na realização de cálculos no interesse da instrução processual ou das execuções. A aplicação do manual, entretanto, pelas próprias partes, em cálculos que estejam a seu cargo, como na liquidação por cálculo aritmético, é uma realidade e algo desejável, visto que, com isso, inúmeros incidentes processuais são evitados". Além disso, aos magistrados, o manual oferece inestimável auxílio nas decisões de questões relacionadas a cálculos, por compilar, de forma sistematizada, a legislação e a jurisprudência sobre os temas nele tratados. Conquanto as suas orientações tenham caráter subsidiário, em face das decisões judiciais, ressalte-se o seu caráter vinculante no tocante aos procedimentos a cargo dos setores de cálculo".

Conforme visto, o juiz federal não é obrigado a adotar em suas decisões e sentenças os parâmetros de cálculos utilizados pelo Manual, que somente vincula as contadorias naquilo que não contrariar o que foi estabelecido no processo. Porém, é inegável que o Manual serve de excelente parâmetro para o magistrado, muitas vezes atormentado por dúvidas sobre questões como juros compensatórios, recolhimento de custas, correção de honorários e outros temas tão importantes para as partes, vez que tratam diretamente de questões financeiras. Por isso, o recomendável é que todo juiz federal leia os pontos principais das versões mais recentes do Manual de Cálculos da Justiça Federal, tendo-o como permanente fonte de consulta.

Sobre o tema, importa por fim considerar que, no choque entre o título judicial, conformado pela coisa julgada, e as regras inscritas no Manual, deve prevalecer aquele. A exceção fica a cargo dos indexadores de correção monetária, caso tenha havido alteração legislativa superveniente.

5. DEPOSITÁRIO E ADMINISTRADOR DE BENS

Depositário ou administrador de bens são pessoas responsáveis pela **guarda e conservação de bens** penhorados, arrestados, sequestrados ou arrecadados, se a lei não dispuser de modo contrário.

O CPC diz que perceberão, por seu trabalho, remuneração que o juiz fixará, atendendo à situação dos bens, ao tempo do serviço e às dificuldades de sua execução. Porém, na maioria das vezes, não haverá qualquer pagamento. Um caso comum, por exemplo, é o das buscas e apreensões de veículos movidas pela Caixa Econômica Federal. Nessas hipóteses, apreendido o bem, ele é entregue à credora que ficará, até o deslinde da causa, como depositária do veículo e arcará com os custos para tanto. Nas execuções fiscais, outro caso comum na Justiça Federal, muitas vezes o depositário é o próprio devedor: feita a penhora pelo oficial de justiça, o bem permanece sob a guarda do devedor, que passa então a ter responsabilidade pela sua conservação ao exercer a função de fiel depositário. Há algumas ocasiões em que veículos, por exemplo, são levados para pátios de leiloeiros, onde ficam em depósitos. O depositário, nesse caso, é o próprio leiloeiro, que pode ou não solicitar ao juiz uma remuneração pelo seu trabalho.

A relação entre magistrado e depositário somente se complica quando há algum problema com o bem. Até o STF decidir o RE 466.343, se o bem desaparecesse, bastava o juiz determinar a prisão do depositário, sob alegação de infidelidade. Porém, a partir desse precedente, vedou-se a decretação da prisão civil nesses casos. Nessa hipótese, resta ao juiz apenas aplicar o art. 161 do CPC e estabelecer a responsabilidade do depositário pelos prejuízos que, por dolo ou culpa, tenha causado. Cabe, é claro, analisar também se não houve qualquer tipo de fraude contra credores ou fraude à execução. Outra opção é o envio de cópia dos autos ao Ministério Público Federal, caso constatada a hipótese de ocorrência de algum crime, como o de desobediência, fraude processual ou sonegação de papel ou objeto de valor probatório, conforme o caso.

6. INTÉRPRETE OU TRADUTOR

O art. 162 do CPC diz que o juiz nomeará intérprete toda vez que o repute necessário para: I – traduzir documento redigido em língua estrangeira; II – verter para o português as declarações das partes e das testemunhas que não conhecerem o idioma nacional; III – realizar a interpretação simultânea dos depoimentos das partes e testemunhas com deficiência auditiva que se comuniquem por meio da Língua Brasileira de Sinais, ou equivalente, quando assim for solicitado. Em regiões de fronteira, isso é bastante comum, especialmente na esfera criminal, em processos envolvendo tráfico internacional de entorpecentes. O juiz deverá diligenciar, por meio de sua secretaria, para que se busque um intérprete oficial, ou seja, um **profissional que seja registrado nos órgãos competentes como intérprete**. Se não houver, e muitas vezes não há na localidade, a solução é nomear **pessoa que sabidamente tenha conhecimento do idioma a ser traduzido**, de preferência que tenha formação acadêmica naquela língua.

CAPÍTULO V - AUXILIARES DA JUSTIÇA

Ainda que o juiz saiba o idioma a ser traduzido, a figura do intérprete é imprescindível, pois a parte contrária tem o direito de conhecer todo o conteúdo dos documentos ou depoimentos em língua estrangeira, até para exercer seu direito ao pleno contraditório. Como o magistrado não fará esse trabalho de tradução completa, seu entendimento da língua não basta, devendo nomear em qualquer caso um intérprete.

Com ênfase a questões de índole pessoal, o CPC/2015 reitera as prescrições do anterior art. 152 do CPC/1973 relativas aos impedimentos aplicáveis a esses auxiliares: "I – não tiver a livre administração de seus bens; II – for arrolado como testemunha ou atuar como perito no processo; III – estiver inabilitado para o exercício da profissão por sentença penal condenatória, enquanto durarem seus efeitos."

7. MEDIADOR E CONCILIADOR JUDICIAL

A composição configura-se relevante meio de solução de conflitos, vez que, de forma equilibrada, justa e rápida, põe termo a debates que poderiam se arrastar por anos.

A diferença entre ambas as figuras encontra-se descrita no próprio Código de Processo Civil que prescreve no art. 165: "2º O conciliador, que atuará preferencialmente nos casos em que não houver vínculo anterior entre as partes, poderá sugerir soluções para o litígio, sendo vedada a utilização de qualquer tipo de constrangimento ou intimidação para que as partes conciliem; §3º O mediador, que atuará preferencialmente nos casos em que houver vínculo anterior entre as partes, auxiliará aos interessados a compreender as questões e os interesses em conflito, de modo que eles possam, pelo restabelecimento da comunicação, identificar, por si próprios, soluções consensuais que gerem benefícios mútuos."

Tanto o mediador quanto o conciliador são terceiros neutros e imparciais, que buscam a facilitação do diálogo. Além da diferença expressa na norma, ao mediador atribuem-se conflitos de maior complexidade ou multidimensionais, enquanto ao conciliador, conflitos mais simples e restritos. Na mediação, os prazos não são definidos e na conciliação, mais breves.

Nesta ou naquela técnica, o trabalho desenvolvido por esses auxiliares pauta-se por informalidade, simplicidade, economia processual, celeridade, oralidade e flexibilidade processual, sendo que a atuação dos profissionais deve alinhar-se aos princípios descritos na citada Resolução 125/2010: confidencialidade, competência, imparcialidade, neutralidade, independência e autonomia, respeito à ordem pública e às leis vigentes (art. 1º, anexo III), além daqueles registrados na norma processual: oralidade, informalidade e decisão informada.

A importância da formação e capacitação de agentes mediadores e conciliadores na atual conjuntura de agigantamento das funções judiciárias apresenta-se inconteste, sendo que o CPC/2015 reserva ao tema os artigos 165 a 175 . Nessa seção, define desde obrigações de fomento à autocomposição aos Tribunais até deveres principiológicos e de formação desses auxiliares.

Em junho de 2015, foi ainda publicada a Lei 13.140 para dispor "sobre a mediação entre particulares como meio de solução de controvérsias e sobre a autocomposição de conflitos no âmbito da administração pública...".

Nesse cenário, a chamada "Política Judiciária Nacional de tratamento adequado dos conflitos de interesses" é tema tratado na citada Resolução CNJ n. 125, sendo que, em maio de 2016, o Conselho disponibilizou a plataforma de Mediação Digital. A inovadora ferramenta visa à formulação de acordos entre partes distantes fisicamente, cujo pacto se celebra, após troca de mensagens entre os interessados, em ambiente virtual. Caso as partes assim entendam, o acordo pode ser homologado judicialmente e, na hipótese de que não se chegue a termo, agenda-se mediação presencial.

Dentre os auxiliares da Justiça, inegável a relevância desses profissionais, cuja contribuição aos serviços judiciários tende a crescer de forma exponencial, possibilitando, de um lado, desafogamento das funções judiciárias e, de outro, real edificação dos ideais constitucionais de razoável duração do processo e de celeridade.

8. DISTRIBUIDOR

O ato de distribuição é um dos mais relevantes do processo judicial, pois inaugura a lide, definindo o Juízo pelo qual tramitará a causa. É de tal importância a função, que todos os Tribunais Federais reservam em suas respectivas consolidações administrativas espaço de destaque para a organização da tarefa e daquelas que lhe são afetas. Assim, comum a toda a Justiça Federal é a ordem para que a providência seja integralmente informatizada, de forma a garantir alternância, aleatoriedade e equilíbrio no número de feitos distribuídos (nos Juízos em que há mais de julgador, logicamente). Afinal, só assim se pode efetivamente garantir imparcialidade e ausência de violações ao princípio do juiz natural.

As funções do auxiliar da Justiça, erigido a tal categoria pelo NCPC, vão além do controle da regularidade da distribuição. Ao profissional imputa-se o domínio da distribuição de ações por dependência, o registro de incidentes processuais e a verificação da conformidade da peça inicial. A emissão de certidões negativas ou positivas de distribuição também estão a seu cargo. A garantia de preservação do sigilo de documentos protegidos é outra de suas funções. Zelar corrigindo distorções, para que as ações estejam adequadamente classificadas e codificadas segundo tabelas de classes dos processos, de assuntos e de entida-

CAPÍTULO V - AUXILIARES DA JUSTIÇA

des, conforme prescrito pelo Conselho Nacional de Justiça – CNJ e pelo Conselho da Justiça Federal – CJF é outra de suas atividades.

Assim, apesar de, em regra, o servidor vincular-se diretamente aos Juízes Distribuidores das Seções e Subseções Judiciárias, ao juiz condutor do processo compete aferir constantemente o atendimento a todas essas prescrições, afinal, a manutenção da regularidade e equilíbrio da tarefa interessa-lhe diretamente. Eventuais inconsistências verificadas devem ser comunicadas ao Juiz Distribuidor e, se necessário, à próprio Corregedoria do Tribunal, órgão fiscalizador máximo dos serviços judiciários.

9. PARTIDOR E REGULADOR DE AVARIAS

Enumerada no art. 149 do CPC/2015, a figura do partidor não se faz presente na atividade jurisdicional federal. O auxiliar, cujas funções estão descritas no art. 651 do NCPC, é o responsável pela elaboração do esboço da partilha, matéria afeta ao direito de família e que, portanto, não integra o rol insculpido no art. 109 da CF/88.

Por outro lado, o regulador de avarias, a quem se imputa a avaliação de danos causados a embarcações e suas cargas, trata-se, na verdade, de um perito altamente especializado, razão pela qual as observações já tecidas quanto aos auxiliares técnicos da Justiça se aplicam integralmente a esses profissionais. A hipótese de nomeação do profissional está regulamentada no art. no art. 707 do NCPC, inspirado no Código Comercial, na parte não revogada, que traz toda a disciplina relativa a avarias em embarcações.

Nessa parte, defende-se a possibilidade de que em determinadas causas se configure o interesse da União, a exigir adoção do procedimento especializado.

10. AUXILIARES DA JUSTIÇA: NOTAS SOBRE SUAS ATRIBUIÇÕES

Auxiliares da Justiça	
Oficial de Justiça	Procede ao efetivo cumprimento das ordens judiciais, encaminhando-as a seus destinatários e adotando todas as providências concretas para sua efetivação.
Contabilista Judicial	Auxiliar técnico do magistrado em questões ínsitas a cálculos.
Perito	Auxiliar técnico do magistrado na elaboração de pareceres sobre questões afetas à área do conhecimento que exorbite a jurídica: engenharia, contabilidade, medicina, grafotecnia etc.

265

Auxiliares da Justiça	
Intérprete Tradutor	Auxiliares do Juízo para traduções de textos e documentos para o vernáculo, bem como para tradução de depoimentos dos que não podem se comunicar na língua nacional, inclusive surdos-mudos que não possam se manifestar por escrito.
Depositário Administrador	Responsável pela guarda,manutenção e administração de bens, a qualquer título, como ordenado pelo Juízo.
Mediador Conciliador	Terceiros responsáveis pela condução das partes à autocomposição.
Distribuidor	Servidor responsável pelo controle da regularidade na distribuição de feitos judiciais – imparcialidade e equilíbrio
Partidor	Servidor responsável pela elaboração da minuta de partilha
Regulador de avarias	Servidor responsável pela avaliação de danos causados a embarcações e cargas

CAPÍTULO VI

RELACIONAMENTO DO JUIZ COM PARTES E PROFISSIONAIS

1. ADVOGADOS

O Estatuto da OAB (art. 7º, inciso VIII) diz que é direito do advogado dirigir--se diretamente aos magistrados nas salas e gabinetes de trabalho, independentemente de horário previamente marcado ou outra condição, observando-se a ordem de chegada. A LOMAN, por sua vez, estabelece que é dever do juiz atender aos que o procurarem, a qualquer momento, quanto se trate de providência que reclame e possibilite solução de urgência (art. 35, inciso IV).

Sim, há advogados impertinentes, da mesma forma como há magistrados arrogantes e grosseiros. Em toda classe profissional, há pessoas desagradáveis e que não agem de acordo com o que delas se espera. Mas, essas são exceções. Em relação aos advogados, a maioria que procura despachar diretamente com o juiz deseja explicar as particularidades do caso que porventura não possam ficar claras apenas com a leitura das peças do processo, bem como procura demonstrar a extrema urgência no provimento judicial. E realmente não é raro que, ao receber o advogado em seu gabinete e, a partir das explicações que recebe, o juiz perceba que aquele caso, de fato, demanda atenção especial.

Uma boa sugestão para o atendimento aos advogados é procurar mais **ouvir do que falar**, pois não convém ao juiz adiantar qualquer posicionamento ou providência que irá tomar. Escuta-se o que ele tem para dizer, apenas isso, pontuando que irá analisar o processo cuidadosamente para tomar a melhor solução. Não é comum o advogado perguntar diretamente o posicionamento do juiz, mas quando isso acontece a solução é a mesma: **dizer que irá analisar os autos, para só depois formar a convicção**.

Quanto aos pedidos de urgência, que são muito comuns, há casos em que realmente o advogado tem razão, pois a demora pode gerar ineficácia do futuro provimento judicial. Dizer a ele que compreendeu a gravidade da situação e que analisará o processo com agilidade suficiente para evitar danos irreversíveis geralmente é suficiente para acalmar o advogado. E, claro, se a situação realmente for essa, convém orientar a assessoria para que efetivamente cuide do processo com rapidez assim que o advogado deixar o gabinete, pois dizer a ele que vai dar atenção ao processo e não fazê-lo, além de fatalmente levar a uma nova visita, compromete a imagem de seriedade do órgão e de respeito às partes. Por outro lado, se o caso não demandar a urgênciaassinalada , basta dizer que há muitos outros processos ainda mais urgentes e que aquele será analisado na sequência de antiguidade, sem maiores explicações.

Há advogados que procuram o juiz para resolver problemas de outra ordem, como reclamações de que a Polícia Federal "deu um chá de cadeira" nos advogados de determinado processo complicado, no qual várias pessoas haviam sido detidas por conta de ordens de prisão temporária. Se alguma autoridade comete abusos que interferem na marcha processual, cabe ao juiz instruir o advogado para que peticione nos autos, por escrito, relatando os problemas. Se a questão não envolver prejuízo à marcha processual, não há muito que o juiz fazer a não ser orientar os advogados para que procurem o auxílio da Ordem dos Advogados do Brasil, que tem entre suas funções justamente defender as prerrogativas dos seus membros.

Quanto a tentativas de corromper o magistrado, nenhum juiz precisa ter receio de atender a qualquer advogado com medo de que isso ocorra. Entre milhares de profissionais do Direito no Brasil todo, será difícil encontrar algum que tenha a falta de noção de despachar com um juiz federal para oferecer a ele propina para decidir o processo de um determinado jeito. Isso só acontecerá se o magistrado já tiver se corrompido no passado e sua fama de corrupto for conhecida entre os advogados. Já a fama de delegado, promotor ou juiz honesto afasta os corruptores, que preferem procurar outros meios para seus fins escusos, ao invés de correr o risco de oferecer vantagem indevida e sair algemado do gabinete do juiz.

Um receio que muitos magistrados têm é quanto à **quebra de isonomia** com o atendimento isolado do advogado de uma das partes, sem que o da outra parte esteja presente. O CNJ, em seu Código de Ética da Magistratura, foi expresso ao dizer que a audiência concedida a apenas uma das partes ou seu advogado, contanto que se **assegure igual direito à parte contrária**, caso seja solicitado, não é considerada tratamento discriminatório injustificado. Portanto, essa não deve ser uma preocupação do juiz.

Outro ponto importante é o estabelecimento de horário para atendimento a advogados. Embora essa atitude possa ser útil no sentido de tornar o dia mais produtivo, sem interrupções constantes, o fato é que ela gera tanta polêmica e complicação, além de ferir o Estatuto da OAB, que suas consequências são piores do que deixar de estabelecer horário para atendimento. Se o juiz está no meio do raciocínio de uma sentença complicada, basta orientar seus servidores para que peçam ao advogado um pouco de paciência, que logo ele será atendido. Sempre se dá uma pausa quando se está redigindo um texto longo, o que, de fato, é bastante produtivo. Quando isso ocorrer, presta-se o atendimento requisitado. Se o juiz estiver realizando uma longa audiência, também basta solicitar que se aguarde o seu término. Nenhuma corregedoria ou o CNJ punirá um juiz por ter agido assim. E se o magistrado é conhecido como alguém ponderado, de bom senso e que atende a todos, o advogado vai ter paciência e vai compreender que só não foi atendido imediatamente porque realmente o juiz não estava disponível.

Há juízes que preferem atender advogados, delegados, partes etc. com as portas do gabinete abertas ou sempre com a presença de outra pessoa, geralmente um servidor da vara. É uma boa medida quando se vislumbra alguma complicação ou quando se sabe que a pessoa que deseja falar com o juiz não possui a melhor das reputações.

Quanto à advocacia pública, a postura pública do juiz no tratamento com os procuradores não tem diferenciação em relação aos advogados privados, até porque ambos são regidos pelo Estatuto da OAB, exceto naquilo que contrariar a Lei Complementar n. 73/1993.

2. MINISTÉRIO PÚBLICO

Exceto nos juizados especiais e nas varas de execução fiscal, o contato dos juízes federais com os procuradores da república é relativamente rotineiro, principalmente quando a vara tem competência criminal. Mas, não apenas: o crescimento das ações civis públicas e a manifestação do Ministério Público em ações como o mandado de segurança também propiciam um contato próximo quando a competência é cível.

Fora da esfera processual, é comum haver um clima de proximidade entre juízes e procuradores da república, pois ambos acabam tendo problemas semelhantes em relação às suas carreiras e ao próprio ingresso nelas.

Por tudo isso, o relacionamento tende a ser mais amistoso e cordial do que aquele em relação aos advogados, embora sempre existam exceções e sempre apareçam rusgas. De toda forma, no aspecto profissional e no tocante aos autos, **o tratamento do juiz em relação ao procurador da república deve ser o mesmo dispensado aos advogados**, especialmente se na causa o membro do Ministério Público atuar como parte. Não se deve pressupor que as intenções do órgão acusador em uma audiência privada com o juiz sejam menos ou mais isentas do que as da defesa em situação similar. Ambos têm interesse no processo e querem ganhar a causa.

Por outro lado, se o procurador da república atua nos autos apenas como fiscal da lei, então é mais natural que exista uma relação de colaboração, sendo por vezes interessante que o juiz federal debata com ele até estratégias processuais para o bom deslinde da causa.

Assim como ocorre com o advogado, o procurador da república ou mesmo eventual membro do Ministério Público estadual deve ser recebido pelo juiz federal a qualquer hora do expediente, sem prévio agendamento.

Em outra vertente, se o caso for de manifestação do procurador da república como testemunha no processo, deve-se atentar para o fato de que ele tem o direito de ser ouvido, como testemunha, em dia, hora e local previamente ajustados com o magistrado, como prevê o art. 18 da Lei Complementar n. 75/1993.

Quanto à forma de tratamento, a relação quase sempre próxima entre juiz federal e procurador da república afasta certos formalismos, utilizando-se reciprocamente apenas os próprios nomes, sem pronomes de tratamento, principalmente quando estão despachando no gabinete ou em ocasiões mais informais. **Em uma audiência, porém, é importante que se mantenha a formalidade**, mesmo se juiz e procurador forem bastante amigos. É que o próprio ato é formal. Nessas ocasiões, bem como quando não houver proximidade entre os dois, o membro do Ministério Público Federal deve ser tratado de "**Excelência**", visto constar no art. 19 da Lei Complementar n. 75/1993 que o Procurador-Geral da República terá as mesmas honras e tratamento dos Ministros do Supremo Tribunal Federal; e os demais membros da instituição, as que forem reservadas aos magistrados perante os quais oficiem. Como os magistrados são tratados por "Excelência", assim também o devem ser os procuradores da república, embora em muitos casos o tratamento mais comum seja de "Doutor" e não se veja reclamação em relação a isso.

Outra prerrogativa dos membros do Ministério Público consta no art. 18 da referida Lei Complementar: **sentar-se no mesmo plano e imediatamente à direita dos juízes singulares ou presidentes dos órgãos judiciários perante os quais oficiem**. É uma prerrogativa bastante questionável quando se

CAPÍTULO VI - RELACIONAMENTO DO JUIZ COM PARTES E PROFISSIONAIS

está diante de uma audiência criminal, pois o ideal seria conceder os mesmos direitos tanto à acusação quanto à defesa.

O que deve o juiz fazer se a defesa em uma audiência criminal requerer tratamento isonômico? O bom senso é sempre o caminho mais recomendado. Em primeiro lugar, indagar ao procurador da república se ele não se importa de sentar à mesa, no mesmo plano do advogado ou defensor. Se ele se negar, que se explique então ao advogado que essa é uma prerrogativa prevista em lei, ainda não declarada inconstitucional, razão pela qual será respeitada, mas que tal fato não interferirá no livre convencimento do magistrado. Em último caso, que se consignem em ata os protestos da defesa, para que ela possa se utilizar dos meios recursais para fazer valer o direito que entende ter.

Por fim, é importante destacar que não há qualquer relação de hierarquia entre o juiz e o procurador da república. Ambos atuam no mesmo nível, apenas executando funções diferentes. Assim acontece também com os advogados, procuradores estatais e defensores públicos. Ao juiz, cabe manter uma postura séria, respeitosa, sem desmandos ou subserviência. Cabe ainda entender que o comando do processo está a seu cargo, razão pela qual não está obrigado a seguir sempre o que o Ministério Público propõe. Da mesma forma, deve o magistrado lembrar que as audiências são por ele presididas e, por isso, é ele quem determina como os atos serão realizados, sempre respeitando o que diz a lei e sempre buscando demonstrar serenidade em seu agir.

3. DEFENSORIA PÚBLICA DA UNIÃO

A Defensoria Pública da União é um órgão novo, composto por profissionais quase sempre muito preparados tecnicamente e com gigantesca dedicação e paixão pelo que fazem. A defesa feita pela DPU está quase sempre no nível dos melhores escritórios de advocacia.

No tocante ao relacionamento do juiz federal com o defensor público, ele não difere daquele concedido aos membros do Ministério Público ou aos advogados. Assim, valem as observações já feitas anteriormente, principalmente no tocante aos pedidos para atendimento pessoal pelo juiz em seu gabinete.

A Lei Complementar n. 80/1994 estabelece a **prerrogativa de tratamento isonômico ao reservado a magistrados e demais titulares dos cargos das funções essenciais à justiça**. Não é comum, porém, que o juiz federal se dirija ao defensor público chamando-o de "Excelência", embora também não exista problema se isso acontecer.

Diz a Lei Complementar n. 80/1994 que aos membros da Defensoria Pública é garantido sentar-se no mesmo plano do Ministério Público. Aqui, não

271

se trata mais apenas de equiparação de prerrogativas da acusação e da defesa, mas de um comando expresso da lei. Se o defensor público quiser fazer valer o seu direito, não haverá alternativa ao juiz federal a não ser deferi-lo, embora seja sempre interessante tentar a via conciliatória e do bom senso. Para que situações de conflito assim não ocorram, o ideal é que as salas de audiência não mais coloquem o juiz em um nível superior dos demais participantes. Se todos estiverem no mesmo plano, não haverá questionamentos, pois o que a lei garante aos membros da Defensoria Pública é sentar no mesmo plano do Ministério Público e não ao lado do juiz.

4. AUTORIDADES POLICIAIS

O trabalho da Polícia Federal é de **natureza executiva e administrativa**, não jurisdicional, embora em muitos momentos os agentes e delegados atuem como polícia judiciária. De toda forma, a postulação em juízo costuma ser uma prerrogativa do Ministério Público Federal. Por isso, as situações que implicam contato direto do juiz federal com a polícia são, ou pelo menos deveriam ser, bastante reduzidas.

Ocorre, porém, que ao delegado caberá representar ao juiz em muitos casos de pedidos de prisão, busca e apreensão e outras medidas cautelares, hipóteses nas quais não raro são solicitadas audiências diretamente com o magistrado que é competente para analisar o pedido. Não há necessidade, nesses casos, do juiz federal exigir a presença do membro do Ministério Público para acompanhar a audiência. Também não cabe falar em agendamento de horário, embora seja bastante comum que os delegados liguem antes de ir ao fórum, até mesmo para saber se o juiz não estará em audiência.

O **magistrado deve evitar se envolver nas operações policiais, abstendo-se de dar opinião sobre táticas de investigação e procedimentos similares**. A polícia é órgão investigador, que prepara a acusação. Por isso, embora o juiz deva tratar os profissionais com educação e cordialidade, não pode se deixar contaminar pelo espírito natural e rotineiro de persecução criminal que acompanha os delegados. Em uma audiência com a Polícia Federal para explicações sobre um eventual pedido de prisão temporária, por exemplo, o papel do juiz é o mesmo quando atende a defesa: em regra, ele apenas ouvirá o delegado, sem manifestar posicionamento prévio sobre a causa.

Geralmente, a relação com a Polícia Federal, até pelo grau de respeitabilidade do órgão, costuma ser cortês. Juízes, promotores e delegados são todos servidores públicos que cumprem suas funções e, por isso, não havendo qualquer relação de hierarquia entre eles, deve sempre estar presente um tratamento respeitoso e cordial.

CAPÍTULO VI - RELACIONAMENTO DO JUIZ COM PARTES E PROFISSIONAIS

5. AUTORIDADES JUDICIÁRIAS

O tratamento entre os juízes no mesmo grau tende a ser de respeito, de amizade e, por vezes, de informalidade. Exceto em eventos públicos e sessões de julgamento, geralmente os magistrados se tratam por "você". Se não há qualquer problema de relacionamento entre os juízes, eles se dirigem ao gabinete dos colegas sem agendamento e sem intermediação dos servidores da vara, mantendo apenas as regras da boa educação que aconselham bater na porta antes de entrar. Também ligam diretamente para os telefones uns dos outros e dialogam sobre os processos e problemas do fórum e da carreira.

Há na internet listas de discussão entre os juízes filiados à AJUFE e às associações regionais, nas quais vige a informalidade e o debate pode ser intenso, especialmente em momentos de eleição nas associações. Para alguém de fora da carreira, pode parecer um pouco surpreendente o calor de alguns debates, mas em geral essas listas de discussão são ambientes nos quais as amarras e formalismos são deixados de lado.

Situação diversa ocorre no tratamento dos juízes com membros da instância superior. Se o magistrado tem a liberdade para se dirigir aos colegas de fórum a qualquer momento e de chamá-los pelo nome, sem o uso de pronomes de tratamento, o mesmo não se pode dizer em relação aos membros do tribunal e a ministros. Exceto quando um desembargador federal pede para não ser tratado com formalidades, por exemplo, é que se deixa de chamá-lo de "Senhor", "Doutor" ou "Excelência". Não se trata de subserviência, mas de respeito ao cargo ocupado.

No âmbito da Justiça Federal, a interferência dos tribunais no livre convencimento dos juízes de 1º grau é praticamente inexistente. Assim, o juiz federal, mesmo no início da carreira, não deve se preocupar demais com o **relacionamento com o tribunal e seus membros**, bastando manter uma **postura natural de respeito e formalidade**.

6. ATENDIMENTO ÀS PARTES

A LOMAN determina que o juiz deve atender aos que o procurarem, a qualquer momento, quanto se trate de providência que reclame e possibilite solução de urgência. Isso implica no dever de atendimento inclusive às partes.

Atender ao cidadão que não tem conhecimento jurídico nem sempre é algo fácil, pois as explicações técnicas podem não ser suficientes ou bem recebidas. Além disso, há sempre o componente emocional.

Para diminuir esses problemas sem desobedecer à LOMAN, o ideal é que o juiz oriente bem os servidores a procurar sempre esclarecer as dúvidas das partes que se dirigem ao fórum. Isso não significa orientar os servidores a im-

273

pedirem o cidadão de ter contato com o juiz, mas apenas a que os servidores expliquem às partes, sempre que possível, que o advogado já está cuidando do caso. Se puder ser passada alguma informação em linguagem simples e clara, que amenize a angústia da parte, melhor. Quando uma mulher procura o fórum querendo falar com o juiz sobre a demora na análise do pedido de liberdade provisória de seu marido, o melhor que se pode fazer é o servidor consultar o andamento do processo e tentar explicar o motivo do pedido ainda não ter sido analisado, informando à pessoa que, assim que possível, o juiz analisará o requerimento. Se nada convencer o cidadão de que não é preciso falar com o magistrado, a única solução é um **atendimento sereno, educado e em um linguajar que não seja incompreensível para a parte**.

6.1. Relacionamento com os meios de comunicação

Em algum momento de sua carreira, todo juiz é procurado pelos órgãos de imprensa e comunicação em geral, para que se manifeste sobre um determinado processo. Há juízes que não atendem a repórteres, seja por receio, aversão ou mesmo para manter o ditado de que o magistrado só fala nos autos. Há quem prefira a intermediação das assessorias de imprensa dos tribunais, assim como existem juízes que não se importam de falar diretamente com os meios de comunicação.

O Código de Ética da Magistratura, aprovado pelo Conselho Nacional de Justiça, tratou desse tema em seus artigos 10 a 13. Em primeiro lugar, dispôs o CNJ que a atuação do magistrado deve ser transparente, documentando-se seus atos, sempre que possível, mesmo quando não legalmente previsto, de modo a favorecer sua publicidade, exceto nos casos de sigilo contemplado em lei. Embora esse dispositivo não trate diretamente do relacionamento com a imprensa, ele deixa claro que o trabalho do Poder Judiciário é, em regra, público. Se a lei ou o caso concreto não exigem o sigilo, não há razão para sonegar informações de quem quer que seja. Essa disposição é complementada pelo art. 11 do Código de Ética, segundo o qual o magistrado, obedecido o segredo de justiça, tem o dever de informar ou mandar informar aos interessados acerca dos processos sob sua responsabilidade, de forma útil, compreensível e clara. Em um processo normal, os interessados costumam ser apenas as partes. Mas, é possível, por exemplo, que uma ação civil pública envolva interesses coletivos, às vezes de toda a sociedade. Uma sentença em um processo dessa natureza pode e deve ser divulgada, para que todos dela tenham conhecimento. É certo que o próprio Ministério Público Federal costuma se encarregar dessa publicidade, mas nada impede que o magistrado, especialmente por meio da assessoria de imprensa do tribunal, divulgue sua decisão, nem que seja pela internet.

CAPÍTULO VI - RELACIONAMENTO DO JUIZ COM PARTES E PROFISSIONAIS

No art. 12, o Código de Ética é mais direto quanto ao tema que estamos estudando, estabelecendo que cumpre ao magistrado, na sua relação com os meios de comunicação social, comportar-se de forma prudente e equitativa, e cuidar especialmente: I - para que não sejam prejudicados direitos e interesses legítimos de partes e seus procuradores; II - de abster-se de emitir opinião sobre processo pendente de julgamento, seu ou de outrem, ou juízo depreciativo sobre despachos, votos, sentenças ou acórdãos, de órgãos judiciais, ressalvada a crítica nos autos, doutrinária ou no exercício do magistério.

É uma questão de **equilíbrio**. Ao mesmo tempo em que a publicidade dos atos jurisdicionais deve ser a regra, o juiz precisa ter uma conduta comedida em seu relacionamento com os meios de comunicação. **Prudência e bom senso** são os ingredientes fundamentais nessa relação. Quando o Código de Ética fala em não prejudicar direitos e interesses legítimos de partes e seus procuradores, indica que a informação a ser repassada aos repórteres é aquela suficiente para o conhecimento dos fatos, mas sem causar prejuízo indevido a quem atua na causa. Divulga-se, por exemplo, a condenação de uma pessoa que expos fotos de crianças nuas na internet, mas se evita dar detalhes sobre o caso, principalmente sobre os menores envolvidos.

Quanto à necessidade de se abster de emitir opinião sobre processo pendente de julgamento, seu ou de outrem, bem como não emitir juízo depreciativo, o Código de Ética nada mais fez do que copiar a vedação imposta pelo art. 36, inciso III, da Lei Orgânica da Magistratura Nacional. **Se o processo ainda não foi julgado, não importa a cargo de quem ele esteja,** não cabe ao juiz emitir opinião. Talvez a exceção ficasse por conta de ações em controle abstrato de constitucionalidade, sob julgamento no Supremo Tribunal Federal, posto não tratarem de casos concretos. Mas, ainda nesses casos, é interessante que o juiz não manifeste sua opinião. Em relação aos juízos depreciativos, eles alcançam não apenas os processos pendentes de julgamento, mas também aqueles que já transitaram em julgado. É claro, causas que foram julgadas há décadas e entraram para a história do Poder Judiciário, como o caso dos Irmãos Naves, no Triângulo Mineiro, não são abrangidos pela vedação da LOMAN. Mas, em quaisquer outras hipóteses, a crítica deve ser evitada.

Conforme se viu, o Código de Ética faz algumas ressalvas, que também são reproduções do que consta na LOMAN. Assim, o juiz pode, em processos que esteja julgando, criticar decisões alheias. O magistrado, por exemplo, pode sentenciar uma causa de forma contrária a um posicionamento do tribunal, tecendo críticas sobre o precedente jurisprudencial não adotado. Em todo caso, o juiz deve agir sempre com serenidade, conforme dispõe o art. 35, inciso I, da LOMAN. Por isso, sua crítica deve ser de natureza jurídica, nos exatos limites necessários para afastar a aplicação da decisão criticada.

Também são exceções à vedação em estudo, as opiniões expressas em obras técnicas e no exercício do magistério. Como professor de direito penal, por exemplo, o juiz pode criticar em sala de aula ou em um livro que escreveu a decisão do STF de só permitir o encarceramento após o trânsito em julgado do processo penal.

O que a LOMAN deseja não é uma mordaça ao juiz, mas que ele seja contido em suas manifestações, que evite menosprezar o trabalho dos colegas e somente profira críticas em ambientes construtivos para o pensamento jurídico, como nas salas de aula e nos livros.

Por fim, o Código de Ética diz que o magistrado deve evitar comportamentos que impliquem a busca injustificada e desmesurada por reconhecimento social, mormente a autopromoção em publicação de qualquer natureza. Mais uma vez, é preciso dizer que o que se espera de um juiz é serenidade, discrição, ponderação e bom senso, além de uma conduta irrepreensível na vida pública e particular. Tudo isso é importante para que o juiz tenha não apenas o respaldo legal de seu cargo para julgar outras pessoas, mas também o respaldo moral e o respeito da sociedade.

CAPÍTULO VII

CONTROLE E FISCALIZAÇÃO ADMINISTRATIVA

1. FISCALIZAÇÃO E CONTROLE INTERNO DA VARA

1.1. Disposições gerais

O art. 70 da Constituição estabelece que a fiscalização contábil, financeira, orçamentária, operacional e patrimonial da União e de suas entidades, quanto à legalidade, legitimidade e economicidade, entre outras, será exercida pelo Congresso Nacional, mediante controle externo (com o auxílio do Tribunal de Contas da União), e pelo **sistema de controle interno de cada poder**. É sobre esse controle interno que passamos a falar agora, em sua vertente mais simples e local da Justiça Federal: a fiscalização da vara.

A LOMAN enumera entre os deveres do magistrado o de fazer cumprir, com independência, serenidade e exatidão, as disposições legais e os atos de ofício. Diz ainda que **o magistrado deve determinar as providências necessárias para que os atos processuais se realizem nos prazos legais, além de exercer assídua fiscalização sobre os subordinados**. Essas disposições do art. 35 da LOMAN demonstram a importância do papel do juiz no controle de tudo o que acontece na vara, especialmente para que sejam respeitados os postulados da legalidade, legitimidade e economicidade. No que diz respeito especificamente à Justiça Federal, elas são corroboradas pelo art. 55 da Lei n. 5.010/1966, que estabelece: o juiz é responsável pelo regular andamento dos feitos sob sua jurisdição e pelo bom funcionamento dos serviços auxiliares que lhe estiverem subordinados.

Com base nesses dispositivos, as corregedorias dos tribunais regionais federais possuem provimentos determinando as obrigações dos juízes federais no controle da vara. Tomemos como exemplo o TRF da 3ª Região. Em seu Provimento n. 64/2005, da Corregedoria-Geral, diz que compete aos juízes de primeiro grau o controle da regularidade do serviço judiciário e da administração da justiça em sua secretaria e dos servidores a ela vinculados, sendo ele corregedor permanente dos serviços que lhe são afetos (art. 61). Nesse sentido, o Provimento n. 64/2005 estabelece que compete aos juízes federais, no exercício dessa função correicional:

> I - abrir e encerrar os livros das respectivas Secretarias, delegando ao Diretor de Secretaria a rubrica ou chancela das folhas;
>
> II - conhecer e julgar as representações dos servidores contra o Diretor de Secretaria;
>
> III - aplicar penas disciplinares aos servidores do próprio juízo;
>
> IV - conhecer e decidir os pedidos de reconsideração dos atos ou despachos nos quais caiba aplicar pena disciplinar aos servidores da Vara;
>
> V - fixar normas e expedir instruções para o funcionamento do serviço da Secretaria e execução dos provimentos e decisões do Conselho e do Corregedor Regional, de acordo com as que forem adotadas pelo Diretor do Foro;
>
> VI - antecipar ou prorrogar o expediente da Secretaria, quando necessário, e designar servidor ou servidores para prestação de serviços extraordinários, observadas as disposições legais e mediante prévio entendimento com o Diretor do Foro, se for o caso, para verificação das disponibilidades orçamentárias;
>
> VII - velar pelo regular andamento dos feitos e pelo bom funcionamento da Vara que lhe estiverem subordinados;
>
> VIII - apresentar sugestões ao Conselho, ao Corregedor Regional e ao Diretor do Foro, conforme o caso, no sentido de melhorar os serviços das Secretarias das Varas;
>
> IX - apresentar, anualmente, até 10 de fevereiro, ao Diretor do Foro, os dados circunstanciados e necessários à elaboração do relatório das atividades forenses da Seção;
>
> X - inspecionar, pelo menos uma vez por ano, os serviços a cargo das Secretarias, providenciando no sentido de evitar ou punir erros, omissões ou abusos;
>
> XI - dar conhecimento imediato da inspeção realizada ao Corregedor Regional, em ofício reservado, solicitando-lhe as providências cabíveis;
>
> XII - fornecer, anualmente, dados para a organização de estatísticas.

CAPÍTULO VII - CONTROLE E FISCALIZAÇÃO ADMINISTRATIVA

Como dito, todos os tribunais regionais federais possuem disposições semelhantes, que se diferem apenas em um ou outro detalhe. São disposições que detalham o que já consta no art. 13 da Lei n. 5.010/1966.

A maioria dessas obrigações, reitere-se, fica a cargo do juiz federal que titulariza a vara, mas o juiz substituto também é responsável por cuidar do bom funcionamento da unidade e, principalmente, de sua assessoria.

É importante que o juiz, ao tomar posse e ao longo de toda a sua carreira, procure conhecer detalhadamente as normas de seu tribunal para saber quais são as suas obrigações no campo da fiscalização local, a fim de bem cumprir os mandamentos da LOMAN e da Lei n. 5.010/1966.

1.2. As inspeções

O exemplo do Provimento n. 64/2005, da Corregedoria-Geral do TRF da 3ª Região, mostrou-nos que uma das atribuições dos juízes é **inspecionar, pelo menos uma vez por ano, os serviços a cargo das secretarias**, atuando no sentido de evitar ou punir erros, omissões ou abusos. É o que determina o art. 13, inciso III, da Lei n. 5.010/1966.

Conforme explica o Provimento-Geral da Corregedoria-Geral do TRF da 1ª Região[47], a inspeção judicial objetiva a busca da eficiência e do aprimoramento dos juízos e serviços administrativos, judiciários e cartorários que lhes são afetos, bem assim a troca de experiências. A inspeção deve procurar o esclarecimento de situações de fato, a prevenção de irregularidades, o aprimoramento da prestação jurisdicional, a celeridade nos serviços cartorários e, se for o caso, o encaminhamento para apuração de suspeitas ou faltas disciplinares (art. 114). Em regra, a inspeção é executada pelo juiz federal, com o auxílio do juiz federal substituto, cabendo ao titular da vara o exame dos processos ao seu cargo, das atividades administrativas da vara e, se vago ou ausente o cargo de juiz federal substituto, dos processos da competência deste.

E como as inspeções são feitas na prática? Isso dependerá das normas de cada tribunal. Ainda tomando como exemplo o TRF da 1ª Região, o primeiro passo é a definição pelos juízes federais da escala de inspeções, já que normalmente se busca evitar que duas varas façam esse trabalho no mesmo período. Definida a escala, ela é informada à corregedoria e publicada no órgão informativo do tribunal, para dar publicidade. Essa atribuição pode ser delegada ao Diretor do Foro da Seção Judiciária, a exemplo do TRF da 1ª Região. Esses procedimentos são feitos com bastante antecedência, de preferência nos últimos meses do ano anterior ao da escala de inspeções. Próximo à data da inspeção,

---

47 Provimento COGER n. 129/2016.

279

é publicado pela vara um edital específico sobre ela, informando dos trabalhos a serem realizados, das datas, horários e demais pontos importantes.

Embora ao juiz caiba fiscalizar sua secretaria todos os dias, os trabalhos específicos da inspeção têm uma duração certa e limitada, quase sempre de cinco dias úteis. É como se fosse um **período destinado a balanço**, no qual a vara fica fechada (recebendo somente casos urgentes) e todos os servidores e magistrados a ela pertencentes dedicam o expediente à verificação geral de processos e procedimentos, que inclui: processos em tramitação na vara; móveis, utensílios, equipamentos, maquinário e veículos que lhe são afetos; livros e pastas de uso obrigatório e aqueles que, facultativamente, sejam utilizados pela secretaria; a atividade desenvolvida pelos seus servidores e pelos analistas judiciários (execução de mandados), bem como as demais providências inerentes aos trabalhos da vara.

O ideal seria inspecionar todos os processos em curso na vara, requerendo inclusive a devolução daqueles que estiverem com carga para advogados, defensoria pública etc. Porém, o tribunal pode estabelecer a exclusão de alguns processos, como ocorre no caso do TRF da 1ª Região, que retira da obrigatoriedade de inspeção, por exemplo, os processos movimentados pelos juízes (despachos, decisões, audiências, inspeções ou sentenças) e pelo diretor de secretaria nos últimos sessenta dias, desde que sejam inspecionados no mínimo processos das diversas classes em tramitação na vara. Os magistrados da vara, com o apoio do diretor, devem verificar nas normas do tribunal quais são os processos que não precisarão ser inspecionados, de maneira a verificar todos os outros, sem exceção.

O início e o término da inspeção são atos solenes, para os quais são convidadas formalmente as principais autoridades que atuam na Justiça Federal, como os representantes do Ministério Público Federal, da Advocacia-Geral da União, da Defensoria Pública da União e da Ordem dos Advogados do Brasil. Na hora designada, o juiz federal proclamará a abertura dos trabalhos, o que será devidamente registrado em livro próprio. O mesmo acontecerá com a sessão de encerramento.

Durante a inspeção, o juiz federal deverá fazer uma série de verificações. Tomando como base as normas do TRF da 1ª Região, ele verificará:

I – omissões e prática de erros ou abusos, nos termos da lei;

II – cumprimento pela secretaria do disposto no art. 41[48] da Lei n. 5.010/66, dos atos, despachos e das recomendações dos juízes, do tribunal e da corregedoria-geral;

---

48 Lei n. 5.010/1966, art. 41. À Secretaria compete: I - receber e autuar petições, movimentar feitos, guardar e conservar processos e demais papéis que transitarem pelas Varas; II - protocolar e registrar os feitos, e fazer anotações sobre seu andamento; III - registrar as sentenças em livro próprio; IV - remeter à Instância Superior os processos em grau de recurso; V - preparar o expediente para despachos e audiências; VI - exibir os processos para consulta pelos advogados e prestar informações sobre os feitos e seu andamento; VII - expedir certidões extraídas de autos, livros, fichas e demais papéis sob sua guarda; VIII

CAPÍTULO VII - CONTROLE E FISCALIZAÇÃO ADMINISTRATIVA

III – existência de todos os livros previstos neste provimento e sua regular abertura, numeração, escrituração e encerramento, bem como a existência das pastas, igualmente, previstas neste provimento, organizadas por ordem cronológica dos atos praticados;

IV – encadernação, guarda e conservação dos autos, livros e papéis findos ou em andamento;

V – processos irregularmente parados e inobservância de prazo previsto para servidores, Ministério Público e partes, apurando-se suas razões e determinando, quando for o caso, a busca e apreensão de autos por meio de mandado a ser expedido com antecedência razoável para seu cumprimento;

VI – distribuição e processamento dos feitos nos termos da lei e das determinações da corregedoria-geral;

VII – demora injustificada no cumprimento de cartas precatórias, especialmente criminais, e

aquelas de interesse de beneficiário de assistência judiciária, e se, periodicamente, são cobradas as que não são devolvidas no prazo fixado;

VIII – publicação regular do expediente da vara;

IX – existência, na capa dos processos, da classe e natureza das ações e dos nomes dos advogados e das partes, que deverão ser incluídos no expediente para publicação;

X – lançamento, em pasta de entrega de autos com vista a advogados, de nome, número de inscrição na Ordem e endereço completo do interessado, bem como do servidor que os receber em devolução;

XI – cumprimento, em tempo hábil, dos mandados expedidos;

XII – baixa dos processos devolvidos e sentenciados, conferindo-se a regular numeração das folhas dos autos e se as certidões e termos lavrados foram devidamente subscritos;

XIII – cadastro de juízes em atividade na vara;

XIV – depósitos existentes em nome do juízo, levantados por meio de ofício previamente dirigido à agência bancária, especialmente em relação aos valores remanescentes de depósitos já levantados e às contas referentes a feitos já extintos, para as providências jurisdicionais cabíveis à espécie;

XV – adequação das eventuais justificativas para as exclusões, inclusões e retificações de movimentação processual feitas fora do prazo;

XVI – registros do catalogador virtual de documentos – CVD;

XVII – regularidade do cadastro de bens apreendidos.

- enviar despachos e demais atos judiciais para publicação oficial; IX - realizar diligências determinadas pelos Juízes e Corregedores; X - fazer a conta e a selagem correspondentes às custas dos processos, bem assim quaisquer cálculos previstos em lei; XI - efetuar a liquidação dos julgados, na execução de sentença, quando for o caso; XII - receber em depósito, guardar e avaliar bens penhorados ou apreendidos por determinação judicial; XIII - expedir guias para o recolhimento à repartição competente de quantias devidas à Fazenda Pública; XIV - realizar praças ou leilões judiciais; XV - fornecer dados para estatísticas; XVI - cadastrar o material permanente da Vara respectiva; XVII - executar quaisquer atos determinados pelo Conselho da Justiça Federal, Corregedor-Geral, Diretor do Foro ou Juiz da Vara.

281

Conforme dito, a maior parte dessas atribuições fica por conta do juiz federal titular da vara, que as executará diretamente e também por meio do auxílio dos servidores da vara. Quanto ao **juiz substituto**, poderá atuar em **regime de colaboração** com o titular para também inspecionar as questões atinentes à secretaria, mas seu papel principal será inspecionar os **processos sob sua jurisdição**.

O período da inspeção é uma excelente oportunidade não apenas para verificar erros e falhas, mas também para que os juízes se reúnam com os servidores para uma troca de ideias e sugestões, visando à **melhoria das rotinas e procedimentos** adotados.

O juiz federal que nunca passou por uma inspeção não deve se afligir com modelos de despachos, decisões, certidões e atas a serem utilizados nos trabalhos, visto que, especialmente no caso das varas mais antigas, os modelos das inspeções anteriores poderão ser consultados. Além disso, há sempre a possibilidade de solicitar aos magistrados mais experientes um rol de modelos desses documentos, bem como pedir orientações à corregedoria do tribunal, cujo papel vai muito além de fiscalizar disciplinarmente os magistrados, devendo ser, antes de tudo, um órgão de apoio e orientação.

Não bastasse, há inserção, por exemplo, dentre os anexos do Provimento Consolidado do Tribunal Regional Federal da 1ª Região, do esqueleto das informações a serem identificadas no relatório de inspeção, contendo modelo padronizado do documento.

Durante o período de inspeção, a distribuição de processos não costuma ser interrompida. Porém, os juízes somente tomarão conhecimento de pedidos, ações, procedimentos e medidas destinadas a evitar perecimento de direitos ou assegurar a liberdade de locomoção. Não se realizarão audiências, a não ser as urgentíssimas. Não haverá expediente destinado às partes, ficando suspensos os prazos processuais. Além disso, em geral não se concedem férias aos servidores lotados na secretaria da vara que o juiz reputar indispensáveis à realização dos trabalhos[49].

Após o encerramento da inspeção, deve ser lavrada uma ata, cujo conteúdo varia conforme as normas específicas de cada tribunal. Mas, em geral, o documento deverá conter, específica e objetivamente, as ocorrências da inspeção, apontando as irregularidades encontradas, as medidas adotadas para sua correção e as sugestões quanto a medidas necessárias que ultrapassem a sua competência, extraindo-se cópia desta, bem como da ata de abertura, a fim de acompanhar o relatório a ser enviado à corregedoria, no prazo por esta estabelecido[50].

---

49 Determinações retiradas do art. 230 do Provimento n. 11/2011, da Corregedoria-Geral do Tribunal Regional Federal da 2ª Região, mas que geralmente se repetem nos demais tribunais.

50 Exemplo retirado no art. 16 do Provimento n. 01/2009, do TRF da 5ª Região.

CAPÍTULO VII - CONTROLE E FISCALIZAÇÃO ADMINISTRATIVA

1.2.1. Fluxograma básico: inspeções

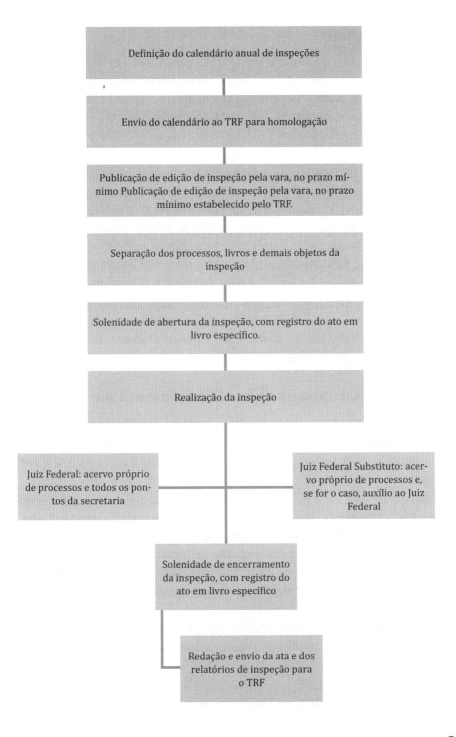

2. FISCALIZAÇÃO E CONTROLE DA SEÇÃO E DA SUBSEÇÃO

2.1. Questões gerais

Já vimos que a Justiça Federal de 1º grau é dividida em regiões e essas regiões são divididas em seções, cada uma perfazendo um estado brasileiro. As seções, por sua vez, podem ser divididas em subseções judiciárias no interior, que abrigam uma ou mais varas. Todo esse conjunto está sujeito a fiscalizações e controles para resguardo dos princípios da administração pública e da boa prestação jurisdicional.

Se no âmbito da vara o controle cabe ao juiz federal que a titulariza, em harmonia com o juiz federal substituto, nas subseções judiciárias haverá um diretor do foro. Tudo o que disser respeito à subseção e não for de ordem exclusivamente interna das varas estará sujeito ao poder correicional do diretor do foro. Nesse rol, incluem-se a aplicação de algumas penalidades a servidores, controle da frota de veículos, administração e fiscalização patrimonial etc.

O trabalho do **diretor do foro** da seção judiciária é ainda mais amplo do que o dos diretores das subseções, pois ele administra todo o estado e deve cuidar para que os **princípios da administração pública** sejam respeitados em sua integralidade. A divisão de atribuições entre as seções e subseções varia de acordo com as normas de cada tribunal.

2.2. Código de Conduta da Justiça Federal para os servidores

A Resolução 147/2011, do Conselho da Justiça Federal, instituiu uma série de regras de conduta para os servidores que atuam nesse ramo do Poder Judiciário. Aliás, não só aos servidores, mas também a estagiários e prestadores de serviços.[51]

Embora não seja uma norma direcionada aos juízes, é importante que os magistrados a conheçam, já que a LOMAN traz como um dos **deveres dos magistrados exercer assídua fiscalização sobre os subordinados** (art. 35, inciso VII). O Código é, nesse sentido, importante ferramenta para balizar o trabalho de fiscalização sobre o corpo de servidores, da mesma forma como o Código de Ética do Conselho Nacional de Justiça baliza o trabalho das corregedorias quanto à fiscalização dos magistrados.

As diretrizes passadas pelo Código de Conduta da Justiça Federal se concentram em evitar condutas que firam a integridade, lisura, transparência, respeito

---

51 Com a redação que lhe foi dada pela Res. 308/2014: "Art. 2º O Código de Conduta aplica-se a todos os servidores e gestores do Conselho e da Justiça Federal de primeiro e segundo graus."

CAPÍTULO VII - CONTROLE E FISCALIZAÇÃO ADMINISTRATIVA

e moralidade. É praticamente uma cartilha para que sejam respeitados tanto os princípios gerais da administração pública quanto os direitos fundamentais para todos previstos na Constituição.

Um dos primeiros pontos é a condenação de qualquer ato de discriminação ou preconceito, seja qual for a natureza (art. 5º). Outra determinação importante diz que recursos, espaço e imagem do Conselho e da Justiça Federal de primeiro e segundo graus não poderão, sob qualquer hipótese, ser usados para atender a interesses pessoais, políticos ou partidários (art. 7º). Em síntese, **a coisa pública deve ser tratada como pública mesmo, sem uso privado, e protegida dos interesses político-partidários**. Ao juiz, nesse sentido, cabe fiscalizar quem estiver sob seu comando para que não use inadequadamente os recursos da Justiça Federal, bem como não promova campanhas para candidatos ou ideologias políticas.

O sigilo é uma preocupação do Código de Conduta (art. 8º). Muitas questões delicadas e às vezes bastante sensíveis para as partes são levadas ao conhecimento de servidores, já que eles lidam com os processos. Tais informações interessam apenas ao exercício da jurisdição e não devem extrapolar o ambiente de trabalho.

Por outro lado, há informações que devem ser divulgadas como regra. Por isso, diz o Código de Conduta (art. 13) que é obrigatório aos servidores e gestores do Conselho e da Justiça Federal de primeiro e segundo graus garantir a publicidade de seus atos e a disponibilidade de informações corretas e atualizadas que permitam o conhecimento dos aspectos relevantes da atividade sob sua responsabilidade, bem como assegurar que a divulgação das informações aconteça no menor prazo e pelos meios mais rápidos. Estamos falando aqui, por exemplo, de um ato ordinatório produzido pelo servidor ou ainda a publicação de uma sentença prolatada pelo juiz, entre outras informações que devem ser levadas ao público em geral pelos meios adequados. E, tratando de meios, cabe ressaltar que os contatos com os órgãos de imprensa serão promovidos, exclusivamente, por porta-vozes autorizados pelo Conselho, tribunais regionais federais e seções judiciárias, conforme o caso. Quando se fala aqui em imprensa, refere-se logicamente a jornais, revistas, rádios etc., não à imprensa oficial que publica as produções da Justiça Federal.

Para evitar situações que possam colocar em dúvida a integridade moral de seu corpo funcional, o art. 9º estipula que, ao servidor ou gestor do Conselho e da Justiça Federal de primeiro e segundo graus, é vedado aceitar presentes, privilégios, empréstimos, doações, serviços ou qualquer outra forma de benefício em seu nome ou no de familiares, quando originários de partes, ou dos respectivos advogados e estagiários, bem como de terceiros que sejam ou pretendam

285

ser fornecedores de produtos ou serviços para essas instituições. Mas, segundo o Código de Conduta, **não se consideram presentes**, para fins deste artigo, os **brindes sem valor comercial ou aqueles atribuídos por entidades de qualquer natureza a título de cortesia**, propaganda ou divulgação, por ocasião de eventos especiais ou datas comemorativas.

No tocante aos recursos eletrônicos e de comunicação, eles devem ser utilizados com a estrita observância dos normativos internos vigentes, notadamente no que tange à utilização e à proteção das senhas de acesso (art. 11). É vedada, ainda segundo a Resolução sob análise, a utilização de sistemas e ferramentas de comunicação para a prática de atos ilegais ou impróprios, para a obtenção de vantagem pessoal, para acesso ou divulgação de conteúdo ofensivo ou imoral, para intervenção em sistemas de terceiros e para participação em discussões virtuais acerca de assuntos não relacionados aos interesses do Conselho e da Justiça Federal de primeiro e segundos graus.

Enfim, essas e outras diretrizes estabelecidas pelo Código de Conduta nada mais são do que detalhamentos dos deveres funcionais que acompanham todo e qualquer servidor público.

2.3. Procedimentos administrativos em caso de greve ou paralisação

O Conselho da Justiça Federal possui norma que estabelece os procedimentos administrativos a serem adotados no âmbito do Conselho e da Justiça Federal de primeiro e segundo graus em caso de paralisação do serviço por motivo de greve. Trata-se da Resolução CJF-RES-2012/00188, de fevereiro de 2012. A normatização define greve como a suspensão coletiva, temporária e pacífica, total ou parcial, da prestação de serviços.

Embora estejamos tratando do assunto dentro de um capítulo destinado à fiscalização e controle da seção e da subseção, as normas do CJF devem ser observadas também pelo juiz federal que estiver na direção da vara, pois cabe a ele, ainda que por meio de seu diretor, informar ao setor administrativo as ausências de servidores por motivo de greve.

Diz a Resolução que as ausências de servidor decorrentes da participação em movimentos de greve serão informadas pela chefia máxima da respectiva unidade administrativa à área de recursos humanos, e não poderão ser objeto de abono ou de cômputo de tempo de serviço ou qualquer concessão de vantagem que o tenha por base. Porém, a norma prevê, amenizando essa proibição, que a administração poderá facultar a **compensação dos dias não trabalhados** em decorrência da paralisação, mediante plano por ela definido para a execução do serviço não prestado. De toda forma, será feito o desconto nos vencimentos do servidor participante do movimento de greve se não houver compensação dos dias não trabalhados.

CAPÍTULO VII - CONTROLE E FISCALIZAÇÃO ADMINISTRATIVA

Quanto aos **serviços essenciais que não podem sofrer paralisação**, a Resolução inclui entre eles a **assessoria e assistência aos desembargadores e juízes** federais; **ao diretor do foro ou diretor da secretaria administrativa** ou equivalente, nas seções judiciárias. No que interessa à 1ª instância, ainda são consideradas essenciais as seguintes atividades: a) autuação, classificação e distribuição de feitos; b) protocolo judicial e baixa; c) execução judicial; d) assistência médico-social; e) suporte tecnológico de informática; f) comunicação e segurança.

A determinação dos serviços essenciais é importante para que os magistrados e o setor administrativo da Justiça Federal tenham uma orientação de como agir no caso dos servidores dessas áreas paralisarem suas atividades. Nessas hipóteses, prevê a Resolução que, mediante solicitação das chefias das unidades administrativas do Conselho da Justiça Federal, dos tribunais regionais federais e das seções judiciárias, cujos serviços sejam considerados essenciais, a autoridade máxima do órgão, ou a autoridade delegada, convocará, por meio de portaria, servidores, em número suficiente, com o propósito de assegurar a continuidade das suas atividades. Além disso, a norma diz que os servidores convocados que deixarem de comparecer ao serviço não poderão compensar as faltas.

Em síntese, o direito à greve é de índole constitucional. Mas, como não há direitos absolutos, ele deve ser ponderado frente ao interesse público e à necessidade de manutenção dos serviços essenciais. Diante de uma greve de servidores, cabe ao juiz federal, especialmente aquele em função administrativa, seja da vara, subseção ou seção judiciária, tomar as atitudes necessárias para que tais atividades essenciais não sofram prejuízo, mediante a convocação de servidores para mantê-las em funcionamento.

3. O TRABALHO DE FISCALIZAÇÃO DA CORREGEDORIA-GERAL

3.1. Introdução

Se os diretores do foro de seções e subseções judiciárias têm atuação restrita aos assuntos que não digam respeito exclusivamente à administração interna das varas, o mesmo não pode ser dito da Corregedoria-Geral do tribunal. Esse órgão de existência obrigatória nos tribunais de 2º grau possui **vasta competência** para averiguar e fiscalizar tudo o que acontece na Justiça Federal de 1º grau, seja no contexto interior ou exterior das varas. **O corregedor e sua equipe** somente não interferem no livre convencimento dos juízes quando estes atuam na esfera jurisdicional, embora a corregedoria possa apurar eventuais infrações disciplinares do cumprimento da função de julgar (sem alterar o resultado das decisões no processo, cuja modificação é feita por meio dos recursos processuais próprios).

287

O juiz federal fica em contato com a corregedoria desde o primeiro dia de sua carreira, pois é esse o órgão que regulará os principais pontos de sua vida funcional. Aliás, é a corregedoria que edita o conjunto de normas que disciplina quase tudo o que o juiz precisa saber para atuar e que não é ensinado nas escolas jurídicas: a "consolidação normativa da Corregedoria-Geral de justiça", em alguns tribunais chamada apenas de provimento-geral da corregedoria. Trata-se em regra de uma resolução proposta pelo corregedor e aprovada pelo colegiado do tribunal, que cuida da estrutura do órgão; das correições diversas; dos assentamentos funcionais dos juízes; do vitaliciamento; das remoções, permutas e promoções de magistrados; das férias e licenças; da organização dos trabalhos nas varas; das rotinas cartorárias; das inspeções judiciais e dos serviços administrativos das seções e subseções judiciárias. Enfim, é o manual do juiz federal.

3.2. As correições ordinárias

Um dos assuntos mais importantes tratados por essa normatização é a realização das correições ordinárias, que geralmente são **bienais**[52]. A correição é um trabalho similar, até certo ponto, à inspeção: é o período de alguns dias durante os quais os trabalhos da vara são aferidos, realizando-se varredura nos processos, livros e rotinas da vara, entre outros, a fim de se constatar se as normas do tribunal e as processuais estão sendo respeitadas. Porém, a correição não é feita pelo juiz, mas pelo corregedor do TRF e sua equipe.

A corregedoria, com bastante antecedência, divulga a escala das correições, que é publicada oficialmente. Há, assim como vimos na inspeção, a publicação de editais, a requisição de processos que estejam com vista e a realização de solenidade oficial de abertura da correição ordinária.

Pode ser que a correição seja eletrônica, sem a presença física da equipe do tribunal. O TRF da 2ª Região prevê[53], por exemplo, que as correições ordinárias serão promovidas em duas modalidades, presencial, realizada no local em que instalado o órgão correicionado, mediante a atuação de equipe própria da Corregedoria-Regional, e, eletrônica, realizada na sede da Corregedoria-Regional, exclusivamente mediante o levantamento de informações e de dados estatísticos referentes a cada órgão correicionado. A tendência, diante do crescimento rápido da Justiça Federal e da implantação do processo eletrônico, é que as cor-

---

52 O art. 6º, inciso VII, da Lei n. 5.010/1966 fala em correições bienais. Embora a referência seja ao trabalho do Conselho da Justiça Federal, deve-se ter em mente que a referida lei foi editada antes da criação dos tribunais regionais federais, que herdaram muitas normas e atribuições do CJF da época. Por outro lado, a Resolução CJF n. 49/2009 também fala em intervalo máximo de dois anos entre as correições.

53 Art. 38 da Consolidação de Normas da Corregedoria-Regional da Justiça Federal da 2ª Região – Provimento n. 11/2011.

CAPÍTULO VII - CONTROLE E FISCALIZAÇÃO ADMINISTRATIVA

reições sejam feitas de forma mais constante e à distância, às vezes com a visita física de uma equipe pequena da corregedoria apenas para verificar as questões que não podem ser fiscalizadas à distância.

Os pontos a serem vistoriados variam de acordo com cada tribunal, mas em geral a equipe da corregedoria tem as seguintes tarefas, conforme exemplo do TRF da 2ª Região[54]:

I – verificar *in loco* os procedimentos adotados pela unidade correicionada, conforme roteiro prévio padronizado estabelecido pelo Corregedor-Regional;

II – proceder à análise das situações verificadas durante o período de correição, podendo, para tanto, consultar processos, examinar livros, pastas, documentos e arquivos, solicitar informações e esclarecimentos aos magistrados e servidores e acompanhar a realização de atos judiciais e cartorários;

III – proceder a verificações diversas daquelas estabelecidas no roteiro padronizado, desde que diretamente relacionadas aos propósitos da correição, descrevendo-as em seu relatório;

IV – lavrar ata de instalação dos trabalhos de correição in loco, que deverá ser subscrita por todos os presentes;

V – requerer, prévia ou posteriormente ao período de correição, mediante ofício ou comunicação eletrônica, informações e documentos à unidade correicionada, visando instruir o respectivo procedimento;

VI – registrar eventuais manifestações de partes, advogados, procuradores e membros do Ministério Público Federal;

VII – afixar nos balcões de atendimento, saguões, elevadores e outros locais de acesso ao público, cartazes indicando a realização da correição;

VIII – solicitar a elaboração de relatórios, pesquisas e análises estatísticas para instruir, inclusive previamente, os trabalhos correicionais;

IX – propor ao Corregedor-Regional modificações no roteiro padronizado de verificações e na regulamentação que disciplina as correições, conforme as necessidades apuradas ao longo dos trabalhos correicionais;

X– elaborar relatório complementar ou prestar informações adicionais, quando solicitadas pelo Corregedor-Regional;

XI – minutar ofícios e comunicações necessárias à realização dos trabalhos correicionais;

XII – consultar relatórios anteriores de correições ou inspeções do juízo correicionado, juntando-os, quando necessário, ao processo de correição;

XIII – consultar procedimentos instaurados pela Corregedoria-Regional relativos à unidade correicionada, especialmente perante a Ouvidoria, dependendo de prévia anuência do Corregedor-Regional no caso de processos de natureza disciplinar.

---

54   Idem, art. 39.

São verificados vários processos do acervo da vara, de acordo com a seleção pré-determinada pela corregedoria. Embora a correição seja um **trabalho administrativo**, não interferindo no livre convencimento do juiz no que diz respeito à sua atuação jurisdicional, conforme já registrado, os processos são verificados quanto à regularidade de sua tramitação, bem como ao cumprimento de atribuições previstas em leis ou atos normativos. Assim, embora o corregedor não possa determinar que o juiz decida desta ou daquela maneira, ele pode determinar, inclusive com registro nos autos, que seja dado cumprimento a uma diligência que já deveria ter sido cumprida meses antes, por exemplo. Em síntese, no que toca aos processos, verificam-se seus aspectos formais e seu desenvolvimento.

Diferentemente das inspeções, as correições são feitas de forma conjunta e concomitante nas diversas varas da seção ou subseção judiciária. Além disso, nesse período, as atividades forenses continuam a se desenvolver normalmente, sem suspensão de prazos ou atendimento ao jurisdicionado.

As unidades submetidas à correição devem disponibilizar toda a estrutura de apoio e instalações necessárias à atuação da equipe de servidores da corregedoria.

Ao final de cada correição ordinária, presencial ou eletrônica, conforme prescrevem as normas do TRF da 2ª Região, que encontram paralelo em praticamente todos os tribunais, é elaborado um relatório, que é encaminhado ao órgão competente do Tribunal Regional Federal, para apreciação por seus membros, com prévia apresentação das conclusões do corregedor, que, mediante avaliação crítica, indicará, inclusive, as medidas e ações porventura recomendadas, adotadas ou a serem adotadas, para o aprimoramento da atividade jurisdicional dos órgãos objeto das correições. Da decisão final, será dada ciência aos magistrados responsáveis pelo órgão correicionado.

Em regra, a correição representa o momento de contato direto do juiz com o corregedor. Muitos magistrados ficam receosos e apreensivos com a realização da correição, mas o intuito principal dos tribunais não é promover uma caça às bruxas. Ao contrário: a correição tem como papel primordial verificar a realidade da vara ou da unidade, com o fim de melhor orientar os magistrados na realização de seu trabalho. O juiz que é diligente no respeito às normas procedimentais do tribunal, que administra bem a vara e cumpre com probidade as atribuições do seu cargo, não precisa e nem deve temer a atividade da corregedoria. Como ninguém é perfeito, pode-se esperar no relatório da correição o destaque a falhas na vara, mas isso é normal em qualquer instituição e trabalho, configurando-se imprescindível a subsunção às determinações da equipe correicional, de modo a corrigir eventuais falhas ou omissões e a implantar as orientações para aprimoramento dos serviços cartorários.

290

3.3. As correições extraordinárias

As correições extraordinárias são realizadas em decorrência de **indicadores, informações, reclamações ou denúncias que apontem para a existência de situações especiais de interesse público** que as justifiquem, ou em decorrência de fundadas suspeitas ou reclamações que indiquem prática de erros, omissões ou abusos que prejudiquem a prestação jurisdicional, a disciplina judiciária, o prestígio da Justiça Federal ou o regular funcionamento dos serviços de administração da justiça em determinada vara, subseção ou seção judiciária. Poderá, ainda, o corregedor determinar a realização de correição extraordinária quando verificar que não foram seguidas as recomendações e orientações dadas por ocasião da correição ordinária.

Tratando-se de um problema específico, a forma e as justificativas da correição extraordinária devem ser claras e expressas. Em geral, a correição extraordinária será determinada por portaria fundamentada e circunstanciada do corregedor, contendo pelo menos: (a) a indicação precisa da unidade a ser correicionada e o período da correição; (b) a indicação da autoridade ou órgão que determinou a realização da correição extraordinária; (c) a indicação da autoridade correicional que a realizará, bem como a designação dos magistrados e servidores que integrarão a comissão; (d) os motivos relevantes e a especificação das situações especiais de interesse público que a justifiquem; (e) os elementos de suspeita ou convicção que apontam a necessidade de sua realização; (f) as providências determinadas aos juízes e servidores da unidade a ser correicionada; (g) as demais providências que houverem de ser determinadas para a realização e eficiência dos trabalhos.

Diante da gravidade dos fatos que justificam esse procedimento extremo, os tribunais geralmente prescrevem que, havendo relevantes e declarados motivos de interesse público, a correição extraordinária **poderá ser designada em sigilo**, sem comunicação prévia aos juízes, servidores e interessados, desde que o sigilo seja expressa e previamente autorizado pelo tribunal ou seu órgão especial, em decisão fundamentada. Assim, o juiz pode ser surpreendido com a chegada da equipe da corregedoria para um trabalho de correição extraordinária. Mas, essa é uma ocorrência rara nos tribunais. Isso porque geralmente os problemas já são esclarecidos por meio de troca de ofícios entre o juiz da vara e o corregedor, bem como por meio das correições ordinárias ou, ainda, de algum procedimento simplificado de investigação.

3.4. As corregedorias e a fiscalização disciplinar

Diz a Resolução CNJ n. 135/2009:

> Art. 8º O Corregedor, no caso de magistrados de primeiro grau, o Presidente ou outro membro competente do Tribunal, nos demais casos, quando tiver ciência de irregularidade, é obrigado a promover a apuração imediata

dos fatos, observados os termos desta Resolução e, no que não conflitar com esta, do Regimento Interno respectivo.[55]

Parágrafo único. Se da apuração em qualquer procedimento ou processo administrativo resultar a verificação de falta ou infração atribuída a magistrado, será determinada, pela autoridade competente, a instauração de sindicância ou proposta, diretamente, ao Tribunal, a instauração de processo administrativo disciplinar, observado, neste caso, o art. 14, caput, desta Resolução.

É de se destacar, conforme já dito, que as corregedorias não têm mais competência para aplicar penas disciplinares a magistrados, conforme interpretação do art. 93, inciso X, da Constituição Federal. Não podem nem mesmo instaurar processo administrativo disciplinar. Mas podem instaurar investigações preliminares e abrir sindicâncias, como consta do dispositivo transcrito da Resolução CNJ n. 135/2009. São procedimentos que, em relação aos magistrados, podem levar à proposta de abertura de processo disciplinar perante o plenário ou órgão especial do tribunal.

Diz a norma do CNJ que a notícia de irregularidade praticada por magistrados poderá ser feita por toda e qualquer pessoa, exigindo-se formulação por escrito, com confirmação da autenticidade, a identificação e o endereço do denunciante. Identificados os fatos, o magistrado será notificado a fim de, no prazo de cinco dias, prestar informações. Quando o fato narrado não configurar infração disciplinar ou ilícito penal, o procedimento será arquivado de plano pelo corregedor. Caso contrário, pode ser aberta sindicância (se prevista nas normas do tribunal) ou ser proposta diretamente a abertura do processo disciplinar. A sindicância é um procedimento da corregedoria mais formal do que a simples investigação preliminar, devendo ser facultado ao magistrado sindicado o seu acompanhamento[56].

Sobre o regime disciplinar dos magistrados, são feitas considerações mais aprofundadas em capítulo próprio.

No âmbito disciplinar dos servidores, a corregedoria tem um papel mais voltado para a investigação dos fatos, mas em alguns casos é competente in-

---

55 Referendo nda medida cautelar na ADI 4638: " ...em relação ao artigo 008º e ao artigo 009º, caput e §§ 002º e 003º, o Tribunal referendou a decisão liminar para dar interpretação conforme no sentido de, onde conste presidente ou corregedor, ler-se órgão competente do Tribunal. Destaca-se no relatório os argumentos posteriores referendados pela Corte Constitucionail: "No tocante aos artigos 8º e 9º, ressalta a distinção desarrazoada entre os juízes, pois os de 1º grau serão processados pelo Corregedor e os demais pela Presidência. Argui a invasão da competência regimental dos tribunais e aduz não existir justificativa para atribuir à Presidência função típica da Corregedoria. Faz referência ao julgamento da medida acauteladora na Ação Direta de Inconstitucionalidade nº 1.105, relator Ministro Paulo Brossard, acórdão publicado em 27 de abril de 2001, quando o Supremo consignou ser privativa dos tribunais a definição da competência dos respectivos órgãos fracionários." (...)

56 Art. 11 da Resolução CNJ n. 135/2009.

CAPÍTULO VII - CONTROLE E FISCALIZAÇÃO ADMINISTRATIVA

clusive para a aplicação das penalidades. Como sempre, as normas internas do tribunal é que dirão qual é a atribuição do órgão em relação ao corpo funcional. No caso do TRF da 1ª Região, por exemplo, penalidades simples são aplicadas pelo diretor do foro da seção judiciária[57]. Já as penas de demissão e cassação de aposentadoria são de competência do Conselho de Administração, um órgão específico do tribunal[58]. A participação da corregedoria se concentra, então, principalmente nas sindicâncias de casos mais graves. Já o regimento interno do TRF da 4ª Região diz que é competência do presidente da corte aplicar penalidades disciplinares aos servidores do tribunal, bem como as de demissão, de cassação de aposentadoria ou de disponibilidade aos servidores da Justiça Federal de Primeiro Grau, nas hipóteses do art. 141, inciso I, da Lei 8112/90[59]. Por outro lado, cabe ao corregedor impor as penalidades de advertência e suspensão, até trinta dias, aos servidores da Justiça Federal de Primeira Instância, sem prejuízo da competência dos juízes federais e do diretor do foro[60].

Para o juiz federal, o importante é conhecer detalhadamente o que as normas do tribunal dizem a respeito das infrações disciplinares cometidas pelos servidores lotados em sua vara, para identificar a providência a ser tomada. Em alguns casos, caberá a abertura de investigação pelo próprio juiz. Em outros, a comunicação dos fatos ao diretor do foro ou à corregedoria. Já para o juiz na direção do foro da seção, as responsabilidades geralmente são maiores e alcançam a aplicação de penalidades mais simples, como visto nos exemplos dados. Nesse caso, o juiz deve atentar para todos os detalhes do processo disciplinar previstos na Lei n. 8.112/1990, que rege os servidores públicos civis da União Federal.

4. SISTEMA DE CONTROLE INTERNO DA JUSTIÇA FEDERAL

A Resolução CJF n. 85/2009 tratou do Sistema de Controle Interno da Justiça Federal, que tem por objetivo zelar pela **gestão orçamentário-financeira e patrimonial do Conselho e da Justiça Federal** de primeiro e segundo graus sob os aspectos da legalidade, legitimidade, eficiência, eficácia e economicidade, bem como executar outros procedimentos correlatos com as funções de auditoria. Enfim, aqui estamos tratando especificamente do controle interno de que fala o art. 70 da Constituição Federal.

Nos termos da normatização do CJF, o Sistema de Controle Interno da Justiça Federal tem as seguintes finalidades: I – **avaliar** o cumprimento das metas

---

57 TRF 1, Provimento-Geral COGER, art. 57, I, "u".
58 TRF 1, Regimento Interno, art. 75, VI.
59 TRF 4, Regimento Interno, art. 23, XXVII.
60 Idem, art. 25, § 4º, "b".

293

previstas no plano plurianual e a execução dos programas de governo e dos orçamentos da União para as unidades da Justiça Federal; II – **comprovar** a legalidade e avaliar os resultados, quanto à eficácia e eficiência, da gestão orçamentária, financeira e patrimonial nas unidades da Justiça Federal; III – **apoiar** o controle externo e o Conselho Nacional de Justiça no exercício de sua missão institucional; IV – examinar as aplicações de recursos públicos alocados por entidades de direito privado.

Para o juiz federal de 1ª instância, esse é um tema cujo interesse aparece mais especificamente quando ele assume a direção da seção judiciária, pois cada seção tem seu próprio controle interno. Tais órgãos, no cumprimento de suas atribuições, têm uma série de prerrogativas, como: I – ter acesso irrestrito a registros, pessoal, informações e propriedades físicas relevantes para a execução de auditorias; II – solicitar às unidades auditadas as informações necessárias, que deverão ser prestadas, com obrigatoriedade, de forma tempestiva e completa; III – requisitar o apoio dos servidores das unidades auditadas e de assistência de especialistas e profissionais, dentro e fora da unidade, quando necessário.

Como as estruturas das seções judiciárias já estão definidas e consolidadas, o juiz federal titular do foro que assume o cargo não precisa conhecer a fundo o sistema, pois já encontrará uma estrutura em funcionamento. O mais importante é ter no controle interno um servidor de confiança, que tenha conhecimento de contabilidade pública e das rotinas orçamentárias. Logicamente, o juiz precisará se inteirar sobre o tema, começando pela leitura da própria Resolução CJF n. 85/2009, mas não precisará se aprofundar em pontos muito técnicos, pois a própria normatização prevê a possibilidade de requisição de especialistas para auxiliar no trabalho de controle interno.

CAPÍTULO VIII

QUESTÕES DE CONCURSO

(1) Juiz Federal Substituto. TRF 3ª Região. 2005.
Considere a interceptação telefônica, a quebra de sigilo bancário e a violação de correspondência e responda corretamente:
- (a) desde que precedida de autorização judicial a primeira é válida para produzir prova em qualquer processo, a segunda pode ser autorizada pelo juiz ou Ministério Público, e a terceira depende de autorização judicial apenas para fazer prova em processos criminais;
- (b) desde que precedida de autorização judicial a primeira é válida para produzir prova na instância criminal, a segunda pode ser autorizada pelo juiz, e a terceira reveste-se do caráter de absoluta ilegalidade;
- (c) a segunda é válida para produzir prova em qualquer processo se autorizada pelo juiz, a terceira pode ser autorizada pelo juiz desde que em favor da defesa, e a primeira pode ser feita pela Polícia com prévia autorização do Ministério Público e presidida pelo juiz;
- (d) podem sempre ser deferidas pelo Judiciário desde que em favor do interesse público.

(2) Juiz Federal Substituto. TRF 3ª Região. 2006.
Leia os enunciados relativos à interceptação de comunicações telefônicas:
I - Tratando-se de meio extraordinário de investigação e de prova, a autorização legal está restrita aos delitos mais graves, punidos com pena de reclusão superior a dois anos;
II - A lei prevê incidente voltado à inutilização das gravações que não interessarem à prova dos autos, inclusive a requerimento da pessoa interessada;
III - O procedimento, autuado em apartado, será apensado aos autos do processo em curso, quando da conclusão ao juiz nos termos do art. 502 do Código de Processo Penal, isto é, após alegações finais;
IV - Nos termos da lei, a autorização judicial, por decisão fundamentada, não poderá exceder o prazo de quinze dias;
V - A interceptação será determinada pelo juiz, de ofício ou mediante requerimento, verbal ou escrito;
VI - A gravação da comunicação interceptada é indispensável.
Assinale a alternativa correta:
- (a) todas as alternativas estão corretas;
- (b) apenas três alternativas estão incorretas;
- (c) apenas duas alternativas estão corretas;
- (d) apenas duas alternativas estão incorretas.

295

(3) Juiz Federal Substituto. TRF 1ª Região. 2012. (Cespe – UnB)

Em relação ao afastamento do sigilo fiscal, bancário e de dados, bem como à interceptação das comunicações telefônicas, assinale a opção correta.

(a) A autoridade policial, ao verificar que da gravação da interceptação telefônica permitida judicialmente constem partes que não interessam diretamente à prova dos fatos sob investigação, bem como intimidades da vida privada da pessoa sobre a qual recai a medida cautelar, está autorizada pela lei de regência a inutilizar as referidas partes da gravação, durante o inquérito, devendo comunicar o incidente ao MP.

(b) Admite-se, na forma da legislação de regência, o afastamento de sigilo bancário por comissão de inquérito administrativo destinada a apurar responsabilidade de servidor público, por infração praticada no exercício de suas atribuições ou que tenha relação com as atribuições do cargo, mediante prévia autorização do Poder Judiciário, independentemente da existência de processo judicial em curso, constituindo a violação do sigilo das operações de instituições financeiras delito de competência da justiça federal.

(c) A lei que disciplina o sigilo das operações de instituições financeiras assegura que a quebra de sigilo pode ser decretada quando necessária para apuração de ocorrência de qualquer ilícito, em qualquer fase do inquérito ou do processo judicial, impondo-se às instituições financeiras o dever de informar, mensalmente, ao órgão de fiscalização tributária da União, as operações financeiras efetuadas pelos usuários de seus serviços e cujo montante global movimentado ultrapasse o limite previamente estabelecido, sem que se constitua ofensa ao sigilo bancário, incluindo-se as operações financeiras efetuadas pelas administrações direta e indireta da própria União, dos estados, do DF e dos municípios.

(d) Nos termos da lei que rege as interceptações telefônicas, uma vez deferido o pedido de interceptação pelo juiz competente, a autoridade policial conduzirá os procedimentos de intercepção, dando ciência ao MP, que poderá acompanhar a sua realização, e, caso ocorra a gravação da comunicação interceptada na diligência, nos termos expressos da norma, será determinada a sua transcrição, devendo a gravação da conversa ser realizada por peritos oficiais, como estabelece o CPP.

(e) Conforme jurisprudência dos tribunais superiores, é desnecessária a gravação integral dos diálogos obtidos por meio das interceptações telefônicas autorizadas judicialmente, impondo-se, entretanto, a realização de perícia de voz para a validação da prova, de modo a demonstrar que a gravação registrada pertence ao investigado ou réu, sendo esta a comprovação material da existência do delito, na forma do CPP, não se admitindo que a convicção do juiz acerca dos fatos ocorra por outro meio que não seja o exame pericial.

(4) Juiz Federal Substituto. TRF 1ª Região. 2012. (Cespe – UnB)

A respeito dos juizados especiais, assinale a opção correta.

(a) Cabe reclamação contra acórdão de turma recursal de juizado especial federal, com a finalidade de discutir contrariedade à jurisprudência do STJ.

(b) Deferida pelo juiz a produção de prova supostamente ilícita, pode a parte insurgir-se contra a decisão por meio da impetração de mandado de segurança.

(c) Compete ao juízo comum a execução das sentenças proferidas no juizado especial cível caso seja acrescido valor à condenação.

(d) É lícito a empresa pública federal promover a execução de honorários advocatícios em vara de juizado especial.

(e) Compete ao TRF respectivo o julgamento de conflito de competência instaurado entre juízo federal e juizado especial federal da mesma seção judiciária.

(5) Juiz Federal Substituto. TRF 5ª Região. 2005.

Quanto aos juizados especiais federais, é correto afirmar:

CAPÍTULO VIII - QUESTÕES DE CONCURSO

(a) a competência civil envolve causas até o valor de sessenta salários mínimos, ressalvadas, entre outras, as ações de mandado de segurança, as de desapropriação, e as por improbidade administrativa;

(b) ao juiz é defeso deferir, no curso do processo, medida cautelar;

(c) podem ser partes, como rés, a União, suas autarquias, fundações, empresas públicas federais e sociedades de economia mista;

(d) a fazenda pública dispõe de prazo em quádruplo para contestar e em dobro para recorrer.

(6) Juiz de Direito. TJ/SC. 2008.

Segundo a Lei n.º 5.624, de 9 de novembro de 1979, é INCORRETO afirmar:

(a) Que compete aos oficiais de justiça convocar pessoas idôneas que testemunhem atos de seu ofício, nos casos exigidos por lei.

(b) Que compete aos contadores glosar emolumentos, custas e salários indevidos ou excessivos.

(c) Que compete aos assistentes sociais realizar tratamento social da família de adolescente infrator.

(d) Que compete ao avaliador judicial avaliar os bens móveis, descrevendo-os e fixando-lhes, separadamente, o seu valor.

(e) Que compete aos distribuidores informar previamente ao interessado a quem deve caber o feito a ser distribuído.

(7) Analista Judiciário: executante de mandados. TRF 5ª Região. 2012 (FCC)

Aos auxiliares da justiça (peritos e intérpretes) NÃO são aplicáveis as regras previstas no Código de Processo Penal relativas a:

(a) suspeição e impedimento.

(b) prisão em flagrante.

(c) crimes de responsabilidade de funcionários públicos.

(d) exceção de incompetência.

(e) nulidades.

(8) Juiz Federal. TRF 2ª Região. 2011 (Cespe – UnB)

Com referência ao MP, à advocacia e à defensoria pública, assinale a opção correta:(a)

(a) O advogado tem imunidade profissional, não constituindo injúria, difamação ou desacato puníveis qualquer manifestação de sua parte, no exercício de sua atividade, em juízo ou fora dele.

(b) Ao MP é assegurada autonomia funcional e administrativa, cabendo ao Poder Executivo apenas propor ao Congresso Nacional a criação e a extinção dos cargos e serviços auxiliares do MP.

(c) A destituição do procurador-geral da República ocorre por iniciativa do presidente da República, precedida de autorização da maioria absoluta do Senado Federal.

(d) A Advocacia-Geral da União é chefiada pelo advogado-geral da União, cargo de nomeação pelo presidente da República, entre integrantes do órgão, com mais de trinta anos de idade, de notável saber jurídico e reputação ilibada.

(e) As defensorias públicas estaduais dispõem de autonomia funcional e administrativa, mas, sendo órgãos do Poder Executivo, cabe ao governador de estado a iniciativa de sua proposta orçamentária dentro dos limites estabelecidos na lei de diretrizes orçamentárias.

(9) Juiz Federal Substituto. TRF 2ª Região. 2013 (Cespe-UnB)

Com o retorno dos autos à vara federal, o juiz verificou que, por equívoco do TRF, o processo voltara ao juízo de origem sem que houvesse intimação do seu acórdão às partes, apesar de haver certidão de trânsito em julgado a respeito.

Nessa situação hipotética, o juiz deverá

297

(a) mandar arquivar os autos, aguardando impulso das partes ou do MP, pois não lhe cabe qualquer providência de ofício no caso, para sanear a falha do tribunal, sob pena de incorrer em usurpação de competência.

(b) intimar a parte vencedora para iniciar a execução, pois a certidão de trânsito em julgado, lavrada pelo TRF, tem fé pública, produzindo efeitos absolutos, não podendo ser retificada.

(c) intimar as partes e o MP no próprio juízo de primeiro grau, fazendo publicar o acórdão, e, se não houver a apresentação de recurso, dar início à execução.

(d) intimar as partes no próprio juízo de primeiro grau, fazendo publicar o acórdão, e, se for apresentado recurso, encaminhar os autos ao TRF com as peças recursais apresentadas, para intimação do MP e juízo de admissibilidade recursal.

(e) devolver os autos ao TRF, apontando, no despacho, o erro ocorrido quanto à falta de intimação, para que o próprio TRF adote as providências relativas à publicação do acórdão e à intimação das partes e do MP.

(10) Juiz Federal Substituto. TRF 4ª Região. 2012
Dadas as assertivas abaixo, assinale a alternativa correta.

I. Segundo jurisprudência dominante do Superior Tribunal de Justiça, do ato judicial proferido no âmbito do incidente de liquidação que extingue o próprio processo, determinando o arquivamento dos autos, é cabível o recurso de agravo de instrumento.

II. Segundo jurisprudência dominante do Superior Tribunal de Justiça, se a sentença extinguiu o processo sem resolução de mérito, não pode o Tribunal, julgando a apelação aí interposta, decidir o mérito, uma vez afastada a causa que determinou a extinção do processo em primeiro grau.

III. Segundo jurisprudência dominante do Superior Tribunal de Justiça, havendo litisconsortes com diferentes procuradores no processo de conhecimento, o prazo para recorrer é dobrado, ainda que somente um possua interesse processual em recorrer da decisão.

IV. Segundo a Lei nº 11.419/2006, que dispõe sobre a informatização do processo judicial, a arguição de falsidade de documento original, transmitido em processo eletrônico, será processada em meio físico.

(a) Está correta apenas a assertiva III.

(b) Está correta apenas a assertiva IV.

(c) Estão corretas apenas as assertivas I e II.

(d) Estão corretas apenas as assertivas II, III e IV.

(e) Nenhuma assertiva está correta.

GABARITO									
01	02	03	04	05	06	07	08	09	10
B	D	B	D	A	E	D	C	E	E

PARTE III

A ATIVIDADE JURISDICIONAL DO MAGISTRADO

CAPÍTULO I

OS DESPACHOS E A CONDUÇÃO DO PROCESSO

Se existe o ditado de que a jurisdição é inerte, agindo apenas mediante rovocação, a realidade deixa bem claro que **o juiz é o principal responsável ela condução do processo**. É ele que, após o ajuizamento da inicial, provoca s partes para que movimentem o processo, cuidando também para que a secretaria dê a devida condução ao caso. Mesmo o advento da Lei 13.105/2015, ue traz consigo expressivas mudanças de paradigma no tocante às relações atraprocessuais, é capaz de alterar esse fato. Permanece preponderante o papel o julgador, que garante "paridade de armas" e efetiva a condução processual egundo princípios éticos e equânimes.

O Código de Processo Civil diz que os pronunciamentos do juiz consistirão m **sentenças, decisões interlocutórias e despachos**. Estes últimos são como batuta do maestro, coordenando os participantes da orquestra e dando o ritao à música. Se as decisões e a sentença dão o direcionamento à causa no que ange ao direito material e processual, os despachos a empurram adiante. Tanto assim que se costuma falar em *despacho de mero expediente*, ligando-se o terao *expediente* a *expedir*, ou seja, fazer partir, mandar, enviar.

Os juízes federais contam, em geral, com uma secretaria formada por cerca e dez servidores, além da assessoria direta e do diretor da vara. Esse corpo de ervidores é o grande responsável por preparar minutas de despachos para os aízes, seja a partir de modelos pré-existentes, seja a partir de modelos criados elo próprio magistrado. Às vezes, os despachos representam ordens simples: ntime-se o advogado do réu a, no prazo de cinco dias úteis, indicar as provas

301

que pretende ver produzidas". Em outros casos, especialmente naqueles em que o juiz vislumbra a possibilidade de agilizar o processo, podem tratar de diversos procedimentos ao mesmo tempo.

Vejamos um exemplo relacionado à execução fiscal:

DESPACHO

Observo que a petição inicial merece trânsito, em face da regra do art. 6º da Lei n. 6.830, de 22-09-80, pelo que determino:

I) CITE-SE a parte executada, no(s) endereço(s) acima descrito(s), nos termos do artigo 8º, inciso I, da Lei n. 6.830, de 22 de setembro de 1980, combinado com o artigo 248 do CPC/2015, para, no prazo de 5 (cinco) dias, pagar a dívida com juros, multa de mora e encargos indicados na Certidão de Dívida Ativa – honorários advocatícios abrangidos pelo encargo de 20% (vinte por cento), conforme Decreto-Lei 1.025/69 – petição e documentos que acompanham por cópia o presente, acrescida das custas judiciais, ou garantir a execução através de:

1 – depósito em dinheiro, à ordem deste Juízo, na Caixa Econômica Federal – CEF, com correção monetária (art. 32, § 1º da Lei n.º 6.830/80);

2 – oferecimento de fiança bancária;

3 – nomeação de bens à penhora, respeitada a ordem constante do art. 11 da Lei n.º 6.830/80; ou

4 – indicação de bens à penhora, oferecidos por terceiros, desde que aceitos pelo(a) Exequente.

II) penhora, caso não seja paga a dívida nem garantida a execução por depósito;

III) avaliação dos bens penhorados;

IV) registro da penhora, observado o disposto no art. 14 da mencionada lei;

V) arresto, se a parte executada não tiver domicílio ou dele se ocultar.

Atento à economia e à celeridade processuais, proceda a Secretaria aos atos ordinatórios a seguir relacionados, guardadas as peculiaridades específicas:

1) No caso de pagamento, intimar-se-á a parte exequente a falar sobre sua regularidade;

2) Em comparecendo a parte devedora a Juízo para efetuar o depósito ou nomear bens à penhora, intime-se a parte credora; em havendo aquiescência quanto à penhora, lavre-se o termo; em sendo localizada a parte devedora, sem indicação de bens à penhora, proceda-se ao arresto eletrônico, nos termos do art. 854 do CPC/2015.

3) Em sendo devolvido sem cumprimento (com exceção da ausência ou recusa da parte devedora), intime-se a parte exequente. Em não havendo manifestação da parte credora, a execução ficará suspensa, pelo prazo de 01 (um) ano, de acordo com o que estabelece o artigo 40 da LEF.

4) A frustração da citação/intimação por deficiência ou falha de endereço autoriza, desde já, consulta aos diversos sistemas, internos e externos, como ORACLE e BACEN JUD, autorização que se estende à parte-exequente para verificação de cadastros restritivos a crédito, como SPC e SERASA, empresas fornecedoras de energia elétrica, água e de tratamento de esgotos, com posterior reprodução nos autos, excepcionados os registros

---

CAPÍTULO I - OS DESPACHOS E A CONDUÇÃO DO PROCESSO

eleitorais no TRE, TSE, juízes e cartórios, cujas respostas, em vista da histórica desatualização cadastral, têm sido quase sempre infrutíferas;

5) Em ocorrendo a garantia do Juízo, sem a oposição de embargos, intime-se a parte exequente, na forma do artigo 18 da Lei n. 6.830/80;

6) Caso o Oficial de Justiça certifique a não localização da parte devedora ou a ausência de bens penhoráveis, intime-se a parte exequente.

7) Realizada a constrição, avaliado o(s) bem(s) e aperfeiçoada a intimação das partes, proceda-se à hasta, na forma dos artigos 22 a 24 da LEF e 879 e seg. do CPC/2015;

8) Acaso realizado bloqueio de valor inferior a R$ 100,00 (cem reais), proceda-se ao seu imediato desbloqueio;

9) Frustradas as tentativas de venda, renove-se a conclusão.

Local e data

Juiz Federal

Há várias tarefas que podem ser praticadas pela própria secretaria, mediante delegação do juiz, conforme já foi visto anteriormente. Mas, mesmo em relação àquelas que não são delegáveis, é importante que o magistrado confie em seu quadro de servidores para a preparação das minutas, sob pena de não ser possível atender à demanda jurisdicional.

O ideal, especialmente quando o juiz federal assume seu cargo, é contar com o arquivo de despachos já existente em toda secretaria de vara. Aos poucos, cabe ao magistrado fazer as alterações pontuais de estilo e de condução processual nesses despachos, de maneira que se imprima à causa o ritmo por ele definido.

CAPÍTULO II

AS DECISÕES

1. INTRODUÇÃO

Há certa confusão entre o que configura uma decisão e o que é um despacho. Segundo o Código de Processo Civil, **decisão** é todo pronunciamento Judicial que não ponha fim à fase cognitiva do procedimento comum ou não encerre a execução (art. 203, § 2º). Essa questão pode ser relativa tanto ao direito material quanto ao direito processual. Se o juiz defere ou indefere pedido de uma das partes, antes da sentença, tem-se então uma decisão. Como visto, despachar significa tão somente colocar o processo adiante, sem conteúdo decisório. A decisão pode até fazer o mesmo, ou seja, impulsionar o processo para uma nova etapa. Porém, isso é feito a partir da escolha de dois ou mais caminhos diferentes, ao contrário do que acontece com o despacho, que impulsiona a causa em uma direção pré-determinada pelas leis processuais ou pelo magistrado em decisão anterior.

Por direcionarem o andamento do processo, a relevância processual das decisões é inequívoca. Em geral, relacionam-se com dois pontos principais: produção de **provas** e antecipação/proteção do **mérito**. No primeiro caso, o juiz decide o que é necessário para instruir a causa e formar sua convicção, principalmente a partir de provocação das partes envolvidas. No segundo caso, ele decide algum provimento liminar destinado a preservar a eficácia de sua posterior sentença ou, como é cada vez mais comum, antecipa o direito pleiteado na própria sentença. Há também decisões que envolvem pedidos de justiça gratuita, de suspeição ou impedimento do juiz, incompetência, participação de terceiros na causa (denunciação da lide, oposição, nomeação à autoria, assistência, chamamento ao processo), enfim, são inúmeras as questões a serem resolvidas pelo magistrado por meio de decisões interlocutórias ou em processos incidentes. Porém, a produção de provas e a antecipação/proteção do mérito tomam relevo especial, vez que rotineiras na atividade jurisdicional.

Em relação às decisões que resolvem a instrução do processo, é importante que o juiz encontre o **equilíbrio** perfeito entre o direito das partes de instruir a causa, resguardando-se assim a ampla defesa e o contraditório, e a celeridade processual, que requer do magistrado o indeferimento de provas que se mostrem apenas protelatórias.

Relevante destacar que a entrada em vigor do novo Código de Processo Civil trouxe consigo importantes inovações sobre o tema, a exemplo da possibilidade de julgamento antecipado parcial do mérito, de autêntico conteúdo decisório, impugnável por agravo de instrumento (art. 356), e da nova conformação dada à decisão saneadora, em que o magistrado deverá: "I - resolver as questões processuais pendentes, se houver; II - delimitar as questões de fato sobre as quais recairá a atividade probatória, especificando os meios de prova admitidos; III - definir a distribuição do ônus da prova, observado o art. 373; IV - delimitar as questões de direito relevantes para a decisão do mérito; V - designar, se necessário, audiência de instrução e julgamento." (art. 357).

Quanto à forma das decisões, não há um padrão específico. Se o tema tratado for complexo ou amplo, como no caso de saneamento do processo em que são decididas todas as preliminares, pode-se fazer um rápido relatório. Porém, esse relatório costuma ser deixado de lado quando se trata de decisões mais simples. O importante é, assim como acontece nas sentenças, evitar que o comando judicial fique aquém, além ou diverso do pedido.

2. DECISÃO EM TUTELAS PROVISÓRIAS

O CPC/2015 traz significativas inovações no tocante ao tema "tutelas provisórias", que se organiza a partir do art. 294. No intuito de conferir instrumentalidade e rapidez ao processo, percebe-se, de plano, rompimento com a anterior conformação atribuída aos ritos processuais. Apesar de logicamente manter o caráter de proteção jurisdicional concedida em cognição sumária, cujo juízo se fixa em razão da probabilidade do direito vindicado, supera-se a tradicional terminologia quanto a liminares e antecipação de tutela, elegendo-se as inéditas tutelas de urgência ou de evidência. Soterra-se, igualmente, o consolidado enfoque relativo ao preenchimento dos pressupostos perigo de demora, fumaça do bom direito ou verossimilhança das alegações.

Nesse contexto, o esquadrinhamento do texto legislativo demonstra a natureza genérica do conceito "tutelas provisórias", do qual as tutelas de urgência ou evidência surgem como espécies. Por questões didáticas, recomenda-se análise da matéria a partir dos seguintes enfoques: a) objeto; b) causa; c) fase.

CAPÍTULO II - AS DECISÕES

No que se refere ao objeto, relacionado à natureza do direito a ser provisionado em juízo não exauriente, o CPC divide as tutelas em cautelares ou satisfativas. Nesse ponto, a distinção é clássica: se o que se busca é antecipar a pretensão final, a tutela tem natureza satisfativa; se contrariamente, a pretensão é no sentido de resguardar o direito para que não pereça, a tutela tem autêntica natureza acautelatória.

Destaque-se, nesse ponto, o caráter exemplificativo do rol de tutelas cautelares descrito no art. 301 do CPC/2015, já que, autorizado pelo poder geral de cautela, não extinto pelo novo Estatuto, o magistrado, no intuito de resguardar o direito em Juízo, pode conceder qualquer medida acautelatória, desde que requerida.

Assim, o exame das normas de referência denota não haver mais distinção procedimental com relação às tutelas cautelares e satisfativas, que se diferenciam, exclusivamente, pela capacidade de estabilização conferida às cautelares de natureza antecedente (art. 304 do CPC/2015).

Sob o prisma causal, exigidos certos pressupostos, o legislador as nomeia como: a) de urgência; b) de evidência.

Para a tutela de urgência, exige-se demonstração dos requisitos perigo e probabilidade. Importa destacar que o perigo se relaciona à ameaça de dano, de risco ao resultado útil do processo, como expresso no art. 303, mas, também, traz como pressuposto a existência de ilícito, como descreve o art. 497, parágrafo único.[61]

No tocante a essa última condição (ilícito), observe-se, o legislador processual dispensou demonstração relativa à ocorrência de dano, bastando, portanto, a prova do ilícito, havido ou na iminência de ocorrer. O dano, portanto, é absolutamente irrelevante, importando apenas se houver pedido direcionado a eventuais ressarcimentos.

Para a evidência, exige-se, exclusivamente, a demonstração da probabilidade do direito postulado. O direito do autor configura-se tão manifesto que sua realização se efetiva imediatamente, mesmo que não haja perigo algum de perecimento. O enquadramento, portanto, decorre da dispensa do preenchimento do requisito urgência. Sempre que ocorrer, está-se diante da tutela de evidência. Por decorrência lógica, uma vez que não se requer a demonstração de urgência, será sempre satisfativa.

Como se lastreia em alta probabilidade, a exemplo de quando as alegações de fato puderem ser comprovadas apenas documentalmente e houver tese firmada em julgamento de casos repetitivos ou em súmula vinculante (inciso II do

---

61 Art. 497. Na ação que tenha por objeto a prestação de fazer ou de não fazer, o juiz, se procedente o pedido, concederá a tutela específica ou determinará providências que assegurem a obtenção de tutela pelo resultado prático equivalente.
Parágrafo único. Para a concessão da tutela específica destinada a inibir a prática, a reiteração ou a continuação de um ilícito, ou a sua remoção, é irrelevante a demonstração da ocorrência de dano ou da existência de culpa ou dolo.

307

art. 311)[62], o juiz concede a tutela provisória de evidência, sem sequer ouvir o réu. Inclusive, em se tratando de hipótese contrária, autoriza-se o julgamento imediato pela improcedência do pedido.

Outro ponto de destaque encontra-se no art. 1012, §1º,V, apontado como importante novidade. Nas hipóteses em que o julgamento se embase em precedente obrigatório, concedida a tutela provisória de evidência, retira-se o efeito suspensivo da apelação.

Além das hipóteses descritas no art. 311, há várias outras tutelas de evidência autorizadas pelo ordenamento, podendo-se citar a decisão inicial nas ações monitórias, o despejo para uso nas ações locatícias, a suspensão das medidas constritivas nos embargos de terceiro, a liminar nas ações possessórias.

Com relação à fase (momento processual) em que requerida, dividiu-se o instituto em: a) incidente, quando o pedido de tutela provisória coexiste com o pedido final; b) antecedente: quando se realiza o pedido provisório, sem menção à pretensão final. Nessa parte, a tutela provisória antecedente apresenta grande similaridade com a extinta "ação cautelar", em que, uma vez concedida a medida cautelar, o interessado dispunha de 30 (trinta) dias para ajuizamento da chamada ação principal. Hoje, dispensa-se esse novo ajuizamento e a ação se completa com um simples aditamento, em que será expressa a pretensão definitiva.

Nessa parte, apresenta-se crucial a distinção entre tutela de natureza cautelar ou satisfativa, pois, caso o réu não recorra, o processo será extinto sem exame do mérito, mantendo-se os efeitos da tutela liminarmente concedida. Por conseguinte, limita-se à tutela satisfativa, pois não faria sentido acautelar-se em definitivo qualquer direito.

Esse é um dos aperfeiçoamentos que efetivamente consagram o constitucional princípio da celeridade, já que, se o réu não possuir interesse em recorrer o processo torna-se, para ele, mais econômico. Para o autor e o Judiciário, inegavelmente mais rápido, desafogando a estrutura judicial. Em garantia, o legislador processual concede à parte o prazo de 2(dois) anos para reabertura de debate, não condicionando o pedido, sequer, à motivação. Depois desse prazo a tutela se estabiliza, conforme estatuem os arts. 303 e 304. Inegável, portanto que a mudança desestimula recursos meramente protelatórios.

O domínio dessas diferenciações é imprescindível à boa condução dos trabalhos judiciais, seja para que os atos judiciais sejam entregues adequadamente

---

62 Art. 311. A tutela da evidência será concedida, independentemente da demonstração de perigo de dano ou de risco ao resultado útil do processo, quando:II - as alegações de fato puderem ser comprovada apenas documentalmente e houver tese firmada em julgamento de casos repetitivos ou em súmula vinculante;
III - se tratar de pedido reipersecutório fundado em prova documental adequada do contrato de depósito, caso em que será decretada a ordem de entrega do objeto custodiado, sob cominação de multa;

CAPÍTULO II - AS DECISÕES

seja para que assessores, nos gabinetes e nas secretarias, estejam aptos a verificar desvios e corrigi-los prontamente. Destaque-se, por exemplo, a supressão do efeito suspensivo nas tutelas de evidência concedidas em razão do art. 311, II, do CPC. O magistrado precisa encaminhar precisa orientação e fiscalizar para que as providências de praxe estejam sendo corretamente entregues.

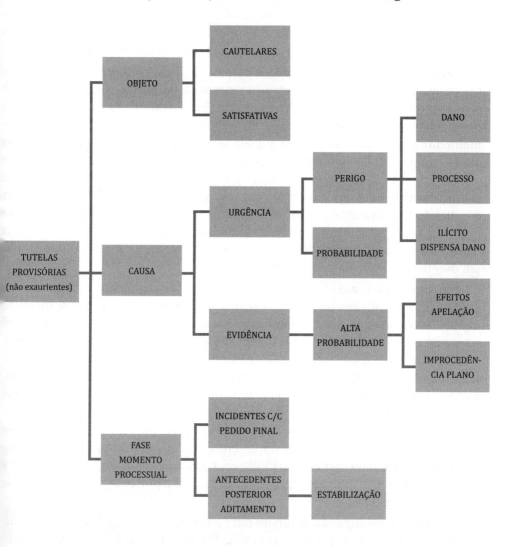

Após proferida a decisão, quais os próximos passos?

Como consequência da demora na entrega dos julgamentos pelo Judiciário, atualmente, a maior parte das petições iniciais contém pedidos direcionados à concessão de tutelas de urgência. Se esse for o caso, o juiz federal deverá instruir a secretaria a passar o processo para seu gabinete para que ele ou sua assessoria, por delegação e sob supervisão, analise o pedido.

Deferidas ou indeferidas as tutelas provisórias, os autores devem ser intimados dessa decisão. Estando o feito em ordem, determina-se também que a parte requerida seja não apenas intimada do ato, mas também citada (exceto se o procedimento não comportar citação) para apresentar sua contestação no prazo legal. O cumprimento desse ato poderá se dar por meio de um único instrumento, ou seja, de uma única carta ou mandado de citação/intimação.

Observadas as inovações trazidas pelo novo CPC, já referenciadas, em muitos casos, a urgência não se configura extrema a ponto de exigir uma decisão sem a oitiva da parte contrária. No mandado de segurança, por exemplo, o prazo de dez dias que a autoridade impetrada dispõe para prestar informações normalmente é suficiente, tanto para que ela seja ouvida quanto para que a decisão ainda seja proferida a tempo de resguardar o direito do impetrante, se for esse o caso. Porém, especialmente no âmbito da Justiça Federal, cujas ações quase sempre têm um ente público em um dos polos, se a ação correr pelo rito comum e o juiz decidir aguardar a contestação para se pronunciar sobre o pedido de urgência, provavelmente a medida será ineficaz ou a própria espera já demonstrará a ausência do perigo da demora, pois o prazo para contestar, hoje fixado em dias úteis, impõe uma significativa espera.

Em situações assim, o juiz pode intimar a parte requerida para que ela se pronuncie especificamente sobre o pedido de liminar em um prazo mais reduzido, sopesadas as peculiaridades do caso concreto. Não há previsão legal para essa oitiva, mas o juiz não é impedido de determiná-la. O que não é cabível é determinar que essas informações prestadas em caráter de urgência tomem lugar da contestação. Por isso, é recomendável que, no despacho que determinar a oitiva da parte requerida, bem como no instrumento de intimação, conste que posteriormente será feita a devida citação e aberto o prazo legal para contestação. No caso de ações especiais, como o mandado de segurança, em tese as informações já serão aquelas a que normalmente a autoridade está sujeita a apresentar. De toda forma, se o prazo concedido pelo juiz for menor do que o legalmente previsto, o prazo legal deve ser reaberto por completo, sob pena de cerceamento de defesa.

Se o processo foi para o gabinete para a decisão de um pedido de urgência, é importante que nesse momento já sejam verificados, também, os aspectos intrínsecos da petição inicial. Hoje, inclusive, com a implantação do PJE em quase todo o Judiciário, essa providência tornou-se obrigatória aos servidores de Vara responsáveis pela triagem do processo digital. Dessa forma, ao ser encaminhado ao magistrado, requisitos formais de propositura devem ter sido regularmente aferidos e corrigidos pelas Secretarias.

CAPÍTULO II - AS DECISÕES

Nessa parte, apresenta-se relevante destacar que é bastante restrita, na Justiça Federal, a possibilidade de realização da audiência conciliatória prévia, prevista no art. 334 do CPC. Isso porque, normalmente, os representantes judiciais dos respectivos entes públicos não estão autorizados a transigir. Atualmente, inclusive, a comunicação desse óbice encontra-se oficialmente registrada.

Por tais razões, o não enfrentamento do tema.

3. PEDIDOS DE RECONSIDERAÇÃO

Em geral, as **decisões interlocutórias** proferidas antes da sentença **podem ser objeto de reconsideração** por parte do juiz a qualquer momento, com ou sem provocação das partes. Vejamos primeiramente a hipótese de haver provocação.

A parte prejudicada pode pedir a reconsideração da decisão, também chamada de juízo de retratação, por meio de uma simples petição, dirigida especificamente a esse fim. Tal petição não tem força para suspender ou interromper o prazo para o recurso correto, ou seja, para o agravo de instrumento, muito menos tem força para reabrir um prazo já esgotado. Por outro lado, não há limite temporal para que a parte peticione nos autos solicitando ao juiz que reconsidere a sua decisão, a não ser, é claro, quando a sentença é proferida e se esgota a prestação jurisdicional de 1ª instância. Pode ser, por exemplo, que tenha ocorrido um fato novo meses depois da decisão e que justifique a revisão do que foi decidido anteriormente. Em outra vertente, indeferida a reconsideração, a reiteração de petições nesse sentido, sem que tenha havido fato novo, pode indicar uma tentativa da parte de protelar ou conturbar o andamento do processo, cabendo ao magistrado tomar uma atitude para impedir que isso se repita, como impor multas por litigância de má fé.

A pergunta que surge é quanto à necessidade de intimar a parte contrária sobre o mencionado pedido de reconsideração Como as decisões liminarmente exaradas podem ser concedidas sem que a parte contrária seja ouvida, conforme a urgência do caso, não se vislumbra necessidade absoluta dessa oitiva quando interposto simples pedido de reconsideração. Se o magistrado entende desde logo que não é caso de retratação de sua decisão, a desnecessidade de ouvir a outra parte se mostra ainda mais evidente.

De toda forma, **tudo depende do caso concreto**. Se o pedido foi negado *inaudita altera parte* e o requerente peticiona no sentido de ser alterada essa decisão, qual a razão de se intimar a parte contrária, se ela não participou da construção daquela decisão? Já se a parte contrária foi previamente ouvida, aquele que normalmente pede reconsideração é quem foi prejudicado, exceto nos casos de concessão parcial. Se quem pede reconsideração é o prejudicado,

311

é preciso verificar se ele traz elementos não tratados por quem se beneficiou da decisão. Um bom exemplo é o pedido de um medicamento de urgência, algo comum na Justiça Federal. Recebida a inicial, caso o juiz entenda que o pedido é pertinente e a urgência demande uma decisão imediata, ele deferirá a medida de urgência. Em muitos casos, intimada a cumprir a decisão, a União Federal atravessa uma petição nos autos pedindo a reconsideração do que foi determinado. Se os argumentos para tanto não inovarem a percepção dos fatos, não se vislumbra razão para intimar o autor para se manifestar sobre o pedido de retratação, até porque dificilmente o juiz mudará seu entendimento. Porém, há inúmeros casos em que a União Federal poderá trazer elementos fáticos importantes, como o argumento de que o autor já recebeu recentemente o medicamento pleiteado ou que há um produto similar na rede pública capaz de atender às necessidades dele. Nessa hipótese, é interessante ouvir a parte contrária para averiguar se são procedentes os novos argumentos da União.

Outra forma de se pedir reconsideração ocorre na interposição do agravo de instrumento. O recurso é interposto diretamente no tribunal, mas o CPC/2015 faculta à parte a possibilidade de juntar cópias do recurso na ação originária (art. 1.018). Apesar de não estar expresso no Estatuto Processual o pedido de retratação, a possibilidade, incorporada à prática forense, decorre da redação conferida ao §1º desse artigo 1.018. Ao magistrado, na deliberação sobre pedidos dessa natureza, caberá ponderar sobre como eventual alteração do conteúdo decisório interferirá no direito da parte contrária e é a partir dessa premissa que deverá decidir sobre a necessidade de intimação ou não dos interessados.

A alteração de decisões interlocutórias sem provocação das partes é sempre possível, seja em decorrência de alteração do cenário jurisprudencial, a exemplo da publicação de julgamentos pelas Cortes Superiores com caráter repercutente, ou em face de novos fatos, que alterem substancialmente os rumos da demanda. Afinal, o juiz é o condutor do processo, destinatário das provas e garantidor do equilíbrio processual. A ressalva, porém, é a mesma: o juiz, como condutor do processo, deve sempre garantir às partes exercício amplo de seus direitos constitucionais, obrigação, inclusive, edificada no art. 10 do novo CPC, informalmente denominada "princípio da não surpresa".

Por fim, é importante falar sobre a reforma de decisões que foram proferidas por outros juízes. O mais sensato é que, quando se substitui um colega magistrado, a reconsideração de suas decisões se faça apenas em casos extremos, nos quais a situação fática tenha mudado drasticamente e esteja justificada a intervenção do magistrado substituto.

CAPÍTULO III

PRODUÇÃO DE PROVAS E CONCILIAÇÃO

1. INTRODUÇÃO

Quem produz as provas, em geral, são as partes. Diretamente, quando juntam documentos aos autos ou as partes prestam depoimentos pessoais. Com a colaboração de terceiros, quando são ouvidas testemunhas ou realizadas perícias, por exemplo. O papel do juiz nessa fase concentra-se em deferir ou indeferir pedidos de instrução, geralmente na fase saneadora prevista no art. 357 do CPC/2015Porém, há diversas hipóteses nas quais o juiz participa diretamente da produção das provas, hipóteses que veremos a seguir em linhas gerais. Na audiência, por exemplo, cabe ao magistrado não apenas conduzi-la, mas também fazer questionamentos ao depoente. Nas perícias, um bom rol de quesitos do próprio juiz pode elucidar o caso de maneira mais fácil e direta. Nas inspeções judiciais, é o magistrado quem conduz os trabalhos e deles participa de forma crucial.

A intenção deste capítulo não é detalhar questões processuais sobre a participação do juiz na produção das provas, mas apenas narrar com essa participação acontece e sugerir, vez ou outra, algum caminho mais produtivo.

2. A REALIZAÇÃO DA AUDIÊNCIA DE INSTRUÇÃO E JULGAMENTO

A audiência é o momento em que o juiz sai do isolamento de seu gabinete e tem um contato direto com as partes, seus advogados e as testemunhas. Há magistrados que são apaixonados por esse ato processual, há outros que não gostam. Na Justiça Federal, em varas de competência cível que não são de juizados especiais, é pequena a quantidade de audiências, já que muitos dos processos tratam de questões essencialmente jurídicas e são resolvidos por meio de provas documentais, não carecendo de provas orais. Mesmo com o estabelecimento da audiência de conciliação ou mediação prévia, objeto do art. 334 do CPC/2015, o cenário não se altera, vez que, em geral, a Fazenda pública federal não concilia. Porém, as varas criminais e as de juizado especial, além daquelas de competência geral, é claro, possuem pautas extensas de audiências.

As audiências são **públicas.** É comum o juiz federal ser questionado sobre se determinada pessoa, geralmente estudante de Direito, pode assistir aos trabalhos. Tal pergunta é desnecessária, pois a publicidade é a regra geral e o juiz só deve **restringi-la** em processos que envolvem **segredo de justiça** ou em situações muito delicadas, nas quais uma oitiva aberta ao público em geral possa trazer problemas desnecessários para qualquer um dos envolvidos.

Um dos pontos mais importantes é se preparar para a audiência, lendo o processo antes e fazendo anotações sobre o caso. Essa preparação permite ao juiz fazer a audiência, qualquer que seja ela, de forma muito mais produtiva e direta, evitando, inclusive, constrangimentos que podem ser gerados pelo desconhecimento do magistrado acerca das peculiaridades do caso sob análise.

Para tornar o processo mais ágil e completo, o juiz deve utilizar os **recursos audiovisuais** sempre que a legislação permitir. Se assim não for, tem-se que reduzir a termo tudo o que é dito durante as oitivas, o que torna os trabalhos muito lentos, corta raciocínios e reduz a quantidade de perguntas que são feitas. Com a audiência gravada em meio audiovisual, o juiz consegue muito mais conteúdo em menor tempo, além de conseguir um registro mais fidedigno do que aconteceu durante o ato, inclusive quanto ao tom de voz, reação às perguntas e outros detalhes que normalmente não constam em termos escritos, mas que podem dizer muito em processos criminais, por exemplo. A utilização de sistema de gravação audiovisual é relativamente simples e, caso o processo não seja eletrônico ou o sistema não comporte o arquivamento de vídeos, pode-se gravar um CD ou DVD que será juntado aos autos ou, no caso de processos eletrônicos, ficará acautelado em secretaria. É importante, em qualquer caso, ter sempre **cópias de segurança** e **fazer constar em ata que as partes e seus advogados foram cientificados da forma de realização da audiência.**

Antes de iniciar as oitivas, é **fundamental perguntar às partes se há possibilidade de acordo**, caso o processo permita a conciliação. Na presença do juiz, seguramente imparcial, é comum que as partes fiquem mais flexíveis o acordo. Nos juizados especiais, é também comum o procurador do INSS aguardar o depoimento da parte autora e os testemunhos para se decidir pela conci-

CAPÍTULO III - PRODUÇÃO DE PROVAS E CONCILIAÇÃO

liação. Nessas hipóteses, uma boa solução é, não havendo acordo inicial, instruir o procurador a interromper as oitivas assim que ele se sentir seguro para propor o acordo.

Na esfera cível, a regra é ouvir primeiro as partes, caso exista pedido de depoimento pessoal. É o que acontece nas milhares de audiências realizadas todos os anos nos juizados especiais federais, em questões envolvendo aposentadoria rural. Ao juiz, faculta-se a possibilidade de que faça as perguntas em primeiro lugar, passando-se então a palavra ao advogado ou procurador da parte contrária. Se o caso é de depoimento de uma das partes, seu próprio advogado não faz perguntas. Nos depoimentos pessoais, não há advertência quanto à obrigatoriedade de dizer a verdade, sob pena de cometimento de crime de falso testemunho.

Se a oitiva for de testemunhas, também se autoriza ao magistrado a opção do momento em que formulará suas perguntas, sendo que, no tocante aos representantes judiciais, começa a inquirição aquele que a arrolou. É o que estabelecem os arts. 456 e 459 do CPC:

> Art. 456. O juiz inquirirá as testemunhas separada e sucessivamente, primeiro as do autor e depois as do réu, e providenciará para que uma não ouça o depoimento das outras.
>
> Parágrafo único. O juiz poderá alterar a ordem estabelecida no caput se as partes concordarem.
>
> ....
>
> Art. 459. As perguntas serão formuladas pelas partes diretamente à testemunha, começando pela que a arrolou, não admitindo o juiz aquelas que puderem induzir a resposta, não tiverem relação com as questões de fato objeto da atividade probatória ou importarem repetição de outra já respondida.
>
> § 1º O juiz poderá inquirir a testemunha tanto antes quanto depois da inquirição feita pelas partes.

O CPC também diz que as perguntas que o juiz indeferir serão obrigatoriamente transcritas no termo, se a parte o requerer (459, §3º). Nas audiências gravadas, essa transcrição não é necessária, já que tudo fica registrado.

A **ordem** das oitivas é a dada pelo CPC, no já citado caput do art. 456:: o juiz inquirirá as **testemunhas** separada e sucessivamente; primeiro as do **autor** e depois as do **réu**, providenciando para que uma não ouça o depoimento das outras. Além disso, antes de depor, a testemunha será qualificada, declarando o nome por inteiro, a profissão, a residência e o estado civil, bem como se tem relações de parentesco com a parte, ou interesse no objeto do processo. Mais uma vez, consignam-se as benesses da gravação audiovisual, pois essa qualificação poderá ser feita sem redução a termo, bastando o registro eletrônico. De

315

toda forma, sempre será necessário verificar o documento do depoente para certificar sua identidade.

Questão importante é quanto à contradita. Em geral, o magistrado inicia a oitiva pela qualificação do depoente, perguntando também se ele é parente de alguma das partes ou tem interesse na causa, conforme visto no parágrafo anterior. Nesse momento, conforme diz o art. 457,§1º, do CPC, é lícito à parte **contraditar a testemunha**, arguindo-lhe a **incapacidade**, o **impedimento** ou a **suspeição**. Se a testemunha negar os fatos que lhe são imputados, a parte poderá provar a contradita com documentos ou com testemunhas, até três, apresentadas no ato e inquiridas em separado. Sendo provados ou confessados os fatos, o juiz dispensará a testemunha ou lhe tomará o depoimento como mera informante, sem o compromisso com a verdade. Cabe ao juiz decidir, ali no ato da audiência, se realmente há algum empecilho para a oitiva da testemunha. Não havendo, consigna-se em ata esse fato e é feita a advertência quanto à necessidade de dizer a verdade. Havendo empecilho, procede-se conforme já foi dito.

É imprescindível que o juiz federal mantenha a ordem durante a audiência, evitando perguntas despropositadas ou interferências indevidas dos advogados ou de qualquer pessoa presente. Também é imprescindível que o juiz não permita consultas da parte de quem está sendo ouvido. Às vezes, trata-se de pessoa simples que, indagada sobre determinado fato, olha para o lado e faz uma pergunta para um parente ou amigo que está assistindo à audiência. Ocorre também com frequência da parte autora, já tendo sido ouvida, tentar auxiliar a testemunha quando esta estiver sendo questionada. Vale o bom senso e a boa educação do magistrado, esclarecendo que não é permitido interferir no depoimento. Se, ainda assim, houver insistência na interferência, a solução é determinar que a pessoa se retire da sala.

Na esfera **penal,** o rito comum determina que as **testemunhas** sejam ouvidas em primeiro lugar, antes do réu, sendo as de **acusação** ouvidas antes das de **defesa**. Como na esfera cível, as perguntas são feitas inicialmente pelos advogados e procuradores, de forma direta, havendo participação do juiz apenas no caso deste entender necessário e na ordem que julgar pertinente. **Pergunta primeiro quem indicou a testemunha** ou, se for o caso de uma **testemunha comum, o procurador da república**. Em qualquer caso, cabem as mesmas observações já feitas quanto às advertências sobre dizer a verdade e as contraditas possíveis.

Quanto ao **interrogatório** criminal, deve ser sempre garantido ao réu o direito de entrevista prévia e reservada com o seu defensor, nos termos do art. 185 do Código de Processo Penal. Isso é mais relevante ainda quando o réu já está preso e chega à audiência sem ter tido um contato anterior com seu defensor.

CAPÍTULO III - PRODUÇÃO DE PROVAS E CONCILIAÇÃO

O juiz deve informar ao réu que é direito dele ficar calado e que o silêncio não será utilizado em seu desfavor na hora do julgamento. O Código de Processo Penal traz um roteiro bastante detalhado sobre o interrogatório:

> Art. 187. O interrogatório será constituído de duas partes: sobre a pessoa do acusado e sobre os fatos.
>
> § 1º Na primeira parte o interrogando será perguntado sobre a residência, meios de vida ou profissão, oportunidades sociais, lugar onde exerce a sua atividade, vida pregressa, notadamente se foi preso ou processado alguma vez e, em caso afirmativo, qual o juízo do processo, se houve suspensão condicional ou condenação, qual a pena imposta, se a cumpriu e outros dados familiares e sociais.
>
> § 2º Na segunda parte será perguntado sobre:
>
> I - ser verdadeira a acusação que lhe é feita;
>
> II - não sendo verdadeira a acusação, se tem algum motivo particular a que atribuí-la, se conhece a pessoa ou pessoas a quem deva ser imputada a prática do crime, e quais sejam, e se com elas esteve antes da prática da infração ou depois dela;
>
> III - onde estava ao tempo em que foi cometida a infração e se teve notícia desta;
>
> IV - as provas já apuradas;
>
> V - se conhece as vítimas e testemunhas já inquiridas ou por inquirir, e desde quando, e se tem o que alegar contra elas;
>
> VI - se conhece o instrumento com que foi praticada a infração, ou qualquer objeto que com esta se relacione e tenha sido apreendido;
>
> VII - todos os demais fatos e pormenores que conduzam à elucidação dos antecedentes e circunstâncias da infração;
>
> VIII - se tem algo mais a alegar em sua defesa.

São dois momentos claros e distintos. No primeiro, o réu é perguntado sobre questões estranhas aos fatos ligados ao crime do qual é acusado. Nessa fase, muitos juízes entendem que não há direito ao silêncio, já que ela cuida de questões que não podem incriminar o réu. Na etapa seguinte, muitos juízes a iniciam com a leitura da denúncia e, em seguida, questionam o réu se a acusação é verdadeira, para então passar às demais perguntas. Uma das vantagens da audiência gravada é que o réu pode contar a sua versão de forma corrida, sem cortes de raciocínio. Cabe lembrar que o art. 189 do CPP diz que se o interrogando negar a acusação, no todo ou em parte, poderá prestar esclarecimentos e indicar provas. Se confessar a autoria, será perguntado sobre os motivos e circunstâncias do fato e se outras pessoas concorreram para a infração, e quais sejam.

Depois que o juiz fizer as suas perguntas, passa-se a palavra à acusação e, em seguida, à defesa. Havendo mais de um acusado, serão interrogados separadamente, na ordem estabelecida pelo juiz.

317

Segundo o CPP, após proceder ao interrogatório, o juiz indagará das partes se restou algum fato para ser esclarecido, formulando as perguntas correspondentes se o entender pertinente e relevante.

Em síntese, esses são os cursos naturais das audiências cíveis e criminais. Aos poucos, o juiz vai aprendendo a melhor forma de conduzi-las, imprimindo seu estilo pessoal.

3. AS PERÍCIAS E OS QUESITOS DO JUIZ

A perícia normalmente é realizada quando a solução do processo depende de **conhecimentos técnicos** que vão além dos ensinamentos jurídicos. Porém, não raro as partes formulam pedidos de perícia em situações nas quais ela não é necessária, como quando se trata de um simples cálculo aritmético. Em outras hipóteses, já há laudos conclusivos nos autos de fonte isenta e é perda de tempo e dinheiro público adiar a sentença do processo por conta de uma perícia. Por fim, há casos em que a perícia é impraticável, como se dá nos pedidos de aposentadoria por trabalho em condições especiais em que o empregador é uma empresa com atividades encerradas há anos.

Essas **três hipóteses** são previstas no art. 464, §1º, do CPC, que determina ao juiz **indeferir o pedido de perícia** quando: I - a prova do fato **não depender** de conhecimento especial **de técnico;** II - for **desnecessária** em vista de outras provas produzidas; III - a verificação for **impraticável.** Não sendo essas as hipóteses, a perícia deve ser realizada, ainda que o juiz tenha conhecimentos profundos naquela área.

Quem nomeia o perito é o juiz. Aos poucos, vão sendo formados bancos de dados gerais com cadastros de profissionais e o juiz deve dar preferência a esses cadastros oficiais, inclusive como recentemente estabelece o CPC/2015 (art. 156, §1º). Escolhido o perito, as partes devem ser nomeadas para, em quinze dias, arguir eventuais impedimentos do profissional, indicar o assistente técnico e apresentar quesitos. Embora tais quesitos sejam apresentados pelas partes, isso não impede que o juiz apresente suas próprias indagações, as quais costumam ser mais diretas e produtivas para o deslinde da causa, já que o juiz direciona as perguntas para responder ao que falta para formar a sua convicção, sem perguntar mais ou menos do que o necessário. Em algumas ações repetitivas na Justiça Federal, como as que pedem medicamentos ou então benefícios previdenciários por incapacidade laboral, a atividade da secretaria fica mais ágil se o juiz já deixar um rol de quesitos prontos para cada situação.

Há alguns problemas que são enfrentados rotineiramente pelos juízes no tocante às provas periciais. O primeiro deles é a ausência de profissionais dispostos a fazer o trabalho diante dos baixos valores pagos na Justiça Federal. Deve-

CAPÍTULO III - PRODUÇÃO DE PROVAS E CONCILIAÇÃO

-se lembrar que a maioria das perícias é feita com o pagamento dos honorários a partir do orçamento da própria Justiça Federal, vez que são inúmeros os casos de gratuidade judiciária, especialmente nos juizados especiais. Por isso, os valores oficiais não são altos. Em alguns casos, especialmente em localidades menores ou mais distantes, é difícil encontrar profissionais para as perícias mais complexas. Quando o juiz encontra um profissional capaz de realizar a avaliação, é comum ele declinar do ofício alegando motivos outros, como o excesso de trabalho. Em tese, o magistrado pode averiguar se a escusa é legítima ou não, para, caso note que é ilegítima, obrigar o perito a aceitar o encargo. Porém, essa é uma situação desgastante e que só deve ser utilizada em último caso , pois o perito deve ser alguém de confiança do juiz e não se pode encontrar muita confiança em quem foi obrigado a fazer um trabalho. Havendo outro profissional da localidade, o melhor é substituir o perito.

Quanto aos valores da perícia, eles costumam ser outro problema rotineiro. Se quem arcará com os honorários for a Justiça Federal, o CJF estabelece valores mínimos e máximos e não dá para fugir disso. Porém, se as partes forem arcar com o pagamento, é possível que o perito peça um valor muito alto e a parte responsável pelo pagamento não aceite. Trata-se de mais uma situação complicada, especialmente nos casos em que uma sentença de mérito sem a perícia se mostra muito difícil. A solução? Não há. O único caminho é tentar convencer os interessados a acordarem um valor intermediário.

Sobre a obrigação pelo pagamento do *expert*, o CPC/2015 trouxe relevante modificação, estatuindo o rateio pelo pagamento dos honorários periciais quando a prova houver sido requerida por ambas as partes ou ordenada de ofício (art. 95). Segundo a redação anterior, nessas hipóteses, a prova era custeada exclusivamente pelo autor (art. 33, CPC/73).

Um terceiro problema comum é a irresignação da parte que se sentiu prejudicada com a perícia, por conta do laudo lhe ser desfavorável. Geralmente, ou é pedido uma nova perícia, com outro profissional, ou são apresentados quesitos suplementares ou pedidos de esclarecimentos. Ao juiz federal, cabe ficar bastante atento para indeferir pedidos sobre pontos já resolvidos. Por outro lado, se realmente restou algum ponto obscuro que seja necessário para o deslinde da causa, o processo deve voltar para o perito para que ele complemente seu trabalho.

Em relação ao laudo, o atual Código de Processo Civil mantém orientação no sentido de que o juiz não está adstrito a ele, podendo formar a sua convicção com outros elementos ou fatos provados nos autos. Esta a redação conferida ao art. 479: "o juiz apreciará a prova pericial de acordo com o disposto no art. 371, indicando na sentença os motivos que o levaram a considerar ou a deixar de considerar as conclusões do laudo, levando em conta o método utilizado pelo perito." Porém, especialmente nos casos de conhecimentos muito técnicos,

319

é difícil que o juiz consiga prolatar sentenças fundamentadas em argumentos contrários aos expostos no laudo pericial.

4. INSPEÇÃO JUDICIAL

Inspeções judiciais são relativamente raras na Justiça Federal. Elas servem para o juiz inspecionar pessoas ou coisas e geralmente não são requeridas quando a causa é eminentemente jurídica ou pode ser provada por outros meios.

Porém, há situações que demandam a **presença do juiz no local**. Tome-se o exemplo de uma ação na qual uma empresa requer a paralisação da duplicação de uma rodovia, sob a alegação de que o canteiro de obras está impedindo ou vai impedir a saída de seus caminhões. Fotografias podem ajudar a comprar as alegações, assim como uma perícia técnica. Mas, especialmente se o canteiro de obras já estiver instalado, uma simples visita do juiz ao local servirá para afugentar qualquer dúvida.

O CPC diz que as partes têm sempre direito a assistir à inspeção, prestando esclarecimentos e fazendo observações que reputem de interesse para a causa (art. 483, parágrafo único). Em casos excepcionais, o comando não impede que o juiz vá ao local sem comunicação às partes, para ver com seus próprios olhos o que está acontecendo. Porém, se esse for o caso, o magistrado deverá sustentar sua decisão com base em outros argumentos e provas, não podendo fazer referência à sua visita ao local. De toda forma, inspeções informais podem ajudar a compreender a questão posta em juízo.

Concluída a **diligência,** o juiz mandará lavrar **auto circunstanciado**, mencionando nele tudo quanto for útil ao julgamento da causa, segundo determina o art. 484 do CPC. Por isso, é importante que o juiz esteja acompanhado de um assessor, a quem passará as informações para que tome nota. Outra opção é realizar gravações visuais ou audiovisuais.

Em alguns casos, como nas inspeções em invasões de imóveis nas quais há um evidente clima de tensão, requisitar o acompanhamento de força policial pode garantir a segurança do magistrado. Por outro lado, pode acirrar os ânimos também. Enfim, caberá ao juiz avaliar a situação para, sempre usando o bom senso, determinar qual será a melhor maneira de fazer a inspeção.

5. A CONCILIAÇÃO

Buscar a conciliação é mais do que uma faculdade do juiz, é uma **obrigação,** já que a conciliação é a maneira mais célere e econômica de por fim a uma disputa. Promover acordos entre as partes, além de auxiliar na pacificação social, reduz os custos da máquina estatal. Por isso, sempre que for vislumbrada a pos-

CAPÍTULO III - PRODUÇÃO DE PROVAS E CONCILIAÇÃO

sibilidade, o juiz deve provocar as partes para que se manifestem por escrito ou designar uma audiência. Sempre que as partes estiverem presentes, recomenda-se indagar se não estão interessadas em por fim ao litígio por meio da composição, explicando as vantagensda composição Assim é que, em Juízo ou fora dele, as técnicas de autocomposição foram elevadas como metas primárias do Judiciário em todo o país. No sitio oficial do Conselho Nacional de Justiça, por exemplo, na parte em que se disponibiliza o portal do Sistema de Mediação Digital, destaca-se:

> Rápida, barata, eficaz e... pacífica!
>
> A Conciliação resolve tudo em um único ato, sem necessidade de produção de provas. Também é barata porque as partes evitam gastos com documentos e deslocamentos aos fóruns. E é eficaz porque as próprias partes chegam à solução dos seus conflitos, sem a imposição de um terceiro (juiz). É, ainda, pacífica por se tratar de um ato espontâneo, voluntário e de comum acordo entre as partes.

O CPC/2015, por sua vez, imantado dessa nova orientação, estabeleceu a quase obrigatória realização da fase de audiência de conciliação ou mediação (art. 334), prévia à inauguração da relação processual.

Nesse cenário, não é tão raro que as partes conciliem e incluam, inclusive, temas que estão além do que é discutido na lide inicialmente posta. Mesmo na Justiça Federal, em que as conciliações são um pouco mais restritas em razão de sérias limitações impostas aos entes públicos,, por conta do caráter de indisponibilidade de seus direitos, , é passível que tal ampliação ocorraEmbora tecnicamente o mais correto seja limitar a conciliação ao que é discutido no processo, não há problema na **homologação pelo juiz de acordo mais abrangente, desde que sobre objetos lícitos e direitos disponíveis**. Alcança-se assim a celeridade processual, a economia, evita-se uma lide futura, constitui-se um título executivo, enfim, todos os efeitos são benéficos para a prestação jurisdicional e para o erário. Se as partes querem aproveitar a audiência para se conciliarem, melhor para todos.

Essa foi também a orientação seguida pela Lei 13105/2015 que expressamente codificou:

> Art. 515. São títulos executivos judiciais, cujo cumprimento dar-se-á de acordo com os artigos previstos neste Título:
>
> II – a decisão homologatória de autocomposição judicial;
>
> § 2º **A autocomposição judicial pode envolver sujeito estranho ao processo e versar sobre relação jurídica que não tenha sido deduzida em juízo**. (sem grifos no original).

Note-se que o próprio Código de Processo Civil supera anteriores formalismos em favor da pacificação social.

321

CAPÍTULO IV

A SENTENÇA

1. INTRODUÇÃO

Todos os juízes federais passam por um concurso dificílimo que requer a redação de duas sentenças, uma cível e outra criminal. O candidato que supera essa fase certamente já possui conhecimento claro de como se redige uma sentença, carecendo apenas de um pouco de tempo para que a prática torne essa tarefa mais fácil e rápida.

Por tais razões, não cabe discorrer longamente sobre algo a que os juízes federais estão acostumados. De toda sorte, optou-se pela redação de um capítulo sobre sentenças para recordar os pontos principais dessa atividade.

2. A REDAÇÃO DA SENTENÇA

Como dito, quem é aprovado no concurso para o cargo de juiz federal já sabe redigir uma sentença. Aos poucos, cada um vai criando seu próprio estilo. De toda forma, existem alguns delineamentos básicos que não mudam de um magistrado para outro.

Embora a atividade de redigir sentenças seja exclusiva do juiz, o excesso de processos faz com que seja adotada uma rotina de **delegar aos assessores a redação de sentenças em casos já julgados pelo juiz,** nos quais sua convicção já foi formada, bem como em hipóteses simples como a extinção de uma execução fiscal pelo pagamento do débito. Redigida uma sentença pela assessoria, o processo é repassado ao juiz com a minuta impressa ou transmitida via computador, para que o magistrado a leia, analise o processo e assine a senten-

323

ça, caso esteja de acordo com o que foi proposto. Se não estiver de acordo, pode tanto determinar que sejam feitas alterações ou fazê-las ele mesmo.

Em relação a casos mais complexos ou matérias ainda não julgadas pelo juiz, em relação às quais encontra-se pendente à orientação à assessoria,, há três caminhos básicos para se lidar com a situação. Alguns juízes preferem que a assessoria faça uma pesquisa sobre o assunto e submeta uma minuta ou rascunho, já com o encaminhamento do caso. Outros preferem analisar integralmente o processo, formar a convicção e repassar seu entendimento, via oral ou por meio de um pequeno rascunho, para que a assessoria elabore uma minuta. A terceira situação mais comum é o próprio juiz analisar o processo e já redigir uma sentença que servirá de modelo para casos semelhantes.

Uma sugestão, nessas hipóteses de sentença complexa ou sem precedentes é pedir para que seja feito apenas o relatório da sentença (caso isso seja necessário) e, se for o caso, alguma pesquisa de jurisprudência. Em seguida, o juiz lê os autos e redige a fundamentação, repassando a sentença pronta para a assessoria dar seguimento ao processo. Com isso, evita-se o vai e vem do processo e também o trabalho burocrático, por parte do juiz, de fazer o relatório.

Se o magistrado for o responsável pela redação da sentença, ainda que apenas a fundamentação, o caminho mais correto e seguro é realmente **ler o processo de ponta a ponta,** anotando os pedidos do autor e cada um dos itens contestados pela outra parte. Esse rascunho permite ter uma noção exata da lide e do que está em discussão. Por outro lado, repassar todo o processo evita que se julgue novamente um ponto que já pode ter sido superado na decisão de saneamento do processo, como uma preliminar de ilegitimidade, por exemplo. Às vezes, o juiz lê a inicial, a contestação, folheia as provas e passa para a sentença, ignorando uma folha perdida lá no meio do processo na qual já foi proferida decisão resolvendo muitos pontos da lide.

Anotar tudo o que está em discussão ajuda, ainda que de forma bem resumida, a evitar sentenças omissas ou além do que foi pedido.

Quanto ao relatório da sentença, há processos, como no caso dos juizados especiais, nos quais ele é dispensado. Quando é obrigatório, a sua extensão vai depender do estilo próprio do magistrado. De toda forma, um relatório mais simplificado, que noticie tudo o que aconteceu nos autos, mas sem entrar em detalhes, é suficiente para a compreensão do que está sendo decidido.

Importa destacar que, a partir da entrada em vigor do Código de Processo Civil de 2015, o curso processual assume novo formato, no sentido de priorizar a orientação para que, no julgamento, todas as questões alheias ao mérito já tenham sido suficientemente resolvidas.

CAPÍTULO IV - A SENTENÇA

É o que se pode deduzir dos comandos relativos aos requisitos para a realização da audiência conciliatória prévia ("se a petição inicial preencher os requisitos essenciais") ou referentes aos elementos da decisão de organização do processo ("resolver as questões processuais pendentes, fáticas e jurídicas").

Ocorre que inúmeras ações já se encontram em fases instrutórias mais avançadas e outras que, por razões diversas, o exame de questões prejudiciais ou preliminares foi protraído para análise conjunta ao mérito,

Nesse cenário, a redação da parte argumentativa da sentença se inicia pelo exame dessas questões pendentes. De qualquer maneira, se

o juiz já sabe que vai rejeitar todas as preliminares, não é necessário que inicie a redação da sentença por elas. Há juízes que, diante desse panorama e para não perder a linha de raciocínio elaborada a partir da leitura dos autos que acabou de fazer, preferem redigir diretamente o mérito para, depois, voltar e acrescentar os pontos relativos às preliminares. Em todo caso, a redação final deve trazer sempre as preliminares antes do mérito, por razões óbvias e decorrentes da redação do art. 337 do CPC/2015.

Entre as questões a serem analisadas inicialmente, deve-se estabelecer uma **escala de prejudicialidade**. A primeira delas é a **incompetência** do juízo. Se o magistrado não for competente para analisar o feito, não caberá a ele dizer nada além do reconhecimento de sua incompetência. A segunda questão a ser verificada deve ser a inépcia da inicial, pois uma petição inepta torna, em alguns casos, impossível o trabalho de resolução da lide.

No cenário de que se chegou à fase de julgamento sem deliberação sobre tais questões, há uma série de temas preliminares a serem analisados, conforme determina o art. 337: I - inexistência ou nulidade da citação; II - incompetência absoluta e relativa; III - incorreção do valor da causa; IV - inépcia da petição inicial; V - perempção; VI - litispendência; VII - coisa julgada; VIII - conexão; IX - incapacidade da parte, defeito de representação ou falta de autorização; X - convenção de arbitragem; XI - ausência de legitimidade ou de interesse processual; XII - falta de caução ou de outra prestação que a lei exige como preliminar; XIII - indevida concessão do benefício de gratuidade de justiça. Superadas as preliminares e as chamadas prejudiciais do mérito, passa-se à análise do mérito propriamente dito. Nesse ponto, é muito importante fundamentar o que vai ser decidido sobre cada um dos pedidos feitos pelo autor, confrontando seus argumentos com os do réu e com as provas produzidas. Um bom caminho é fazer uma **divisão da sentença por tópicos**, o que pode ser redigido logo no início, ao se fazer o rascunho da lide a partir da leitura dos autos. Algo nesse sentido:

325

SENTENÇA

I. RELATÓRIO

II. FUNDAMENTAÇÃO

1) Preliminares e prejudiciais do mérito

1.1. *Incompetência absoluta*

1.2. *Ilegitimidade passiva*

1.3. *Prescrição*

2) Mérito

II.1. *Pedido de indenização por danos materiais*

II.2. *Pedido de indenização por danos morais*

III. DISPOSITIVO

Redigir esse esqueleto da sentença juntamente com a leitura dos autos, ou logo após, permite **evitar sentença omissa ou além do pedido**. Mais do que isso, criar itens e subitens dá uma clareza maior à sentença, um sentido mais apurado de organização. Auxilia tanto para o juiz quanto para as partes, além do eventual julgador em grau de recurso, se for o caso.

Não é excesso ressaltar a também nova prescrição trazida pelo art. 489 do CPC/2015 que trata dos elementos essenciais da sentença e prescreve: "1º Não se considera fundamentada qualquer decisão judicial, seja ela interlocutória, sentença ou acórdão, que: (...) IV - não enfrentar todos os argumentos deduzidos no processo capazes de, em tese, infirmar a conclusão adotada pelo julgador;"

Notoriamente, a jurisprudência nacional consolidou-se no sentido da desnecessidade de enfrentamento exaustivo de toda a argumentação tecida pelas partes ao longo do processo, inúmeras vezes excessiva, outras baseadas em posicionamentos obsoletos ou impertinentes ao debate.

No entanto, a partir da entrada em vigor do CPC, travou-se acirrado debate entre os juristas nacionais sobre a extensão desse artigo, havendo aqueles que defendem a obrigatoriedade de sua interpretação literal e a total submissão do julgador a seus preceitos.

Sem muitos prolongamentos, não é essa, contudo, a melhor conclusão. A norma é clara em apregoar que devem ser enfrentados os argumentos capazes de influenciar no julgamento. Nesse cenário, argumentos secundários eventualmente não esmiuçados não comprometem a validade da sentença.

Cite-se como exemplo uma ação, pelo rito comum, em que o pedido é para fornecimento de fármaco de alto custo, não dispensado ordinariamente pelo SUS. Ao julgar procedente o pedido, fundamenta-se a decisão nos direitos

CAPÍTULO IV - A SENTENÇA

constitucionais à vida, à saúde, ao mínimo existencial, expondo-se a precisa indicação do fármaco ao diagnóstico presente no caso concreto. Por conseguinte, afastam-se as teses relativas à reserva do possível e à impossibilidade de intervenção judicial nas políticas públicas. Omite-se o julgamento, no entanto, de enfrentar a tese referente ao uso "off label" da substância. Como o argumento não tem aptidão para inviabilizar os demais e alterar o resultado da ação, seguramente não compromete a integralidade e validade da sentença proferida.

Feitas tais ponderações, no que diz respeito à redação em si da sentença, é importante destacar sempre em qual página está a prova ou o texto a que se faz referência. Algo nesse sentido: "Conforme consta na resposta do perito (fl. 173), o autor não possui qualquer incapacidade para o trabalho". Essa referência à página que contém a informação facilita tanto para o juiz, no caso de embargos de declaração, quanto para as partes recorrerem e para o julgador da próxima instância analisar os autos.

Há juízes que gostam de numerar não apenas os itens e subitens da sentença, mas cada um dos parágrafos. É uma questão de estilo. Para alguns, pode facilitar a leitura e posterior referência à sentença. Para outras, pode torná-la visualmente carregada.

Quanto ao dispositivo da sentença, o ideal é que ele fique o mais claro possível, inclusive quanto ao detalhamento da forma de correção de determinado débito, para que a confecção dos cálculos no momento do cumprimento da sentença não se torne uma tarefa difícil ou impossível. Se há dois réus e contra um deles foi extinta a causa sem resolução do mérito, por ilegitimidade passiva, é preciso consignar esse fato no dispositivo e estabelecer eventual condenação em honorários. Às vezes, o autor é vencedor da ação, mas acaba tendo que pagar honorários para uma das partes que foi incluída de forma equivocada na lide.

Enfim, é preciso não apenas deixar o **dispositivo claro**, mas consignar todos os seus **detalhes**, como as **responsabilidades pelas custas do processo, pelos honorários, a necessidade de eventual reexame obrigatório, a ratificação ou cassação de liminar**, enfim, o comando judicial final de uma sentença deve ser objetivo e completo.

Na esfera **penal**, a redação da sentença não é mais ou menos complicada, é apenas diferente em alguns aspectos. Em regra, tem-se a mesma estrutura de relatório, fundamentação e dispositivo, mas as condenatórias trazem também a dosimetria da **pena**, tarefa por vezes complicada, mas que a prática reiterada ajuda a solucionar com bastante desenvoltura. A sugestão é sempre analisar de forma bem clara a materialidade e a autoria de cada crime, em relação a cada réu. No caso de absolvição, é fundamental consignar o motivo, ainda que apenas por referência a artigo do Código de Processo Civil (ex.: "Absolvo José da Silva

327

das acusações feitas na denúncia, por ausência de prova quanto à autoria"). Se houver condenação, o ideal é que a dosimetria da pena também seja feita de forma separada para cada réu e para cada crime. Ao final, algumas informações são muito importantes: 1) destinação de bens apreendidos; 2) possibilidade ou não do réu recorrer em liberdade; 3) comunicação da condenação aos órgãos competentes etc.

3. PROFERIR SENTENÇA EM AUDIÊNCIA?

O Código de Processo Civil diz que, encerrado o debate ou oferecidas as razões finais oferecidos os memoriais, o juiz proferirá a sentença em audiência ou no prazo de trinta dias (art. 366). Já a Lei n. 9.099/1995, que trata dos juizados especiais, diz que na audiência de instrução e julgamento serão ouvidas as partes, colhida a prova e, em seguida, proferida a sentença (art. 28).

No final das contas, **proferir ou não a sentença na própria audiência é uma decisão do juiz**. Há aqueles que gostam, há aqueles que abominam. Há juízes que ficam no meio termo: só sentenciam em audiência quando o pedido é procedente. Como na Justiça Federal quase sempre há, representando a parte ré, um advogado público que tem interesse em defender bem a causa, mas que não se envolve emocionalmente com ela, julgar o pedido procedente não costuma gerar qualquer mal estar ou clima pesado na hora da audiência. Por outro lado, negar um benefício previdenciário a quem depositou no processo todas as suas esperanças de alívio financeiro pode certamente gerar esse tal clima pesado. Mas, juiz não deve temer cara feia, especialmente quando atua conforme a técnica jurídica e de forma absolutamente imparcial. Se a parte autora não gostou da sentença e começa a querer argumentar com o juiz, o melhor a fazer é dizer que há recurso contra aquela decisão e que ela poderá ser modificada. Quando a pessoa vê uma luz no fim do túnel, quando vê um fio de esperança por menor que seja, a tendência é que se acalme um pouco e que aceite o que foi decidido naquele momento. O que não se deve fazer nunca, e essa foi uma lição que aprendi desde o início, é tentar explicar para as partes presentes na audiência quais foram as razões que o levaram a decidir daquela maneira, seja para julgar o pedido procedente ou improcedente. A partir do instante em que o juiz tenta explicar sua sentença, ele abre espaço para que as partes passem a contra-argumentar e isso gera um debate desgastante e desnecessário. Sentencia-se na audiência, as partes ouvem o que foi decidido, assinam a ata e é aberto o prazo recursal. Simples assim, sem maiores desgastes ou discussões.

Nos juizados especiais, nos quais são feitas dezenas de audiências no mesmo dia, o ideal é que se consiga terminar o processo ali mesmo. Se o trabalho for itinerante, algo que acontece com bastante frequência em tribunais como o da 1ª Região, torna-se então imprescindível sentenciar em audiência.

CAPÍTULO IV - A SENTENÇA

Já atuei em vários lugares e conheci algumas experiências interessantes de colegas criativos. Para mim, a maneira mais racional e produtiva de atuação nos **juizados**, no que diz respeito ao tema que estamos tratando aqui, é preparar com bastante cuidado a pauta de audiências. De preferência, **colocar no mesmo** dia apenas **assuntos idênticos** e, melhor ainda, vários processos do **mesmo advogado**. Isso é algo fácil, tendo em vista que a maior parte das causas que dão ensejo a audiências nos juizados é relativa a temas previdenciários ou assistenciais, sendo bastante comum que um mesmo advogado ou escritório seja responsável por uma quantidade considerável de processos. Causas sobre o mesmo assunto e com o mesmo advogado facilitam o trabalho de sentenciar em audiência.

Preparada a pauta com cuidado, é interessante que se tenha **modelos prontos de sentença**, que permitam rápidas alterações ou complementos na fundamentação na hora da audiência. É uma prática que se adquire rapidamente quando se atua em juizados especiais. Sobre cada tema, cria-se um modelo de sentença julgando o pedido procedente ou improcedente, deixando esses arquivos ao acesso fácil de quem acompanha o juiz na realização da audiência.

O terceiro ponto importante é quanto aos **cálculos. Sentença de juizado especial deve ser líquida**, a menos que isso seja totalmente impossível. Portanto, remeter os autos à contadoria antes ou, caso sejam bem simples, destacar um servidor para fazer tais cálculos antes das audiências é fundamental para se sentenciar na hora. Ainda que o juiz perca o trabalho de cálculos, caso decida pela improcedência do pedido, essa perda será menor do que a que ele terá se for obrigado a parar os trabalhos para a realização dos cálculos ou se deixar para sentenciar depois, quando então terá que reler todo o processo e, se a audiência for gravada em sistema audiovisual, terá que parar para assistir à gravação das oitivas. Quando se tem os modelos de sentença à mão e os cálculos prontos, proferir a decisão final após o depoimento da última testemunha se torna algo rápido e que não demanda mais do que cinco minutos. Vantagens? Inúmeras: 1) o juiz não terá que voltar àquele processo para compreender a causa e proferir sua decisão; 2) o magistrado e sua assessoria terão sua carga de processos conclusos diminuída, podendo se dedicar a causas menos repetitivas; 3) a intimação da sentença é feita no ato, economizando-se tempo da secretaria, de oficiais de justiça etc.

Nos processos que tramitam pelo rito comum , fora dos juizados especiais, o julgamento da lide ao final da audiência pode ser um pouco mais complexo. Porém, há muitos casos, especialmente quando o julgamento é pela improcedência do pedido e as preliminares já foram decididas anteriormente (daí a importância do já destacado saneamento do processo), em que fica fácil sentenciar em audiência. Não é algo que faço com frequência fora do juizado especial. Mas, quando isso acontece, percebo o quanto é produtivo.

329

De tudo o que foi dito, um ponto crucial a ser destacado é o seguinte: para sentenciar em audiência, é imprescindível que o juiz tenha analisado o processo com calma, a fim de que não menospreze qualquer ponto essencial para o deslinde da lide. Tentar proferir uma sentença só com o que se colheu em audiência, exceto em alguns casos muito específicos, pode ser uma atitude temerária e aumenta-se o risco de anulação do julgamento, sobretudo a partir das prescrições do art. 489 do CPC/2015.

CAPÍTULO V

QUESTÕES DE CONCURSOS

(1) Juiz Federal Substituto. TRF 3ª Região. 2013.
A respeito da antecipação dos efeitos da tutela (Código de Processo Civil, artigo 273), é incorreto afirmar:

(a) O deferimento da medida não constitui faculdade do juiz e tampouco decorre de sua discricionariedade; uma vez satisfeitos os requisitos legais próprios, o autor faz jus à antecipação dos efeitos da tutela.

(b) A antecipação dos efeitos da tutela, quando fundada no abuso de direito de defesa ou no manifesto propósito protelatório do réu, prescinde de demonstração de urgência. Em tal hipótese, cuida-se de sancionar o litigante que, mediante uma daquelas condutas, descumpre o dever de lealdade processual.

(c) Se o autor, a título de antecipação da tutela, requerer providência de natureza cautelar, poderá o juiz, quando presentes os respectivos pressupostos, deferir a medida cautelar em caráter incidental do processo ajuizado.

(d) Contanto que se demonstre o fundado receio de dano irreparável ou de difícil reparação, a tutela antecipada também poderá ser concedida quando um ou mais dos pedidos cumulados, ou parcelas deles, mostrar-se incontroverso.

(e) A tutela antecipada poderá ser revogada ou modificada a qualquer tempo, em decisão fundamentada.

(2) Juiz Federal Substituto. TRF 5ª Região. 2009.
Ajuizada ação em desfavor da fazenda pública, o autor realizou pedido de antecipação da tutela jurisdicional para suspender a exigibilidade do crédito tributário que pretende ver anulado. Com referência a essa situação hipotética, assinale a opção correta.

(a) Ausente vedação expressa à antecipação dos efeitos da tutela jurisdicional nessa hipótese, aplica-se a regra geral, de modo que, presentes os requisitos constantes no Código de Processo Civil, o juiz pode deferir o pedido para desconstituir antecipadamente o crédito.

(b) É legalmente vedada a emissão de liminares que esgotem o objeto da ação, por isso será impossível a concessão de tutela antecipatória dos efeitos do provimento final almejado ante a irreversibilidade do provimento de suspensão da exigibilidade do crédito tributário.

(c) Não é viável a concessão de qualquer tipo de decisão liminar em desfavor da fazenda pública que implique, direta ou indiretamente, vantagem pecuniária para a outra parte, conforme interpretação corrente da Lei n.º 9.494/1997.

(d) Se, além de provado o risco de dano irreparável correspondente à demora na entrega da prestação jurisdicional, restar também provada a verossimilhança da alegação por prova que indique claramente o direito do autor, será possível a concessão da medida em caráter irrevogável.

(e) Em princípio, não é viável provimento antecipatório que desconstitua uma situação jurídica, mas é viável provimento que adiante somente os efeitos da tutela pretendida, o que autorizaria o juiz, no caso hipotético, a suspender antecipadamente a exigibilidade do crédito, se provados os requisitos necessários.

(3) Juiz Federal Substituto. TRF 1ª Região. 2011 (Cespe – UnB)

Um juiz, antes da fase de instrução do processo, verificou que não havia controvérsia acerca de um dos pedidos da inicial. Diante disso, em razão de requerimento da parte interessada, resolveu antecipar os efeitos da tutela relativa ao pedido. Inconformada com a decisão, a parte prejudicada interpôs, no juízo recorrido, apelação, requerendo, ao fim de suas razões, que esta ficasse retida nos autos, enquanto não ocorresse o julgamento dos demais pedidos.

Com base nessa situação hipotética, assinale a opção correta.

(a) Nada impede o conhecimento do recurso apresentado, na medida em que o princípio do duplo grau de jurisdição garante à parte prejudicada o acesso à via recursal.

(b) Identifica-se violação do princípio da singularidade, na medida em que a apresentação de uma segunda apelação nos mesmos autos determina interposição de dois recursos contra o mesmo tipo de ato judicial.

(c) Trata-se de exemplo de violação do princípio da taxatividade, pois a parte prejudicada não poderia inaugurar uma nova forma de interpor o recurso de apelação.

(d) Aplica-se ao caso a fungibilidade dos recursos, visto que é possível receber a apelação retida como agravo de instrumento.

(e) A apelação é o recurso cabível contra qualquer ato judicial que resolva um dos pedidos do autor, mas a interposição na forma retida viola o princípio da dialeticidade.

(4) Juiz Federal. TRF 1ª Região. 2011 (Cespe – UnB)

A respeito da sentença, da coisa julgada e da ação rescisória, assinale a opção correta.

(a) O MP, quando atua como fiscal da lei, não tem legitimidade para propor ação rescisória.

(b) Considera-se a sentença extra petita quando, em qualquer caso, o juiz reconhece abusiva uma cláusula contratual e declara sua nulidade, sem o pedido da parte.

(c) A ação rescisória é o instrumento apropriado para desconstituir sentença proferida por juizado especial federal e acobertada pela autoridade da coisa julgada.

(d) Em caso de julgamento de apelação cuja causa de pedir verse acerca de reforma de decisão proferida em face de lei posteriormente declarada inconstitucional pelo STF, não é admissível que o tribunal julgue o mérito e afaste preliminar de coisa julgada, h150aja vista o princípio maior da estabilidade e segurança das relações jurídicas.

(e) É cabível ao autor de ação rescisória postular a antecipação da tutela para suspender os efeitos da sentença rescindenda, em caso de dano irreparável ou de difícil reparação e se demonstrar a verossimilhança do fundamento da ação.

(5) Juiz Federal. TRF 3ª Região. 2013

Sobre os atos do juiz e os respectivos recursos, é correto afirmar que:

(a) O indeferimento liminar da reconvenção tem natureza e forma de sentença, ensejando recurso de apelação.

(b) Cabe apelação do ato que, no curso do processo, reconhece a ilegitimidade ad causam de um dos réus, excluindo-o da relação processual.

(c) A impugnação ao valor da causa é resolvida por meio de decisão interlocutória, passível de agravo.

(d) As exceções de impedimento e de suspeição do juiz não são por ele decididas, salvo se manifestamente improcedentes. Neste último caso, caberá recurso de agravo, na modalidade de instrumento.

(e) Cabe agravo de instrumento contra a antecipação dos efeitos da tutela, ainda que corporificada na sentença.

(6) Juiz Federal. TRF 4ª Região. 2012

332

CAPÍTULO V - QUESTÕES DE CONCURSOS

Dadas as assertivas abaixo, assinale a alternativa correta.

I. Entre as sentenças definitivas, no processo civil, inclui-se a que acolhe a alegação de perempção, prescrição ou decadência.

II. Se o autor, a título de antecipação de tutela, em ação de rito ordinário, requerer providência de natureza cautelar, não poderá o juiz deferir a medida cautelar em caráter incidental do processo ajuizado, ainda que presentes os seus pressupostos, pois é incabível a cumulação de pedidos que têm procedimentos diferentes.

III. No mandado de segurança, verificando o juiz uma das hipóteses previstas no art. 267 do Código de Processo Civil, que prevê a extinção do processo sem resolução do mérito, a ordem deverá ser denegada.

IV. Na ação de exibição de documento, se o requerido não apresentar o documento nem contestação, presumir-se-ão verdadeiros os fatos afirmados, nos termos do art. 359 do Código de Processo Civil.

V. O prazo previsto no art. 284 do Código de Processo Civil para que a parte emende a inicial não é peremptório, mas dilatório, podendo ser reduzido ou ampliado por convenção das partes ou por determinação do juiz.

(a) Estão corretas apenas as assertivas I e IV.
(b) Estão corretas apenas as assertivas III e V.
(c) Estão corretas apenas as assertivas I, II e IV.
(d) Estão corretas apenas as assertivas II, III e V.
(e) Estão corretas todas as assertivas.

(7) Juiz Federal. TRF 2ª Região. 2011
Constitui alegação válida para a parte ré obter a anulação de sentença homologatória proferida por juiz de primeira instância a comprovação de
(a) ser o juiz prolator da sentença cônjuge da parte autora.
(b) *error in procedendo* do juiz.
(c) vício de vontade no acordo celebrado e homologado.
(d) ofensa à coisa julgada.
(e) recebimento de vantagem indevida pelo juiz que proferiu a sentença.

(8) Juiz Federal. TRF 2ª Região. 2011
A respeito dos vícios da sentença, assinale a opção correta.
(a) É nula a sentença proferida por juiz que deixe de apreciar questões suscitadas nos autos.
(b) Nos casos de extinção do processo sem julgamento do pedido, o juiz não precisa expor suas razões.
(c) É nula, em princípio, sentença em que o juiz rejeite liminarmente os embargos à execução sem possibilitar emenda da inicial.
(d) O juiz não pode proferir sentença ilíquida.
(e) Ao apreciar a apelação, o tribunal deve declarar nula a sentença ultra petita.

(9) Juiz Federal Substituto. TRF 5ª Região. 2005.
Com relação às provas, é incorreto afirmar:
(a) as fontes de prova têm pertinência com o princípio dispositivo; os meios de prova são concernentes à formação do convencimento do magistrado que, com relação a estes age de ofício; não, porém, com relação àquelas;
(b) a confissão que decorrer de erro, dolo ou coação pode ser anulada por meio da ação competente, se pendente o processo em que foi feita. Pode, também, se já transitada em julgado a sentença, da qual tenha sido o único fundamento, ensejar a propositura de ação rescisória;
(c) a doutrina distingue três momentos da prova: proposição, admissão e valoração;
(d) a sentença proferida no processo incidental de exibição de documento ou coisa possui conteúdo preponderantemente mandamental e enseja, na hipótese de descumprimento, até a responsabilização por crime de desobediência;

(10) Juiz Federal Substituto. TRF 1ª Região. 2012. (Cespe – UnB)
Um juiz, antes da fase de instrução do processo, verificou que não havia controvérsia acerca de um dos pedidos da inicial. Diante disso, em razão de requerimento da parte interessada, resolveu antecipar os efeitos da tutela relativa ao pedido. Inconformada com a decisão, a parte prejudicada interpôs, no juízo

333

recorrido, apelação, requerendo, ao fim de suas razões, que esta ficasse retida nos autos, enquanto não ocorresse o julgamento dos demais pedidos.

Com base nessa situação hipotética, assinale a opção correta.

(a) Nada impede o conhecimento do recurso apresentado, na medida em que o princípio do duplo grau de jurisdição garante à parte prejudicada o acesso à via recursal.

(b) Identifica-se violação do princípio da singularidade, na medida em que a apresentação de uma segunda apelação nos mesmos autos determina interposição de dois recursos contra o mesmo tipo de ato judicial.

(c) Trata-se de exemplo de violação do princípio da taxatividade, pois a parte prejudicada não poderia inaugurar uma nova forma de interpor o recurso de apelação.

(d) Aplica-se ao caso a fungibilidade dos recursos, visto que é possível receber a apelação retida como agravo de instrumento.

(e) A apelação é o recurso cabível contra qualquer ato judicial que resolva um dos pedidos do autor, mas a interposição na forma retida viola o princípio da dialeticidade.

(11) Analista Judiciário: administrativa. TRT/GO – 18ª Região. 2008 (FCC)

O juiz

(a) não poderá ordenar a produção de provas de ofício, mas somente a requerimento das partes.

(b) não poderá fundamentar sua decisão em fatos e circunstâncias constantes dos autos, mas não alegados pelas partes.

(c) que tiver de proferir a sentença em razão de aposentadoria do que concluiu a audiência de instrução, se entender necessário, poderá mandar repetir as provas já produzidas.

(d) não pode exercer suas funções em processo voluntário em que estiver postulando como advogado da parte parente seu, na linha colateral em terceiro grau.

(e) deve declarar os motivos de sua suspeição, não podendo declarar-se suspeito por motivo íntimo.

(12) Juiz Federal Substituto. TRF 5ª Região. 2013.

Em relação ao direito probatório, assinale a opção correta.

(a) Uma vez adquirida e admitida a prova, pode a parte requerente desistir de sua produção, independentemente de anuência da outra parte.

(b) O fato a ser provado deve ser controvertido, relevante e determinado, e apenas excepcionalmente se admite que seja indeterminado.

(c) A presunção é, ao mesmo tempo, meio e fonte de prova.

(d) O CPC acolheu, como regra geral, a teoria dinâmica do ônus da prova, de modo que ao autor incumbe provar os fatos constitutivos do seu direito e ao réu, provar os fatos impeditivos, modificativos e extintivos.

(e) Sob o ângulo publicista, atualmente, no direito processual brasileiro, há uma tendência em se adotar o inquisitorial system, um dos modelos relativos aos poderes instrutórios do juiz.

(13) Juiz do Trabalho. TRT/GO. 18ª Região. 2014(FCC)

Em relação à prova, é correto afirmar:

(a) Na apreciação da prova, o Juiz utilizará de seu livre convencimento, atendendo aos fatos e circunstâncias constantes dos autos, mas deverá indicar expressamente, na sentença, os motivos que lhe formaram esse livre convencimento.

(b) O sistema processual pátrio estabelece a prova hierarquizada, devendo o Juiz obedecer estritamente a essa hierarquia, sob pena de nulidade da sentença a ser proferida.

(c) As máximas de experiência não são observadas em nosso direito, pois o Juiz, em falta de normas jurídicas particulares, só poderá utilizar-se da analogia, dos usos e costumes e dos princípios gerais de direito.

(d) O ônus da prova não pode ser objeto de convenção entre as partes, em nenhuma hipótese, por se tratar de matéria cogente e de ordem pública.

(e) Somente os meios legais são aptos a provar a verdade dos fatos, até porque as provas previstas processualmente configuram rol taxativo e não elucidativo.

(14) Juiz do Trabalho. TRT/SP. 2ª Região. 2014

CAPÍTULO V - QUESTÕES DE CONCURSOS

No que concerne à produção da prova no processo de conhecimento, aponte a alternativa correta:
- (a) Ao juiz é vedado determinar a produção de qualquer prova que não tenha sido requerida pela parte, sob pena de quebrar o princípio da imparcialidade.
- (b) Admitida a assistência litisconsorcial na relação processual, o assistente terá interesse na produção da prova, em razão da sua posição naquela relação.
- (c) Admitida a oposição na relação processual, o opoente deverá fazer prova que irá beneficiar um dos opostos, cujo interesse colidir com o seu.
- (d) Caso o autor, em depoimento pessoal, confesse os fatos que lhe são contrários, mesmo assim o juiz deverá determinar a produção de outras provas sobre o mesmo fato confessado.
- (e) Apenas a prova produzida em audiência é capaz de provocar o convencimento do Juiz, pois os documentos não guardam fidelidade uma vez que, em geral, são sempre produzidos pela empresa.

(15) Juiz Federal Substituto. TRF 3ª Região. 2011 (Cespe – UnB)
Em relação ao procedimento comum sumário, assinale a opção correta.
- (a) Durante a audiência de conciliação, o réu deve apresentar tanto a contestação quanto a reconvenção, em aplicação subsidiária do rito ordinário.
- (b) Finda a instrução, as alegações finais devem ser apresentadas na forma oral, vedada a possibilidade de memoriais.
- (c) O não comparecimento do autor à audiência de conciliação importa em extinção do feito sem julgamento do mérito.
- (d) A ausência do réu à audiência de conciliação não gera revelia, ainda que seu advogado, presente ao ato, não tenha poderes para transigir.
- (e) Ausentes o réu e seu advogado à audiência de conciliação, operam os efeitos da revelia do mesmo modo que o reconhecimento do pedido.

(16) Juiz Federal Substituto. TRF 1ª Região. 2013 (Cespe – UnB)
Acerca da jurisdição e dos equivalentes jurisdicionais, assinale a opção correta.
- (a) No exercício da jurisdição voluntária, o julgador poderá valer-se da equidade, buscando soluções fundadas em critérios de conveniência e oportunidade.
- (b) A autocomposição somente produzirá efeitos, como forma de solução de conflitos, quando obtida em processo jurisdicional.
- (c) As hipóteses de impedimento e suspeição do julgador, previstas na legislação processual civil, não se aplicam para o exercício da função em processo de jurisdição voluntária.
- (d) A autotutela é forma alternativa de solução de conflito caracterizada pela submissão voluntária de uma parte à pretensão manifestada pela outra.
- (e) A sentença arbitral, obtida por meio da técnica da heterocomposição, é considerada, por disposição expressa do Código de Processo Civil (CPC), título executivo extrajudicial.

GABARITO							
01	02	03	04	05	06	07	08
D	E	C	E	C	B	C	C
09	10	11	12	13	14	15	16
C	C	C	E	A	B	D	A

REFERÊNCIAS BIBLIOGRÁFICAS

ALVES, Alexandre Henry. **Juiz Federal: lições de preparação para um dos concursos mais difíceis do Brasil.** – 3. ed. – Porto Alegre: Verbo Jurídico, 2011.

_____ Sentença Cível. – 2. ed. – Porto Alegre: Verbo Jurídico, 2011.

_____ Magistratura Nacional (LOMAN). 3. ed. – Salvador: Editora Juspodivm, 2011.

DINAMARCO, Cândido Rangel. **Instituições de Direito Processual Civil.** 4 vols. São Paulo: Malheiros, 2004.

MARINONI, Luiz Guilherme. **Teoria Geral do Processo.** 4 vols. São Paulo: Editora Revista dos Tribunais, 2007-2008.

NUNES, Elpídio Donizetti. **Curso didático de Direito Processual Civil.** – 5. ed. – Belo Horizonte: Del Rey, 2004.

OLIVEIRA, Eugênio Pacelli. **Curso de Processo Penal.** – 10. ed. – Rio de Janeiro: Editora Lumen Juris, 2008.

SANTOS, Ernane Fidélis. **Manual de Direito Processual Civil. Vol. 1.** – 7. ed. – São Paulo: Editora Saraiva, 1999.

SOUZA, Sérgio Ricardo de; SILVA, William. **Manual de Processo Penal Constitucional – Pós-Reforma de 2008.** Rio de Janeiro: Editora Forense: 2008.

TOURINHO FILHO, Fernando da Costa. **Manual de Processo Penal.** São Paulo: Editora Saraiva, 2001.